"一带一路"

共建国家和地区海关管理及便利通关丛书

中亚和外高加索国家海关管理及便利通关

CUSTOMS MANAGEMENT AND CLEARANCE FACILITATION
IN CENTRAL ASIA AND TRANSCAUCASIAN COUNTRIES

策　划◎董春宇

译　著◎顾　毅　董春宇　顾文硕

中国海关出版社有限公司

中国·北京

图书在版编目（CIP）数据

中亚和外高加索国家海关管理及便利通关／顾毅，
董春宇，顾文硕译著. —北京：中国海关出版社有限公
司，2024.7
（"一带一路"共建国家和地区海关管理及便利通关
丛书）
ISBN 978-7-5175-0739-0

Ⅰ. ①中…　Ⅱ. ①顾…　②董…　③顾…　Ⅲ. ①海关管
理－制度－中亚、外高加索　Ⅳ. ①F745.2

中国国家版本馆 CIP 数据核字（2024）第 034144 号

中亚和外高加索国家海关管理及便利通关
ZHONGYA HE WAIGAOJIASUO GUOJIA HAIGUAN GUANLI JI BIANLI TONGGUAN

策　　划：董春宇
译　　著：顾　毅　董春宇　顾文硕
法律顾问：谢晓囡
责任编辑：傅　晟
责任印制：孙　倩
出版发行：中国海关出版社有限公司
社　　址：北京市朝阳区东四环南路甲 1 号　　　　邮政编码：100023
编 辑 部：01065194242－7502（电话）　　　　01065194234（传真）
发 行 部：01065194221/4238/4246/4227（电话）　　01065194233（传真）
社办书店：01065195616/5127（电话/传真）　01065194262/63（邮购电话）
　　　　　https://weidian.com/?userid=319526934
印　　刷：北京中科印刷有限公司　　　　　　　经　　销：新华书店
开　　本：710mm×1000mm　1/16
印　　张：34.75　　　　　　　　　　　　　　　字　　数：670 千字
版　　次：2024 年 7 月第 1 版
印　　次：2024 年 7 月第 1 次印刷
书　　号：ISBN 978-7-5175-0739-0
定　　价：100.00 元

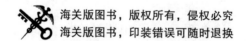

序 一

共建"一带一路"倡议自 2013 年提出以来，经过十余年的发展，已经成为一个开放包容、互利互惠、合作共赢的国际合作平台，作为全球公共产品受到国际社会普遍欢迎。中亚和外高加索国家在共建"一带一路"倡议中扮演着重要角色，在"一带一路"建设中具有重要的地缘位置和战略意义。

中亚国家是共建"一带一路"倡议的首倡之地，中国与中亚国家的合作被视为共建"一带一路"示范区，双方在政策沟通、设施联通、贸易畅通、资金融通、民心相通等方面取得了显著成果。中国—中亚峰会为双方合作搭建了新平台，推动合作进入新时代。外高加索国家因其地理位置被视为共建"一带一路"倡议重要的合作伙伴，作为连接亚洲和欧洲通道走廊的重要支点，蕴藏着无限潜力，中国与这些国家在高铁、能源、旅游和农业项目等多领域都有积极的合作。中亚和外高加索国家与共建"一带一路"倡议的联系日益紧密，共同推动区域经济一体化和互联互通，迎来新的发展机遇。

本书选取中亚和外高加索地区的乌兹别克斯坦、土库曼斯坦、塔吉克斯坦、阿塞拜疆、格鲁吉亚五国，从读者视角与需求出发，充分研究把握进出口通关各环节内在规律，从关键环节、关键要素，精选、优选编译内容，便利读者高效捕捉有效信息。从各国总体概况、海关概况、口岸管理措施、海关管理措施、通关便利措施以及人员进出口通关等板块，聚焦促进进出口贸易和人员往来，系统收集、整理、编译关键信息和关键环节政策要求，旨在为政策理论研究、海关管理、进出口贸易等领域人员提供一本针对性强、实用度高的海关法务工具书和通关实务指南。

中华人民共和国驻白俄罗斯共和国前特命全权大使

（2014—2020 年）

崔启明

2024 年 6 月

1

序　二

海关作为国家的进出关境监督管理机关，肩负着守国门、促发展的职责使命，在各国（地区）对外发展中扮演着重要角色，特别是在边境控制、货物监管、税收征管、物流管控、风险管理、知识产权保护、卫生检疫和安全、统计数据收集、贸易便利化、国际交流与合作、贸易管制政策执行等方面发挥着重要作用。

近年来，以国际贸易"单一窗口"、经认证的经营者（AEO）、双边电子数据交互、分类快速通关等为代表的便捷通关政策的实施，在加速货物和人员通过海关、降低贸易成本、提高通关效率，同时确保贸易安全和合规性等方面成效显著。作为国际贸易中的一个重要方面，特别是在共建"一带一路"倡议中，通过提升通关便利化，可以促进共建国家（地区）的贸易和投资，加强区域经济一体化。

本书选取部分中亚和外高加索地区国家的海关管理及便利通关措施作为重点，进行系统推介和深入研究，立意新颖，重点突出，简明扼要，可读性强，过往出版物少有涉及。特别是有关简化跨境贸易流程、减少贸易成本和时间、提升国际贸易竞争力等方面的研究具有重要意义。

各国概况可帮助读者准确把握各国的主流商业模式及贸易形态，便于对市场需求、商业成本等开展评估，更好地防范法律、物流、结算等环节的风险。

各国口岸管理概况可帮助读者准确地把握各口岸形态及功能、繁忙程度、通关时效等，便于准确测算物流成本，合理选择物流路线，在国际贸易中更加灵活、有备无患，更好地把握复杂多变的全球市场竞争。

各国海关概况可帮助读者把握目标国海关职责边界和管理组织模式，找准通关各环节监督管理主体，促进国际贸易、优化物流管理、降低成本、提高效率，更好地应对各种风险挑战。

各国海关管理模式可帮助读者全流程把握目标国海关通关模式、准入准出标准、贸易管制、海关监管贸易方式、知识产权保护以及风险防控等各环节的具体要求，企业和个人可以更好地适应国际贸易环境，提高进出口贸易开展的合规率。

各国通关便利措施可帮助企业用足用好目标国通关政策红利，针对性开展 AEO 认证等企业自身能力建设，更好地透过便利措施本身洞悉各国贸易发展的重点方向和潜力领域，在提升贸易实施便捷度的同时，拓展业务发展空间。

各国人员进出境通关要求可使读者便捷出行，减少通关等待时间，在一定程度上促进当地经贸、人文和国际合作发展。

读完全书，能够更加深刻地感受到本书具有极高的系统性和实用性，对理论性和实践性的把握恰到好处，定能为各位读者了解中亚和外高加索国家海关管理和便捷通关政策提供有益的帮助。

2024 年 6 月

编写说明

2013 年 9 月 7 日，中国国家主席习近平首次提出共同建设"丝绸之路经济带"倡议。十年来，共建"一带一路"倡议为破解全球发展难题贡献了中国智慧和中国方案，为构建人类命运共同体搭建了实践平台，中国已与 152 个国家、32 个国际组织签署了 200 多份共建"一带一路"合作文件；十年来，共建"一带一路"倡议为深化中国与中亚、西亚国家的关系注入了巨大能量，使各方经济关系更为密切，中国—中亚—西亚经济走廊已成为"一带一路"的重要组成部分。

为积极践行共建"一带一路"倡议，中国海关出版社继出版《欧亚经济联盟国家海关管理及便利通关》一书后，于共建"一带一路"十周年之际推出本书。本书将帮助读者从全局视角了解中亚国家乌兹别克斯坦、土库曼斯坦、塔吉克斯坦和外高加索国家阿塞拜疆、格鲁吉亚的总体情况，重点对五国海关组织架构、职能设置、法规体系、口岸管理体制、通关便利措施及优惠贸易政策，乃至机构沿革和政策导向等进行系统介绍，助力与中亚国家以及西亚外高加索地区国家深化海关国际合作、拓展经贸领域合作；助力企业掌握五国通关规则与便利化政策，增强"走出去"的信心和能力，以合规经营推动经贸往来。此外，考虑到公民跨境旅游的兴起和进出境通关需求，本书特别增加了"个人进出境通关指南"章节，助力公民出境旅游遵守法规、顺利通关。

本书几位作者长期从事海关管理、国际合作或立法工作，具备海关业务或法律专业特长，且有长驻驻外官方机构或留学经历，熟悉独联体国家的历史背景、政策法规、治理体系沿革和国情社情。

本书编写内容主要来源于中亚和外高加索国家的海关法、税法、国家边界法等法典，采集了各国政府官方发布或更新的数据和信息，采纳了我国外交部、商务部、驻外使馆和海关业务专家的指导意见，力求文字严谨、内容翔实、翻译客观贴切、数据准确权威。由于目前国内没有系统介绍上述五国海关管理和进出境通关实务的书籍，本书将在此领域填补空白，成为一部与中西亚五国经贸交往的海关法务工具书和通关实务指南。

译著者

2023 年 10 月

目 录
CONTENTS

第一篇　乌兹别克斯坦

第二篇　土库曼斯坦

第四篇　阿塞拜疆

第五篇　格鲁吉亚

第一篇　乌兹别克斯坦

DI – YI PIAN WUZIBIEKESITAN

第一章　乌兹别克斯坦国家概况

一、国情概述

乌兹别克斯坦共和国（俄文：Республика Узбекистан；英文：The Republic of Uzbekistan），国土面积为44.89万平方千米，人口3620万人（截至2023年4月）。首都塔什干市是中亚地区最大城市。

乌兹别克斯坦是位于中亚腹地的"双内陆国"，该国与周边5个邻国均无出海口。其北部和东北地区与哈萨克斯坦接壤，东部、东南部与吉尔吉斯坦和塔吉克斯坦相连，西部与土库曼斯坦毗邻，南部与阿富汗接壤。

乌兹别克斯坦全国划分为1个自治共和国、12个州和1个直辖市，具体包括：卡拉卡尔帕克斯坦自治共和国、安集延州、布哈拉州、吉扎克州、卡什卡达里亚州、纳沃伊州、纳曼干州、撒马尔罕州、苏尔汉河州、锡尔河州、塔什干州、费尔干纳州、花剌子模州和塔什干市。

二、经济概述

乌兹别克斯坦独立之初，首任总统卡里莫夫即提出按"乌兹别克斯坦发展模式"建设国家的"五项原则"：经济优先，国家调控，法律至上，循序渐进，社会保障。米尔济约耶夫当选总统后宣布遵循该发展模式，同时制定2017—2021年国家发展五大优先方向行动战略，在经济开放和自由化、吸引外资领域采取了一系列务实举措，以加速推进经济领域改革。新冠疫情暴发后，乌兹别克斯坦政府推行防疫和生产并重的有效措施，持续深化经济改革，大力发展数字经济，刺激出口，加速私有化进程，遏制"影子经济"影响，推动银行金融改革。上述措施取得了积极成效，确保国民经济持续保持正向增长。

乌兹别克斯坦国民经济支柱产业被称为"四金"，即黄金、"白金"（棉花）、"乌金"（石油）和"蓝金"（天然气）。米尔济约耶夫就任总统后，乌兹别克斯坦经济保持增长势头。根据乌兹别克斯坦国家统计委员会数据，2020年乌兹别克斯坦国内生产总值约合577亿美元，人均国内生产总值约合1686美元；2021年乌兹别克斯坦国内生产总值约合692亿美元，人均国内生产总值约合 1983 美元；2022 年乌兹别克斯坦国内生产总值约合 804 亿美元，人均国内生产总值约合 2255 美元。

三、对外贸易概述

乌兹别克斯坦是独联体自由贸易区成员方，同时还是欧亚经济联盟和世界贸易组织（WTO）观察员国。乌兹别克斯坦与世界 190 多个国家和地区建立贸易关系，给予包括中国在内的 45 个国家最惠国待遇。近年来，乌兹别克斯坦政府持续改善国内营商环境，行政效率有所提升。世界银行发布的《2020 年营商环境报告》显示，在全球 190 个经济体中，乌兹别克斯坦营商环境便利度位列第 69 位，比 2019 年上升 7 位。

截至 2022 年 1 月 1 日，在乌兹别克斯坦注册的外资企业和组织为 1.37 万家，其中实际开展经营活动的有 1.33 万家。2021 年，外资经营企业数量同比增加 1508 家，主要投资来源国是：土耳其 407 家，俄罗斯 356 家，中国 266 家，哈萨克斯坦 209 家，韩国 97 家。

根据乌兹别克斯坦国家统计委员会数据，2021 年，乌兹别克斯坦进出口贸易额为 421 亿美元，同比增长 16%。其中，出口 166 亿美元，同比增长 10%；进口 255 亿美元，同比增长 20.4%；贸易逆差 89 亿美元（2020 年为 60 亿美元）。2022 年，乌兹别克斯坦进出口贸易额为 500.1 亿美元，同比增长 18.6%。其中，出口 193.1 亿美元，同比增长 15.9%；进口 307 亿美元，同比增长 20.4%；贸易逆差 113.9 亿美元。

2022 年，乌兹别克斯坦主要贸易伙伴是：俄罗斯（在对外贸易总额中占比为 18.6%）、中国（在对外贸易总额中占比为 17.8%）、哈萨克斯坦（在对外贸易总额中占比为 9.2%）、土耳其（在对外贸易总额中占比为 6.4%）、韩国（在对外贸易总额中占比为 4.7%）。

四、中乌经贸合作

进入 21 世纪以来，中乌两国贸易规模不断扩大，并保持较快增长速度。自 2016 年起，中国连续 5 年保持乌兹别克斯坦第一大贸易伙伴国地位。2021 年，中国以 0.2 个百分点之差暂居乌兹别克斯坦第二大贸易伙伴国地位。

据乌兹别克斯坦官方统计数据，2022 年中乌贸易额为 89.2 亿美元，同比增长 19.7%，占乌兹别克斯坦外贸比重的 17.8%。其中，乌兹别克斯坦对华出口 25.2 亿美元、同比下降 0.4%，自华进口 64 亿美元、同比增长 30%，中国为乌兹别克斯坦第一大进口来源国和第二大出口目的国（仅次于俄罗斯）。

　　从进出口商品结构上看，中国对乌兹别克斯坦主要出口工程机械、空调、冰箱等机械设备及器具，电机、电气、音像设备及其零附件，塑料及其制品；自乌兹别克斯坦进口天然气、纺织品、铜及其制品等。

　　在投资合作领域，中国对乌兹别克斯坦投资累计超过百亿美元，是乌兹别克斯坦主要投融资来源国，截至 2022 年 6 月 1 日，在乌兹别克斯坦注册的中资企业共计 2003 家，仅次于俄罗斯，在外资企业数量排行榜上位居第二，其经营范围涵盖油气、化工、纺织、电力、煤炭、建材、农业、水利、金融、物流、汽车制造、工业园区和国际工程承包等多个经济社会行业领域。自 2021 年 3 月 1 日起，乌兹别克斯坦对中国公民实行 10 日入境免签政策，极大便利了两国之间的人员往来，对深化两国的投资合作具有重要意义。

　　中乌市场规模和资源禀赋优势各异，产业互补性强，合作潜力巨大，发展前景广阔。除合资建厂外，中乌两国积极探索工业园区和产业园区的发展模式，全力打造重点合作项目，发挥产业集群效应，不仅助力投资企业直接获得项目收益，同时推动了当地居民就业率增长，促进乌兹别克斯坦实现国家财政增收。

第二章　乌兹别克斯坦海关概况

一、基本情况

乌兹别克斯坦国家海关委员会受经济和财政部管辖，属于国家执法机构。《乌兹别克斯坦共和国海关法典》由乌兹别克斯坦共和国政府批准。海关工作的基本原则为：合法、统一、公开和透明，遵守和尊重个人和法人的权利、自由和合法利益。

乌兹别克斯坦海关实施准军事化管理，海关关员分为士官和军官两大类别：具有中等专业、职业和部分高等教育水平的乌兹别克斯坦共和国公民进入海关系统后首先按士官管理；海关学院毕业生和接受高等教育的乌兹别克斯坦共和国公民入职后即按军官管理。海关实施军衔制度，军衔分为 4 类 12 级，所有海关关员根据其资历和职级分别被授予士官、尉官、校官和将官等不同衔级。

二、工作任务

乌兹别克斯坦海关承担以下工作任务：

1. 保护自然人和法人的权利、自由及合法利益；
2. 保护乌兹别克斯坦共和国的经济利益，并确保其经济安全；
3. 实施海关监管，办理通关业务；
4. 征收海关税费；
5. 对遵守海关法律进行监督，防范、发现和制止包括走私在内的违法犯罪行为；
6. 监控外贸业务，在职权范围内对进出口合同履行及外贸业务中外汇管理的合规情况进行分析；
7. 编制对外贸易海关统计和《对外经济活动商品目录》；
8. 提升公民海关领域的法制文化水平；
9. 定期监测风险管理系统的应用效能；
10. 在海关业务工作中应用现代信息和通信技术及监管技术设备；
11. 制定海关事务的优先方向；

12. 确保履行乌兹别克斯坦所加入国际条约中与海关事务相关的义务。

三、权力和职责

（一）海关在执行工作任务时的权力

1. 审核信息和单证，进行口头询问，获取信息，实施海关查验和人身检查，对建筑物、场地和运输工具进行检查；

2. 对放行后进入自由流通的货物和运输工具实施海关监管，以核实申报信息的准确性及自然人和法人开展对外贸易活动的合法性；

3. 要求银行、金融机构和其他组织，以及自然人和法人提供与开展进出口业务相关的信息和文件；

4. 提取货物试样和样品，以实施海关监管；

5. 扣留、收缴作为海关违法行为直接对象的货物和其他贵重物品；

6. 进行侦察前预检、调查和开展业务侦察活动；

7. 对违法人员实施行政拘留；

8. 发放特别许可和许可证；

9. 在海关业务工作中应用现代信息、通信技术和监管技术设备；

10. 邀请专家参与海关工作；

11. 提出完善海关工作的建议。

（二）海关职责

1. 对海关法律的守法情况进行监督；

2. 对海关税费计算的准确性、缴纳的完整性和及时性进行监管；

3. 实施海关监管；

4. 及时向自然人和法人通报其在货物和运输工具进出境过程中的权利和义务；

5. 不得泄露其在履职过程中所知悉的构成国家秘密的信息，或其他受法律保护的秘密；

6. 采取措施预防违法行为，发现并消除引发违法行为的原因和条件；

7. 采取措施，预防在海关出现腐败行为和其他职务犯罪；

8. 协助落实各项措施，以保护国家安全、社会秩序、公民生命健康和自然环境；

9. 在使用信息通信技术时确保遵守信息安全要求。

四、机构设置

乌兹别克斯坦海关实行垂直管理体制，由经济和财政部海关委员会统一管理全国海关机构。海关系统在组织机构上可以分为三个层级：分别为海关委员会、地区海关管理局、海关办事处，部分海关办事处还下设海关监管点。目前，乌兹别克斯坦国家海关委员会中央机关内设 12 个局，下设 15 个地区海关管理局，以及海关学院、中央海关实验室和国家驯犬中心等机构。全国海关人员编制共计 4223 人。

（一）中央机关

乌兹别克斯坦国家海关委员会中央机关内设干部局、海关通关监管总局、海关统计和收入总局、外汇监管局、海关稽查和反走私总局、行政实践和调查局、绩效分析评估和监督局、信息通信技术和网络安全局、国际合作局、战略规划和通关手续便利局、风险监测评估局、基建和后勤保障局。

（二）地区海关管理局

乌兹别克斯坦国家海关委员会下设 15 个海关管理局，其中有 14 个管理局是按国家行政区划设立，具体包括：

1. 卡拉卡尔帕克斯坦共和国海关管理局。卡拉卡尔帕克斯坦位于乌兹别克斯坦共和国西北部的阿姆河沿岸，与土库曼斯坦和哈萨克斯坦接壤。

目前，卡拉卡尔帕克斯坦共和国海关管理局下设 8 个海关办事处，其中 5 个为边境口岸海关。位于乌兹别克斯坦和哈萨克斯坦边境的卡拉卡尔帕基亚铁路口岸和达乌特—奥塔公路口岸的监管业务较为繁忙。卡拉卡尔帕基亚铁路海关办事处对通过该口岸的货运班列和塔吉克斯坦铁路公司的过境列车进行监管，每天验放 4～5 列货运列车及其运载货物、3～4 列旅客列车、1700～1800 名旅客及其手提行李。达乌特—奥塔海关办事处每天监管验放 85～90 辆货车、80～90 辆小客车和 1100～1200 名旅客。

2. 安集延州海关管理局。安集延州位于乌兹别克斯坦费尔干纳盆地的东部。东北部和南部与吉尔吉斯斯坦接壤，面积 4200 平方千米，是乌兹别克斯坦面积最小的一个州，但人口密度却居全国之首。

安集延州海关管理局下设 7 个海关办事处，其中 4 个为边境海关。

3. 布哈拉州海关管理局。布哈拉州位于乌兹别克斯坦西南部，北与哈萨克斯坦接壤，南与土库曼斯坦相邻。

布哈拉州海关管理局内设 10 个处和 8 个组；下设 8 个海关办事处，其中

3 个为边境海关。

4. 吉扎克州海关管理局。吉扎克州位于乌兹别克斯坦东部，北部与哈萨克斯坦接壤，东南部与塔吉克斯坦相邻。

吉扎克州海关管理局内设 6 个处和 7 个组；下设 3 个海关办事处，其中 2 个为边境海关。

5. 卡什卡达里亚州海关管理局。卡什卡达里亚州位于乌兹别克斯坦南部，西部靠近土库曼斯坦，东部与塔吉克斯坦接壤。乌兹别克斯坦石油、天然气开采主要集中在这一地区。除油气资源外，卡什卡达里亚州还是产棉大区，其棉纱出口量最大的前 3 个国家依次为俄罗斯、中国和土耳其，在该州就有中国投资的棉纺企业。

卡什卡达里亚州海关管理局内设 10 个处和 9 个组；下设 9 个海关办事处。

6. 纳沃伊州海关管理局。纳沃伊州位于乌兹别克斯坦北部地区，北部与哈萨克斯坦共和国相邻。该州天然气和贵金属资源蕴藏丰富，采矿业和化工业较为发达。

纳沃伊州海关管理局下设 5 个海关办事处，其中 1 个为边境海关。

7. 纳曼干州海关管理局。纳曼干州位于乌兹别克斯坦东部，其北部地区与吉尔吉斯斯坦接壤，西部与塔吉克斯坦相邻。轻工业是该州工业的主要部门，食品、建材、机械制造、电力工业都比较发达。

纳曼干州海关管理局下设 5 个海关办事处，其中 4 个为边境海关。

8. 撒马尔罕州海关管理局。撒马尔罕州位于乌兹别克斯坦中心地区，其东南部与塔吉克斯坦接壤。该州首府撒马尔罕市是乌兹别克斯坦第二大城市，地处古丝绸之路的要冲，是中亚最古老的城市之一。

撒马尔罕州海关管理局下设 4 个海关办事处（包括撒马尔罕机场海关办事处）。业务辖区内有 11 个可运输进出口货物的铁路车站，12 个可以停放外方运输工具的汽车站和 1 个国际机场，以及 27 个用于存储进口货物的海关仓库（14 个开放型和 13 个封闭型）。2017 年，撒马尔罕州乌尔古特自由经济区正式创建。为了给进口替代产品和出口导向产品的生产企业创造便利条件，乌兹别克斯坦国家海关委员会计划在乌尔古特自由经济区专门设立海关办事处。

9. 苏尔汉河州海关管理局。苏尔汉河州位于乌兹别克斯坦东南部，东北部与塔吉克斯坦接壤，西南部与土库曼斯坦接壤，南部沿阿姆河与阿富汗相邻。农业是该州经济的支柱产业。

苏尔汉河州海关管理局下设 10 个海关办事处，其中 6 个为边境海关。其业务辖区与多国接壤，特别是与阿富汗相邻，毒品走私形势严峻。因此，打击毒品跨境走私是苏尔汉河州海关管理局的重要任务之一。

10. 锡尔河州海关管理局。锡尔河州位于乌兹别克斯坦锡尔河左岸，与哈萨克斯坦、塔吉克斯坦两国接壤。

锡尔河州海关管理局下设 7 个海关办事处，其中 2 个为边境海关。

11. 塔什干州海关管理局。塔什干州位于乌兹别克斯坦东部，在天山山脉和锡尔河之间，与哈萨克斯坦、塔吉克斯坦和吉尔吉斯斯坦相邻。塔什干州是乌兹别克斯坦经济最为发达的地区。

塔什干州海关管理局下设 16 个海关办事处，其中 9 个为边境海关。

12. 费尔干纳州海关管理局。费尔干纳州位于乌兹别克斯坦东部，费尔干纳盆地南部，南与吉尔吉斯斯坦接壤，西与塔吉克斯坦相邻。

费尔干纳州海关管理局下设 12 个海关办事处，其中 7 个为边境海关。

13. 花剌子模州海关管理局。花剌子模州位于乌兹别克斯坦西北部阿姆河下游左岸，西部和南部与土库曼斯坦接壤。该州面积最小，农业和旅游业发达。

花剌子模州海关管理局下设 5 个海关办事处，其中 3 个为边境海关。

14. 塔什干市海关管理局。塔什干市位于乌兹别克斯坦东部，是乌兹别克斯坦首都，塔什干州首府，中亚地区第一大城市和重要的经济文化中心，也是古丝绸之路上重要的商业枢纽之一。

塔什干市海关管理局下设 8 个海关办事处，其中克列斯和丘库尔塞 2 个铁路海关办事处属于边境海关。克列斯铁路海关主要针对进出乌兹别克斯坦的旅客及其铁路运输行李实施监管、查验并办理通关手续；丘库尔塞海关主要监管验放进出及过境乌兹别克斯坦的货运车厢和集装箱。此外，有 44 个国家的大使馆和外交使团，以及诸多国际组织的代表机构位于塔什干市，因此在该市设立了全国唯一的专门办理外交货物的海关办事处。

15. "塔什干—Avia"专门海关综合体。该综合体下设 2 个海关办事处：

（1）伊斯兰·卡里莫夫国际机场海关办事处。该机场日均进出境旅客为 6000~8000 名，机场海关办事处负责对航空旅客及其携带行李、私人空运货物及免税商店实施海关监管。

（2）Avia uklar 海关办事处：负责监管验放空运货物。

（三）附属机构

1. 海关学院。海关学院的前身是成立于 2003 年的高级军事海关学院。2018 年 11 月，根据乌兹别克斯坦总统"关于完善海关干部培训制度的措施"的命令，高级军事海关学院更名为"乌兹别克斯坦共和国海关委员会海关学院"，并确定为海关专业教育和培训机构。参照海关领域国际标准，学院开设了"海关事务""法学"本科专业，以及"海关事务""税法和海关法"硕士专业。本科生理论课学习时间为 3 年，在地区海关管理局实习 1 年。同时，海关学院开展海关关员在职培训，针对海关领导干部开设为期 3 个月的"海关管理"高级培训班。

2. 国家驯犬中心。乌兹别克斯坦国家海关委员会驯犬中心成立于 1996 年 10 月 24 日。该中心旨在培训专业驯犬员，并训练公务犬搜索毒品、武器、弹药、爆炸物、货币、烟草制品、植物及其种子、精神药物和烈性药物，以用于执行反恐、监视、警卫、搜救、探雷等任务。该中心经常与奥地利、法国、拉脱维亚、立陶宛、韩国、俄罗斯、比利时、美国和意大利等国专家交流驯犬实践经验。在国际合作项目框架内，中心承接外国驯犬专家的培训任务。2008 年，该中心被授予世界海关组织（WCO）区域驯犬中心。

根据规定，驯犬中心可向居民出售不适合服役的犬只，并按合同规定，向法人和个人提供有偿驯犬和安保服务，所得款项上缴驯犬中心发展基金。

五、海关法律体系

乌兹别克斯坦海关管理领域的基础性法律包括：

1.《乌兹别克斯坦共和国海关法典》（以下简称《乌兹别克斯坦海关法典》）；

2.《乌兹别克斯坦共和国海关机构法》；

3.《乌兹别克斯坦共和国关于反倾销税和反补贴税的保障措施法》；

4.《乌兹别克斯坦共和国对外经济活动法》。

此外，乌兹别克斯坦总统和政府颁布的一系列涉及海关管理的命令和决议属于海关领域的规范性法律文件，同样成为海关管理的法律依据。

六、历史沿革

1991 年 8 月 31 日，乌兹别克斯坦宣布脱离苏联独立。彼时，乌兹别克斯坦全境只有在铁尔梅兹（乌兹别克斯坦与阿富汗边境）和首都塔什干机场设有海关机构。

1991 年 9 月 26 日，乌兹别克斯坦共和国政府颁布命令，决定成立内务部商品物资出口国家监察局，阿布杜甘尼耶夫任局长，人员编制为 107 人。

1991 年 10 月 25 日，成立独立的海关委员会。

1992 年 8 月 12 日，在原海关委员会和内务部商品物资出口国家监察局的基础上成立新的海关委员会，阿布杜甘尼耶夫出任委员会主席。自 1994 年 1 月 1 日起，乌兹别克斯坦开始对进出境货物实施强制申报。1995 年，乌兹别克斯坦国家海关委员会开始对外发布进出口贸易统计信息。

1997 年 7 月 8 日，乌兹别克斯坦总统颁布命令，成立直属政府的海关委员会。海关首次被赋予国家执法机构地位，可以独立开展侦察调查活动。

1997 年 8 月，通过《乌兹别克斯坦海关进口税则》和《乌兹别克斯坦共和国海关机构法》。1998 年 3 月 1 日，《乌兹别克斯坦海关法典》正式实施，上述法律文件成为乌兹别克斯坦海关业务工作的法律基础。2002 年 7 月，基于世界海关组织《商品名称及编码协调制度》，开始使用《对外经济活动商品目录》。

2022 年 12 月，根据国家机构改革实施方案，原财政部、经济发展和减贫部、国家海关委员会、国家税务委员会合并成立乌兹别克斯坦经济和财政部，海关委员会成为其下设机构。

第三章　乌兹别克斯坦口岸管理

乌兹别克斯坦边境线总长 6221 千米，与哈萨克斯坦、吉尔吉斯斯坦、塔吉克斯坦、阿富汗、土库曼斯坦等国毗邻。

一、口岸管理体制

乌兹别克斯坦口岸管理工作由政府统管，政府负责提供财政和资源保障，制定并颁布《乌兹别克斯坦口岸条例》及其他口岸管理规范性法律文件，审核批准口岸开放，决定永久或临时关闭口岸，对各部委和地方政府在口岸管理领域的工作进行监督。

国家安全局、外交部、边防部队（边检）、内务部、海关委员会，以及实施国境监管的其他国家机构在各自职权范围内履行口岸管理的相关职能。

二、各相关国家机构职责

（一）国家安全局

1. 制定边境口岸管理制度，以确保国境监管部门正常开展工作；

2. 规定实施边境、海关和其他形式监管的总体流程，确定人员、运输工具抵离口岸和货物进出口的规范性程序；

3. 制定口岸区域内开展经营活动的规定；

4. 管理边防部队（边检）；

5. 按规定程序制定并实施反走私措施。

（二）外交部

1. 牵头相关部委对口岸开放进行可行性研究；

2. 组织涉及口岸开放的国际条约谈判；

3. 办理乌兹别克斯坦公民、外国公民和无国籍人员进出乌兹别克斯坦国境的文件；

4. 按照规定程序解决边境事件。

（三）边防部队（边检）

1. 维护乌兹别克斯坦边境和口岸制度，对口岸管理制度的执行情况进行监督；

2. 与有关部门和运输组织共同确定运输工具在口岸停靠的地点和时间；

3. 按照规定程序对进出境人员、运输工具和货物实施边境监管；

4. 及时查明人员、运输工具和货物可能违反进出境规定的先决条件；

5. 按照规定程序查获和扣押进出境走私物品，以及其他非法运输的货物、物品及运输工具；

6. 分析口岸形势，预测边境口岸通行量的变化趋势；

7. 参与制定并落实完善口岸工作的建议；

8. 参与制订和批准进出境技术方案和相关合作计划。

（四）内务部

1. 协助边防部队（边检）实施国家边境保护措施；

2. 参与边境口岸邻近地区的治安管理工作；

3. 向边防部队（边检）通报边境地区的治安状况；

（五）海关委员会

1. 对边境口岸管理制度的执行情况进行监督；

2. 在边境口岸对进出境人员、运输工具和货物实施海关监管并办理通关手续；

3. 制定和实施打击走私和其他违反海关法律的措施；

4. 在职权范围内，协助边防部队（边检）保卫边境；

5. 分析口岸形势，预测边境口岸通行量的变化趋势；

6. 就边境口岸制度提出建议，参与制定并落实完善口岸工作的建议；

7. 参与制订和批准进出境技术方案和相关合作计划。

（六）实施边境监管的其他国家机构

1. 实施边境卫生检疫、动植物检疫和其他形式的国家监管；

2. 在职权范围内参与对进出境人员、运输工具和货物的监管；

3. 必要时，在边境口岸设立机构并开展业务工作；

4. 在职权范围内，协助边防部队（边检）保卫边境。

此外，乌兹别克斯坦设有口岸管理机构，具体负责与边境监管部门协商确定口岸的一般工作程序（开始和结束时间，休息时间，人员、运输工具、货物的通关时间表），以及管理口岸区域的经营性活动，但不具有协调各监管部门的职责。

三、口岸分类

（一）按类别分

1. 公路（步行）口岸；
2. 铁路口岸；
3. 河运口岸；
4. 航空口岸。

（二）按地位分

1. 国际口岸，是指乌兹别克斯坦本国和外国人员、货物和运输工具均可通过的口岸；

2. 双边口岸，是指只有乌兹别克斯坦本国和对应邻国人员、货物和运输工具可以通过的口岸；

3. 简易口岸，是指乌兹别克斯坦和对应邻国公民步行通过的口岸。简易口岸的工作程序由两国边检、海关部门协商确定。

（三）按工作制度分

1. 全天通行口岸；
2. 日间通行口岸。其工作时间由两国边检部门确定。

四、口岸开放程序

（一）提交口岸开放建议

口岸开放发起方向乌兹别克斯坦政府提交口岸开放建议，并附以下材料：
1. 口岸开放的理由、依据及实际意义；
2. 财务、经济及其他影响评估。

（二）口岸开放的可行性研究

1. 政府初审同意后，转至外交部牵头研究。
2. 外交部、国家安全局边防部队、海关委员会会同其他相关部委具体研究口岸开放的可行性。

3. 研究材料应附：

（1）口岸开放可行性、预计通行能力和开放日期的说明；

（2）设计、建造（包括改扩建）、设备、技术装备，建筑物、场所、口岸设施维护，运输、工程和基础设施建设的资金来源和预计财务成本；

（3）地方政府对在其行政区域内设立口岸的意见。

4. 根据研究结果，外交部会同相关部委召开联席会议，并将会议决定及相关文件提交政府。

（三）外交磋商及签署国际条约

1. 经政府审核同意后，外交部与国家安全局边防部队、海关委员会共同拟定相关国际条约草案，并报请政府和总统安全理事会办公室审核同意后提交外方研究。

2. 外交部与拟开放口岸对应邻国开展专家级会谈。特殊情况下根据双方对等原则，国家安全局边防部队和海关委员会的相关授权代表参加谈判。

3. 根据谈判结果形成正式议定书，并按规定程序履行国内审批程序。

4. 双方签署口岸开放国际条约。

5. 政府在媒体上发布关于口岸开放的决议，并注明口岸类别。

（四）口岸建设及验收

1. 口岸开放发起方在其职权范围内负责口岸建设工作。

2. 口岸建设竣工并完成技术设备安装后，由口岸开放发起方、相关部委和地方政府代表组成的跨部门委员会组织口岸验收。

（五）口岸开通

1. 外交部向有关国家，外国驻乌外交代表机构、领事机构，相关国际组织和本国驻外代表机构、领事机构通报关于口岸开放的决定及口岸类别，以及人员、运输工具、货物通过该口岸进出境的程序和规定。

2. 依照国际条约及政府命令开通口岸。

五、口岸财政、物资和技术保障

1. 由国家机构建议开放口岸的建设费用，设备和技术装备费用，由国家预算以及法律未禁止的其他资金来源承担。

2. 口岸投入运行后，按规定向国家监管部门提供工作和生活场所，以及实施相关监管所需的技术设备和专门场地。

3. 为口岸配备监管技术设备及其使用和维护费用，由国家预算及法律未禁止的其他资金来源承担。

4. 口岸维护和运营费用，由口岸资产所有人承担。国家监管部门无偿使用口岸场所和技术设备。

六、口岸关闭程序

（一）国际条约生效或单边决定

乌兹别克斯坦加入的关于终止跨境运输国际条约生效，或者乌兹别克斯坦单边决定终止航空口岸运行，在提前通知外方后可关闭口岸。

（二）临时关闭口岸

1. 在以下情形下，依照政府决定并按规定程序提前照会外方，可以暂时中止人员、运输工具、货物进出境：

（1）为确保乌兹别克斯坦国家安全；

（2）出现紧急情况、自然灾害、技术故障或其他情形，导致运输中断或口岸监管部门无法运行；

（3）因卫生检疫、动植物检疫原因；

（4）在口岸区域内进行建设施工。

2. 边境发生紧急情况时，经商总统办公厅同意，由国家安全局局长发布决定，暂时停止人员、运输工具和货物进出境。该决定必须通报外交部、海关委员会，以及其他相关部委。

附件 1：

乌兹别克斯坦与邻国关境口岸清单

乌兹别克斯坦—哈萨克斯坦关境口岸清单

公路口岸	乌兹别克斯坦		哈萨克斯坦		口岸地位	工作制度
	口岸名称	地点	口岸名称	地点		
1	达乌特—奥塔	卡拉卡尔帕克斯坦共和国	塔任	曼吉斯套州	国际	全天
2	吉什特—库普里克	塔什干州	日别克 若雷	南哈萨克斯坦州	国际	全天

附件 1 续 1

公路口岸	乌兹别克斯坦		哈萨克斯坦		口岸地位	工作制度
	口岸名称	地点	口岸名称	地点		
3	亚尔拉马	塔什干州	布孔内斯巴耶瓦	南哈萨克斯坦州	国际	全天
4	赞吉奥塔	塔什干州	卡普兰别克	南哈萨克斯坦州	国际	全天
5	塔什干	塔什干州	卡济古尔特	南哈萨克斯坦州	国际	全天
6	古利斯坦	锡尔河州	阿塔梅肯	南哈萨克斯坦州	国际	全天
7	阿克阿尔滕	锡尔河州	采林尼	南哈萨克斯坦州	双边	日间
8	马利克	锡尔河州	锡尔河	南哈萨克斯坦州	双边	日间
铁路口岸	口岸名称	地点	口岸名称	地点	口岸地位	工作制度
1	卡拉卡尔帕基亚	卡拉卡尔帕克斯坦共和国	奥阿济斯	曼吉斯套州	国际	全天
2	克列斯	塔什干	萨雷—阿加什	南哈萨克斯坦州	国际	全天
3	锡尔达里亚	锡尔河州	马克塔阿拉尔	南哈萨克斯坦州	国际	全天

乌兹别克斯坦—吉尔吉斯斯坦关境口岸清单

公路口岸	乌兹别克斯坦		吉尔吉斯斯坦		口岸地位	工作制度
	口岸名称	地点	口岸名称	地点		
1	杜斯特利克	安集延州	多斯图克	奥什州	国际	全天
2	汉诺巴德	安集延州	别卡巴德	贾拉拉巴德州	国际	全天
3	马丹尼亚特	安集延州	马丹尼亚特	贾拉拉巴德州	国际	全天
4	乌兹别克斯坦	费尔干纳州	基济尔—基亚	佐特肯维洛亚季	双边	全天
5	乌奇库尔干	纳曼干州	肯赛	贾拉拉巴德州	国际	全天
6	明格捷帕	安集延州	卡拉—巴吉什	奥什州	双边	日间
7	卡桑赛	纳曼干州	拜马克	贾拉拉巴德州	双边	日间
8	普什蒙	安集延州	塞季库姆	贾拉拉巴德州	简易	日间
9	克斯坎涅尔	安集延州	因季马克	奥什州	双边	日间
10	卡拉库尔甘	纳曼干州	苏姆萨尔	贾拉拉巴德州	简易	日间

附件1 续2

铁路口岸	口岸名称	地点	口岸名称	地点	口岸地位	工作制度
1	库瓦赛	费尔干纳州	基济尔—基亚	基济尔—基亚市	国际	全天
2	萨瓦伊	安集延州	卡拉—苏夫	奥什州	国际	全天
3	汉纳巴德	安集延州	贾拉尔—阿巴德	贾拉拉巴德州	国际	全天
4	乌奇库尔甘	纳曼干州	沙马尔季赛	贾拉拉巴德州	双边	全天

乌兹别克斯坦—土库曼斯坦关境口岸清单

公路口岸	乌兹别克斯坦		吉尔吉斯斯坦		口岸地位	工作制度
	口岸名称	地点	口岸名称	地点		
1	阿拉特	布哈拉州	法拉普	列巴普斯州	国际	全天
2	塔利马尔占	卡什卡达廖维洛亚季	捷利梅尔占	列巴普斯州	双边	日间
3	友谊	花剌子模州	加佐贾克	列巴普斯州	国际	日间
4	沙瓦特	花剌子模州	达绍古兹	达绍古兹州	国际	日间
5	胡贾伊利	卡拉卡尔帕克斯坦共和国	昆尼亚—乌尔根奇	达绍古兹州	国际	日间

铁路口岸	口岸名称	地点	口岸名称	地点	口岸地位	工作制度
1	巴尔德尔	苏尔汉河州	阿克达里亚	列巴普斯州	国际	全天
2	塔利马尔占	卡什卡达里亚州	捷利梅尔占	列巴普斯州	国际	全天
3	胡贾达夫拉特	布哈拉州	法拉普	列巴普斯州	国际	全天
4	皮特纳克	花剌子模州	加佐贾克	列巴普斯州	国际	全天
5	沙瓦特	花剌子模州	达绍古兹达绍古兹市	国际	全天	
6	奈曼库利	卡拉卡尔帕克斯坦共和国	加尔金尼什	达绍古兹州	国际	全天
7	朱穆尔陶	卡拉卡尔帕克斯坦共和国	古巴达格	达绍古兹州	国际	全天

附件 1 续 3

乌兹别克斯坦—塔吉克斯坦关境口岸清单

公路口岸	乌兹别克斯坦		塔吉克斯坦		口岸地位	工作制度
	口岸名称	地点	口岸名称	地点		
1	古尔巴霍尔	苏尔汉河州	艾瓦季	哈特隆州	国际	全天
2	萨里阿西亚	苏尔汉河州	布拉茨特沃	图尔松扎德图曼尼	国际	全天
3	奥伊别克	塔什干州	法捷哈巴德	索格特州	国际	全天
4	安达尔汉	费尔干纳州	帕塔尔	索格特州	国际	全天
5	贾尔捷帕	撒马尔罕州	萨拉兹姆	索格特州	国际	全天
6	拉瓦特	费尔干纳州	拉瓦特	索格特州	双边	日间
7	别卡巴德	锡尔河州	哈什季亚克	索格特州	双边	日间
8	波普	纳曼干州	纳夫本尼奥德	索格特州	双边	日间
9	普洛京纳	塔什干州	库什捷吉尔曼	索格特州	双边	日间
10	哈瓦萨巴德	锡尔河州	扎法拉巴德	索格特州	双边	日间
11	乌奇图尔甘	吉扎克州	哈沃托格	索格特州	双边	日间
12	库什肯特	吉扎克州	乌拉—捷帕	索格特州	双边	日间
铁路口岸	口岸名称	地点	口岸名称	地点	口岸地位	工作制度
1	安达尔汉	费尔干纳州	坎尼巴达姆	索格特州	国际	全天
2	别卡巴德	塔什干州	那乌	索格特州	国际	全天
3	阿穆—赞格	苏尔汉河州	霍沙季	哈特隆州	国际	全天
4	乌尊	苏尔汉河州	帕赫塔阿巴德	图尔松扎德区	国际	全天

附件 2：

乌兹别克斯坦公路口岸运输工具收费服务项目清单

1. 乌境内移动运营商提供的通信服务。
2. 餐饮和卫生防疫。
3. 免税店商品零售。
4. 为旅客提供手推车租赁。
5. 口岸区域内旅客及其货物的运输服务。

6. 车辆简单维修，疏散口岸过境车辆。

7. 少量手提行李的保管。

8. 运输货物的装载、卸载和换装。

9. 翻译服务。

10. 服务场所（可以在房间内填写旅客报关单和移民卡，提供各种电脑，配备传真和互联网）。

11. 出租车叫车服务。

第四章　乌兹别克斯坦海关管理

第一节　概　述

乌兹别克斯坦海关依照《乌兹别克斯坦海关法典》等相关海关法律文件，对进出关境货物、物品及运输工具实施海关监管。

一、海关法律的时间效力

在海关事务中，适用海关接受报关单及其他文件之日有效的海关法律。

海关法律一般情况下不具有溯及力，仅适用于其生效之后产生的法律关系，但取消海关税费、降低海关税率、消除或减轻违法责任等方面的海关立法规定具有溯及力。

海关法律自正式公布之日起生效，如果未明确规定较晚的生效日期。

海关违法责任适用于海关违法行为实施之日有效的海关法律。

二、对外经济活动参与者的优先权

对海关法律中所有无法解决的矛盾和含糊不清之处，应从有利于对外经济活动参与者的角度进行法律解释。

三、对货物和/或运输工具进出关境的限制措施

基于履行国际义务和保护国内市场的需要，以及依法对危害乌兹别克斯坦利益的外国及其联盟的歧视性或其他行为所采取的反制措施，可以限制货物和/或运输工具进出关境。承运人或其他利害关系人因执行此限制措施而产生的费用，海关不予补偿。

四、禁止货物和运输工具进出关境

为维护国家安全，保护公共秩序、自然环境、人类生命和健康，维护民

族尊严和精神财富，保护文物，保护知识产权在内的所有权及消费者利益，依照乌兹别克斯坦法律及其加入的国际条约，可以禁止部分货物和/或运输工具进出关境。

五、通关程序

通关是指海关工作人员实施海关作业的总和，以确保海关对进出关境的货物和运输工具实施监管。

海关及其工作人员在实施海关监管和办理通关业务时，无权设立法律未规定的禁止和限制措施。

（一）通关程序的适用

进出关境的货物和运输工具，不论其原产地、起运地或指运地，以及进出关境的目的及在关境内的用途，均需办理通关手续。

（二）通关程序的确定

1. 依据进出关境的货物类别、运输方式及运输工具类型确定通关程序。

2. 申报人或被授权人（权利人）①，按照所选择的监管方式办理运输工具和货物的通关手续。

（三）办理通关手续的地点和时间

1. 应当在海关所在地和海关工作时间内办理通关手续。

2. 根据申报人或权利人要求并承担相关费用，可以在海关工作地点以外的其他地点和非海关工作时间办理通关手续。

（四）通关程序的开始和终止

1. 通关程序自向海关提交相关货物和/或运输工具的文件之时开始。

2. 当海关与申报人或权利人之间有关确定并适用货物监管方式和/或终止该监管方式、计征海关税费或执行《乌兹别克斯坦海关法典》规定的其他措施的关系结束时，通关即告终止。

3. 在接受报关单和提交所需文件和资料之日起 3 个工作日内，海关应对所提交文件进行审核，并办理货物和/或运输工具的通关手续。上述期限不包

---

① 被授权人系指货物和/或运输工具的所有人，或根据海关立法规定对货物和/或运输工具拥有权利的人，或根据有关合同或委托代表其所有人行使权利的人，以下统称"权利人"。

括其他国家机构对货物和/或运输工具实施监管所需的时间。

第二节　海关监管方式

一、海关监管方式的分类

根据货物进出关境的目的，申报人从以下海关监管方式（本篇中以下简称"监管方式"）中选择确定一种，并依据该监管方式的规定办理通关手续：

1. 出口；
2. 复出口；
3. 暂时出口；
4. 关境外加工（境外加工）；
5. 放行供自由流通（进口）；
6. 复进口；
7. 暂时进口；
8. 关境内加工（境内加工）；
9. 临时存储；
10. 海关仓库；
11. 自由仓库；
12. 自由关税区；
13. 免税贸易；
14. 海关转运；
15. 销毁；
16. 放弃收归国有。

二、监管方式的基本规定

（一）出口

1. 概述

出口，是指乌兹别克斯坦货物出口至关境外，不附加复运进境的义务。

2. 适用要求和条件

适用出口监管方式的货物应当符合以下要求和条件：

（1）缴纳海关税费并遵守经济政策措施。

（2）放行货物实际出境时，除正常运输和/或存储条件下因自然磨损或损耗而发生的变化外，货物应当保持报关单登记之日的状态不变。

3. 出口货物通关所需的文件

对适用出口监管方式的货物，其通关所需的文件清单，由乌兹别克斯坦政府制定。

如果货物出口需相关许可文件，海关自行在其信息系统中检索是否具有此类许可文件。

（二）复出口

1. 概述

复出口，是指此前进入关境的货物，或适用境内加工监管方式的加工产品，从关境出口时不缴纳关税和环节税，且不适用经济政策措施，并依照《乌兹别克斯坦海关法典》相关规定，返还其进口时缴纳的关税和进口环节税。

2. 适用要求和条件

适用复出口监管方式的货物，应当符合以下要求和条件：

（1）海关可以对货物或其加工产品进行识别。

（2）适用境内加工或暂时进口监管方式的货物复出口，须经海关依照法律规定核发许可。

（3）适用复出口监管方式的货物，应不晚于报关单受理之日起 6 个月从关境实际出口。

（4）因事故或不可抗力而损坏或变质的货物，其复出口须经授权机构确认。

（5）此前适用放行供自由流通（进口）监管方式的货物，适用复出口监管方式，需同时满足以下要求和条件：

① 合同（条约、协议）条款未履行完毕；

② 货物未在关境内使用和修理，未发现其缺陷而使用货物的情形除外；

③ 货物保持原状不变。

3. 适用复出口监管方式所需的文件

为使货物适用复出口监管方式，申报人应当向海关提交货物报关单及其随附单证。

对于需要相关许可文件方可复出口的货物，海关自行在其信息系统中检索是否具有此类许可文件。

4. 海关税费规定

（1）对于适用复出口监管方式的货物，免征关税和环节税。

（2）对于此前适用放行供自由流通（进口）监管方式的货物，复出口时返还已缴纳的关税和进口环节税，但应同时满足以下要求和条件：

① 货物自申报放行供自由流通（进口）之日起 2 年内复出口；

② 货物未在关境内使用和修理，未发现其缺陷而使用货物的情形除外；

③ 如果货物适用放行供自由流通（进口）监管方式，且在规定的期限内未实际出口，则应缴纳关税和进口环节税。

（三）暂时出口

1. 概述

暂时出口，是指对关境内的自由流通货物出口至关境外临时使用，有条件免除关税和环节税，且不适用经济政策。

依据海关发放的许可，办理货物的暂时出口。

2. 适用要求和条件

适用暂时出口监管方式的货物，应当符合以下要求和条件：

（1）海关可以对暂时出口货物进行识别；

（2）海关信息系统中具有相关授权机构的许可，如果货物应当接受该机构监管；

（3）货物适用暂时出口监管方式的主体，必须是乌兹别克斯坦的法人、自然人，或在授权国家机构认证的外国人；

（4）从关境内暂时出口的货物必须保持原状不变。

3. 不得适用暂时出口监管方式的货物

禁止以下货物从乌兹别克斯坦关境暂时出口：

（1）废碎料；

（2）电力、水、管道输送货物（石油、天然气）和燃料；

（3）按配额出口的货物；

（4）消耗品及消耗品样品、原材料、半成品、食品、无酒精饮料、酒精和烟草制品；

（5）一次性产品。

对于暂时出口的货物，由办理其通关手续的海关负责监管。

4. 适用暂时出口监管方式所需的文件

为使货物适用暂时出口监管方式，申报人应当向海关提交货物报关单及其随附单证。

对于需要相关许可文件方可暂时出口的货物，海关自行在其信息系统中检索是否具有此类许可文件。

5. 暂时出口期限

货物的暂时出口期限为确定货物适用暂时出口监管方式之日起 2 年。根据权利人申请，海关可将以下货物的暂时出口期限延长至 2 年以上：

（1）运至乌兹别克斯坦在外国领土设立的外交和领事机构使用的货物；

（2）依据乌兹别克斯坦法人与外国法人、自然人之间签订的租赁合同暂时出口，并按照该合同的期限确定暂时出口期限的铁路、航空运输工具及其备件和运输服务设备；

（3）依据融资租赁合同出口，并按照租赁合同期限确定暂时出口期限的货物；

（4）根据货物（工程和服务）出口合同条款，在保修期内为维修和消除缺陷而出口的货物（拟留在关境外的货物除外）；

（5）依照乌兹别克斯坦共和国政府决议，确定延长暂时出口期限的货物。

应当在暂时出口监管方式的有效期限内，向海关申请延长货物的暂时出口期限。按照发放货物适用暂时出口监管方式许可规定的程序，延长货物的暂时出口期限，无须向海关实际呈验货物。

权利人向海关申请延长货物的暂时出口期限，不会中断或中止货物暂时出口的期限。

延长货物暂时出口期限时，无须另行提交报关单。

6. 使用权和/或处置权的转让

（1）在暂时出口的有效期内，允许将暂时出口货物的使用权和/或处置权转让给乌兹别克斯坦其他法人或自然人，或在授权国家机构认证的外国人。

（2）依据海关许可，自海关接受权利人提交的暂时出口货物报关单之时起，无须向海关实际呈验货物，该货物的使用权和/或支配权视为已转让。

（3）适用暂时出口监管方式货物使用权和/或支配权的转让，不改变其暂时出口期限。

7. 暂时出口监管方式的终止

（1）暂时出口货物应在暂时出口期限内复运进境。

（2）权利人可以选择其他监管方式将货物留在关境外，以终止暂时出口监管方式，但海关立法规定暂时出口货物必须复运进境的情形除外。在此情形下，准予终止暂时出口监管方式，并无须向海关实际呈验货物。

（3）当暂时出口监管方式变更为出口监管方式时，应当按照货物适用暂时出口监管方式之日确定的完税价格和数量，以及海关对适用出口监管方式的报关单进行登记之日确定的关税和环节税税率，确定变更监管方式货物的完税价格、数量及关税和环节税税率。

（4）如果规定期限内未终止暂时出口监管方式，则根据货物出口时的完税价格和/或数量，以及申请货物适用暂时出口监管方式当日实施的关税和环节税税率，对该货物计征关税和环节税。

（5）如果出现以下情形，应准予不按规定期限终止暂时出口监管方式：

① 因事故或不可抗力造成货物损毁或无法挽回的损失；

② 因货物所在国机构的决定，或其工作人员的行为（不作为），而导致权利人丧失货物所有权。

在上述情形下，规定期限内暂时出口货物未复运进境，无须承担违反暂时出口规定的责任。

在外国领土上出现货物损毁或灭失的情形，应由乌兹别克斯坦驻该国外交或领事机构或上述情形发生地的授权国家机构予以确认。

（四）关境外加工（境外加工）

1. 概述

（1）境外加工，是指乌兹别克斯坦货物出口到关境外进行加工后复运进境。

（2）对于按境外加工监管方式出口的货物，适用有条件免征关税和环节税，且不适用经济政策措施，但《乌兹别克斯坦海关法典》规定的禁止和限制措施除外。

（3）依据海关发放的境外加工许可，确定货物适用境外加工监管方式。

2. 适用要求和条件

如果符合以下要求和条件，允许在关境外对货物进行加工：

（1）海关可以在其加工产品中对出口货物进行识别；

（2）海关信息系统中具有相关授权部门许可，如果货物应当接受该部门监管；

（3）经济技术基础参数与实际加工过程相符；

（4）货物加工作业符合《乌兹别克斯坦海关法典》规定的境外加工作业要求。

3. 不得适用境外加工监管方式的情形

（1）如果货物出口有理由要求返还已缴纳的关税和环节税税款、免税或已获得出口时提供的款项。

（2）此前适用放行供自由流通（进口）且有条件免征海关税费的货物，在该条件有效期结束之前。但出口上述货物以进行维修，包括修复、更新、更换、恢复损坏或磨损的部件（元件），以及消除缺陷的情形除外。

（3）如果合同条款或经济技术基础参数发生变化，应当提交新的境外加工许可申请。在此情形下，如果合同中只涉及法人改制，法人名称或地点

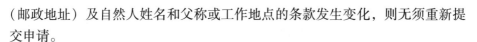

（邮政地址）及自然人姓名和父称或工作地点的条款发生变化，则无须重新提交申请。

4. 适用境外加工监管方式所需的文件

为使货物适用境外加工监管方式，申报人应当向海关提交货物报关单及其随附单证。

对于必须具有相关许可文件方可在关境外加工的货物，海关自行在其信息系统中检索是否具有此类许可文件。

5. 境外加工期限

（1）境外加工许可的有效期为 2 年。

取得境外加工许可的人，有权在该许可到期前依照《乌兹别克斯坦海关法典》相关规定终止此监管方式。

（2）对于需要较长加工时间的部分货物，根据权利人申请，海关可将境外加工许可的有效期延长至 2 年以上。延长境外加工许可期限的申请应在不晚于许可到期前 1 个月向海关提交。延长许可有效期按照发放许可的规定程序办理。

（3）境外加工许可的有效期和加工期限，应当自确定货物适用境外加工监管方式之日开始计算，如果货物系分批出口，则从第一批货物适用境外货物加工监管方式之日开始计算。

（4）权利人向海关申请延长境外加工期限，不中断或中止该许可规定的货物加工期限。

如果海关拒绝延长境外加工许可期限，依照《乌兹别克斯坦海关法典》相关规定，适用境外加工监管方式的货物应当申请适用其他监管方式。

6. 境外加工监管方式的终止

（1）加工产品应当在货物加工期限内复运进境，或依照法律规定终止境外加工监管方式。

（2）对于从关境出口的货物或其剩余料件，可以采取以下方式之一终止境外加工监管方式：

① 货物或其剩余料件适用复进口监管方式；

② 如果符合《乌兹别克斯坦海关法典》规定的要求和条件，货物或其剩余料件适用出口监管方式，并无须向海关实际呈验货物，但海关立法规定出口货物或其剩余料件必须复进口的情形除外。

（3）如果加工产品未复运进境，则视为出口至关境外的加工货物适用出口监管方式，按照该货物确定适用境外加工监管方式当日实施的税率，对其征收关税和环节税。

7. 对适用境外加工监管方式的禁止和限制规定

乌兹别克斯坦政府可以规定：

（1）对特定类别货物不允许进行境外加工的情形；

（2）对特定类别货物在境外限制部分加工作业；

（3）对境外加工货物实施数量限制。

（五）放行供自由流通（进口）

1. 概述

放行供自由流通（进口），是指进口货物放行后在关境内自由流通，无须复运出境。

2. 适用要求和条件

在缴纳海关税费和遵守经济政策措施的前提下，货物适用放行供自由流通（进口）监管方式，并取得在关境内自由流通的货物地位。

如果符合法律规定的其他要求和条件，货物可以适用放行供自由流通（进口）监管方式。

3. 适用监管方式所需的文件

对于适用放行供自由流通（进口）监管方式的货物，办理通关手续所需的文件清单，由乌兹别克斯坦政府制定。

对于必须具有相关许可文件方可进口的货物，海关自行在其信息系统中检索是否具有此类许可文件。

（六）复进口

1. 概述

复进口，是指此前从关境出口的货物，在法律规定期限内复运进口至关境内，无须缴纳关税和进口环节税，也不适用经济政策措施。对适用复进口监管方式的货物应当视为放行供自由流通（进口）的货物。

2. 适用复进口监管方式的许可

依据海关发放的许可，确定货物适用复进口监管方式。

适用境外加工监管方式的货物复运进境，无须取得适用复进口监管方式的许可。

3. 税费规定

货物适用复进口监管方式时，如果复进口货物是由出口货物的同一个人或其法定继承人进口的，则按照《乌兹别克斯坦海关法典》规定的程序，对实际复运进境的货物退还其出口时缴纳的关税和环节税税款。

货物复进口时，权利人应当按照法律规定的程序，返还货物从关境出口时的获得的补贴或其他优惠。

4. 适用要求和条件

（1）货物适用复进口监管方式需符合以下要求和条件：

① 货物从关境内出口时，应当具备关境内自由流通地位。

② 应当自货物适用与出口相关的监管方式之时起 3 年内，申请对其适用复进口监管方式：对于暂时出口货物，应在规定的暂时出口期限内申请适用复进口监管方式；对于境外加工货物的剩余料件，应在规定的加工期限内申请适用复进口监管方式。在此情形下，货物进境日期视为其进口日期，对适用与出口相关的监管方式，办理报关单日期视为货物出口日期。

③ 货物复进口时应当保持原状，但因自然磨损或正常运输、存储或使用（操作）条件下的损耗所造成的变化除外。

④ 货物适用复进口监管方式之前，对其可以进行包括小型维修在内等不增加货物本身价值的各种维修作业，以保持其正常状态，但大修和更新升级除外。

⑤ 对于部分损坏或状态恶化的货物，适用复进口监管方式需证明是由事故或不可抗力导致此变化。

⑥ 海关可以对货物进行识别。

（2）此前按照出口监管方式出口的货物，可以适用复进口监管方式，但必须同时满足以下条件：

① 合同条款未履行；

② 货物未在关境外使用或维修，未发现货物缺陷或其他构成货物退运原因而必须使用货物的情形除外；

③ 考虑到自然磨损因素，货物应当保持原状，但发现其缺陷的情形除外。

5. 适用复进口监管方式所需的文件

为使货物适用复进口监管方式，申报人应当向海关提交货物报关单及其随附单证。

对于必须具有相关许可文件方可复运进口的货物，海关自行在其信息系统中检索是否具有此类许可文件。

（七）暂时进口

1. 概述

（1）暂时进口，是指货物进口至关境内并在规定期限内临时使用，对其有条件免除海关税费或定期缴纳海关税费，且不适用经济政策措施。

（2）依据海关发放的许可，确定货物适用暂时进口监管方式。

2. 适用要求和条件

货物适用暂时进口监管方式需符合以下要求和条件：

（1）海关可以对暂时进口货物进行识别。

（2）海关信息系统中具有相关授权机构的许可，如果货物应当接受该机构的监管。

（3）暂时进口货物应当保持原状。准予对暂时进口货物进行小型维修、技术维护和其他保持货物良好状态所需且不会使货物相比其适用暂时进口监管方式时价值增加的作业，但大修和升级更新除外。

在符合《乌兹别克斯坦海关法典》规定要求和条件的前提下，此前适用其他监管方式的货物，可以适用暂时进口监管方式。

3. 不得适用暂时进口监管方式的货物

以下货物不得适用暂时进口监管方式：

（1）乌兹别克斯坦禁止进口的货物；

（2）废碎料；

（3）电力、水、管道输送货物（石油、天然气）和燃料；

（4）消耗品及消耗品样品、原材料、半成品；

（5）乌兹别克斯坦法人和自然人进口的机动车辆，但国际货运车辆，以及乌兹别克斯坦法律和国际条约有不同规定的情形除外。

暂时进口货物由办理其通关手续的海关负责监管。

4. 适用暂时进口监管方式所需的文件

为使货物适用暂时进口监管方式，申报人应当向海关提交货物报关单及其随附单证。

对于必须具有相关许可文件方可暂时进口的货物，海关自行在其信息系统中检索是否具有此类许可文件。

5. 暂时进口期限

暂时进口期限为确定货物适用暂时进口监管方式之日起 2 年。取得货物暂时进口许可的人，有权依照《乌兹别克斯坦海关法典》相关规定，在该许可到期前终止暂时进口监管方式。

根据权利人申请，海关可将以下货物的暂时进口期限延长至 2 年以上：

（1）为保障乌兹别克斯坦境内的外国外交机构和领事机构及其同等机构正常运转而进口的货物；上述机构的外交人员和行政技术人员及其在乌兹别克斯坦境内无经常居住地的家庭成员进口的个人自用货物；外国特派记者和大众媒体记者站为满足自身需要进口的运输工具；按照前述代表机构存续和人员任职时间，由乌兹别克斯坦授权机构发放此类货物的暂时进口许可，并根据其任职期限延长许可期限；

（2）依据乌兹别克斯坦法人与外方签订的租赁合同暂时进口，并按照租赁合同期限确定暂时进口期限的铁路、航空运输工具及其备件和运输服务设备；

（3）依据融资租赁合同暂时进口，并按照租赁合同期限确定暂时进口期限的货物；

（4）依照乌兹别克斯坦所加入的国际条约暂时进口，并按照该国际条约的有效期确定暂时进口期限的货物；

（5）依据产品分成协议和地质勘探协议暂时进口，并按照该协议的有效期确定暂时进口期限的货物；

（6）已足额分期缴纳海关税费的货物；

（7）因优惠有效期结束，或其所有权转让他人而需要在暂时进口期限内分期缴纳海关税费的货物；

（8）依据列入乌兹别克斯坦国家发展计划的投资项目而暂时进口，并按照投资期限确定暂时进口期限的货物；

（9）依据货物（作业和服务）进口合同条款，在保修期内为维护保养和消除缺陷而暂时进口，并按照其保修期确定暂时进口期限的货物；

（10）乌兹别克斯坦政府单独规定更长暂时进口期限的货物。

应当在暂时进口有效期内，向海关申请延长暂时进口期限。按照发放暂时进口许可规定的程序，延长暂时进口期限。

权利人申请海关延长暂时进口期限，不会中断或中止暂时进口期限。

申请延长暂时进口期限，无须另行提交报关单。

6. 有条件免征关税和进口环节税

对部分暂时进口货物适用有条件免征关税和进口环节税。此类货物的清单和免征条件，以及暂时进口货物关税和进口环节税缴纳优惠的有效期，由乌兹别克斯坦政府制定。

7. 对使用权和/或处置权的限制措施

对于暂时进口货物，只能由确定其适用暂时进口监管方式的人，对其进行使用和/或处置。

在暂时进口监管方式终止之前，准予将暂时进口货物的使用权和/或处置权转让他人，但其需向海关书面保证将继续履行暂时进口监管方式规定的义务。

将暂时进口货物转让他人，不中止或延长最初规定的暂时进口期限。

8. 中止暂时进口监管方式

在以下情形下，中止暂时进口监管方式：

（1）暂时进口货物被扣押和被收缴期间；

（2）暂时进口货物适用临时存储和海关仓库监管方式期间。

中止期满后，暂时进口监管方式的效力应予恢复。

9. 终止暂时进口监管方式

货物暂时进口期限届满次日前，应将其复运出境，或确定其适用其他监管方式，以终止暂时进口监管方式。

如果因事故或不可抗力导致货物灭失或造成无法挽回的损失，或因乌兹别克斯坦国家机构的决定而丧失货物所有权，应当具有相关授权国家机构出具的证明文件，以免除在规定期限内未终止暂时进口监管方式的责任。

（八）关境内加工（境内加工）

1. 概述

（1）境内加工，是指货物进口至关境内进行加工，有条件免征关税和进口环节税，并以加工产品的形式出口。

（2）除《乌兹别克斯坦海关法典》规定的禁止和限制措施以外，货物进口至关境内加工不适用任何经济政策措施。

（3）对外国货物实施境内加工作业时，允许使用包括外国人购买的乌兹别克斯坦货物，对该货物无须按照境内加工监管方式管理。

（4）依据海关发放的许可，确定货物适用境内加工监管方式。

2. 境内加工作业

（1）境内加工作业包括：

① 对进口货物进行改变其原有属性和个性指标的直接加工，加工产品中需保留可以进行识别的货物特征，但《乌兹别克斯坦海关法典》规定无须对加工产品进行货物识别的情形除外；

② 使用进口货物制造其他货物，包括组装、装配或拆卸；

③ 货物维修，包括对其翻新和更换部件。

（2）境内加工作业不包括：

① 为保持货物完好状态，以及为准备货物销售和运输所进行的作业；

② 饲养、繁殖（包括克隆）、育肥和捕获（捕捉、狩猎）各类动物，以及获取和收集其生命活动的产品；

③ 种植和收获各类植物；

④ 矿产资源开采；

⑤ 在任意类型的信息载体上复制信息、音频和视频记录；

⑥ 在生产过程中使用外国货物作为辅助手段（设备、机器、装置等）。

3. 适用要求和条件

如果符合以下要求和条件，允许在关境内对货物进行加工：

（1）海关可以在其加工产品中对进口货物进行识别，但《乌兹别克斯坦海关法典》规定无须对加工产品进行货物识别的情形除外；

（2）海关信息系统中具有相关授权部门的许可，如果货物应当接受该部门的监管；

（3）经济技术基础参数与实际加工过程相符；

（4）货物加工作业符合《乌兹别克斯坦海关法典》规定的关境内货物加工作业要求。

如果合同条款或经济技术基础参数发生变化，应当提交新的境内加工许可申请。在此情形下，如果合同中只涉及法人改制，法人名称或地点（邮政地址）及自然人姓名、父称或工作地点的条款发生变化，则无须重新提交申请。

4. 适用境内加工监管方式所需的文件

为使货物适用境内加工监管方式，申报人应当向海关提交货物报关单及其随附单证。

对于必须具有相关许可文件方可在关境内加工的货物，海关自行在其信息系统中检索是否具有此类许可文件。

5. 货物加工期限

（1）境内加工许可的有效期为2年。

取得境内加工许可的人有权在该许可到期前，依照《乌兹别克斯坦海关法典》相关规定，终止此监管方式。

（2）对于部分需要较长加工时间的货物，根据权利人申请，海关可将关境内货物加工许可的有效期延长至2年以上。权利人应在不晚于许可到期前1个月，向海关申请延长境内加工许可期限。延长许可有效期，按照发放许可规定的程序办理。

在关境内同等条件下对相同货物进行定期加工作业时，经权利人申请，可以按照其申请期限发放境内加工许可，但许可的有效期不得超过5年。

（3）境内加工许可的有效期和加工期限应自确定货物适用境内加工监管方式之日开始计算，如果货物系分批进口，则从第一批货物适用境内加工监管方式之日开始计算。

（4）权利人向海关申请延长境内加工期限，不会中断或中止该许可规定的货物加工期限。

（5）如果海关拒绝延长境内加工许可的期限，依照《乌兹别克斯坦海关法典》相关规定，对适用境内加工监管方式的货物，应当申请适用其他监管方式。

6. 境内加工产品的产出率

（1）境内加工产品的产出率由权利人确定，海关在发放境内加工许可时，根据货物加工的实际情况予以确认。

（2）海关根据权利人所提交包含加工技术流程信息的文件，以及授权机构和/或权威机构（包括海关实验室）依据具体加工技术流程作出的结论，确定加工产品的产出率。

（3）加工产品的说明、数量、质量等，在确定加工产品产出率后确定。

7. 境内加工监管方式的终止

（1）在境内加工期限到期之前，应将进口货物的加工产品及其剩余料件，以及货物加工过程中产生的废碎料复运出境，或确定其适用其他监管方式，以终止境内加工监管方式。

（2）在出口一批以上的加工产品时，可定期（3个月内不少于1次）核查加工产品数量是否符合境内加工许可所标明的数量。

（3）按照对加工产品数量与境内加工许可所标明数量进行核查的结果，海关与被许可人共同制作记录。根据该核查结果，如果确定出口加工产品的数量超过许可规定的数量，海关应当作出补充缴纳海关税费的决定。在此情形下，海关应在不晚于作出决定的次日以书面形式通知被许可人。如果在收到书面通知后的10个工作日内缴纳，则不对上述款项收取滞纳金。

8. 适用海关税费和经济政策措施

（1）对出口加工产品、剩余料件和废碎料免征关税和环节税，且不适用经济政策措施，但《乌兹别克斯坦海关法典》规定的禁止和限制措施除外。

（2）加工产品适用放行供自由流通（进口）监管方式时，应当根据完税价格和按照加工产品产出率确定的进口加工货物数量，以及货物适用放行供自由流通（进口）监管方式之日实施的税率，缴纳关税和进口环节税。

（3）当出口加工产品数量少于按照加工产品产出率所确定的数量时，对差额部分应当按照规定程序缴纳海关税费。

（4）当加工货物所产生的废碎料适用放行供自由流通（进口）监管方式时，应当缴纳海关税费，视其以该状态进口至关境内。

9. 禁止和限制规定

乌兹别克斯坦政府可以规定：

（1）对特定类别货物不得进行境内加工的情形；

（2）对特定类别货物，在关境内限制进行部分加工作业；

（3）对适用境内加工监管方式的货物实施数量限制。

（九）临时存储

1. 概述

临时存储，是指向指运地海关提交进口货物之时起，直至按所选择监管方式放行货物之前，以及依照《乌兹别克斯坦海关法典》相关规定，撤销海关仓库、免税商店和自由仓库时，可以在海关监管下临时存储货物，无须缴纳海关税费，且不适用经济政策措施。

2. 适用要求和条件

（1）任何货物，包括此前适用其他监管方式的货物，均可以适用临时存储监管方式。

（2）依照《乌兹别克斯坦海关法典》相关规定，禁止进出关境的货物可以适用临时存储监管方式。

（3）适用临时存储监管方式的货物，可以存放在海关仓库或海关监管区，但需遵守该监管方式关于存储期限的规定。

3. 存储期限

（1）适用临时存储监管方式货物的存储期限，由按照此监管方式申报货物的权利人决定，但不得超过 60 个自然日，但《乌兹别克斯坦海关法典》有不同规定的除外。

（2）适用临时存储监管方式的易腐类货物，其存储期限不得超过 10 个自然日。

（3）存放在海关仓库、自由仓库或免税商店内的货物，在作出清算决定后，在《乌兹别克斯坦海关法典》规定的时限内视为其适用临时存储监管方式。

（4）从货物取得临时存储地位之日起，开始计算临时存储监管方式的有效期。

4. 适用临时存储监管方式所需的文件

（1）为确定货物适用临时存储监管方式，申报人向海关提交依照《乌兹别克斯坦海关法典》相关规定填制的货物简易报关单。

承运人或权利人应在不晚于向海关提交货物后的下一个工作日提交货物简易报关单。如果在此期限内确定货物适用其他监管方式，则无须提交货物简易报关单。

（2）确定货物适用临时存储监管方式时，海关无权要求提供规定之外的其他文件。

5. 对临时存储货物进行作业

（1）在得到海关通知后，海关仓库所有人或权利人可以对适用临时存储监管方式的货物实施以下作业：

① 检查和测量货物；

② 提取货物试样和样品，对其进行检测和鉴定；

③ 实施必要作业，以确保货物完好保持原状，包括修复受损包装；

④ 在临时存储区域内移动货物。

如果对货物实施作业会导致货物损失或其属性改变，则不得进行相关作业。

（2）如果货物试样和样品适用放行供自由流通（进口）监管方式，则对其应当征收海关税费，或提供海关税费缴纳担保，但权利人提交以下书面承诺的情形除外：

① 当货物后续适用其他监管方式时，试样和样品将被纳入货物申报范围；

② 在货物存储期限内，将其试样和样品返回海关仓库，且不超过 30 个自然日。

（3）在《乌兹别克斯坦海关法典》规定的期限内，按照临时存储监管方式存放的货物，在海关监管下允许从一个海关仓库转移到其他海关仓库。在此情形下，不应中断、中止适用临时存储监管方式货物的存储期限。

6. 对临时存储期间无法使用、损坏或变质货物的处置

对临时存储期间因事故或不可抗力而无法使用、损坏或变质的货物，应当确定适用权利人所选择的监管方式，视同该货物以此状态进口至关境内，且权利人和国家主管部门对此应予确认。

7. 临时存储监管方式的终止

在临时存储监管方式的存储期限内，应当申请货物适用其他监管方式。

在确定适用其他监管方式之日起 3 个工作日内，应当从临时存储地点移出货物，但确定货物适用海关仓库监管方式的情形除外。

（十）海关仓库

1. 概述

海关仓库，是指货物进口至关境内并计划从关境出口，不缴纳关税和环节税且不适用经济政策措施，在海关监管下存储的特定场所（地点）。

2. 适用要求和条件

（1）任何货物，包括此前适用其他监管方式的货物，均可以适用海关仓库监管方式，但以下货物除外：

① 禁止进口的货物；

② 禁止出口的乌兹别克斯坦货物；

③ 依法禁止通过关境转运的货物；

④ 在适用海关仓库监管方式之日，有效期少于申报期限的药品和食品。

（2）适用海关仓库监管方式的货物，应在海关仓库内存储，但第 4 款规定的情形除外。

（3）适用暂时进口或境内加工监管方式的货物，可以适用海关仓库监管方式，以中止暂时进口或境内加工监管方式的效力。

3. 适用海关仓库监管方式所需的文件

为使货物适用海关仓库监管方式，申报人应当向海关提交货物报关单及其随附单证。

4. 适用海关仓库监管方式的货物存储在海关仓库以外的地点

（1）根据权利人申请，在以下情形下，处于海关仓库以外地点的进出口货物可以适用海关仓库监管方式：

① 货物具有特殊性，由于其尺寸、物理参数、化学性质或特殊存储条件，不能在海关仓库中存放；

② 在货物送达地点没有海关仓库。

（2）适用海关仓库监管方式的货物，在海关仓库以外地点存放时，应当遵守以下条件：

① 提供海关税费缴纳担保；

② 在海关监管下，准予对货物实施货运作业，以及移动到其他任何地点；

③ 适用海关仓库监管方式期间，不允许将货物转让他人使用和处置，但《乌兹别克斯坦海关法典》有不同规定的情形除外。

5. 存储期限

（1）适用海关仓库监管方式的货物，其存储期限为 3 年。

（2）申请货物适用海关仓库监管方式的人，有权依照《乌兹别克斯坦海关法典》相关规定，在其存储期限到期前终止此监管方式。

（3）对于限定保质期、存储期、消费期和/或销售期的货物，应当申报适用其他监管方式，并在上述期限到期前 180 个自然日内从海关仓库运出。

6. 对适用海关仓库监管方式的货物实施作业

（1）在通知海关后，权利人可以对适用海关仓库监管方式的货物：

① 进行必要作业，以确保货物完好保持原状；

② 检查、查验和测量货物；

③ 在海关仓库区域内移动货物，如此移动不会改变货物状态，损坏其包装和/或货物上施加的海关识别标志；

④ 提取货物试样和样品，进行检测和鉴定；

⑤ 为准备销售和运输货物进行必要的作业，包括分批、办理发运、分类、包装、重新包装、标记（消费税印花标签除外），以及简单的组装作业；

⑥ 进行其他必要作业以提升货物品质，但对货物进行混合或加工除外。

如果对货物实施上述作业会导致货物损失或其属性改变，则不得实施此作业。

（2）对于货物试样和样品，应当缴纳海关税费或提供海关税费缴纳担保，视同其适用放行供自由流通（进口）监管方式，当货物后续适用其他监管方式时，试样和样品将被纳入货物申报范围的情形除外；

（3）在《乌兹别克斯坦海关法典》规定的货物存储期限内，按照海关仓库监管方式存放的货物，在海关监管下允许从一个海关仓库转移到其他海关仓库。在此情形下，不应中断、中止适用海关仓库监管方式货物的存储期限。

7. 货物转让

（1）在符合以下条件时，允许转让适用海关仓库监管方式的货物，将其所有权、使用权或处置权转让给他人：

① 权利人转让货物，或转让货物所有权、使用权或处置权，应以书面形式提前通知海关；

② 依照所选择监管方式对货物的要求和条件，取得货物的权利人向海关提交报关单。

（2）从权利人向海关提交报关单之时起，货物的所有权、使用权或处置权被视为转移给他人。在提交报关单时，该人即产生遵守监管方式的义务。

8. 对存放期间无法使用、损坏或变质货物的处置

对于在海关仓库存储期间因事故或不可抗力而无法使用、损坏或变质的货物，应当确定适用权利人所选择的监管方式，视同该货物以此状态进口至关境内，且权利人和国家主管部门对此应予确认。

9. 海关仓库监管方式的终止

（1）在海关仓库监管方式的存储期限内，应当申请货物适用其他监管方式，但临时存储监管方式除外。

（2）在货物适用其他监管方式之日起 3 个工作日内，应当从海关仓库移出该货物。

（3）当从海关仓库运出此前适用暂时进口或境内加工监管方式的货物时，应当恢复暂时进口期限或境内加工期限，以按照该监管方式在关境内继续使用此货物。

10. 对适用海关仓库监管方式且超过存放期限货物的处置

如果违反货物存储期限的规定，海关应当向法院申请对适用海关仓库监管方式并超出存储期限的货物进行裁决。

（十一）自由仓库

1. 概述

自由仓库，是指存放货物的特定地点和区域，在该地点或区域内对货物不征收海关税费，也不适用经济政策措施。

2. 适用要求和条件

（1）任何货物均可适用自由仓库监管方式，但禁止进出关境的乌兹别克斯坦货物除外。

（2）可能对其他货物造成损害，或需要特殊存储条件的货物，必须存储在专门设置的场所。

（3）此前适用其他监管方式的货物，可以适用自由仓库监管方式。

3. 适用自由仓库监管方式所需的文件

为使货物适用自由仓库监管方式，申报人应当向海关提交货物报关单及其随附单证。

4. 对适用自由仓库监管方式的货物实施作业

（1）可以对适用自由仓库监管方式的货物：

① 进行必要作业，以确保货物完好保持原状；

② 为准备销售和运输货物进行作业，包括分批、办理发运、分类、包装、重新包装、标记（消费税印花标签除外）及其他类似作业；

③ 进行简单的组装作业；

④ 作为技术设备及其备件、装卸设备和其他技术工具使用。

（2）对适用自由仓库监管方式的货物，不得开展零售业务。

（3）可依法禁止和限制对适用自由仓库监管方式的货物实施部分作业。

5. 存储期限

货物适用自由仓库监管方式不受时间限制。

6. 适用海关税费和经济政策措施

（1）当适用自由仓库监管方式的货物放行供自由流通（进口）或出口时，依据货物原产地征收海关税费，并适用经济政策措施，法律有不同规定的除外。

（2）适用自由仓库监管方式的外国货物进入自由流通时，应当缴纳海关税费并适用经济政策措施，视同上述货物直接从关境外进口，法律有不同规定的除外。

（3）从位于关境外的自由仓库出口乌兹别克斯坦货物时，适用其从关境内出口时实施的海关税费和经济政策措施。

如果从关境外自由仓库出口的货物缺少适用海关税费和经济政策措施所需的原产地证书，则该货物在原产地认定方面视为乌兹别克斯坦货物，在其他方面则视为外国货物。

（4）对适用自由仓库监管方式，并计划按出口监管方式运往乌兹别克斯坦境外的货物，应当免征关税和环节税，或退还已缴纳的税款，如果规定货物出口免税和退税政策。上述货物必须在返还或免除关税和环节税之日起6个月内出口。

（5）当从自由仓库运往乌兹别克斯坦境外的货物被退运进境，或在规定期限内未出口时，则应当缴纳关税和环节税。

（十二）自由关税区

1. 概述

自由关税区，是指货物存放和使用的特定地点和区域，在该地点或区域内对货物不征收海关税费，且不适用经济政策措施。

2. 适用要求和条件

（1）何货物均可适用自由关税区监管方式，但禁止进出关境的乌兹别克斯坦货物除外。

（2）自由关税区监管方式，不适用于保障自由关税区运行所需的乌兹别克斯坦货物。

（3）可能对其他货物造成损害或需要特殊存储条件的货物，必须存储在专门设置的场所。

3. 适用自由关税区监管方式所需的文件

为使货物适用自由关税区监管方式，申报人应当向海关提交货物报关单及其随附单证。

对于必须具有相关许可文件方可适用自由关税区监管方式的货物，海关自行在其信息系统中检索是否具有此类许可文件。

4. 对适用自由关税区监管方式的货物实施作业

（1）依照关于自由经济区的立法规定，对适用自由关税区监管方式的货物实施作业。

（2）对适用自由关税区监管方式的货物，不得开展零售业务。

（3）可依法禁止和限制对适用自由关税区监管方式的货物实施部分作业。

5. 存储期限

货物适用自由关税区监管方式不受时间限制。

6. 适用海关税费

依照关于自由经济区的立法规定，并参照《乌兹别克斯坦海关法典》相关规定，对进出自由关税区的货物征收海关税费。

7. 自由关税区的设立

依照自由经济区立法规定的程序，设立自由关税区。

（十三）免税贸易

1. 概述

（1）免税贸易，是指在海关监管之下，在关境内海关指定的地点销售商品，无须缴纳关税和环节税，且不适用经济政策措施。

（2）按照《乌兹别克斯坦海关法典》规定，向进出关境的自然人，以及乌兹别克斯坦外交部认证的外国人，零售外国商品及适用免税贸易监管方式的乌兹别克斯坦商品。

（3）不得在免税商店向未进出乌兹别克斯坦关境的自然人，以及未经乌兹别克斯坦外交部认证的外国人销售商品。

（4）在海关监管下，适用免税贸易监管方式的货物在免税商店中销售。

2. 适用要求和条件

（1）任何货物均可适用免税贸易监管方式，但法律有不同规定的除外。

（2）适用免税贸易监管方式的货物，应由免税商店经营许可的持有人进行申报。

（3）货物适用免税贸易监管方式不受时间限制。

（4）可以对适用免税贸易监管方式的货物：

① 为确保货物销售前完好保持原状进行必要的作业；

② 为准备销售货物进行作业，包括分类、包装、重新包装和标记（消费税印花标签除外）。

（5）适用免税贸易监管方式的货物，在销售前应当保持原状，但用于制作食品的货物除外。

（6）在免税商店内销售的商品，必须具有免税商品的专门标识，并预先进行包装供零售使用。

3. 适用免税贸易监管方式所需的文件

为使货物适用免税贸易监管方式，申报人应当向海关提交货物报关单及其随附单证。

（十四）海关转运

1. 概述

（1）海关转运，是指不缴纳关税和环节税，且不适用经济政策措施的以下情形：

① 在海关监管下，进口货物在位于海关边界的起运地海关和指运地海关之间通过关境（包括通过外国境内）运输；

② 乌兹别克斯坦货物在位于海关边界的起运地海关和指运地海关之间通过外国境内运输。

（2）起运地海关，是指在海关监管下，从其业务辖区开始运输货物的海关。

指运地海关，是指在海关监管下，在其业务辖区终止货物运输的海关。

2. 适用要求和条件

（1）如果符合以下要求和条件，任何货物均可适用海关转运监管方式：

① 依照乌兹别克斯坦立法规定和国际条约，未禁止该货物通过关境转运；

② 货物取得转运许可，如法律规定该货物只有在取得许可的情况下方可通过关境转运。

（2）依照《乌兹别克斯坦海关法典》相关规定，按海关转运监管方式进行货物运输。

（3）依照《乌兹别克斯坦海关法典》相关规定，办理国际邮件和快件，以及通过管道运输和输电线路输送货物的海关转运通关手续。

（4）对按照海关转运监管方式通过关境运输的部分类别货物，可依法设定其他条件。

3. 适用海关转运监管方式所需的文件

为使货物适用海关转运监管方式，申报人应当向海关提交货物随附单证。当法律规定的部分类别货物适用海关转运监管方式时，需额外提交货物报关单。

对于必须具有相关许可文件方可进行转运的货物，海关自行在其信息系统中检索是否具有此类许可文件。

4. 对转关运输货物进行货运和其他作业

（1）在中转地海关监管下，允许对海关转运货物进行以下货运和其他作业：

① 将货物从进境运输工具倒装到出境运输工具；

② 在临时存储地点卸载并临时存储货物（存储、拆分、整合及其他类似作业），以中止海关转运监管方式的有效期限。货物的临时存储期限，应由承运人依据上述作业或维修运输工具所需时间确定，但不得超过货物适用临时存储监管方式的期限。

（2）中转地海关，是指在其业务辖区内允许对海关监管货物实施货运和其他作业的海关。

如果实施作业将导致海关无法对货物实施进一步监管，中转地海关有权禁止对该货物进行此类作业。

（3）在出现事故、不可抗力或阻碍货物按照海关转运监管方式进行运输的其他情况时，承运人应当采取一切措施确保货物和运输工具的安全，立即将上述情况和货物所处位置通知最近的海关，并将货物运输或确保其运输至最近的海关或海关指定的其他地点。

5. 终止海关转运监管方式

（1）海关转运监管方式在进口货物从关境出口，或进口货物进入乌兹别克斯坦关境时终止。

（2）起运地海关根据不同运输方式和运输工具能力、运输路线及其他运输条件下的通常期限，和/或申报人或承运人的申请（如承运人不代表海关转运监管方式的申报人），并参照乌兹别克斯坦法律和国际条约规定的驾驶员劳动和休息制度，确定从起运地海关到指运地海关的转运期限，但不得超过海关转运的最长期限。

（3）在起运地海关规定的期限内，权利人应当向指运地海关提交货物和《乌兹别克斯坦海关法典》规定的相关文件。

指运地海关应当进行必要的作业，以终止海关转运监管方式。

（4）根据权利人申请，允许在中转地海关通过以下方式终止海关转运监管方式：

① 分批出口货物，和/或通过此前起运地海关未指定的其他指运地海关出口货物。当货物分批出口时，在最后一批货物从关境出口后视为海关转运监管方式终止。

② 货物适用符合《乌兹别克斯坦海关法典》要求和条件的其他监管方式。

（5）必要时，根据权利人申请中注明的期限，中转地海关可以设定终止海关转运监管方式的其他时限。

（十五）销毁

1. 概述

销毁，是指在海关监管下销毁外国货物，包括使其无法使用，对于销毁的货物无须缴纳海关税费，且不适用经济政策措施。

依照《乌兹别克斯坦海关法典》相关规定，由海关发放许可，确定货物适用销毁监管方式。

2. 适用要求和条件

（1）如果被销毁的货物完全失去其消费属性，且无法通过经济可行方式恢复到初始状态，则准予货物适用销毁监管方式。

（2）以下物品不得销毁：

① 文物；

② 濒危动植物物种及其部分和衍生物，但为防控疫情和动物流行病而需要销毁的情形除外。

（3）在以下情形下，不得销毁货物：

① 销毁货物可能危害环境，或对人类生命健康构成直接或潜在的危险；

② 按其通常用途使用货物以完成货物销毁；

③ 海关对货物实际销毁情况无法实施监管；

④ 在海关信息系统中，缺乏国家生态和环境保护部门对销毁货物的可行性作出的结论（结论中应当注明销毁方式和地点）。此规定不适用于因事故或不可抗力而造成无法挽回损失的货物。

（4）销毁货物可以通过以下方式进行：

① 热处理、化学、机械或其他方式（焚烧、拆毁、掩埋）导致货物被完全销毁；

② 拆卸、分解、机械性破坏，包括刺穿、撕裂或以其他方式导致货物损坏，且无随后修复和以原状态使用的可能性。

（5）权利人自行承担销毁货物的费用，并遵守环境保护法的规定。

（6）依据相关授权国家机构认定货物不适合消费和使用，以及无法继续存储的结论，海关仓库所有人可以预先向权利人发出书面通知，对该仓库中的存储货物申请适用销毁监管方式。

3. 适用销毁监管方式所需的文件

（1）为使货物适用销毁监管方式，申报人应当向海关提交以下文件：

① 货物报关单；

② 货物随附单证；

③ 按照乌兹别克斯坦国家海关委员会规定格式编制的销毁记录。

（2）对于必须具有相关许可文件方可销毁的货物，海关自行在其信息系统中检索是否具有此类许可文件。

4. 销毁货物的时间和地点

（1）根据权利人申请及销毁此类货物所需时间，由海关确定销毁货物的时间，并按所申请方式销毁货物。

（2）销毁地点由权利人参照国家生态和环境保护部门的意见确定。

5. 销毁因事故或不可抗力导致损毁或损坏的货物

（1）因事故或不可抗力导致损毁或损坏的货物，可以适用销毁监管方式。

（2）申请货物适用销毁监管方式，应当向海关提交相关授权机构关于货物因事故或不可抗力导致损毁或损坏的结论。

6. 适用销毁监管方式的货物通关和海关监管

（1）适用销毁监管方式的货物，应由货物在其业务辖区的海关办理通关手续。

（2）在货物销毁前，为使货物适用销毁监管方式，权利人应当向海关提交货物报关单及其随附单证。

（3）当货物在海关仓库存储时，从海关仓库运出已申报销毁货物的依据是经海关登记的货物报关单。

（4）应当在海关监管下将货物运至销毁地点，并对其进行销毁。按照销毁货物的事实制作货物销毁记录，并由海关工作人员、权利人及货物实际销毁时在场的其他人签字。

（5）应当在货物实际销毁后的 1 个工作日内，向海关提交销毁记录。

（6）货物报关单在货物销毁前提交并进行登记，在货物销毁后办理。

7. 销毁货物产生废碎料的申报

（1）销毁货物所产生的废碎料，应当适用其他监管方式，视同其以该状态进口至关境内，但第 7 款第（2）项规定的情形除外。

（2）销毁货物所产生的废碎料，经加工后无法继续使用的不予申报。

（十六）放弃收归国有

1. 概述

（1）放弃收归国有，是指权利人放弃货物并无偿转为国家所有，无须缴纳海关税费，且不适用经济政策措施。

（2）依照《乌兹别克斯坦海关法典》相关规定，由海关发放许可，根据该许可确定货物适用放弃收归国有监管方式。

2. 适用要求和条件

（1）放弃货物收归国有，不应使国家产生任何费用。

（2）以下货物不得适用放弃收归国有监管方式：

① 禁止进入关境的货物；

② 流通过程中被收缴，或限制流通的货物；

③ 海关信息系统中缺乏授权机构的相关许可，如货物应当接受该机构监管。

（3）只有货物进入乌兹别克斯坦境内并向海关提交后，方可发放货物适用放弃收归国有监管方式的许可。

（4）放弃货物的权利人，应当承担货物运至海关指定地点的所有费用。

（5）确定货物适用放弃收归国有监管方式后，权利人无权将其变更为其他监管方式。

（6）对于任意第三方，权利人均应承担申请取得货物适用放弃收归国有监管方式许可的合法性责任。

（7）发放货物适用放弃收归国有监管方式许可的海关：

① 不满足第三方针对权利人放弃收归国有的货物提出的任何财产要求；

② 不向承运人、仓库所有人或其他人补偿在货物适用放弃收归国有监管方式前与货物运输、存储、实施货运和其他作业相关的任何费用。

3. 适用放弃收归国有监管方式所需的文件

（1）为使货物适用放弃收归国有监管方式，申报人应当向海关提交：

① 货物报关单；

② 适用放弃收归国有监管方式的货物的交接单；

③ 货物随附单证。

（2）对于必须具有相关许可文件方可放弃收归国有的货物，海关自行在其信息系统中检索是否具有此类许可文件。

4. 适用放弃收归国有监管方式的货物通关

（1）适用放弃收归国有监管方式的货物，应由货物在其业务辖区的海关办理通关手续。

（2）当权利人向海关移交适用放弃收归国有监管方式的货物时，应当制作一式两份的记录。一份记录由发放许可的海关保存，另一份记录应当交付权利人。

（3）依照法律规定的程序，将适用放弃收归国有监管方式的货物移交国家资产管理授权机构。

三、货物适用监管方式的许可程序

（一）按规定应当取得许可的监管方式

货物适用复出口、暂时出口、境外加工、复进口、暂时进口、境内加工、销毁或放弃收归国有等监管方式，应当依据海关发放的相关许可。

（二）取得货物适用监管方式许可所需的文件

为取得货物适用监管方式的许可，权利人应当向货物在其业务辖区的海关提交相应文件。

1. 复出口监管方式

发放许可的申请。对于此前适用放行供自由流通（进口）监管方式的货物，申请应附由相关授权机构出具的发现货物缺陷，或导致货物退运的其他原因的证明文件。

2. 暂时出口监管方式

（1）发放许可的申请；

（2）货物供应或转让合同（如果在租赁合同、融资租赁合同、担保服务和投资项目框架下暂时出口货物）。

3. 复进口监管方式

发放许可的申请。对于此前适用出口监管方式的货物，申请应附由相关授权机构出具的发现货物缺陷，或导致货物退运的其他原因的证明文件。

4. 暂时进口监管方式

（1）发放许可的申请；

（2）货物供应或转让合同（如果在租赁合同、融资租赁合同、担保服务和投资项目框架下暂时进口货物）；

（3）货物随附单证。

5. 放弃收归国有监管方式

发放许可的申请。

6. 境外加工监管方式

（1）发放许可的申请；

（2）包含加工技术流程信息的经济技术依据，以及授权机构和/或权威机构（包括海关实验室）依据具体加工技术流程确定加工产品产出率的结论；

（3）加工合同副本，或出口加工货物和进口加工产品合同的副本。

7. 境内加工监管方式

（1）发放许可的申请；

（2）包含加工技术流程信息的经济技术依据，以及授权机构和/或权威机构（包括海关实验室）依据具体加工技术流程确定加工产品产出率的结论；

（3）加工合同副本，或进口加工货物和出口加工产品合同的副本。

8. 销毁监管方式

发放许可的申请。不得要求权利人为取得货物适用监管方式的许可提交上述规定文件以外的其他文件。

（三）申请发放许可

1. 发放许可申请的格式，由乌兹别克斯坦国家海关委员会规定。

2. 发放许可的申请中可以注明权利人的电子邮箱地址。注明权利人的电子邮箱地址，即表明同意通过信息系统以电子方式接受对其申请所作决定的通知。

3. 取得货物适用监管方式所需的文件，应由权利人按照"单一窗口"原则，通过互动公共服务单一门户网站向海关提交。

4. 权利人对发放许可申请信息的真实性承担责任。

（四）对发放许可申请的审核

1. 在收到发放相关许可的申请后，海关应当核实是否符合《乌兹别克斯坦海关法典》规定的要求和条件。

2. 在审核以下许可申请时，海关应对货物进行彻底查验：

（1）申请货物适用复出口、暂时出口、复进口、暂时进口和放弃收归国有监管方式；

（2）申请货物适用销毁监管方式。

3. 海关在审核境外加工和境内加工许可的申请时：

（1）应当核实是否存在授权机构的许可，如果货物或加工产品应当接受该机构监管；

（2）应当确定加工产品的产出率；

（3）如果难以确定加工产品产出率，应当聘请第三方开展研究、调查或其他科学和技术评估。

（五）许可申请的审核期限

1. 对发放相关许可申请的审核期限不得超过：

（1）适用复出口监管方式的许可：

① 对于此前适用放行供自由流通（进口）监管方式的货物，自收到申请之日起 1 个月；

② 对于此前适用其他监管方式的货物，自收到申请之日起 10 个工作日，以终止该监管方式的效力。

（2）适用暂时出口和暂时进口监管方式的许可：5 个工作日。

（3）适用境外加工和境内加工监管方式的许可：1 个月。

（4）适用复进口和放弃收归国有监管方式的许可：10 个工作日。

（5）适用销毁监管方式的许可：10 个工作日。

对发放相关许可申请的审核期限，从提交全部所需文件之日起开始计算。

2. 海关应当向权利人发放（发送）相关许可，或者在相关决定作出之日起 1 个工作日内，以书面形式包括通过信息系统以电子方式通知权利人拒绝发放许可。

向权利人发放的许可应当符合乌兹别克斯坦国家海关委员会规定的格式。

（六）拒绝发放许可

1. 拒绝发放许可的理由如下：

（1）权利人提交的发放许可所需文件不完整；

（2）不符合适用监管方式的要求和条件；

（3）权利人提交的文件中含有虚假信息。

除上述理由外，海关不得以其他理由拒绝发放许可。

2. 拒绝发放许可的通知应当交付（发送）给权利人，通知中应当说明拒绝的原因、具体的法律规定，以及权利人在消除上述原因后可以重新提交文件进行审核的期限。权利人消除拒绝原因后重新提交文件进行审核的期限，自收到拒绝发放许可的通知之日起，不得少于 10 个工作日。

3. 如果权利人在规定期限内消除了拒绝发放许可的原因，在收到权利人消除拒绝原因的声明和消除拒绝原因的相关证明文件之日起 5 个工作日内，海关应当对文件进行重新审核，并作出发放或拒绝发放许可的决定。对权利人的文件进行重新审核，不得收取海关费用。

4. 在重新审核文件时，不允许海关提出此前在通知中未说明的拒绝原因，但与消除此前已说明原因的证明文件有关的拒绝原因除外。

5. 权利人在拒绝发放许可的通知书中所注明期限期满后提交的申请，应当视为重新提出，由海关按照一般规定进行审核。

6. 权利人有权按照规定程序对拒绝发放许可的决定，以及对海关工作人员的行为（不作为）提出申诉。

（七）许可效力的中止

1. 在以下情形下，中止许可的效力：

（1）发现权利人违反货物适用相关监管方式的要求和条件；

（2）权利人未履行海关责令其纠正所发现违法行为的决定。

2. 应当通过司法程序中止许可效力，但因预防出现紧急情况、疫情和其他对居民生命健康的实际威胁而中止效力，且中止期限不超过 10 个工作日的情形除外。

3. 海关中止许可效力的决定，应在该决定通过之日起 1 个工作日内通知权利人，并说明许可效力中止的原因和具体的法律规定。

4. 法院中止许可效力的决定，应在法律规定期限内通知权利人。

5. 海关或法院应当规定权利人消除导致许可效力中止原因的期限。权利人消除导致许可效力中止原因的期限，自权利人收到中止许可效力的决定之日起，不得少于 5 个工作日。

如果权利人已消除导致许可效力中止的原因，作出中止许可效力决定的海关或法院，应在收到确认消除该原因的证明文件之日起 5 个工作日内，作出恢复许可效力的决定。

在作出相关决定后的 1 个工作日内，海关应将该决定通知权利人。

6. 可以按照规定程序对中止许可效力的决定提出申诉。

（八）许可效力的终止

1. 在以下情形下，终止许可的效力：

（1）权利人申请终止许可效力；

（2）法人清算：从清算或其经营活动终止之时起；

（3）法人改组：从改组之时起，但法人转型除外；

（4）自然人经营主体营业执照的许可效力终止；

（5）自然人死亡，或按照规定程序被认定为限制行为能力或无行为能力；

（6）在海关或法院规定的期限内，权利人未消除导致许可中止的原因；

（7）海关发放许可的决定被认定为非法；

（8）许可效力到期；

（9）海关发放单次行为的许可。

2. 发生上述第 1 款中（3）、（4）、（5）、（8）和（9）项所述情形时，视为许可效力自行终止。

3. 在第 1 款第（2）项规定的情形下，由海关终止许可效力，在第 1 款第（6）项和第（7）项规定的情形下，由法院终止许可效力。

4. 法院终止许可效力的决定，应在法律规定期限内通知权利人和海关。

海关终止许可效力的决定，应在其作出之日起 3 个工作日内通知权利人，并说明终止许可效力的理由和具体的法律规定。许可被终止后无须退还至海关。

5. 可以按照规定程序对终止许可效力的决定提出申诉。

（九）重新办理许可及发放副本

1. 海关应在收到重新办理许可的申请及其所附文件之日起 3 个工作日内，重新办理和发放许可。

2. 如果已发放的许可丢失或损坏，经权利人申请，海关在收到申请之日起 3 个工作日内发放许可的副本。

3. 对重新办理许可和发放副本，不得收取海关费用。

（十）许可的撤销

1. 许可撤销的依据：

（1）权利人申请撤销许可的，由海关撤销该许可；

（2）认定使用伪造文件取得许可的事实，由法院撤销该许可。

2. 许可被撤销后无须退还至海关。

3. 法院撤销许可的决定，自许可发放之日起生效。

4. 可以按照规定程序对法院撤销许可的决定提出申诉。

第三节　货物和/或运输工具进出境

一、货物和/或运输工具进出境的条件

1. 进口货物和/或运输工具进入关境的条件，是指实际通过海关边界，并

完成海关放行货物和/或运输工具之前法律规定的所有行为。

2. 出口货物和/或运输工具离开关境的条件,是指提交报关单,以及完成货物和/或运输工具实际通过海关边界之前法律规定的所有行为。

二、承运人的义务

承运人向关境内运载进口货物时,应在规定期限内将货物运抵指运地海关所在地或其他指定地点,并不得改变货物状态,或损害货物包装、海关封志、印章和其他海关识别标志。

三、进出境预先信息通报

1. 当货物和/或运输工具进入关境时,承运人应向海关进行通报。

2. 在国际条约框架下和/或乌兹别克斯坦立法规定的情况下,在货物和/或运输工具实际抵达关境之前,承运人或其他利害关系人应向海关提供有关货物和/或运输工具的预先信息。

3. 从关境内出口货物时,承运人或其他利害关系人应当提前通知海关,海关指定货物和/或运输工具通关的时间和地点。

四、货物和/或运输工具实际进出关境

货物和/或运输工具实际进出关境时,应当通知海关并向口岸海关呈验货物和/或运输工具,并提交货物随附单证。

五、进出关境时需提交的文件

(一) 进境

1. 国际公路运输

公路运输货物和/或公路运输工具进入关境时,承运人应向海关提交:

(1) 与公路运输工具有关的文件:

① 符合《道路交通公约》(1968 年 11 月 8 日,维也纳) 要求的公路运输工具登记证书;

② 在乌兹别克斯坦所加入国际条约规定的情形下,授权机构对外国公路运输工具进出乌兹别克斯坦关境的许可或过境许可;

③ 在使用 TIR（《国际公路运输公约》）证运输货物的情形下，依照《TIR 证国际货物运输海关公约》（1975 年 11 月 14 日，日内瓦）规定，准予公路运输工具使用海关封志和海关印章从事国际货物运输的证书；

④ 使用公路运输工具从事易腐类货物运输的证书，如运输易腐类货物；

⑤ 使用公路运输工具从事危险品运输的证书，如运输危险品。

（2）与货物有关的文件：

① 符合《国际道路货物运输合同公约》（1956 年 5 月 19 日，日内瓦）要求的运单；

② 依照《TIR 证国际货物运输海关公约》运输货物的 TIR 证；

③ 商业单据；

④ 万国邮政联盟法规规定的国际邮件随附文件。

（3）上述两项所规定文件中应当包含的信息：

① 承运人名称和邮政地址；

② 承运人接收货物地点和交付货物地点；

③ 货物起运地和指运地；

④ 发货人和收货人的名称和邮政地址；

⑤ 符合世界海关组织《商品名称及编码协调制度》规定的货物名称和至少前 6 位商品编码，但国际邮件和快件除外；

⑥ 每个商品编码项下货物的毛重（千克）和发票价格；

⑦ 货物件数；

⑧ 集装箱识别号码。

2. 国际水路运输

（1）需提交的文件：

① 总申报单；

② 货物报关单；

③ 船舶备用品申报单；

④ 船员个人物品申报单；

⑤ 船员名单（使用注明船舶信息及航线信息的固定格式的表格填制）；

⑥ 旅客名单；

⑦ 运输单据；

⑧ 商业单据；

⑨ 万国邮政联盟法规规定的国际邮件随附文件。

（2）上述项目所规定文件中应当包含的信息：

① 船舶注册号及其国籍；

② 船舶名称；

③ 船长姓氏；

④ 船舶代理人的姓氏和地址；

⑤ 乘客数量及其姓名、国籍、出生日期和地点、登船和下船港口；

⑥ 船员数量及其构成；

⑦ 船舶出发港和停靠港名称；

⑧ 符合世界海关组织《商品名称及编码协调制度》规定的货物名称和至少前 6 位商品编码，但国际邮件和快件除外；

⑨ 每个商品编码项下货物的毛重（千克）和发票价格；

⑩ 货物件数；

⑪ 装运港和卸货港名称；

⑫ 在本港卸货的提单号码，或证明具有在本港卸货的海（河）运运输合同及其内容的其他单据号码；

⑬ 船上剩余货物的卸货港名称；

⑭ 船上现有的备用品名称及数量；

⑮ 船上货物装载配置说明。

3. 国际航空运输

（1）《国际民用航空公约》（1944 年 12 月 7 日，芝加哥）规定的文件：

① 总申报单；

② 货物明细单；

③ 航空货物运单；

④ 航空运单随附的商业单据（货物分批运输时随附第一批货物提交）；

⑤ 万国邮政联盟法规规定的国际邮件随附文件。

（2）上述项目所规定文件中应当包含的信息：

① 航空器国籍和注册标志；

② 航空器航班号、航线、起飞地和目的地；

③ 航空器使用机构名称；

④ 机组人数；

⑤ 符合世界海关组织《商品名称及编码协调制度》规定的货物名称和至少前 6 位商品编码，但国际邮件和快件除外；

⑥ 航空货物运单编号、运单载明的货物件数和该货物批次的件数；

⑦ 货物起运地和指运地；

⑧ 航空器备用品数量（单位数量和每种备用品名称）；

⑨ 航空器运输的国际邮件和快件；

⑩ 每个商品编码项下货物的毛重（千克）和发票价格。

4. 国际铁路运输

（1）《国际铁路货物联运协定》（1951 年 11 月 1 日）规定的文件：

① 货物随附单证；

② 铁路机车组交接报表；

③ 万国邮政联盟法规规定的国际邮件随附文件。

（2）上述项目所规定文件中应当包含的信息：

① 货物发件人名称和邮政地址；

② 货物收件人名称和邮政地址；

③ 货物始发站和目的站的名称；

④ 符合世界海关组织《商品名称及编码协调制度》规定的货物名称和至少前 6 位商品编码，但国际邮件和快件除外；

⑤ 每个商品编码项下货物的毛重（千克）和发票价格；

⑥ 货物件数；

⑦ 集装箱识别号码。

对于进入乌兹别克斯坦关境需要取得许可文件的货物和/或运输工具，海关自行在其信息系统中检索是否具有此类许可文件。

货物和/或运输工具进入关境时，海关无权要求提供上述文件和信息以外的其他文件和信息。

（二）出境

货物和/或运输工具离开关境时，承运人应向海关提交报关单或准予其出境的其他文件，以及《乌兹别克斯坦海关法典》根据货物不同运输方式所规定应当提交的其他文件和信息。

六、进出境的地点和时间

1. 货物和/或运输工具在海关工作期间通过边境口岸进出关境，运输工具进出关境时应当停靠在专门指定的地点。如果违反此要求，海关应对其采取强制截停措施。根据乌兹别克斯坦政府决定，货物和/或运输工具可以在边境口岸以外的地点进出关境。

2. 缩减运输工具在口岸的停留时间，不得影响海关通关监管效能。

3. 在完成办理必要的海关手续后，运输工具方可驶离指定的停车地点。

上述规定不适用于通过乌兹别克斯坦关境，但未在其境内港口或机场停留的船舶和航空器运载的货物。

第四节　海关申报

一、申报人

（一）申报人范围

1. 乌兹别克斯坦的法人或自然人。

2. 外国人：

（1）为非商业目的运输货物的自然人；

（2）依照《乌兹别克斯坦海关法典》规定，享受海关优惠的人；

（3）非常居纳税人在乌兹别克斯坦依法设立的常设机构；

（4）按照规定程序在乌兹别克斯坦境内注册的代表机构，因满足自身需要进口货物，作为申报人申请适用暂时进口、复出口、海关转运和放行供自由流通（进口）监管方式；

（5）运输海关监管货物的承运人。

（二）申报人的权利

1. 提交报关单和其他海关所需文件之前，在海关监管下检查和测量货物，并提取货物试样和样品；

2. 在货物和/或运输工具的通关过程中，以及海关工作人员提取货物试样和样品时在场；

3. 知悉海关工作人员对货物试样和样品的检测结果；

4. 进入海关监管区进行通关作业；

5. 从海关获取相关信息和建议；

6. 提交货物申报所需电子文件和数据时，访问海关信息系统；

7. 将申报的货物和/或运输工具存放至海关仓库中；

8. 向海关证明用于确定货物完税价格信息的准确性；

9. 对海关的完税价格估价决定、工作人员的行为（不作为）按照法定程序提出申诉。

（三）申报人的义务

1. 对货物和/或运输工具进行申报；

2. 向海关提交所需文件和/或信息，包括符合授权机构对申报货物和/或运输工具进行动物检疫、植物检疫、环境生态和其他类型国家监管要求的文件和信息；

3. 根据海关要求，呈验进出境货物和/或运输工具；

4. 根据海关要求，对货物进行称重和以其他方式确定货物的数量和质量，并对所申报的货物和/或运输工具进行货运作业；

5. 正确计算海关税费；

6. 缴纳海关税费或提供海关税费缴纳担保；

7. 根据海关要求，在货物和/或运输工具通关过程中应当在场，并协助海关工作人员办理通关手续；

8. 遵守货物和/或运输工具适用监管方式的要求和条件；

9. 对货物和/或运输工具进行申报时，及时向海关通报海关识别标志的变更、损毁、损坏或丢失，包装损坏，以及货物与其随附单证和其他海关监管文件中的信息不符的情况；

10. 向海关申报货物完税价格；

11. 根据海关要求，提供与确定货物完税价格有关的信息；

12. 承担因确定其申报货物的完税价格或向海关提供补充信息而产生的费用。

二、报关代理人

（一）概述

1. 依照海关立法规定，报关代理人代表申报人或权利人并以其名义进行海关作业。

2. 报关代理人与申报人或权利人之间的关系以合同为基础。

3. 报关代理人的权利、义务和责任，不受其与申报人所签订合同的限制。

（二）报关代理人的权利

报关代理人具有以下权利：

1. 要求申报人或权利人提供办理通关手续所需的文件和信息，包括构成商业秘密、银行秘密或其他受法律保护的秘密信息；

2. 提交货物报关单，以及货物申报所需的文件和信息；

3. 为完成货物申报，按照乌兹别克斯坦国家海关委员会规定的程序访问海关信息资源；

4. 确定货物完税价格时，行使申报人的权利；

5. 作为权利人实施其他必要的海关通关监管行为；

6. 按照法律规定的程序，对海关的决定及其工作人员的行为（不作为）提出申诉。

（三）报关代理人的义务

报关代理人应当履行以下义务：

1. 为其对申报人或权利人的民事责任投保；

2. 进行海关作业时，向海关提交所需的文件和信息；

3. 遵守法律规定的要求及禁止和限制规定，向海关呈验货物并提交货物报关单；

4. 确定货物的完税价格时，承担申报人的义务；

5. 协助海关办理通关手续；

6. 不泄露且不得为个人目的使用从发货人和收货人获取的构成国家秘密或其他受法律保护的秘密信息。

三、报关员

报关员可以是乌兹别克斯坦的自然人，其与报关代理人或其他法人签订劳务合同，并代表该法人办理通关业务。

（一）报关员的权利

办理通关业务时，报关员享有赋予报关代理人的权利。

（二）报关员的义务

报关员应当履行报关代理人应当承担的义务。此外，报关员还具体负责：

1. 根据乌兹别克斯坦《对外经济活动商品目录》，对货物进行商品归类；

2. 标明货物原产地；

3. 标明货物数量；

4. 向权利人解释海关法律规定；

5. 根据海关要求，参与海关对货物和运输工具的彻底查验。

四、申报地点

可以向任何有权接受申报的海关提交报关单。

为确保对海关法律的遵守情况进行监督，根据乌兹别克斯坦国家海关委员会的相关规定，特定类别的货物和/或运输工具只能在其指定海关进行申报。

五、申报方式

申报是通过规定形式（口头、书面、电子）声明有关货物和/或运输工具的准确信息，以及其适用监管方式和海关所需的其他信息。

（一）口头申报

对于自然人的非商业用途货物，如果其价值和数量不超过法律规定的免税（关税和消费税）进口额度，可以采取口头申报形式向海关申报。

（二）使用旅客报关单申报

对以下货物应当使用旅客报关单向海关申报：

1. 自然人的非商业用途货物，其价值和数量超过法律规定的免税（关税和消费税）进口额度；

2. 变更居住地时属于自然人个人财产的物品，但机动运输工具除外；

3. 自然人暂时出口或暂时进口的非商用运输工具；

4. 乌兹别克斯坦国家货币和有价证券；

5. 法律规定禁止和/或限制措施的货物。

（三）使用货物报关单申报

对以下货物应当使用货物报关单向海关申报：

1. 法人和从事经营活动但未设立法人的自然人的货物，可以使用货物随附单证申报的货物除外；

2. 自然人用于商业用途的货物；

3. 自然人用于非商业用途的运输工具，但暂时出口和暂时进口的非商业用途运输工具除外；

4. 在自然人进出境之前或之后，以分离运输方式进出关境的行李。

（四）使用货物随附单证申报

对以下货物可以使用货物随附单证向海关申报：

1. 法人和从事经营活动但未设立法人的自然人，运输不超过规定价值的进出境货物；

2. 用于在国外展会和交易会上展示，按照申报当日乌兹别克斯坦中央银行官方汇率其价值不超过等值 5000 美元的出口货物；

3. 通过互联网商店出口，按照申报当日乌兹别克斯坦中央银行官方汇率其价值不超过等值 1000 美元的货物。

六、报关单

报关单是包含海关监管所需信息的文件。

报关单格式和应当注明的信息，以及向海关提交的程序，由乌兹别克斯坦国家海关委员会制定。

（一）报关单种类

1. 运输工具报关单，是指由承运人提交的商用运输工具抵离关境的文件，其中包含运输工具、行驶路线、运载货物、乘务人员和乘客的信息。依照乌兹别克斯坦所加入国际条约的规定，海关接受承运人文件作为运输工具报关单进行申报。

2. 货物报关单，是指由申报人或报关代理人向海关提交的文件，其中包含适用具体监管方式的货物信息。货物报关单应以电子或纸质形式提交，如提交纸质报关单，要求同时提交其电子副本。

货物报关单可用于提前申报，或以简易报关单、临时报关单、不完整报关单或定期报关单的形式进行货物申报。

3. 旅客报关单，是指自然人携运应申报货物或驾驶非商用运输工具进出关境时，需要填写并向海关提交的文件。

（二）报关单的提交期限

1. 对于进口货物，应在货物运抵指运地海关之日起 15 个自然日内提交报关单。如果提交报关单的截止日期为海关的非工作日，则截止日期为海关的下一个工作日。

2. 对于海关转运货物，应在提交货物同时，或在货物和运输工具进境后立即提交报关单。

3. 对于出口货物，应在其实际出口前提交报关单。

4. 对于变更监管方式的货物，应在此前适用的监管方式有效期限届满之前提交报关单。

5. 对于自然人通过手提行李和随身行李携运非商业用途的进出境货物，应当在提交货物的同时提交报关单。

6. 进境运输工具应当在进境后 3 小时内申报，离境运输工具应不晚于离境前 3 小时申报。

七、报关单的处置

（一）报关单的受理

海关不得拒绝接受报关单。

在报关单提交当日以登记方式确定受理报关单。

自报关单受理之时起，即成为具有法律意义的事实证明文件。

（二）报关单更改、补充、重新办理、撤回和撤销

1. 申报人可以更改或补充报关单信息，也可以撤回已提交的报关单。

海关受理报关单之前，可直接更改、补充、撤回报关单；海关受理报关单之后，申报人应向海关申请，经海关同意后方可实施上述行为。

2. 对报关单进行更改或补充，不得扩大或缩小其有效范围。

（三）更改、补充、重新办理、撤回和撤销货物报关单的程序

1. 根据海关要求，或经权利人申请，在货物报关单受理之日起 3 年内可以对其进行更改、补充、重新办理或撤销。

2. 如申报人或报关代理人提出的理由被海关认可，申报人或报关代理人可以在货物放行前撤回货物报关单，出口货物报关单可在出口货物放行后但实际出境前撤回。

第五节　商品归类

一、《对外经济活动商品目录》

依据世界海关组织《商品名称及编码协调制度》，乌兹别克斯坦对外贸易部与海关委员会共同编制了本国的《对外经济活动商品目录》，作为商品归类依据，并用于实施对外贸易和其他对外经济活动的税率调节措施、禁止和限制规定、内部市场保护措施，以及编制海关对外贸易统计。

二、商品归类依据

1. 商品归类依据：

（1）乌兹别克斯坦《对外经济活动商品目录的基本解释规则》；

（2）任何级别归类中对增设子目的注释。

2. 对商品进行归类时，应用世界海关组织《商品名称及编码协调制度注释》、《独联体对外经济活动商品目录注释》和乌兹别克斯坦《对外经济活动商品目录注释》作为补充材料，根据货物特性确定其商品编码。

三、商品归类审核

在通关过程中如果发现商品归类错误，海关有权独立进行商品归类，并作出归类决定。海关作出的归类决定具有强制性。

为确保对乌兹别克斯坦《对外经济活动商品目录》作出统一解释，海关应当公布关于部分类别商品的归类决定。

对海关的归类决定及其工作人员的行为（不作为），可以按照规定程序提出申诉。

四、商品归类预裁定

向海关提交货物前，海关可以依据乌兹别克斯坦《对外经济活动商品目录》作出商品归类预裁定。

（一）预裁定申请

1. 商品归类预裁定申请应当包含货物的完整商业名称、商标名称、主要技术和商业特征，以及能够明确对货物进行分类的其他信息。如果有必要，应当提交照片、图片、图纸、产品说明书及其他资料和文件。

2. 法人提出的申请应由其负责人签署，并注明姓名、父称和职务，以及该组织的详细位置。

3. 自然人提出的申请应由其本人签字，申请中应当包含其居住地的详细信息。

（二）预裁定审核

1. 海关应在收到申请后 20 日内予以审核。

2. 如果申请人为商品归类预裁定而提交的信息、文件和材料不完整，海关应当通知申请人并明确说明应当补充何种信息、文件和材料，申请人应在60 个自然日内提交。如果申请人在规定期限内未向海关提交补充信息、文件和材料，则海关对商品归类预裁定申请不予审核。

3. 如果依据乌兹别克斯坦《对外经济活动商品目录》确定商品编码时出现难以解决的争议，海关可将货物试样和样品及相关文件送交世界海关组织进行相关检测或鉴定。海关在收到世界海关组织检测和/或鉴定结果后，作出商品归类预裁定。

4. 海关应在作出商品归类预裁定后 3 个工作日内通知申请人。

（三）预裁定的有效期

商品归类预裁定自通过之日起 1 年内有效，如果其未更改、撤回或撤销。预裁定到期后失效，但不妨碍利害关系人申请作出新的预裁定。

（四）预裁定的更改、撤回或撤销

海关可以作出决定，更改、撤回或撤销商品归类预裁定。

1. 预裁定的更改

在以下情形下，应对商品归类预裁定进行更改：

（1）乌兹别克斯坦《对外经济活动商品目录》被更改；

（2）发现作出预裁定时的错误。

2. 预裁定的撤回

如果不符合商品归类预裁定的条件，预裁定应予撤回。

撤回商品归类预裁定的决定，应在公布商品归类预裁定变更后的 3 个工作日内作出并同时生效。

3. 预裁定的撤销

（1）如申请人提供不完整或虚假信息，据此作出的商品归类预裁定应予撤销。

（2）撤销商品归类预裁定的决定，自作出预裁定之日起生效。更改、撤回或撤销商品归类预裁定的决定，应在不晚于决定作出之日的下一个工作日，以书面形式通知预裁定申请人。

（五）预裁定的公开

商品归类预裁定属于公开信息，根据所有法人和自然人的书面请求，应不加任何限制向其提供，但构成商业秘密或其他受法律保护的秘密信息除外。

第六节　完税价格的确定

一、进口货物完税价格的估价方法及适用次序

确定进口货物完税价格的主要方法是进口货物成交价格方法。如果无法使用成交价格方法，则应依次使用相同货物成交价格方法、类似货物成交价格方法、倒扣价格方法、计算价格方法和备用方法进行估价。如果无法使用前一种方法确定货物的完税价格，则适用后一种方法。根据申报人意愿，可以颠倒倒扣价格方法和计算价格方法的适用次序。

（一）进口货物成交价格估价方法

进口货物成交价格，是指货物进入关境时实际支付或应予支付的价格。

1. 应当计入进口货物成交价格的费用

确定进口货物完税价格时，以下费用应当计入成交价格。

（1）将货物运送至进入关境地点的费用；

① 货物运输费用；

② 货物装载、卸载、换装和倒装费用；

③ 保险费用。

（2）买方产生的费用：

① 佣金和经纪费，采购佣金除外；

② 容器和/或其他可重复使用包装箱的价格，如依据乌兹别克斯坦《对外经济活动商品目录》，其与被估价货物被视为统一整体；

③ 包装成本，包括包装材料和工时成本。

（3）卖方直接或间接向买方无偿或低价提供的服务和其他货物的价格。

（4）作为被估价货物的销售条件，买方应当直接或间接支付的知识产权特许权使用费和其他费用。

（5）卖方因任何后续转售、其他处置或使用进口货物直接或间接收入的相应部分价格。

上述应当计入成交价格中的费用，应当依据权利人提供的货物、工时和服务（运输、保险、中介服务）的支付文件（增值税发票、付款委托书、发票）予以确定。

2. 不计入进口货物成交价格的费用

（1）工业装置、机械或设备进入关境后的安装、组装、调试、设备维护

或提供技术援助的费用；

（2）货物进入关境后产生的运输费用；

（3）在乌兹别克斯坦缴纳的与货物进口或销售有关的海关税费和其他税费，如果合同条款要求卖方支付上述费用。

不计入成交价格中的费用，应当依据权利人提供的货物、工时和服务（运输、保险、中介服务）的支付文件（增值税发票、付款委托书、发票）予以确定，在乌兹别克斯坦缴纳的海关税费除外。

3. 适用进口货物成交价格估价方法的限制规定

在以下情形下，不能对进口货物使用成交价格估价方法确定其完税价格：

（1）买方对被估价货物的使用权或处置权受到限制，但法律规定的限制或对货物可转售地理区域的限制，或者不影响货物价格的限制除外；

（2）货物在不具有价格基础的交易下进入关境；

（3）销售和成交价格取决于是否符合条件，该条件对成交价格的影响无法确定（换货、订购、加工合同）；

（4）后续转售、使用或处置进口货物的任何部分收益直接或间接转给卖方，且无法依照《乌兹别克斯坦海关法典》相关规定对货物价格进行适当调整；

（5）申报人在确定货物完税价格时使用的数据无法以凭据证实；

（6）交易双方（买方和卖方）系关联人，但申报人能够证明其关联关系不影响成交价格的情形除外。

4. 关联人

关联人是指至少符合以下标志之一的人：

（1）交易一方（自然人）或交易一方的负责人同时也是交易另一方的负责人；

（2）交易双方是同一法人的共同所有人；

（3）交易一方（自然人）与交易另一方存在劳动关系；

（4）交易一方是交易另一方的出资（股份）人，或是另一方注册资本中具有表决权的股份所有人，其股份至少占注册资本的5%；

（5）交易双方均受第三方直接或间接控制；

（6）交易双方直接或间接共同控制第三方；

（7）交易一方或其负责人直接或间接控制交易另一方；

（8）交易双方或其负责人是亲属关系。

5. 对进口货物交易方存在关联关系的处置

如果有证据表明进口货物的交易双方存在关联关系，海关必须对实际交易情况进行核查。

如果海关确定交易双方的关联关系未影响成交价格，则接受其确定的货物完税价格。否则，海关应当书面通知申报人在 30 个自然日内提供关联关系未影响成交价格的证据。

（二）相同货物成交价格方法

根据相同货物成交价格方法，按照相同货物的成交价格确定进口货物的完税价格。

1. 相同货物的认定标准

（1）相同货物被定义为具有以下特征的货物：

① 在物理特性、质量和市场声誉方面与被估价货物一致；

② 与被估价货物在同一国家生产并销售进口至乌兹别克斯坦；

③ 与被估价货物系同一生产商。

（2）如果其成交价格包括在乌兹别克斯坦进行规划、实验设计、艺术创作、工艺设计、草图或图纸的费用，则不将其视为相同货物。

（3）外观上的细微差别不构成拒绝认定其为相同货物的依据，如果该货物在其他方面符合上述标准。

2. 适用相同货物成交价格方法

（1）接受相同货物的成交价格，以确定被估价货物的完税价格，如果相同货物：

① 在被估价货物进口前的 90 个自然日内进入关境；

② 在大致相同的数量和/或相同的商业条件下进入关境。

（2）如果不存在相同数量和相同商业条件的货物进入关境的情况，可以使用不同数量和不同商业条件的相同进口货物价格，但应考虑差异因素对成交价格进行必要的调整。

（3）如果因距离和运输方式不同，运输相同货物与被估价货物抵达进境地点的费用存在较大差异，则应以适当方式对按相同货物成交价格方法确定的完税价格进行相应调整。

申报人应当基于有凭据证实的真实信息，对被估价货物的完税价格进行调整。

（4）如果采用相同货物成交价格方法时，发现相同货物的多个成交价格，则采用其中最低的成交价格来确定被估价货物的完税价格。

（三）类似货物成交价格方法

1. 类似货物的认定标准

类似货物被定义为具有以下特征的货物：

（1）与被估价货物并非在所有方面完全一致，但具有与其类似的特性，并由类似的部件组成，使其能够实现与被估价货物相同的功能，并在质量、市场声誉和持有商标等方面可以实现商业互换；

（2）如果成交价格中包括在乌兹别克斯坦进行规划、实验设计、艺术创作、工艺设计、草图或图纸的费用，则不将其视为类似货物。

2. 适用类似货物成交价格方法

采用类似货物成交价格确定进口货物的完税价格，应当符合以下条件：

（1）在被估价货物进口前的 90 个自然日内进口；

（2）与被估价货物在同一国家生产并销售出口至乌兹别克斯坦；

（3）与被估价货物系同一生产商。如果没有同一生产商生产的货物，则接受其他生产商生产的货物作为类似货物。

（四）倒扣价格方法

1. 适用倒扣价格方法

根据倒扣价格方法，使用符合以下条件的被估价货物、相同或类似货物的单价，确定被估价货物的完税价格：

（1）在关境内保持原状销售的；

（2）在被估价货物进入关境前的 90 个自然日内，按照最大批量确定（分批）销售的；

（3）销售给非卖方关联人的。

2. 倒扣价格方法规定的应当扣除费用

以下费用应当从被估价货物、相同货物和类似货物的单价中扣除：

（1）支付或商定支付的佣金，或在关境内销售同等级和同种类进口货物的附加利润和一般费用；

（2）因进口或销售货物，应在乌兹别克斯坦缴纳的海关税费和其他税费；

（3）关境内产生的运输、保险和装卸费用。

3. 确定货物单价

（1）选择货物在国内市场的销售价格时，应当考虑相关货物进口后第一商业级别的价格，即进口货物第一次的转售单价。

（2）如果在被估价货物进口前的 90 个自然日内，不存在被估价货物、相同或类似货物的销售事实，则以被估价货物、相同或类似货物在乌兹别克斯坦境内按最大批量且保持原状销售的单位价格，作为确定被估价货物完税价格的依据。

（五）计算价格方法

采用计算价格方法作为确定货物完税价格的依据时，使用以下各项相加计算得出的价格：

1. 生产商因生产被估价货物产生的材料、生产和/或加工成本；

2. 上述第 1 款未列出的一般费用总额，以及出口商向乌兹别克斯坦销售与被估价货物同等级或同种类及同一原产地的货物通常所获得的利润；

3. 货物抵达进境地点的运输费用。

（六）备用方法

如果申报人依次采用成交价格方法、相同货物成交价格方法、类似货物成交价格方法、倒扣价格方法和计算价格方法仍无法确定货物的完税价格，则在估价方法的适用时限、原产地确认和货物同一性或相似性认定等方面，采取更灵活的方式来确定被估价货物的完税价格。

1. 备用方法的适用方式

（1）海关应当积累商品价格信息，并向申报人提供其掌握的价格信息。

（2）允许比其他估价方法具有更大的灵活性。

（3）使用国际价格和国内市场价格的信息手册。

（4）使用普遍接受的佣金、折扣、利润、运输费率的统计数据。

2. 采用备用方法时不得使用的价格

采用备用方法时，不得依据下列价格确定货物的完税价格：

（1）乌兹别克斯坦生产的类似货物的销售价格；

（2）两个或多个价格中的最高价格；

（3）货物在出口国国内市场的价格；

（4）采用计算价格方法确定完税价格时未使用的生产成本；

（5）从出口国供应第三国的货物价格；

（6）最低完税价格；

（7）武断或虚假的货物价格。

二、出口货物完税价格的确定

（一）出口货物完税价格的估价方法

1. 出口货物的完税价格，依据其销售出口时实际支付或应当支付的成交价格确定。

2. 在缺少出口货物申报价格的证明文件时，海关依据其掌握的相同或类似货物的价格信息，来确定该货物的完税价格。

3. 当此前进口的货物被运出关境时，按照货物进口时的完税价格和在关境内发生费用之和来确定完税价格，包括货物通关费用、缴纳的海关税费（扣除因货物复出口退还的税款）、存储、保险费用，以及在关境内产生的其他费用。

（二）海关确定出口货物完税价格

如果缺少数据证实所申报出口货物完税价格的准确性，或有理由认为申报人提供的信息不准确或不充分，海关应当独立确定完税价格。根据申报人书面申请，海关应当书面说明不接受出口货物完税价格的原因。

1. 确定出口货物完税价格时，海关应当：

（1）确保被估价、相同和/或类似货物的销售条件在以下方面尽可能具有可比性：

① 进口货物的国家或地区；

② 出口货物数量；

③ 商业销售条款，包括市场行情（主要指原材料商品出口）；

（2）考虑到买方产生的所有费用是否计入完税价格。

2. 在以下情形下，不能依据出口货物成交价格确定完税价格：

（1）合同包含影响成交价格的限制条款；

（2）销售和成交价格受限于无法确定其影响的条款；

（3）交易各方存在关联关系，此因素对成交价格的影响无法以价格形式确定；

（4）申报人在申报完税价格时使用的数据未被证实或不可信。

三、海关审价

（一）完税价格监管

1. 海关确定申报人是否正确选择估价方法，以及所申报完税价格的计算是否准确，应依据：

（1）完税价格申报单及申报人提交的其他文件和信息；

（2）海关所掌握用于确定货物完税价格的信息。

2. 在以下情形下，海关有权不同意申报人选择的完税价格估价方法，并建议其使用其他估价方法确定货物的完税价格：

（1）缺少文件和信息证实申报人所申报货物完税价格的准确性；

（2）申报人未能提供海关为确定货物完税价格所要求的补充文件；

（3）发现申报人提供的文件和信息不可信。

海关与申报人之间可以进行磋商，选择确定货物完税价格的方法。

3. 如果申报人不同意海关确定的货物完税价格，其有权要求海关说明不接受所申报完税价格的原因。

经申报人请求，海关应以书面或电子形式向其说明未接受所申报完税价格的原因。

（二）货物完税价格和/或海关税费的调整

在货物通关期间或货物放行后，可以对货物完税价格和/或海关税费进行调整。

1. 如果存在以下情形，货物通关期间可以对其完税价格和/或海关税费进行调整：

（1）发现申报人申报的货物估价方法及完税价格与其提交的证明文件不符；

（2）在完税价格申报单中发现技术性错误，影响到所申报货物的完税价格和/或海关税费税额。

2. 如果存在以下情形，货物放行后可以对其完税价格和/或海关税费进行调整：

（1）在货物申报中发现技术性错误，影响货物完税价格和/或海关税费税额；

（2）对文件后续核查中发现其申报不实，影响货物的完税价格和/或海关税费税额；

（3）由于进出口货物的数量和/或质量与合同条款不一致，导致其申报的完税价格与受理报关单之日货物的实际价格不符。

（4）出现导致返还或补缴海关税费，或影响货物完税价格的其他原因。

（三）申报人无法确定完税价格时的有条件放行

1. 无法确定货物完税价格时，根据申报人申请，海关对货物实施有条件放行。在此情形下，海关依照法定程序独立确定货物的有条件完税价格。

2. 无法确定完税价格时对货物实施有条件放行，前提是依据海关确定的完税价格计算海关税费，申报人据此缴纳海关税费或提供海关税费缴纳担保。

3. 在收到申请后的 3 个工作日内，海关应以书面或电子形式通知申报人货物有条件完税价格，以及海关税费缴纳担保所需的数额。

海关税费担保的有效期为货物放行之日起 60 个自然日。

4. 在申报人提交货物完税价格的证明文件后，填写货物完税价格和/或海关税费调整表，重新计算完税价格和相关海关税费。

第七节　货物原产地的确认

一、货物原产地的概念

货物原产地，是指货物在其境内完全生产或充分加工的国家（地区）。货物原产地可以是国家集团、海关联盟、地区或国家的一部分。

二、原产地认定标准

（一）完全生产的标准

以下货物被认定为完全在该国生产的货物：

1. 在其领土、领水、大陆架或其海洋底土中开采的矿产，如果该国拥有开采上述底土资源的专属权；

2. 在其境内种植或采集的植物产品；

3. 在其境内繁殖和饲养的活体动物；

4. 在其境内从该国种植的植物产品和饲养的动物中获取的产品；

5. 在其境内猎取和捕捞的产品；

6. 由该国船舶或其租用的船舶在公海捕捞和/或生产的海产品；

7. 在其境内进行生产和其他作业所产生的再生原料和废碎料；

8. 由本国拥有或租赁的太空船在外层空间获取的高技术产品；

9. 仅以上述所列产品在其境内生产的货物。

（二）充分加工的标准

如果有两个或两个以上的国家参与货物生产，则根据充分加工标准确定该货物的原产地。

1. 使用以下充分加工标准之一确定货物原产地：

（1）因在其境内实施的加工或制造作业，使货物依据乌兹别克斯坦《对外经济活动商品目录》进行归类的任何位数商品编码的前4位发生改变的国家；

（2）从价百分比规则，即改变货物价值，即使用材料和/或附加值比例达到产品最终价格的固定份额。

2. 以下各项不符合充分加工标准：

（1）存储或运输过程中为确保货物完好进行的作业；

（2）为准备销售和运输货物进行的作业（分批、装运、分类、重新包装等）；

（3）简单的装配作业；

（4）货物（部件）的混合，所获得的产品未出现实质上有别于其原始成分的特征；

（5）宰杀牲畜。

三、分批次交货时货物原产地的确认

确定货物原产地时，分批次交货的拆散件、未组装形式货物，如果因生产或运输条件限制无法一批装运，以及因失误货物被分为几个批次，应当根据申报人意愿视为单一货物。此规则的适用条件为：

1. 将拆散件或未组装形式的货物分批次的情况预先书面通知海关，说明货物分批的原因，提供每批次货物明细，并注明每批次货物的价格和原产地，以及按乌兹别克斯坦《对外经济活动商品目录》确定的商品编码；

2. 提供因失误造成货物分批的书面证明文件；

3. 由同一供货商从同一国家供应所有批次货物；

4. 通过同一海关进口所有批次货物；

5. 在合同规定期限内交付所有批次货物。

四、原产地确认的特别规定

1. 确定货物原产地时，对用于其生产或加工的能源、机器、设备和工具的原产地不予考虑。

2. 拟用于机器、设备、仪器或运输工具的附件、零部件和工具，视为与机器、设备、仪器或运输工具同一原产地，前提是该附件、零部件和工具按照随附的技术合格证、技术说明书或其他技术文件中注明的数量，与上述机器、设备、仪器或运输工具共同成套进口和销售。

3. 对于自第三国进口至关境的货物，以及从乌兹别克斯坦境内的自由关税区和自由仓库进口的货物，其原产地确认的特别规定由法律制定。

4. 进口货物的包装被视为与货物本身同一原产地，除非包装应与货物分开申报。在此情形下，包装和货物的原产地应当分别认定。

五、货物原产地证书

（一）概述

货物原产地证书，是指依照出口国或复出口国规定的程序和格式，由授权机构签发用于确认货物原产地的文件（包括电子格式文件）。

当货物从关境出口时，根据合同条款、货物进口国规定或乌兹别克斯坦所加入的国际条约规定，以及出口商的要求，授权机构依照法律规定签发货物原产地证书。

（二）提交货物原产地证书

货物原产地证书应与报关单和通关所需的其他文件同时提交。在以下情形下，货物进入关境时应当提交货物原产地证书：

1. 对原产于乌兹别克斯坦给予特惠关税国家的货物；

2. 对于从该国进口受数量限制（配额）或其他对外经济活动管理措施调控的货物；

3. 所提交通关文件中不包含货物原产地信息，或海关有理由认为货物原产地申报信息不实；

4. 依照乌兹别克斯坦法律或乌兹别克斯坦所加入的国际条约规定，应当提交原产地证书。

如果对货物原产地证书或其所包含的信息，包括货物原产地信息的准确性存在疑问，海关可以要求证书签发机构或货物原产地主管部门提供补充或澄清信息。

（三）因货物原产地拒绝货物进境

如果有理由认为，货物产自于依照乌兹别克斯坦法律和乌兹别克斯坦所加入国际条约规定不允许其货物进境的国家，海关可以拒绝货物进入乌兹别克斯坦关境。

第八节 海关税费

依照乌兹别克斯坦《关税税率法》规定，乌兹别克斯坦采取从价关税、从量关税、复合关税 3 种关税计征方式。为减少进口，节约外汇资源，推动工业生产本土化进程，2018年6月29日，乌兹别克斯坦总统米尔济约耶夫签署《关于进一步整顿对外经济活动和改善乌关税制度的措施》，对《关税税率法》进行修订和补充，取消过去给予的大范围进口关税优惠，禁止进口国内可以生产的产品，并鼓励高附加值产品出口。

乌兹别克斯坦与白俄罗斯、格鲁吉亚、哈萨克斯坦、吉尔吉斯斯坦、摩尔多瓦、俄罗斯、土库曼斯坦（按照双边协议相互商定清单的商品）、乌克兰、塔吉克斯坦、阿塞拜疆签订了《关于设立自由贸易区的协议》，对产于这些国家的进口商品不征收进口关税。

一、基本规定

（一）海关税费的种类

乌兹别克斯坦海关税费包括关税、增值税、消费税，以及海关费用。

1. 关税

关税具体可分为进口关税、出口关税、特殊关税（保障措施关税、反倾销税和反补贴税）和季节性关税。

（1）在货物进出境环节征收进口关税和出口关税。

（2）为保护乌兹别克斯坦经济利益，按照法律规定程序征收特殊关税。

（3）季节性关税适用于对货物进出关境进行短期调节。其有效期自实施之日起不得超过6个月。

2. 增值税和消费税

根据税法和海关立法规定，对进出境货物应当缴纳增值税和消费税。

3. 海关费用

海关对实施以下行为或程序收取费用：

（1）办理通关手续；

（2）在设立的通关地点以外和/或海关工作时间以外办理通关手续；

（3）在海关自有的海关仓库中存储货物；

（4）对运输工具实施海关押运；

（5）作出预裁定；

（6）发放货物境外加工和境内加工许可；

（7）将知识产权客体列入知识产权海关名录；

（8）办理法人的外币现钞进口通关手续。

（二）海关税费的缴纳人

海关税费的缴纳人可以是：

1. 申报人；

2. 报关代理人，如果合同规定；

3. 违反所适用监管方式的规定时，海关仓库、自由仓库、免税商店的所有人及承运人；

4. 海关监管的国际邮件和快件丢失，或未经海关监管交付时，国际邮件和快件的运营商和邮政服务商。

任何利害关系人均有权为缴纳人缴纳海关税费。

二、海关税费缴纳优惠和特惠关税

依照《乌兹别克斯坦海关法典》、其他法律以及乌兹别克斯坦总统命令，可给予法人和自然人关税优惠，增值税、消费税和海关费用缴纳优惠及特惠关税。

（一）关税优惠

执行对外贸易政策过程中，允许以退还此前缴纳的关税、降低关税税率和免除关税等形式提供关税优惠。

免于缴纳关税的优惠适用于：

1. 运载货物、行李和旅客的国际运输工具行驶途中正常运行所需的后勤技术物资保障用品、燃料、食品和其他物资，以及在中途车站或在关境外购买用于处理上述运输工具事故（故障）的物资。

2. 乌兹别克斯坦本国货币、外国货币（古钱币除外）和有价证券。

3. 为保障乌兹别克斯坦船舶和乌兹别克斯坦从事海洋捕捞的法人和自然人所租赁（包租）的船舶运营而出口到关境外的后勤技术物资保障用品、燃料、食品等其他物资，以及上述船舶捕捞并进口到关境内的渔业产品。

4. 收归国有的货物。

5. 按照乌兹别克斯坦政府规定程序，作为人道主义援助的进口货物。

6. 国家、政府或国际组织以公益援助（包括开展技术援助）为目的进口的货物。

7. 适用海关转运监管方式，拟通过关境运往第三国的海关监管货物。

8. 法人使用国际金融组织和外国政府金融组织依据乌兹别克斯坦所加入国际条约提供的贷款进口的货物（进口信贷），以及援助进口货物。

9. 法定资本中外商投资份额不低于 33% 的外商投资企业，自其国家注册之日起 2 年内，因自身生产需要进口至关境内的物资。

10. 在乌兹别克斯坦境外长期居住，并根据与外国投资者签订的劳动合同而处于乌兹别克斯坦境内的外国投资者、外国公民和无国籍人，因个人需要而进口至关境内的财产。

11. 在乌兹别克斯坦经济领域直接投资总额超过 5000 万美元的外国法人，进口至关境内的自产货物。

12. 外国投资者或其他参与履行产量分成合同的人，根据项目文件进口至关境内计划用于执行产量分成合同的货物。

13. 根据技术设备供应合同条款规定，依据法定清单进口至关境内的技术设备及其组件和零部件。如在进口之日起 3 年内出售或无偿转让该进口技术设备，则取消此优惠，并恢复全部优惠期间关税的缴纳义务。

14. 电信运营商和专业机构凭国家授权机构书面证明购买的监控技术设备。

（二）增值税和消费税优惠

依照《乌兹别克斯坦共和国税法典》规定，对进出境货物给予增值税和消费税缴纳优惠。

（三）通关费用优惠

对以下货物通关免于征收海关通关费用：

1. 人道主义援助、无偿捐赠或用于其他公益目的的进出境货物；

2. 在法律规定的免税进口范围内，自然人为非商业目的进口的货物；

3. 适用临时存储和放弃收归国有监管方式的货物；

4. 享有海关优惠措施的外国外交代表机构和领事机构、国际协会和国际组织进口的公务用途货物，以及确保乌兹别克斯坦外交机构或同等机构正常运行的出口货物；

5. 在乌兹别克斯坦国家博物馆、信息和图书机构、档案馆和其他国家文物保管机构永久保存的暂时出口并复运进口的文物；

6. 为举办文物展，乌兹别克斯坦国家博物馆、信息和图书机构、档案馆和其他国家文物保管机构暂时进口并在展览和其他类似活动结束后复运出境的文物；

7. 乌兹别克斯坦国防部、国家安全局、总统安全局、国民警卫队、内务部、应急管理部和海关委员会的军用物资；

8. 法人进口免税价值以内的货物。

（四）特惠关税

特惠关税的形式包括免征关税、降低关税税率或为原产于特定国家的货物制定进出口优惠配额。

依照乌兹别克斯坦加入的国际条约，对以下货物不征收关税：

1. 与乌兹别克斯坦同为自由贸易区成员方，或与乌兹别克斯坦建立自由贸易制度的国家生产并进口至关境的货物；

2. 原产于乌兹别克斯坦，并出口至与乌兹别克斯坦同为自由贸易区成员方，或与乌兹别克斯坦建立自由贸易制度的国家的货物。

三、海关税费计算

（一）海关税费的计算基础

1. 关税的计算基础是货物完税价格，和/或其数量及其适用的税率。

2. 增值税的计算基础是货物完税价格，并附加应缴纳的关税税额。对于应当征收消费税的货物，还应附加应缴纳的消费税税额。

（二）海关税费的计算程序

1. 海关税费由申报人计算。

2. 海关税费应以乌兹别克斯坦本国货币进行计算，但定期缴纳海关税费的暂时进口货物，以及法律有不同规定的情形除外。

（三）关税税率的适用

计算关税应当适用海关接受报关单之日实施的税率，但《乌兹别克斯坦海关法典》有不同规定的情形除外。

（四）货物非法进出境或出现其他违法行为时海关税费的计算

对非法进出境货物，或出现其他违反《乌兹别克斯坦海关法典》规定的货物，应当计算应缴纳的海关税费：

1. 对违反法律规定进入关境，且未缴纳海关税费的货物，适用其进境当日实施的税率，如果无法确定该日期，则适用发现该货物之日实施的税率；

2. 对非法出口的货物，适用其出境当日实施的税率，如果无法确定该日期，则适用发现该事实之日实施的税率；

3. 对已丢失、未交付或未经海关同意即交付的海关转运货物或受海关监管的存储货物，适用确定货物监管方式当日实施的税率；

4. 对有条件放行，但用于免征海关税费优惠措施以外其他目的的货物，适用海关接受报关单当日实施的税率。

四、海关税费的缴纳期限和程序

（一）缴纳期限

应当在受理报关单之前或同时缴纳海关税费，但管道运输或输电线路输送货物，有条件放行但用于规定以外的其他目的的货物，非法进出境货物，暂时进口货物及准予延期或分期缴纳海关税费的货物除外。

（二）缴纳程序

1. 缴纳人应当向海关依法设立的国库账户缴纳海关税费。

2. 在货物放行之日起 5 个工作日内，海关应将已缴纳的海关税费划拨至乌兹别克斯坦国家预算。

3. 应当以乌兹别克斯坦本国货币缴纳海关税费，但法律有不同规定的除外。

五、海关税费预存款

在海关受理报关单之前，缴纳人可以将款项存入海关国库账户，用于缴纳未来的海关税费。

（一）预存款的使用

按照缴纳人的指令，预存款可用于：

1. 缴纳海关税费；

2. 履行滞纳金和利息的缴纳义务；

3. 偿还欠缴的海关税款；

4. 为缴纳海关税费提供担保。

缴纳人未作出相关指令前，不得将预存款视为海关税费。缴纳人提交报关单，或申请使用预存款缴纳滞纳金和利息，为缴纳海关税费提供担保，偿还欠缴海关税款均视为其作出指令。

（二）预存款的返还程序

1. 自预存款最后使用日期的次日起 3 年内，缴纳人有权要求返还剩余的预存款。如果在此期限内未提交预存款返还申请，海关将其划拨至乌兹别克斯坦国家预算。

2. 为返还预存款，缴纳人应当向预存款存入其国库账户的海关提交返还申请，同时提交缴纳人与海关之间的相互结算记录。

3. 海关应在 15 个工作日内，对相互结算记录中所列数据进行核对。

4. 海关工作人员和缴纳人对相互结算记录核对无误后签字，自签字之日的次日起 3 个工作日内，海关应予返还预存款。

5. 如缴纳人存在尚未缴纳的海关税费、滞纳金或利息，经缴纳人同意，海关从预存款中扣除上述欠款后，将剩余款项返还缴纳人。

六、海关税费缴纳担保

应当在货物放行前，或规定此类担保的措施生效前，向海关提供海关税费缴纳担保。

（一）海关监管货物的海关税费担保数额

对以下货物提供海关税费缴纳担保的数额，应与申报该货物适用放行供自由流通（进口）监管方式时应缴纳的海关税费数额一致：

1. 在关境内运输的海关监管货物；
2. 未存储在海关仓库的货物；
3. 按照预申报完税价格放行的货物；
4. 延期或分期缴纳海关税费的放行货物；
5. 提交货物报关单之前放行的货物。

（二）海关税费担保方式及相关规定

缴纳人可以选择以下任何一种方式提供海关税费缴纳担保。

1. 将资金存入海关国库账户（保证金）

（1）保证金应以乌兹别克斯坦本国货币存入海关国库账户，且存入期间不计利息。

（2）自履行海关税费缴纳义务之日的次日起 3 年内，缴纳人可以向海关申请返还保证金。海关在收到上述申请之日起 5 个工作日内返还保证金。

（3）如果规定期限内未提交保证金返还申请，海关将保证金划拨至乌兹别克斯坦国家预算。

（4）如果缴纳人未履行保证金所担保的义务，则从保证金中扣除欠缴税款。

2. 货物抵押

根据抵押合同，可以抵押货物作为缴纳海关税费的担保。

（1）抵押物。抵押物可以是任何货物，但以下货物除外：

① 电力、热力和其他类型的能源；

② 企业、楼房、建筑物、设施、土地；

③ 已为其他债务抵押的货物；

④ 知识产权客体；

⑤ 禁止进入关境的货物；

⑥ 易腐类货物；

⑦ 动物；

⑧ 在乌兹别克斯坦境外的货物；

⑨ 其销售受限的货物；

⑩ 海关不能随时监测其位置和使用情形的货物；

⑪ 法律禁止自由销售的产品和废碎料。

（2）抵押物的价值认定。为确定抵押物的市场价格，应当由抵押人出资依照相关法律规定对抵押物进行价格评估。

抵押物的市场价值不仅不能低于其担保的海关税费税额，还应当包括货物市场价值的15%，以抵补货物存储和销售所需的费用。

（3）对货物抵押的要求：

① 根据海关与抵押人签署的抵押合同办理货物抵押，抵押人可以是缴纳人或担保合同规定的其他人。

② 抵押合同必须以书面形式签订并经过公证。

③ 抵押人有权根据抵押合同处置抵押物。

④ 抵押合同应当以法律规定的方式订立。

3. 提供银行保函

（1）有权在乌兹别克斯坦开展业务的银行所提供的保函，可以作为海关税费缴纳担保。

（2）银行保函的海关税费担保数额，不得低于应缴纳的海关税费税额和利息。

（3）如缴纳人未履行银行保函所担保的义务，海关应当依法按照无争议方式向出具保函的银行追缴应缴纳的海关税费和利息。

4. 海关税费缴纳保险

（1）按照缴纳人的民事责任保险合同，确认承保人缴纳义务生效的保险单，可以作为海关税费缴纳担保。

（2）保险单确认的海关税费担保数额，不得低于应当缴纳的海关税费和利息。

（3）如果缴纳人未履行保险单所担保的义务，则海关应当依法按照无争议方式向出具保险单的承保人追缴应当缴纳的海关税费和利息。

5. 担保人

（1）担保人为缴纳海关税费的责任人缴纳海关税费和利息所提供的书面担保，可以作为海关税费缴纳担保。

（2）任何法人或自然人均可作为担保人。

（3）依照《乌兹别克斯坦海关法典》规定，担保人将担保金额存入海关国库账户，以确保缴纳海关税费。

（4）对缴纳人未履行所担保的义务，担保人应当承担连带责任。

七、欠缴税款

（一）形成欠缴税款

欠缴税款，是指在《乌兹别克斯坦海关法典》规定期限内未缴纳的海关税费，以及因延期或分期缴纳所产生的利息。

在以下情形下，形成欠缴税款：

1. 如果在《乌兹别克斯坦海关法典》规定期限内未缴纳海关税费，在缴纳海关税费期限届满后的次日形成欠缴税款。

2. 在延期或分期缴纳海关税费的期限届满后未缴纳海关税费，在延期或分期缴纳的最后期限届满后次日形成欠缴税款。

3. 因实施货物放行后监管需补缴海关税费时，如果缴纳人对补缴海关税费无异议，在要求缴纳欠缴税款之日形成欠缴税款；如果缴纳人存在异议，在法院追征欠缴税款的裁决生效之日形成欠缴税款。

4. 缴纳人主动补缴海关税费时，在货物完税价格和/或海关税费调整之日形成欠缴税款。

（二）要求缴纳欠缴税款

1. 催缴通知书

（1）在采取强制追征措施前，海关应以书面形式（通知书）要求缴纳人缴纳欠缴税款。

（2）通知书中应当包括：

① 要求缴纳税款的理由；

② 欠缴税款数额；

③ 缴纳税款的规定期限；

④ 提醒缴纳人如果其不履行缴纳义务，可以通过法院追征欠缴税款。

（3）自确认形成欠缴税款事实之日起 10 个工作日内，应当向缴纳人发送催缴通知书。

（4）自通知书送达缴纳人的次日起，欠缴税款的缴纳期限为 10 个工作日。

2. 对未如期缴纳欠缴税款的处置措施

（1）如果在规定期限内未缴纳欠缴税款，海关应在抵押物登记簿中记录欠缴税额，并按该数额对债务人的财产实施追征。全额征收海关税费后，从抵押物登记簿中删除该记录。

（2）如果在延期或分期缴纳期限届满后未缴纳海关税费，海关按照无争议方式追征海关税费，无须向缴纳人发送催缴通知书。

3. 欠缴税款的滞纳金

（1）对于未及时缴纳欠缴税款的缴纳人应当征收滞纳金。滞纳金应在缴纳欠缴税款之外支付，不论是否对其采取追征措施，以及针对其违反海关法律行为的其他责任措施。

（2）滞纳金的缴纳义务，自欠缴税款形成之日产生，并在实际缴纳欠缴税款和滞纳金之日终止。

（3）未履行欠缴税款缴纳义务的每个自然日，按照欠缴税额的 0.033% 计征滞纳金。

（4）滞纳金总额不得超过欠缴税额。

八、对欠缴税款实施追征

（一）追征程序

1. 如果缴纳人对应补缴的海关税费存有异议，则根据法院追征欠缴税款的生效裁决进行追征。

2. 除个体经营者外，应当通过司法程序向自然人追征欠缴税款。

3. 缴纳人以书面或电子方式通知海关后，有权在以下时间起 6 个月内以等额方式缴纳欠缴税款：

（1）对于应当补缴的海关税费，如缴纳人同意海关的决定，自收到催缴通知书之日起；

（2）由缴纳人主动补缴的海关税费，自货物完税价格和/或海关税费调整之日起。

4. 在《乌兹别克斯坦海关法典》规定的情形下，对未缴纳海关税费的货物，可以在不发送催缴通知书或在发送该通知书之前进行追征。

5. 缴纳人可以使用海关国库账户中的预存款或多缴纳、多征收的海关税费，缴纳欠缴税款和滞纳金。

（二）追征方式

1. 通过缴纳人银行账户中的资金追征欠缴税款

（1）海关向银行发送资金追征托收委托书，按照无争议程序从缴纳人银行账户资金中追征欠缴税款。

（2）为缴纳人账户提供服务的银行，应当按照法律规定的优先顺序，执行追征海关税费的托收委托。

2. 通过变卖缴纳人财产所得追征欠缴税款

（1）自海关发送托收委托书之时起，如缴纳人账户资金不足超过 6 个月，可以通过变卖缴纳人财产所得追征欠缴税款。

（2）根据海关的诉讼请求，按照司法程序以财产追征欠缴税款，但对于作为抵押物转交给海关的财产，应当依照海关与抵押人的合同条款进行追征。

九、海关税费的返还

多缴纳或多征收的海关税费，是指作为海关税费而缴纳或征收的数额超过了海关立法规定的应缴纳数额。

（一）返还期限

多缴纳或多征收的海关税费，应在缴纳或征收此税费之时起 3 年内返还，但以下情形除外：

1. 在适用（恢复）最惠国待遇或自由贸易制度的情况下，对于多缴纳或多征收的海关税费，应在缴纳或征收此税费之日起 1 年内返还，前提是应以适当形式向海关提交货物原产地证书。

2. 对于适用复出口和复进口监管方式的货物，按照《乌兹别克斯坦海关法典》规定的期限返还多缴纳或多征收的海关税费。

（二）返还情形

在以下情形下，应当返还多缴纳或多征收的海关税费：

1. 缴纳人提交返还多缴纳或多征收海关税费的申请；

2. 发现多缴纳或多征收海关税费的事实。

（三）返还条件

在以下情形下，多缴纳或多征收的海关税费，包括转入乌兹别克斯坦国家预算的款项，应当记入预存款或由海关返还给缴纳人：

1. 因货物完税价格和/或海关税费的调整而重新计算海关税费；

2. 监管方式规定可以退还此前缴纳的海关税费；

3. 对货物征收海关税费时，其计算程序不符合规定；

4. 关税税率调整；

5. 对进口货物恢复海关税费缴纳优惠；

6. 已缴纳海关税费的货物应在海关监管下销毁；

7. 因海关自有的海关仓库被清算，货物交付时需返还已缴纳的部分海关仓储费用；

8. 发现在计算海关税费时存在技术错误，从而导致多缴纳海关税费；

9. 在法律规定的其他情形下，对多缴纳或多征收的海关税费予以返还。

（四）申请返还

1. 提交申请

应当向多缴纳或多征收海关税费存入其国库账户的海关申请返还多缴纳或多征收的海关税费。缴纳人提交申请时，应一并向海关提交返还多缴纳或多征收海关税费所依据的证明文件。

2. 返还决定

（1）在收到缴纳人申请和所需文件的次日起10个工作日内，海关应就返还多缴纳或多征收海关税费的申请作出决定。

（2）必要时，海关可对缴纳人返还多缴纳或多征收海关税费的申请和所提交文件中的数据进行补充审核，申请的审核期限可以延长至10个工作日。

（3）在作出返还多缴纳或多征收海关税费的决定时，海关应以书面形式通知申请人。收到书面通知后，申请人与海关共同起草相互结算核对文件。

（4）如拒绝返还多缴纳或多征收的海关税费，海关应将作出的决定书面通知申请人，并说明拒绝理由。

3. 返还程序

按以下方式返还多缴纳或多征收的海关税费：

（1）返还至申请中指定的缴纳人账户；

（2）如果缴纳人存在欠缴海关税费、滞纳金和利息，转入海关的国库账户；

（3）以缴纳海关税费的货币返还；

（4）转入预存款。

对返还的多缴纳或多征收的海关税费不计利息。

第九节　海关监管制度

一、一般规定

海关监管，是指海关采取包括应用风险管理系统的一系列措施的总和。进出关境的货物和运输工具，应当接受海关监管并办理通关手续。

（一）海关监管对象

海关监管对象的具体范围：

1. 进出境货物和运输工具和/或依照《乌兹别克斯坦海关法典》应当申报的货物和运输工具；

2. 依照《乌兹别克斯坦海关法典》规定提交的货物报关单，以及有关货物的文件和信息；

3. 法人和自然人与货物进出境、在海关领域提供服务有关的活动，以及在特定监管方式框架下所实施的活动。

（二）海关监管区

海关监管区，是指为确保遵守海关法律，在关境内专门划定并予以标记的具体区域。

1. 海关监管区的类型

（1）海关监管区可分为以下类型：

① 永久性海关监管区，是指海关监管货物和运输工具的固定区域；

② 临时性海关监管区，是指需要在海关作业场所以外的其他地点临时办理货物和运输工具通关手续，并对其实施海关监管的区域，以及海关对在永久性海关监管区以外发现的货物和运输工具进行海关外形查验和彻底查验的区域。

（2）对处于永久性海关监管区以外的货物和运输工具实施海关监管并办理通关手续，应由权利人提出书面请求，海关负责人或其代理人据此作出设立临时性海关监管区的决定。

（3）如在永久性海关监管区以外发现应当接受海关监管的货物和运输工具，且有必要在发现地点对其实施海关外形查验或彻底查验，经授权的海关工作人员作出设立临时性海关监管区的决定，并应当随后立即通知海关负责人或其代理人。

2. 海关监管区的位置和界限

海关监管区可以沿边境设立，也可在以下指定地点设立：

（1）通关地点；

（2）实施海关程序和海关作业的地点；

（3）海关监管货物存储、倒装的地点，以及对其进行外形查验和彻底查验的地点；

（4）运载海关监管货物的运输工具的停车场。

3. 权利人或承运人的义务

在进出海关监管区并在该区域内运输货物时，权利人或承运人应当承担以下义务：

（1）在海关指定地点停止和恢复运输；

（2）按指定路线运输货物；

（3）按海关要求呈验货物和运输工具，以及海关监管所需的文件和资料。

（三）海关监管所需的货运作业和其他作业

1. 根据海关要求，权利人有义务对货物和/或运输工具实施货运作业，以及开启货物包装、货物称重或以其他方式确定海关监管货物的数量。

2. 海关不承担对货物和/或运输工具实施货运和其他作业所产生的任何费用。

（四）通关过程中的海关核查

1. 在通关过程中，海关应当审核报关单及其他通关文件，检查货物和/或运输工具，核实上述文件中所载信息的真实性，以及文件、货物和/或运输工具是否符合海关立法规定。

2. 货物和/或运输工具放行前，海关应当实施必要的海关程序，以确定货物和/或运输工具的名称、原产地、数量及价值与报关单和其他文件中的信息是否相符。

二、海关监管形式

（一）海关监管形式分类

海关采取以下形式实施海关监管：

1. 单证和信息审核；

2. 口头询问；

3. 获取信息；

4. 海关外形查验；

5. 检查货物标记；

6. 海关彻底查验；

7. 人身检查；

8. 海关识别；

9. 海关监视；

10. 场所和区域巡查；

11. 对货物和运输工具进行登记盘点和系统核查；

12. 货物放行后监管。

（二）海关监管形式的适用原则

1. 海关依据选择性原则，选择并应用海关监管形式。

2. 在实施海关监管时，海关应用风险管理系统确定需检查的货物和运输工具及法人和自然人的文件，选择海关监管形式及其适用范围。

3. 依照乌兹别克斯坦法律和国际条约规定，可以免除特定形式的海关监管。不适用或免除特定形式的海关监管，并不意味着法人或自然人可以免除遵守海关立法规定的义务。

（三）海关监管形式的适用规定

1. 单证和信息审核

（1）实施海关监管时，海关对所提交单证和信息进行审核，包括确认：

① 文件要项填制的完整性和准确性；

② 必要的签名和印章（包括电子数字签名）；

③ 更改证明。

（2）通过与以下渠道获取的信息进行比对，对提交文件中信息的准确性进行审核：

① 提交的其他文件和信息；

② 来自第三方和其他来源的信息；

③ 其他形式的海关监管结果，海关统计数据分析结果，以及应用信息技术进行信息处理的结果。

（3）海关有权要求提供补充信息，并仅用于对所提交文件中的信息进行审核。

对所提交文件进行审核和/或要求提供补充信息不应妨碍货物放行，除非海关在《乌兹别克斯坦海关法典》规定时限内确定：

① 文件无效；

② 文件与其他货物有关；

③ 文件中含有虚假信息，影响海关放行货物、确定货物适用所申请的监管方式和/或缴纳海关税费。

2. 口头询问

口头询问，是指海关工作人员以口头形式向权利人和掌握与实施海关监管有关信息的其他人了解所需信息，并无须以书面形式记录询问结果的一种海关监管形式。

3. 获取信息

（1）获取信息，是指海关工作人员从权利人和掌握与实施海关监管有关信息的其他人处获取所需信息的一种海关监管形式。

（2）如需传唤权利人或其他人以获取信息，海关应当发送书面通知。

4. 海关外形查验

（1）海关外形查验，是指海关工作人员不开启运输工具货舱和货物包装、不拆解货物和以其他方式破坏被检查对象及其部件的完整性，对货物和/或运输工具、国际邮件和快件、自然人的行李，以及货物容器、集装箱、海关识别标志进行外部目视检查，以获取海关监管货物和运输工具的信息，并确认货物、货物容器、集装箱、运输工具及其货舱是否有封志、印章和其他海关识别标志。

（2）在海关监管区内，可在权利人不在场时实施海关外形查验，除非权利人表明希望实施查验时在场。

（3）根据海关外形查验结果，如果确定为如实申报，则依据货物随附单证办理相关手续；如果确定为申报不实，则进行海关彻底查验。

5. 检查货物标记

检查货物标记，是指检查货物或其包装上是否有特殊标记、识别标志或其他货物标识。

对部分进口货物，海关法律可以规定施加特殊标记、识别标志或其他货物标识。如果上述货物无特殊标记、识别标志或其他货物标识，则视为该货物未办理通关或放行手续即进入关境，除非货物所有人能够反向证明。

6. 海关彻底查验

（1）海关彻底查验，是指在海关检查过程中开启货物包装、运输工具货舱或容器、集装箱和放置或可能放置货物的其他处所，破坏其封志、印章或其他海关识别标志，拆解、拆卸或以其他方式破坏被检查对象及其部件的完整性。

（2）通常是在受理货物报关单之后，且申报人在场时实施海关彻底查验，但必要时也可以在货物报关单受理之前实施海关彻底查验。

（3）实施海关彻底查验的目的在于：

① 识别货物；

② 确定申报信息的真实性；

③ 对现有违反海关法律的信息进行核实；

④ 根据选择性查验原则，依据风险管理系统实施海关监管。

（4）根据海关要求，在对货物和运输工具进行彻底查验时，权利人应当在场并提供必要协助。如果权利人不在场，则被检查运输工具的驾驶员可以代替权利人履行义务。

（5）在以下情形下，即使权利人不在场，但有两名见证人在场时，海关工作人员有权进行彻底查验：

① 提交货物和运输工具后5个工作日内，权利人未出现；

② 对国家安全、公共秩序、人类生命和健康、动植物、环境、文物保护存在威胁，以及出现其他紧急情况时（包括有迹象表明货物是易燃易爆物、爆炸品、有毒物质、危险化学品和生物活性物质、麻醉品、易制毒化学品、精神药物、剧毒品、放射性物质、核材料、武器及其弹药、其他类似货物，以及散发刺激性气味的货物）；

③ 国际邮件和快件寄送货物；

④ 按监管方式规定货物和/或运输工具应当出境，违反该规定将货物和/或运输工具遗弃在关境内。

（6）如果对报关单上同一品名同一批次货物的一部分实施彻底查验，则该查验结果可适用于整个批次的货物。如果权利人认为查验结果不应适用于整个批次货物，其有权要求对该批次货物的剩余部分进行补充查验。

（7）在海关彻底查验过程中，如果发现货物实际数量与申报数量不一致，海关可以独立确定该货物的实际数量。

（8）根据海关彻底查验结果，按照乌兹别克斯坦国家海关委员会规定的格式制作查验记录，其副本交付（发送）至权利人。

（9）实施海关彻底查验的费用由权利人承担。

7. 人身检查

（1）人身检查的适用范围。当有理由认为，进出境的自然人，或处于海关监管区内及开放国际航线的空港过境区内的自然人，可能利用身体藏匿且不自愿交出禁止进出境或违反《乌兹别克斯坦海关法典》规定程序所携运的物品，海关工作人员可对其进行人身检查。实施人身检查的决定应当由海关负责人或其代理人以书面形式作出。

（2）实施人身检查的海关工作人员的义务。开始人身检查前，海关工作人员应：

① 向自然人宣布实施人身检查的决定；

② 使自然人了解其在检查过程中的权利；

③ 建议其自愿交出随身藏匿物品。

（3）被检查人及相关人员的权利。在实施人身检查过程中，被检查人、其法定代表人或陪同人具有以下权利：

① 要求向其宣布海关负责人或其代理人关于实施人身检查的决定；

② 使用母语及翻译服务；

③ 知悉自身的权利与义务；

④ 作出解释，提出请求；

⑤ 人身检查记录编制完成后，了解记录内容，作出声明并记入检查记录中；

⑥ 按照规定程序对海关的决定、其工作人员的行为（不作为）提出申诉。

被检查人、其法定代表人或陪同人可依法享有其他权利，并有义务遵守海关工作人员的合法要求。

（4）实施人身检查的程序性规定：

① 如果自然人拒绝进行人身检查，则应在人身检查决定书中予以注明，并由宣布人身检查决定的海关工作人员签字证明。如果被检查人不遵守或抗拒海关工作人员的合法要求，依照行政责任法可对其处以行政拘留。

② 在符合卫生要求的隔离室内，且有两名同性见证人在场时，与被检查人同性别的海关工作人员进行人身检查。其他人不得进入隔离室或旁观人身检查。只能由医务人员对被检查人进行身体检查，必要时应当使用专业医疗设备。如果有必要，可以安排翻译参与人身检查。

③ 对未成年人或无行为能力的自然人进行人身检查时，其法定代理人（父母、养父母、监护人、保护人）或其陪同人有权在场。

④ 实施人身检查的具体方式不得侮辱被检查人的人格尊严，不能对其健康和财产造成非法损坏，并严格控制在发现被检查人员利用身体藏匿物品的所需范围之内。

⑤ 根据人身检查结果，应当按照乌兹别克斯坦国家海关委员会规定的格式制作检查记录，并由实施人身检查的海关工作人员、人身检查见证人、被检查人或其法定代表人（或陪同人）、进行身体检查的医务人员，以及参与人身检查的其他人员签字。

应当向被检查人提供人身检查记录副本，并由其签字确认。

8. 海关识别

通过货物、运输工具和文件上施加的海关识别标志，以及放置或可能放置海关监管货物的场所和其他地点的海关识别标志进行海关识别。

（1）海关识别标志分为：

① 施加的封志，加盖的印章；

② 数字、字母、其他标记与识别标记；

③ 加盖的戳记；

④ 提取的试样和样品；

⑤ 设计说明，图纸；

⑥ 比例尺图像、图解、照片和视频；

⑦ 货物随附单证和其他文件；

⑧ 专用粘贴；

⑨ 放置在运输工具货舱内，并由起运地海关施加封志和加盖印章的货物随附单证；

⑩ 关封中的文件；

⑪ 其他合法的海关识别标志。

（2）海关识别标志只能由海关更改、移除或销毁，但货物和运输工具存在损毁、丢失或严重损坏等实际威胁的情况除外。在发现存在上述威胁的情形下，应当立即通知海关有关识别标志被更改、移除、销毁的情况，并提供存在上述威胁的证据。

（3）依照乌兹别克斯坦所加入的国际条约，可以承认外国海关施加的封志、印章或其他海关识别标志。

（4）适用和制作海关识别标志的方法，由乌兹别克斯坦国家海关委员会制定。

9. 海关监视

海关监视，是指海关工作人员对海关监管货物和运输工具进行目视观察，包括使用技术手段。

10. 场所和区域巡查

对场所和区域进行巡查，是指海关工作人员为确认存在海关监管货物（包括海关仓库和免税商店内的有条件放行货物）和运输工具而实施的行为。

11. 对货物和运输工具进行登记、盘点和系统核查

（1）海关对所有进出境货物和运输工具，以及海关监管货物和运输工具进行统计。相关的法人和自然人应对上述货物和运输工具进行登记，并按照乌兹别克斯坦国家海关委员会规定的形式向海关提交报表。

（2）在以下情形下，海关可以对法人和自然人的货物和运输工具登记系统进行核查：

① 申请简化通关程序时；

② 应登记货物有条件放行时；

③ 对报关代理人、海关承运人和特定监管方式的经营企业，以及为海关监管货物提供存储服务的企业进行监管时；

④ 针对海关监管货物和/或运输工具对权利人进行检查时。

12. 货物放行后监管（海关稽查）

（1）如果有充分的理由认为存在违反海关法律的行为，海关有权在货物放行后实施海关监管。

（2）实施货物放行后监管时，海关有权：

① 核实是否存在该货物；

② 重新进行彻底查验；

③ 重新审核报关单数据；

④ 对该货物的对外贸易文件及后续商业交易文件和信息进行核查。

（3）依据海关负责人或其代理人的决定，实施货物放行后监管。决定中需明确稽查目标、日期、海关稽查人员的组成和稽查期限。

（4）对同一合同项下的货物，不得重复进行海关稽查。

三、海关鉴定

（一）海关鉴定的概念和目的

1. 海关鉴定是旨在识别货物的程序性行为，包括由专家依据科学、技术、艺术或工艺领域的专业知识对货物进行检测并作出结论。

2. 海关鉴定的目的为：

（1）对商品归类的准确性进行监管；

（2）在加工产品中识别货物；

（3）为保护知识产权需要识别货物。

（二）鉴定对象

鉴定对象包括货物的试样和样品、报关单和其他文件中的货物信息及货物识别标志。

（三）提取货物试样或样品

1. 以下情形或人员有权提取货物的试样或样品：

（1）实施海关监管的海关工作人员；

（2）履行法律赋予职能的其他国家监管部门工作人员；

（3）权利人。

2. 当权利人或其他国家监管部门的工作人员提取货物的试样或样品时，海关工作人员有权在场。

3. 不允许提取货物试样或样品，如果此类抽样：

（1）增加海关监管难度；

（2）改变货物的特性。

（四）权利人在鉴定过程中的权利

在指定和开展海关鉴定时，权利人享有以下权利：

1. 对海关鉴定结果提出申诉；

2. 申请提交补充问题，以获得专家结论；

3. 在海关和其他国家监管部门工作人员提取货物试样或样品时在场；

4. 知悉专家结论并获取该结论的副本；

5. 申请进行海关鉴定。

如果权利人的申请得到满足，海关应当作出相应决定；如果拒绝该申请，应在作出决定后的 3 个工作日内书面通知权利人，并说明拒绝的理由。

（五）海关鉴定的依据

1. 海关鉴定的依据为：

（1）海关工作人员进行海关鉴定的书面请求；

（2）执法机构工作人员、检察官或法官的决定，或法院的裁决。

2. 进行海关鉴定的情形：

（1）在货物通关过程中实施海关监管时；

（2）依据乌兹别克斯坦《对外经济活动商品目录》作出商品归类预裁定时；

（3）有证据表明违反海关法律时。

3. 应当在海关的场所进行鉴定，如果因检测需要，或无法将鉴定对象运至海关场所，也可在其他地点进行鉴定。

4. 乌兹别克斯坦国家海关委员会应用风险管理系统，制定通关过程中强制接受海关鉴定的货物清单。

四、对货物运输和/或运输工具实施监管

（一）对货物运输和/或运输工具的监管要求和条件

1. 对承运人的要求

（1）承运人按照指定路线（如果已指定路线），在起运地海关规定的期

限内，将海关监管货物从起运地海关运输至指运地海关。

（2）货物必须保持原状，并不得用于运输以外的其他任何目的，但因自然磨损或正常运输和存储条件下的损耗所造成的变化除外。

2. 运输时限

（1）将货物运送至指运地海关的时限不得超过：

航空运输为 3 个自然日；公路和水路运输为 10 个自然日；铁路运输在 30 个自然日内行驶 2000 千米。

（2）根据海关监管货物的运输要求和条件，同时考虑到承运人申请、货物运输的通常时间、运输工具类型及其运输能力、申请人的计划路线以及其他运输条件，由起运地海关规定海关监管货物的运输时限。

（3）根据权利人或承运人的合理要求，中转地海关可以延长向指运地海关运送货物的期限。

3. 其他规定

（1）特定海关监管货物通过关境的运输路线，由乌兹别克斯坦政府确定。

（2）采取公路运输方式运载货物时，不得将海关监管货物和其他非海关监管货物装载在同一运输工具上。

（二）承运人的权利和义务

1. 承运人的权利

承运人有权不接受货物和/或运输工具，如果：

（1）违反规定程序制作货物随附单证；

（2）在运输工具和货物包装上所施加的海关识别标志，不能确保在其不损坏的情况下无法接触所运载货物。

2. 承运人的义务

在关境内运输海关监管货物时，承运人应当：

（1）确保货物、海关封志、印章或其他海关识别标志保持完好；

（2）未经海关同意，不得进行货物作业，但根据《乌兹别克斯坦海关法典》规定，将货物倒装到其他运输工具的情形除外；

（3）将运载的货物放置在海关监管区；

（4）保持运输工具处于良好的技术状态，并确保其符合海关监管货物运输工具的设备要求；

（5）货物送达时应当保持原状，且不得用于任何其他目的，但因自然磨损或正常运输和存储条件下的损耗所造成的变化除外；

（6）如货物丢失或未经海关同意转让他人，则应缴纳海关税费；

（7）抵达货物交付地点后，如果未书面通知海关，承运人无权将货物和/或运输工具置于无人看管的停放地点，不得更改停车地点，不得让乘客下车，不得对货物进行任何货运或包装作业，不得更改、移除或销毁海关识别标志。

（三）运输海关监管货物的守法保障措施

1. 在海关监管下运输外国货物时，遵守海关法律的保障措施为：

（1）实施海关押运；

（2）由海关承运人运输货物；

（3）提供海关税费缴纳担保。

2. 上述措施在以下情形不适用：

（1）货物通过铁路、航空、管道运输或输电线路输送；

（2）乌兹别克斯坦所加入的国际条约规定了专门措施。

（四）实施海关押运

1. 海关押运适用于运输外国货物的运输工具，但以下情形除外：

（1）根据《TIR 证国际货物运输海关公约》（1975 年 11 月 14 日，日内瓦）进行的货物运输；

（2）具有许可的国家公路承运人，使用海关监管货物专用运输工具运输进口货物；

（3）依照《乌兹别克斯坦海关法典》规定，已提供海关税费缴纳担保；

（4）人道主义援助和技术援助的进口货物。

2. 如果确定实施海关押运，应在运输工具抵达起运地海关 6 小时内开始押运。可以为一辆或多辆运输工具提供海关押运，但一次押运不得超过 20 辆运输工具。

3. 对海关押运需收取海关费用。

（五）发生事故或不可抗力或者其他妨碍货物运输的情形时应当采取的措施

1. 如果发生事故、不可抗力或其他妨碍货物运输至指定地点的情况，承运人有义务：

（1）采取必要措施确保货物和运输工具安全，并防止其被非法使用；

（2）立即向最近的海关通报有关情况，以及货物和运输工具所处位置；

（3）如果运输工具受损，应将货物运送或确保其运送至最近的海关，或海关指定的其他地点。

2. 承运人因采取上述措施而产生的费用，海关不予补偿。

3. 海关应当根据事件性质、货物损失程度和运输工具的技术状况，及时采取相关措施，以确保海关监管有效实施。

（六）货物运送至海关指定地点

1. 应将货物运送至指运地海关所在地，或起运地海关指定的其他地点。

2. 如果货物在指运地海关工作时间之外抵达，应将其存放在海关监管区。承运人通知指运地海关货物已抵达，通过：

（1）提交货物送达的监管文件；

（2）提交货物随附单证；

（3）交付货物。

3. 在货物抵达后 30 分钟内应当通知海关；如果货物在指运地海关工作时间之外抵达，则在海关开始工作后的 30 分钟内通知海关。

4. 指运地海关收到通知后 3 小时内，通过在货物随附单证加盖印章确认货物和运输工具已交付。如果发现有海关违法行为，则中止确认货物和运输工具交付。

5. 自确认货物交付之时起，货物即视为处于临时存储状态。

6. 交付货物并向指运地海关提交相关文件和信息后，可以对货物进行卸载、倒装，将其临时存放至海关仓库，并申报适用特定的监管方式。

7. 因上述规定而产生的费用由承运人承担，海关对其不予补偿。

五、货物和运输工具放行

（一）货物和运输工具放行的依据

货物和运输工具放行应当满足以下条件：

1. 在货物通关和海关监管过程中，未发现违反海关法律的行为；

2. 依照乌兹别克斯坦法律或其所加入国际条约的规定，向海关提交货物放行所需其他国家机构颁发的许可证、证书、许可；

3. 申报人遵守货物和运输工具适用所选择监管方式的要求和条件；

4. 已缴纳海关税费，或已提供海关税费缴纳担保。

（二）违反海关法律时的货物放行

如发现违反海关法律的事实，可以在违法案件结案前放行货物，但前提是：

1. 货物未被依法收缴或扣押；

2. 依照法律规定，货物不会被没收或收归国有；

3. 申报人已确保缴纳因违法案件的审理结果而可能加征的海关税费和罚款。

第十节　知识产权海关保护

乌兹别克斯坦重视知识产权保护，是世界知识产权组织（WIPO）成员国，同时也是《保护文学和艺术作品伯尔尼公约》《商标国际注册马德里协定》《保护工业产权巴黎公约》《专利法条约》《商标法条约》及《成立世界知识产权组织公约》等有关知识产权条约的缔约方。《乌兹别克斯坦共和国民法典》及一系列相关规范性法律文件是乌兹别克斯坦知识产权保护工作的法律基础，依照《乌兹别克斯坦民法典》和《乌兹别克斯坦行政责任法典》的规定，对侵犯知识产权行为追究民事责任。

乌兹别克斯坦海关在其职权范围内，依据知识产权海关名录，实施知识产权海关边境保护。

一、适用范围及权利所有人

（一）适用范围

海关在进出境环节对具有侵犯知识产权客体特征的货物采取中止放行措施，以保护列入知识产权海关名录的版权、著作权及邻接权、商标（服务标记）、商品原产地名称等知识产权客体。但知识产权海关保护措施不适用于以下进出境货物：

1. 自然人出于非商业目的携运的进出境货物，包括通过国际邮件和快件寄送至其地址的货物；

2. 适用海关转运监管方式的货物；

3. 外交代表机构、领事机构、其他外国官方代表机构、国际组织的公务用途货物，以及上述机构和组织的工作人员的个人自用物品；

4. 人道主义援助和技术援助物资。

（二）权利所有人

知识产权权利所有人，是指对知识产权客体拥有专属性权利的人或其授权代表。

二、知识产权海关名录

（一）申请列入知识产权海关名录

1. 列入知识产权海关名录的申请，应由权利所有人或其授权代表向乌兹别克斯坦国家海关委员会提交。

2. 申请及其附件应当包含以下信息（资料）：

（1）权利所有人或其授权代表的名称、联系方式和电子邮件地址（如有）；

（2）对权利所有人或其授权代表申请保护的知识产权客体的描述；

（3）知识产权客体权利的有效期；

（4）知识产权客体生产商，以及权利所有人或其授权代表的证明文件；

（5）将知识产权客体列入知识产权海关名录的期限（最长期限不超过3年）；

（6）对申请保护含有知识产权客体的货物描述（照片、图像、图纸、产品证书和其他信息）；

（7）如果列入知识产权海关名录申请由授权代表提交，则应附授权证明文件；

（8）知识产权客体及其所有权证明文件（专利证书、许可协议或其他文件）的副本（须经权利所有人核证）。

3. 将知识产权客体列入知识产权海关名录后，权利所有人或其授权代表可以向海关申请知识产权保护，以采取措施中止放行海关监管货物。

（二）对列入知识产权海关名录申请的审核

1. 在收到列入知识产权海关名录的申请之日起10日内，乌兹别克斯坦国家海关委员会应对其进行审核，并作出同意列入或拒绝列入的决定。

2. 乌兹别克斯坦国家海关委员会有权要求授权机构提供补充信息和申报资料的证明文件，以核实权利所有人或其授权代表所提交资料的真实性。

3. 乌兹别克斯坦国家海关委员会应向权利所有人或其授权代表发送同意列入或拒绝列入知识产权海关名录的通知，如果拒绝列入，则需说明理由。

（三）知识产权海关名录的管理

1. 乌兹别克斯坦国家海关委员会负责编制并定期公布知识产权海关名录，并在其官方网站上随时进行更新。

2. 在以下情形下，从知识产权海关名录中删除知识产权客体：

（1）权利所有人或其授权代表请求删除；

（2）海关确认其提交的申请中包含虚假信息；

（3）按照规定程序终止对知识产权客体的法律保护；

（4）自知识产权客体列入知识产权海关名录之日起已满 3 年；

（5）依据乌兹别克斯坦司法部决定或法院裁决。

3. 从知识产权海关名录中删除知识产权客体之日起 3 个工作日内，乌兹别克斯坦国家海关委员会应以书面形式通知相关的权利所有人或其授权代表。

三、知识产权海关保护措施

（一）申请知识产权保护措施

1. 权利所有人或其授权代表，向乌兹别克斯坦国家海关委员会提交实施知识产权保护措施的申请。

2. 申请中应当包含以下信息：

（1）对申请保护知识产权客体货物的描述；

（2）权利所有人认为侵犯其知识产权客体的货物的详细描述，确保海关可以识别该货物，如果权利所有人或其授权代表掌握此类信息；

（3）有助于查明涉嫌违法行为的任何其他信息（生产商、出口商、进口商或收货人的信息，货物可能进出境的地点和日期，运输方式和包装类型，货物的位置或预计指运地）。

3. 申请知识产权保护措施，应附权利所有人或其授权代表对中止货物放行可能对申报人造成财产损失进行赔偿的书面担保。

（二）对申请知识产权保护措施的审核

1. 乌兹别克斯坦国家海关委员会对知识产权保护措施的申请进行审核，并在 3 个工作日内作出中止货物放行或拒绝中止放行的决定（如果拒绝，需说明理由），该决定应当通知权利所有人或其授权代表。

2. 如果权利所有人或其授权代表提交虚假信息，或申请不符合规定要求，则拒绝采取知识产权客体保护措施。

（三）中止货物放行

1. 中止放行的理由和期限

（1）海关应当及时通知申报人和权利所有人或其授权代表中止放行货物的理由和期限。

（2）根据权利所有人或其授权代表的申请，海关作出中止放行货物的决定，中止放行期限自作出决定之日起不超过 10 个工作日。

（3）如权利所有人或其授权代表向海关提交了法院受理案件的决定并申请延长中止放行的期限，则该期限可以延长。

（4）权利所有人或其授权代表对中止放行货物给申报人造成的损失承担责任，除非法院作出侵犯知识产权的判决。

2. 提取试样和样品

在海关监管下，权利所有人、其授权代表或申报人对已中止放行的货物可以提取试样和样品进行检测，以及查看上述货物，进行拍照或以其他方式进行记录。

（四）取消中止放行决定

1. 在以下情形下，取消对包含知识产权客体货物中止放行的决定：

（1）中止放行货物期限届满；

（2）乌兹别克斯坦国家海关委员收到权利所有人或其授权代表取消货物中止放行决定的申请；

（3）知识产权客体从知识产权海关名录中被删除；

（4）权利所有人或其授权代表未在规定期限内提交法院要求查封、扣押货物或采取其他保全措施的裁定（决定）。

2. 如果中止放行货物的决定被取消，则恢复放行货物。

第五章　乌兹别克斯坦通关便利措施

一、经济特区

（一）概述

经济特区，是指乌兹别克斯坦为吸引外国投资和促进地区发展而实施与国内其他地区不同经济制度的地区。2020年2月17日，乌兹别克斯坦通过了《乌兹别克斯坦经济特区法》（以下简称《经济特区法》）。根据该法，经济特区特指为吸引国内外投资，引入高新技术和先进管理经验，以加快该地区社会经济发展，而专门划定具有特定边界并实施特殊法律制度的区域。

（二）经济特区的类型

乌兹别克斯坦《经济特区法》规定了5种类型的经济特区：

1. 自由经济区，是指为创建全新生产设施，发展高科技产业，推动具有竞争力的进口替代和出口导向型工业成品生产，并确保该区域内生产、工程通信、运输、社会基础设施和物流服务设立的特定区域。

2. 科技特区，是指为促进科技组织和技术园区、技术推广中心（技术转让）、创新集群、风险基金、企业孵化器的集中发展而设立的具有创新基础设施的特定区域。

3. 旅游休闲区，是指为实施现代旅游基础设施（酒店综合体、文化保健、消费娱乐和其他旅游设施）、特殊功能区和季节性休闲区的投资项目而设立的游客服务区域。

4. 自由贸易区，是指包括寄售仓库、实施特殊海关和税收制度的地区，以及货物加工、包装、分类和存储区域。自由贸易区设立于乌兹别克斯坦关境内的边境口岸、机场、铁路枢纽或其他地点。

5. 特殊工业区，是指实施特殊管理、经营和金融制度的区域。特殊工业区包括服务区和生产区，应当专门划分土地以建立必要的行政、科技、生产、工程和通信、道路运输和社会基础设施。

（三）经济特区的发展现状

乌兹别克斯坦政府重视经济特区建设，将其视为招商引资的重要平台，大力发展各类经济特区。目前，乌兹别克斯坦全国设立了 22 个经济特区，其中包括：12 个工业自由经济区；6 个制药自由经济区；2 个农业自由经济区；2 个旅游休闲区。2020 年乌兹别克斯坦经济特区的工业总产值达到近 9 万亿苏姆（约合 8.23 亿美元），占该国国内生产总值（GDP）的 3% 以上。尽管经济特区遍布乌兹别克斯坦全国各地州，但绝大多数受配套设施不到位等因素的制约发展并不理想。基础设施相对完善的有纳沃伊、安格连、吉扎克和锡尔河自由经济区。

（四）经济特区的优惠政策

1. 特殊法律制度

对经济特区，可以制定并实施特殊的海关和税收制度、公民出入境和居留制度、劳动关系制度、金融和信贷业务制度，以及为吸引投资、确保经济特区运营和社会经济发展的其他制度。

作为经济特区企业注册的外国投资者，可以享受乌兹别克斯坦法律赋予的所有权利、保障和优惠措施。

2. 特殊海关制度

特殊海关制度包括：

（1）暂时免除关税或降低关税税率；

（2）取消、放宽非关税进出口限制措施。

特殊海关制度不适用于通过经济特区的过境货物。

3. 海关税费优惠

经济特区的企业免缴：

（1）按照乌兹别克斯坦政府批准的清单，在项目实施框架下进口本国不能生产的建筑材料的海关税费（增值税和通关费用除外）；

（2）按照乌兹别克斯坦政府批准的清单，进口本国不能生产的技术设备的海关税费（通关费用除外）。

（3）生产出口产品所需的原材料、材料和成套产品的进口海关税费（通关费用除外）；

（4）为自身生产需要进口的设备、原材料、材料和成套产品的海关税费（通关费用除外）。

此外，自 2021 年 9 月 15 日起，经济特区企业进口用于产品制造和自用的成套部件、原材料和材料时，可以在 120 天之内延期或分期缴纳增值税和关税，且不计征利息。

如果税收立法规定出现变更，区内企业有权适用其注册之日实施的税收规定，但消费税除外。

4. 其他税费优惠

（1）免缴种类

根据 2016 年 10 月 26 日第 4853 号总统令，按照《乌兹别克斯坦共和国税法》和《经济特区法》规定的程序，自由经济区内企业免缴土地税、所得税、水资源使用税、法人财产税、小微企业统一税，以及道路基金和预算外发展基金框架下的强制性收费。

（2）优惠期限

区内注册企业的优惠期限，根据其直接投资额度为 3～10 年不等：

30 万～300 万美元的优惠期限为 3 年；

300 万～500 万美元的优惠期限为 5 年；

500 万～1000 万美元的优惠期限为 7 年；

1000 万美元以上的优惠期限为 10 年，期满后 5 年内仍享受所得税和统一税减半征收的优惠。

二、特殊申报

（一）提前申报

1. 概述

货物提前申报，是指按照申报人的意愿，在进口货物抵达关境前向海关进行申报的方式。

在进口货物的实际通关过程中，推行提前申报制度可以使海关工作人员在货物抵达前即对所有文件和信息进行预先审核，货物实际抵达后海关可以在最短时间内对其予以放行，从而大幅降低货物的各项通关成本，有效提升进口货物的通关效率。

2. 提前申报的程序

（1）向海关提前申报时，申报人需填写报关单中所有必填项目，暂时无法确定的运输工具名称、注册号码及部分文件编号除外，但货物运输类型应予注明。经申报人核证的货物随附单证副本应当作为预先报关单的附件一并向海关提交。

（2）海关受理提前申报后，其工作人员对预先报关单及所有随附文件和信息进行预先审核。

（3）货物抵达关境前，申报人完成预先报关单及随附文件信息审核和缴纳应缴海关税费后，预先报关单将作为对货物实施海关作业所需的唯一文件，除非该报关单未包含所有必要信息和/或未提交通关所需的全部文件。

（4）货物实际抵达关境后，申报人应当通知海关，并对预先报关单进行必要的补充和更改。必要时，海关可以对预先提交的货物随附单证副本中的信息与货物抵达后所提交单证原件中的信息进行比对。

（5）如果在海关受理预先报关单之日起30个自然日内，未向受理报关单的海关呈验预先报关单中指定的货物，则视为未提前申报。

（二）简化申报

1. 适用简化报关单

货物和运输工具适用特定监管方式之前，包括海关监管货物运输，可以使用简化货物报关单。

2. 提交简化报关单

承运人或权利人在货物到达关境的地点，或向指运地海关交付货物的地点，向海关提交货物的同时提交简化货物报关单。如果此时承运人或权利人未提交所需的全部文件，则根据其申请，在提交货物后的下一个工作日内提交简化货物报关单。

3. 简化报关单应当包含的信息

包含以下信息的运输单证、商业单据，包括用于国际运输的外语文件可以作为简化货物报关单：

1. 发货人、收货人的名称和地址；

2. 货物起运地和指运地；

3. 货物名称；

4. 货物数量，包括货物的毛重/净重（以千克计）或货物的体积（以立方米计）；

5. 货物件数、货物包装和标记的性质、方式；

6. 货物的发票（申报）价格；

7. 依据乌兹别克斯坦《对外经济活动商品目录》至少前6位的商品归类编码。

（三）临时申报

1. 当货物通过管道运输或输电线路输送方式进口时，可以通过提交临时报关单对货物进行提前临时申报。货物实际进入关境后，申报人应在海关规定期限内提交货物报关单。

2. 在临时报关单中，允许依据拟进口货物数量的意向，拟进口的货物数量和/或对外贸易合同条款规定的估价程序确定的预申报完税价格（估价），以及货物的预期质量申报相关信息。

（四）不完整申报

1. 适用不完整报关单

申报人因其自身无法控制的原因，不掌握填制报关单所需的全部信息，如果根据数量和质量特征该货物可以被识别，则允许提交不完整报关单。

在以下情形下，可以提交不完整报关单：

（1）依据有条件完税价格确定缴纳海关税费；

（2）未提交所需文件（合格证和其他许可性质的文件除外）和信息；

（3）对适用放行供自由流通（进口）监管方式的货物采取延期或分期形式缴纳海关税费。

2. 申报人的义务

申报人在提交不完整报关单时，应以书面形式保证在海关受理不完整报关单之日起 60 个自然日内提交缺失的信息和完整报关单，海关法律对提交特定数据规定了其他时限的情形除外。

当使用不完整报关单进行申报时，适用与提交完整报关单时同样的要求和条件，包括计算和缴纳海关税费的程序。

（五）定期申报

1. 定期报关单适用于同一人定期运输同种货物进出关境，该货物的原产地、物理特性、质量、生产商，以及依据乌兹别克斯坦《对外经济活动商品目录》进行商品归类的前 10 位编码应当完全相同。

2. 同一人的定期运输，是指在 60 个自然日内，根据同一合同并在同等供货条件下，从同一发货人向同一收货人多次运输同种货物进出关境。在此情形下，对一定时期内所有进出关境的货物可以提交 1 份报关单。

3. 适用定期申报时，不得违反货物临时存储时限及海关税费缴纳时限。

三、特定货物的简化通关

（一）适用范围

为消除事故或不可抗力引起的后果，以及作为人道主义援助的货物、易腐类货物、活体动物、放射性材料进出境时，可以适用优先和简化程序办理通关手续。

（二）简化通关程序

1. 特定货物的简化通关程序包括：

（1）不适用《乌兹别克斯坦海关法典》规定的一般性措施，将货物从起运地海关运送至指运地海关；

（2）将货物放置于不具有海关仓库地位的地点；

（3）依据货物随附单证的副本办理通关手续，随后再提交原件；

（4）办理通关手续时只进行文件审核，无须提取货物试样和样品。

2. 特定货物的简化通关程序也可以包括依法采取的其他措施。

四、对部分外国人及其携运货物进出境的优惠规定

（一）货物和行李运输

1. 外国外交机构和领事机构的货物运输。位于乌兹别克斯坦境内的外国外交机构和领事机构，在遵守通关规定的前提下，可以进出口本机构公用货物，免缴海关税费，但因在海关规定工作时间或规定地点以外办理通关手续时产生的货物存储和通关费用除外。

2. 外交人员和领事官员及其家庭成员的货物运输。外交人员、领事官员，以及与其共同居住的非乌兹别克斯坦公民的家庭成员，可以进出口家庭和个人自用物品（包括家庭安置所需物品），免缴关税和进口环节税，但因在海关规定工作时间或规定地点以外办理通关手续时产生的货物存储和通关费用除外。

3. 外交人员、领事官员，以及与其共同居住的家庭成员的个人行李免于海关查验，除非有重大理由认为其中可能包含：非个人自用物品；乌兹别克斯坦法律、乌兹别克斯坦加入的国际条约禁止进出境的物品；应接受检疫监管的物品。必须在上述人员或其授权代表在场时，方可进行海关彻底查验。

4. 外国外交机构、领事机构行政技术人员的货物运输。外国外交机构、领事机构行政技术人员，以及与其共同居住的家庭成员（如果上述人员不是乌兹别克斯坦公民且不在乌兹别克斯坦境内长期居住），可将家庭安置物品运入乌兹别克斯坦关境内，免缴关税和进口环节税，但因在海关规定工作时间或规定地点以外办理通关手续时产生的货物存储和通关费用除外。

5. 根据与外国签署的专门协定，并基于互惠原则，给予外国外交人员、领事官员的海关优惠可以扩大至该机构的行政技术人员和服务人员及其家庭成员，如果上述人员不是非乌兹别克斯坦公民，且不在乌兹别克斯坦长期居住。

6. 依据与单独国家的互惠原则，外国外交和领事信使可以携运家庭和个人自用物品进出乌兹别克斯坦关境，免于海关查验并免缴关税和进口环节税，

但因在海关规定工作时间或规定地点以外办理通关手续时产生的货物存储和通关费用除外。

7. 通过乌兹别克斯坦领土过境的外国外交人员、领事官员及其家庭成员享受同等海关优惠。

（二）外国外交邮件和领事邮袋进出境规定

1. 外交邮件和领事邮袋需有明显外部标志，以标明其性质。

2. 外交邮件中只能装有外交文件和供公务使用的物品，而领事邮袋仅限于装载公务函件、文件或仅供公务使用的物品。

3. 对通过乌兹别克斯坦关境的外国外交邮件和领事邮袋，不得开启或扣留。如果有充分理由认为领事邮袋内可能装有第 2 款未列明的其他物品，海关有权要求外国授权代表在海关工作人员在场时开启领事邮袋。如果其拒绝开启，则将领事邮袋退回始发地。

（三）部分外国人进出境的优惠规定

1. 根据与外国签署的专门协定，并基于互惠原则，对外国外交人员提供的海关优惠，可以扩大至外国国家代表、议员和政府代表团成员，以及在互惠基础上前往乌兹别克斯坦参加国家间谈判、国际会谈、国际会议或承担其他官方任务的外国代表团成员。陪同上述成员的家庭成员也享受同等优惠。

2. 乌兹别克斯坦依照所加入的国际条约，确定政府间国际组织和非政府间国际组织、外国驻上述组织的代表机构，以及上述组织和代表机构的工作人员及其家庭成员享有的海关进出境优惠措施。

五、特殊放行

（一）提交报关单前放行货物

1. 适用范围

提交报关单之前可放行的货物包括：为消除事故或不可抗力引起的后果的救援货物和作为人道主义援助的货物，以及易腐类货物、活体动物和放射性材料。

2. 提交报关单前放行货物的条件

当上述货物进出境时，如果申报人遵守以下条件，即可在提交报关单前或通关作业完成前放行货物：

（1）已提交货物随附单证，其中包含识别货物所需的信息；

（2）对于放射性材料，已提交乌兹别克斯坦法律或国际条约规定其放行所需相关国家机构的许可证、证书和许可；

（3）提供海关税费缴纳担保；

（4）书面保证在货物放行后 15 个自然日内提交报关单或办结通关手续；

（5）提交报关单前放行的易腐类货物和活体动物不得使用或转让给第三人，包括出售或其他转让方式。

（二）申报人无法确定货物完税价格时的有条件放行

当无法确定货物完税价格时，根据申报人请求，海关可以对货物实施有条件放行。

1. 在收到有条件放行申请后的 3 个工作日内，海关应当依照法律规定程序独立确定相关货物的初步完税价格，并以书面或电子形式通知申报人初步完税价格和缴纳海关税费的担保数额。

2. 依据海关确定的初步完税价格计算海关税费数额，申报人按该数额缴纳海关税费，或提供海关税费缴纳担保后，海关对货物实施有条件放行。

3. 海关税费担保的有效期为自货物放行之日起 60 个自然日。申报人应在此期限内提交确认货物完税价格的文件，并通过填制货物完税价格和/或海关税费调整表，重新计算完税价格和相关海关税费。

4. 在海关税费担保有效期满时，如果未提交确认货物完税价格的文件，海关税费缴纳担保数额将转入乌兹别克斯坦国家预算。

（三）未提供原产地证书放行货物

1. 未提供货物原产地证书不能构成拒绝放行货物的理由。

2. 如果缺少货物原产地证书，或对该证书和/或证书所载信息的真实性存在疑问，应对货物适用双倍关税税率。申报人缴纳海关税费后货物予以放行，除非依照乌兹别克斯坦法律和所加入国际条约规定，货物产自禁止进口到乌兹别克斯坦的国家。

3. 自货物适用规定应缴纳海关税费的监管方式之日起 1 年内，向海关提交正式的原产地证书，货物可以适用或恢复最惠国待遇或自由贸易制度。在此情形下，应当退还已缴纳的海关税费。

六、纳税期限变更

为缓解进出口企业的资金压力，降低其资金占用成本，乌兹别克斯坦通过海关立法规定，允许企业在提供海关税费缴纳担保的前提下，申请变更其纳税期限，即延期或分期缴纳海关税费。

（一）概念

1. 延期缴纳海关税费，是指额外延长海关税费的缴纳期限。

2. 分期缴纳海关税费，是指额外延长海关税费的缴纳期限，且在此期间分多次缴纳海关税费。

（二）准予延期或分期缴纳海关税费的条件

1. 根据海关的决定，缴纳人可以延期或分期缴纳海关税费。延期缴纳或分期缴纳可以适用于一种或多种类型的海关税费，以及应缴纳的全部或部分海关税费。

2. 如果依照《乌兹别克斯坦海关法典》规定的程序，提供海关税费缴纳担保，则允许其延期或分期缴纳海关税费。

3. 从事货物进口业务 3 年以上的对外经济活动参与者，如果其纳税信誉一贯良好，但因财务状况无法在规定期限内缴纳海关税费，则准予其在未提供海关税费缴纳担保的情形下分期缴纳海关税费。分期缴纳期限为 6 个月，数额不超过以往 3 年所缴纳海关税费数额的 50%。

4. 根据乌兹别克斯坦总统或乌兹别克斯坦政府的决定，可以准予在更长的期限内延期或分期缴纳海关税费，并无须提供海关税费缴纳担保。

（三）延期或分期缴纳海关税费的期限

1. 自海关受理报关单之日起，延期或分期缴纳海关税费的期限一般不超过 60 个自然日，但本章"五、特殊放行"下"（二）申报人无法确定货物完税价格时的有条件放行"第 3 款、第 4 款及下列第 2 款规定情形除外。

2. 在以下情形下，延期缴纳海关税费的期限为 90 个自然日：

（1）生产企业缴纳用于生产出口产品的进口货物的增值税；

（2）物资生产和服务领域的小微企业、农场和具有法人资格农户缴纳满足自身需要的进口货物的海关税费。

（四）延期或分期缴纳海关税费的决定

1. 海关应在提交延期或分期缴纳海关税费所需文件之日起 5 个工作日内作出决定。

2. 在准予延期或分期缴纳海关税费的决定中，应当注明允许延期或分期缴纳海关税费的期限；如果拒绝延期或分期缴纳海关税费，则应说明拒绝理由。

（五）申请延期或分期缴纳海关税费需提交的文件

申请延期或分期缴纳海关税费，缴纳人应当向海关提交：

1. 包含缴纳海关税费书面担保的申请；
2. 提供海关税费缴纳担保的证明文件。

（六）拒绝延期或分期缴纳海关税费的依据

拒绝延期或分期缴纳海关税费的依据为：

1. 未提交延期或分期缴纳海关税费所需的文件；
2. 此前存在违反延期或分期缴纳海关税费期限的事实。

（七）延期或分期缴纳海关税费的利息

1. 对于延期或分期缴纳的海关税费，以应缴纳的海关税费税额为基础，按照乌兹别克斯坦中央银行规定的再融资利率的50%逐日收取利息。

2. 应在准予延期或分期缴纳的海关税费缴纳之前或同时缴纳利息，但不得晚于延期或分期缴纳期限届满的次日。

3. 依照《乌兹别克斯坦海关法典》规定，对部分情况下延期或分期缴纳的海关税费不收取利息。

第六章　个人进出境通关指南

乌兹别克斯坦涉及自然人的海关管理规定主要包括个人进出境、个人自用药品和医疗用品进出境，以及个人国际邮件和快件寄送商品的规定。

一、个人进出境海关规定

（一）出境

1. 携带物品免于申报标准。自 2019 年 1 月 1 日起，个人从乌兹别克斯坦出境携带总价值不超过 5000 美元的物品，无须向海关申报。

但海关对携带部分物品出境规定了数量限制：

（1）大米 3 千克以下；

（2）面粉制品 5 千克以下；

（3）肉类和肉类制品、糖和植物油 2 千克以下；

（4）新鲜和/或脱水的水果和蔬菜 40 千克以下。

2. 管制物品出境规定。携带麻醉药品和精神药物及其前体、危害臭氧层物质及其产品、文物、枪支和弹药、野生植物及其部分、野生果实和植物收藏品、野生动物及其部分和动物收藏品、活体、猎物、卵，以及对环境有害物质和废碎料出境，需主管部门的许可文件。

3. 携带货币出境规定。个人从乌兹别克斯坦出境，携带本国现钞和外币不得超过等值 1 亿苏姆。携带超过规定数额的等值现钞出境，需依照乌兹别克斯坦政府规定的程序办理。

（二）入境

1. 携带物品进境免税额度。通过不同类别口岸入境时，无须向海关申报携带物品的免税限定额度如下：

（1）国际机场 2000 美元以下；

（2）铁路和河运口岸 1000 美元以下；

（3）公路（步行）口岸 300 美元以下。

2. 部分物品进境免税数量限制。海关对携带部分物品进境规定了免税数量限制：

  （1）酒精饮料（包括啤酒）2 升以下；

  （2）各类烟草产品 10 盒以下；

  （3）香水等含酒精液体 3 瓶以下；

  （4）贵金属和珠宝 65 克以下。

  此外，根据《乌兹别克斯坦海关法典》和乌兹别克斯坦共和国 2018 年 2 月 6 日第 ПП—3512 号总统令，规定个人携带以下物品通过公路（步行）、铁路和河运口岸进入乌兹别克斯坦境内的免税数量和周期限制。详见表 1 – 1。

表 1 – 1 进入乌兹别克斯坦境内的商品免税数量和周期限制

序号	商品名称	免税数量	周期
1	冰箱	1 台	6 个自然月
2	冰柜	1 台	6 个自然月
3	空调	1 台	6 个自然月
4	洗衣机	1 台	6 个自然月
5	吸尘器	1 台	6 个自然月
6	煤气炉具	1 台	6 个自然月
7	电炉灶	1 台	6 个自然月
8	电视	1 台	6 个自然月
9	微波炉	1 台	6 个自然月
10	烤箱	1 台	6 个自然月
11	电动绞肉机	1 台	6 个自然月
12	熨斗	1 个	6 个自然月
13	吹风机	1 个	6 个自然月
14	多功能食品加工机	1 台	6 个自然月
15	电话	1 部	6 个自然月
16	电脑产品	1 台	6 个自然月
17	打印机和多功能办公设备	1 台	6 个自然月
18	平板电脑	1 部	6 个自然月
19	笔记本电脑	1 部	6 个自然月
20	餐具	1 套	6 个自然月
21	其他商品	每种商品 2 千克（不可分割商品除外），但总量不超过 10 千克	1 个自然月

3. 禁止携带进境的物品。个人禁止携带麻醉药品和精神药物及其前体、爆炸物及各种用于战争、恐怖主义、暴力、极端主义、淫秽等目的危害国家和社会环境的物品，以及乙醇，激光扩散器，无人机，烟火器材，博彩游戏机，类别为 M2、M3 和 N2 的旧汽车，排放标准低于欧Ⅲ环保等级的新车，能效等级为 G、F 的家用电器，以及功率超过 40 瓦的灯泡进入乌兹别克斯坦境内。

4. 限制携带进境的物品。携带危害臭氧层物质及其产品、文物、枪支和弹药、野生植物及其部分、野生果实和植物收藏品、野生动物及其部分和动物收藏品、活体、猎物、卵、对环境有害物质和废碎料出境，需主管部门的许可文件。

5. 携带货币进境规定。个人携带本国现钞和外币进入乌兹别克斯坦境内不受限制。

二、个人携带自用药品、医疗用品进出境规定

（一）法律依据

对个人自用药品、医疗用品的进出境规定依据：

1. 《乌兹别克斯坦海关法典》；

2. 乌兹别克斯坦 2016 年 6 月 8 日第 191 号政府令"关于批准个人自用药品和医疗用品进出境程序的规定"。

（二）具体规定

1. 允许未经国家注册的药品和医疗用品进出境，且无须办理海关手续，如果其用途为：

（1）个人在乌兹别克斯坦停留期间自用；

（2）根据医疗机构确认的适应症，对居住在乌兹别克斯坦境内和境外的患者进行治疗；

（3）外交人员和同等机构的行政技术人员，包括与其共同居住的家庭成员个人自用；

（4）抵达或离开乌兹别克斯坦领土的运输工具配备的乘客急救药品；

（5）为在乌兹别克斯坦境内外举办的国际科研、文化、体育活动的参与者以及国际考察队成员提供治疗。

2. 在上述第 1 款规定的情形下，个人进出境携带的自用药品和医疗用品，应仅用于个人自用，不得转让或销售给他人。

3. 个人携带自用药品和医疗用品，无须提交居住国或停留国医疗机构出

具的证明文件，如果：

（1）药品种类不超过 10 种，且每种药品不超过 5 个包装；

（2）医疗用品数量不超过 5 件，且每包装：

——固体药剂（片剂、糖丸、颗粒、粉剂、胶囊）不超过 100 个单位；

——冲制药液的粉剂不超过 500 克；

——颗粒形式的顺势药剂不超过 50 克；

——输液溶液和口服溶液不超过 500 毫升；

——注射溶液不超过 10 安瓿或不超过 10 瓶；

——外用药物不超过 200 毫升或 200 克。

药品和医疗用品必须是原厂包装。

4. 携带超过上述第 3 款规定数量的药品进出境时，个人应向海关提交由居住国或停留国医疗机构专门为其出具的文件，文件中应当注明个人自用的药品名称、剂型和治疗过程中的推荐用量。

5. 海（河）船上、国际航线飞机上急救箱中用于急救的限量麻醉药品和精神药物的进出境无须许可证，但需遵守相关运输工具注册国法律规定的监管措施。

6. 依照 2015 年 11 月 12 日第 330 号政府决议批准的清单，个人携带含麻醉药品和精神药物的自用药品进出境。

7. 如果具有医疗咨询委员会加盖印章的证明，则准予携带不超过 7 天用量的麻醉药品出境。

8. 如果具有居住国或停留国医疗机构所出具疗程推荐用量的证明文件，则准予携带不超过 7 天用量的麻醉药品进境。

9. 个人在治疗过程中，携带不超过 5 种，且每种不超过 2 个包装的自用精神药物进出境，不需要提交居住国或停留国医疗机构出具的文件。

10. 通过口岸进出境时，个人需申报其携带的麻醉药品和精神药物，对于麻醉药品，应当向海关提交居住国或停留国医疗机构出具的文件，文件中应当注明个人自用的药品名称、剂型和治疗过程中的推荐用量。

11. 乌兹别克斯坦海关按照规定程序对医疗机构出具的文件，以及个人携带的麻醉药品和精神药物是否符合文件中所列名称和数量进行核查。

12. 如果个人携带的麻醉药品、精神药物超出医疗机构出具文件规定的种类和数量，对超出部分按规定方式予以收缴并销毁。

13. 个人对携带药品和医疗用品进出境时所提交信息的真实性负责。

三、个人通过国际邮件和快件向乌兹别克斯坦境内寄送商品的规定

（一）监管地点

1. 对通过铁路和公路运输的国际快递货物，应在专门指定的海关办事处实施海关监管并办理通关手续。

2. 对航空运输货物，应在位于国际机场或邻近区域的海关办事处实施海关监管并办理通关手续。

（二）运营商义务

1. 运营商和邮政服务商应当向海关通报通过国际邮件、快件寄送给个人的商品。对寄送给个人的国际快递货物进行预先电子信息通报时，运营商和邮政服务商应当向海关提交以下信息：

（1）收件人姓名和父称；

（2）收件人地址；

（3）收件人护照号码或纳税人识别号；

（4）运营商或邮政服务商名称；

（5）起运地；

（6）邮件描述；

（7）运费。

2. 上述第 1 款规定不适用于函件（小包裹除外）、外交邮袋和领事邮袋。

（三）禁止邮寄的物品

在国内和国际邮件、快件中禁止寄送：

1. 使用弹药的枪支、信号枪、气枪、喷雾枪、弹药、冷兵器（包括投掷武器）、电击装置和火花放电器，枪支的主要部件、未装火药的爆炸装置和火药，包括未装火药的手榴弹、炮弹和其他类似物品，以及此类装置和物品的仿真模型；

2. 麻醉药品、精神药物、烈性药品、放射性物质、爆炸品、有毒物品、腐蚀性物质、易燃品和其他危险物质；

3. 乌兹别克斯坦纸币和外币（乌兹别克斯坦中央银行及其机构寄送的货币除外）；

4. 淫秽或有违道德的物品；

5. 侵权和盗版物品；

6. 目的国禁止进口或流通的物品；

7. 因其性质或包装可能对邮政员工或公众构成危险的物品，以及可能脏污或损坏其他邮件和邮政设备的物品；

8. 除寄件人和收件人或与其共同居住人员之外的其他人之间交换的属于日常和私人信件性质的文件、普通信件和挂号信、明信片和包裹；

9. 活体动物。

第二篇　土库曼斯坦

DI – ER PIAN TUKUMANSITAN

第一章　土库曼斯坦国家概况

一、国情概述

土库曼斯坦（俄文：Туркменистан；英文：Turkmenistan）是位于中亚西南部的内陆国家，国土面积为 49.12 万平方千米。北部和东北部与哈萨克斯坦、乌兹别克斯坦接壤，西濒里海与阿塞拜疆、俄罗斯相望，南邻伊朗，东南与阿富汗交界。

土库曼斯坦实行三权分立的政治制度，管理形式为总统制共和国，总统为国家元首、最高行政首脑、武装部队最高统帅和议会人民委员会主席，由全民直接选举产生。政府是国家权力执行机关，由总统直接领导。现任总统为谢尔达尔·库尔班古力耶维奇·别尔德穆哈梅多夫。

土库曼斯坦约 80% 的国土被卡拉库姆大沙漠覆盖，但油气资源丰富，石油探明储量约为 2.13 亿吨，远景储量为 120 亿吨；天然气探明储量约为 19.5 万亿立方米，占世界总储量的 10.1%，远景储量逾 50 万亿立方米，位列俄罗斯、伊朗、卡塔尔之后，居世界第 4 位。

土库曼斯坦全国划分为阿哈尔、巴尔坎、达绍古兹、列巴普和马雷 5 个州和 1 个直辖市（首都阿什哈巴德市）。截至 2022 年 12 月（第三次全国人口普查），全国人口数为 706 万人。

二、经济概述

土库曼斯坦自独立以来秉持永久中立原则，国民经济快速发展，居民生活水平稳步提高。

土库曼斯坦主要产业为油气业、纺织业、建筑业、农业、化工及交通运输业。其中石油、天然气工业是国民经济支柱产业，能源在全国工业体系中占据突出位置。在积极拓展天然气出口市场、扩大天然气出口规模的同时，政府大力推行经济多元化政策，将油气开采、化工、电力、数字经济、农业、交通、通信和纺织业等作为其经济发展的重要领域。

根据土库曼斯坦国家统计委员会、国际货币基金组织、世界银行和亚洲开发银行发布的数据，2020 年土库曼斯坦 GDP 总值为 485 亿美元，人均 GDP

为 8083 美元；2021 年 GDP 总值为 542 亿美元，人均 GDP 为 8856 美元。2022 年土库曼斯坦官方未公布具体的宏观经济数据。

三、对外贸易概述

土库曼斯坦实行高度集中的计划经济体制，对进出口贸易和外国投资实行严格管控，商务运行规则与国际惯例存在一定差别。

自 2013 年起，土库曼斯坦开始启动加入世界贸易组织的相关工作。2020 年 5 月，土库曼斯坦申请以观察员身份加入世界贸易组织，随后被批准为世界贸易组织观察员国。截至 2022 年年末，土库曼斯坦与俄罗斯、格鲁吉亚、亚美尼亚等国签署了双边自由贸易协定。

土库曼斯坦自独立以来，对外贸易额持续稳步增长。但 2020 年受新冠疫情影响，土库曼斯坦主要贸易伙伴经济活力不足，对土库曼斯坦能源需求大幅下降，导致其对外贸易额近年来首次出现下滑（同比下降 18%）。出口降幅高达 30%，其中天然气出口下降 10%，石化产品下降超过 20%。2021 年，土库曼斯坦大力实施经济多元化战略，着力发展出口导向型经济，扩大进口替代产品生产，扭转了外贸下滑趋势。根据土库曼斯坦财政和经济部公布的数据，全年对外贸易额超过 151 亿美元，同比增长 20.5%。其中出口 88.6 亿美元，同比增长 33.9%；进口 62.5 亿美元，同比增长 5.5%。2022 年，土库曼斯坦对外贸易额达 200 亿美元，其中出口 127 亿美元，进口 73 亿美元，贸易顺差达 54 亿美元。能源商品占出口总额的 80%，向中国、俄罗斯、阿塞拜疆、乌兹别克斯坦出口的天然气同比增幅超过 60%；向阿富汗、伊朗、吉尔吉斯斯坦和乌兹别克斯坦出口的电力同比增幅接近 30%。

土库曼斯坦的主要出口商品为天然气、石油及石化产品、皮棉、液化气、纺织品等；主要进口商品为机械设备、运输工具、日用消费品和食品等。

目前，土库曼斯坦已与 120 多个国家（地区）建立双边贸易关系，主要贸易伙伴是中国、土耳其、阿联酋、伊朗、阿富汗、俄罗斯。

近年来，土库曼斯坦政府陆续出台优惠政策，不断完善投资环境，加大吸引外资力度。其外资来源国主要为土耳其、中国、日本、韩国，投资方向多为能源、化工、交通和通信领域。联合国贸易和发展会议发布的《2021 年世界投资报告》显示，截至 2020 年年底，土库曼斯坦吸收外资存量为 393.23 亿美元。

四、中土经贸合作

中国和土库曼斯坦自 1992 年 1 月建立外交关系以来，双边经贸合作持续稳定发展。自 2011 年起，中国连续 12 年保持土库曼斯坦最大贸易伙伴国的地位。2010 年前，中方在双边贸易中长期保持大幅顺差。随着土库曼斯坦天然气对华出口的大幅增长，双边贸易总额中的进出口占比发生根本性逆转。根据中国海关统计，2020 年中土双边贸易额为 65.2 亿美元，同比下降 28.5%。其中，对土库曼斯坦出口 4.5 亿美元，同比增长 3.2%；自土库曼斯坦进口额达 60.7 亿美元，同比下降 30.1%。国际能源市场天然气量价齐跌是导致两国贸易额出现下降的主要原因。2021 年中土双边贸易强劲复苏，贸易总额和进口、出口额均呈现出两位数增长：双边贸易额达 73.6 亿美元，同比增长 12.9%。其中，对土库曼斯坦出口近 5.2 亿美元，同比增长 14.4%；自土库曼斯坦进口 68.4 亿美元，同比增长 12.7%。2022 年，中土两国贸易额达 111.81 亿美元，同比增长 52%。其中，土库曼斯坦对中国出口额达 103 亿美元；土库曼斯坦自中国进口额达 8.68 亿美元。

从进出口商品结构看，中国对土库曼斯坦出口商品的主要类别为机械产品、钢铁制品、电机和电气设备、车辆及零部件、钢铁、橡胶及其制品，自土库曼斯坦进口商品的主要类别为天然气、原油、聚乙烯、硫黄、甘草制品、棉纱线、碘等。

近年来，两国经贸合作集中于天然气领域。土库曼斯坦是中国在中亚地区最大的管道天然气进口来源地。建设以土库曼斯坦为起点的"中国—中亚天然气管道"被称为 21 世纪"能源丝绸之路"的伟大创举。自 2009 年 12 月该管道一期工程实现对华输气以来，到 2022 年 6 月，累计进口土库曼斯坦天然气逾 3340 亿立方米，惠及国内 26 个省、自治区、直辖市。目前，两国政府已签署《中土政府扩大经济伙伴关系的合作规划》，鼓励双方企业在继续深化传统能源合作的同时，积极探讨新能源、交通运输、现代农业、化工、医疗卫生等非资源领域的合作，通过中国国际进口博览会、中国国际投资贸易洽谈会等平台，挖掘双方非资源领域的合作潜力，提升双边经贸合作水平。2021 年，中国对土库曼斯坦投资存量为 1760 万美元，截至 2021 年年末，中国对土库曼斯坦直接投资存量仅为 2.94 亿美元。

习近平主席提出的"一带一路"倡议与土库曼斯坦总统别尔德穆哈梅多夫提出的"复兴丝绸之路"战略高度契合，都旨在促进共建国家（地区）的发展与繁荣。随着"一带一路"倡议的逐步推进，双方在互联互通建设领域已取得重要进展。中土已建成中国—中亚天然气管道 A、B、C 三条天然气管线，连接土库曼斯坦、乌兹别克斯坦、哈萨克斯坦和中国。中国—中亚天然气管道成为中亚地区规模最大的输气系统。

第二章　土库曼斯坦海关概况

一、基本情况

土库曼斯坦国家海关总署成立于1991年11月4日，是政府组成部门，属于国家正部级执法机构。海关机构的组建、撤销、编制构成，以及人员编制数量须经土库曼斯坦总统批准。土库曼斯坦国家海关总署署长、副署长、海关管理局局长由总统直接任免，其他重要岗位的任免名单须经土库曼斯坦政府同意，并报总统批准。

土库曼斯坦海关实施准军事化管理，其干部队伍由现役军人和公务员两大类别组成。海关关员的招录条件为居住在土库曼斯坦境内并掌握本国语言且服满兵役的土库曼斯坦公民，要求其在勤奋程度、个人品格、道德品质、体能、教育程度、健康状况等方面能够胜任海关工作，并志愿在海关服役，海关初任关员需经过短期军训。海关现役军人实施军衔制度，享受土库曼斯坦《军人和军属地位和社会保障法》规定的权利和待遇，其任命、调任和解职，以及授予和取消其军衔依照土库曼斯坦《部队和兵役法》执行。海关公务员的劳动关系由土库曼斯坦《劳动法》管辖。

土库曼斯坦针对海关关员制定了严格的纪律要求，除教学、科研和其他创作型活动外，禁止海关关员从事任何有偿经营活动。

按照总统批准的程序，土库曼斯坦政府对海关工作进行监督。土库曼斯坦最高检察院及其下属检察机关对海关执法的准确性和统一性实施监督。

土库曼斯坦是世界海关组织成员。

二、海关工作的基本原则

海关工作应基于守法、合法、法律面前人人平等的原则，依照普遍公认的国际法准则，尊重行政相对人的权利和自由，并维护其人格尊严。

海关工作应公开透明，除非与土库曼斯坦相关的法律规定相冲突，或导致泄露国家秘密和其他受法律保护的秘密。

三、海关职能

1. 与土库曼斯坦执法部门和军事机构开展合作，实施业务侦察和调查活动，以执行海关政策，防范出现海关领域的违法行为；

2. 在职权范围内，与外国海关、执法机构和国际组织开展合作，依照土库曼斯坦加入的国际条约开展信息和文件交换；

3. 要求任何海关事务的参与方在规定期限内提交必要的文件和信息；

4. 参与制定并执行土库曼斯坦海关政策；

5. 在职权范围内，保障土库曼斯坦的经济安全和经济独立，以及经济领域的国家利益；

6. 对遵守土库曼斯坦海关立法规定的情况进行监督；

7. 对进出土库曼斯坦关境的货物和运输工具实施监管；

8. 参与制定有关货物过境政策的实施措施；

9. 在货物、运输工具和自然人进出土库曼斯坦关境时，打击走私等海关领域的违法行为，制止非法贩运麻醉药品、精神药物、文物、知识产权客体、珍稀动植物；

10. 在职权范围内，与其他执法机构共同采取措施打击恐怖主义，防范通过土库曼斯坦关境非法贩运各类武器、弹药、有毒物质、放射性材料、宣扬推翻现行宪政体制及破坏公共安全和违背社会道德的出版物及其他信息载体；

11. 依照土库曼斯坦法律，对是否准确计算并及时足额缴纳关税和海关费用的情况进行监督；

12. 依照土库曼斯坦立法规定发放海关许可；

13. 确保履行海关领域的国际义务；

14. 构建和完善海关物质技术基础；

15. 开发和应用海关自动化业务管理系统。

四、海关的主要任务

1. 在职权范围内确保土库曼斯坦的经济安全；

2. 支持土库曼斯坦对外贸易和国民经济发展；

3. 创造有利条件，促进货物在土库曼斯坦关境的快速流通；

4. 在职权范围内，保护土库曼斯坦海关边界，并实施海关监管；

5. 对货物和运输工具进出土库曼斯坦关境时遵守许可和许可发放规定的情况进行监管；

6. 依照土库曼斯坦确定关税、进口环节税和海关费用数额并调整其缴纳程序的规范性法律文件，征收关税、进口环节税并收取海关费用；

7. 收集有关海关领域违法行为的信息，并对其进行分析研判；

8. 按照土库曼斯坦法律规定的程序，对实施走私和其他违反海关规定的人员采取措施；

9. 按照土库曼斯坦法律规定的程序，编制对外贸易海关统计，维护海关业务数据库，编写海关工作报告，并向利益相关方提供信息；

10. 确保海关执法的统一性；

11. 组织对海关专家的培训、进修，以提高其专业技能；

12. 确保新技术和现代信息系统在海关工作中的开发和应用；

13. 依据海关风险管理系统，应用先进技术和设备完善海关监管；

14. 确保土库曼斯坦履行海关领域的国际义务；

15. 完成土库曼斯坦法律规定的其他任务。

五、海关的权力

海关有权：

1. 经土库曼斯坦总统同意，设立海关实验室和驯犬中心；

2. 按照海关程序和海关工作惯例，要求提供海关通关监管所需的文件和信息；

3. 要求行政相对人证明其具备办理海关业务的权限，检查公民和工作人员的身份证明文件；

4. 实施海关查验，自由进入存放应当接受海关查验货物的建筑物、仓库及其相邻区域，并不受其所有权形式的限制，获取必要的文件，以及查封该建筑物和仓库；

5. 开展与海关仓库和临时存储仓库相关的运营工作；

6. 在职权范围内，要求法人代表（不受所有制形式的限制）、私营企业家和自然人消除海关领域的违法行为；

7. 对违反海关规定、实施犯罪行为或涉嫌实施犯罪行为的人员实施扣留，并押送至土库曼斯坦海关、执法机构和卫生部门的办公地点；

8. 依照土库曼斯坦法律规定的程序，海关工作人员在出示身份和职务证明后，有权不受阻碍进入海关区域，包括位于土库曼斯坦边境口岸的海关办事处履行公务；

9. 记录事件和事故，对其进行拍照、录音、录像和摄像；

10. 按照法律规定的程序，使用和存储信息、文件；

11. 开发、创建和应用信息系统、通信系统和信息提供系统，应用海关监管技术手段和信息保护手段，包括法律规定的加密手段；

12. 使用土库曼斯坦国家预算资金，以及海关预算外资金或土库曼斯坦法

律未禁止的其他资金来源，购买设备以执行海关任务；

13. 依照土库曼斯坦立法规定，管理海关的财务和物资；

14. 派遣海关工作人员在土库曼斯坦境内及赴国外出差；

15. 依照土库曼斯坦立法规定，制作海关违法记录，办理海关行政案件，并决定按行政程序采取相关措施；

16. 参与海关领域的民事法律关系，并向司法部门提起诉讼；

17. 依照土库曼斯坦立法规定行使其他权力。

六、海关的职责

1. 依照土库曼斯坦立法规定，制定海关规范性法律文件，并确保其按照规定程序通过和实施；

2. 实施海关监管和办理通关手续；

3. 批准并应用海关通关监管所需的公文和表格样本；

4. 确定应当接受海关查验货物和运输工具的临时存放地点，必要时实施海关押运；

5. 确定进出境货物的商品编码，并就商品归类和原产地作出预裁定；

6. 采取措施提高海关工作人员的物质保障和社会保障水平；

7. 调查走私和偷逃海关税费行为；

8. 履行土库曼斯坦法律赋予的其他职责。

七、海关的法律基础

土库曼斯坦海关立法以《土库曼斯坦宪法》为基础，由《土库曼斯坦海关法典》《土库曼斯坦海关机构法》，以及调整土库曼斯坦海关工作的其他规范性法律文件组成。

如果土库曼斯坦加入的国际条约与上述法律有不同规定，则适用国际条约的规定。

八、海关机构设置

土库曼斯坦国家海关总署由中央机关、国家海关总署教育培训中心、国家海关总署经济管理局、各州和州级城市的海关机构、土库曼斯坦境内及边境口岸的海关办事处组成。目前共有 6 个海关管理局和 51 个海关办事处。

第三章　土库曼斯坦口岸管理

土库曼斯坦陆地边境线总长 4158 千米，与乌兹别克斯坦（两国边境线为 1793 千米，下同）、伊朗（1148 千米）、阿富汗（804 千米）、哈萨克斯坦（413 千米）等国毗邻。

一、口岸管理体制

土库曼斯坦设立边境口岸须经总统批准。

土库曼斯坦政府授权相关国家部委负责口岸建筑物、设施及场所的建设、装备和日常维护，费用由国家财政及部委自有资金承担。

口岸建设和设施装备完成后，经国家边防局、海关和其他口岸监管部门代表验收后，报请土库曼斯坦总统审核批准后正式开放。

土库曼斯坦政府针对具体口岸确定其监管形式和监管内容。监管手段、方法及其适用程序，由相关国家部委商司法部门和卫生机构确定。

土库曼斯坦内务部、国家安全部、国家边防局、国家海关总署、国家移民局，以及实施国境监管的其他国家机构，在各自职权范围内履行口岸管理相关职能。政府对相关国家部委和机构在口岸管理领域的工作进行监督。

二、口岸工作制度

边境口岸工作制度以土库曼斯坦总统命令的形式颁布实施，具体包括人员、运输工具、货物及物品进出口岸，在口岸区域停留（存放），以及与进出土库曼斯坦国境有关活动的其他规定。

依照土库曼斯坦总统关于口岸制度的命令，运输企业与国家边防局、海关和其他口岸监管部门共同制定口岸制度实施细则。边防部门负责监督口岸工作制度的执行情况。

三、各部门职责

（一）国家安全部

1. 对边境地区和国际运输线路的政治、社会经济和犯罪形势进行分析和预测；

2. 在边境地区发生跨国群体性事件及紧急情况时，参与边境地区及边境口岸的维稳保障工作。

（二）内务部

1. 参与维护边境地区管理制度和口岸工作制度；

2. 视情在口岸设立机动哨所；

3. 在有充分依据的情况下，对进出土库曼斯坦边境的运输工具、货物和个人行李进行检查，以发现非法贩运麻醉药品、精神药物、烈性药品及烟酒制品等违法事实；

4. 在发生跨国群体性事件及紧急情况时，确保边境地区及口岸区域的公共秩序。

（三）国家移民局

在边境口岸实施移民监管，包括对土库曼斯坦公民、外国公民和无国籍人进行登记，检查出入境身份证件，以及依照土库曼斯坦法律，向外国公民和无国籍人签发进入口岸封闭区域的许可。

（四）国家边防局

参与制定口岸制度实施细则，并负责监督口岸工作制度的执行情况。

（五）国家海关总署

1. 参与制定口岸制度实施细则；

2. 在边境口岸对进出境人员、运输工具、货物及物品实施海关监管并办理通关手续。

（六）实施边境监管的其他国家机构

在边境口岸对进出境人员、运输工具、货物及物品实施卫生检疫监管。对进出境畜牧产品、生物制品、植物、农产品和鱼类产品进行动植物检疫。

附件：

土库曼斯坦与邻国关境口岸清单

土库曼斯坦—乌兹别克斯坦关境口岸清单

公路口岸	土库曼斯坦		乌兹别克斯坦		口岸地位	工作制度
	口岸名称	地点	口岸名称	地点		
1	法拉普	列巴普斯州	阿拉特	布哈拉州	国际	日间
2	捷利梅尔占	列巴普斯州	塔利马尔占	卡什卡达廖维洛亚季	国际	全天
3	加佐贾克	列巴普斯州	友谊	花刺子模州	国际	全天
4	达绍古兹	达绍古兹州	沙瓦特	花刺子模州	国际	全天
5	昆尼亚—乌尔根奇	达绍古兹州	胡贾伊利	卡拉卡尔帕克斯坦共和国	国际	全天
铁路口岸	口岸名称	地点	口岸名称	地点	口岸地位	工作制度
1	阿克达里亚	列巴普斯州	巴尔德尔	苏尔汉河州	国际	全天
2	捷利梅尔占	列巴普斯州	塔利马尔占	卡什卡达里亚州	国际	全天
3	法拉普	列巴普斯州	胡贾达夫拉特	布哈拉州	国际	全天
4	加佐贾克	列巴普斯州	皮特纳克	花刺子模州	国际	全天
5	达绍古兹	达绍古兹市	沙瓦特	花刺子模州	国际	全天
6	加尔金尼什	达绍古兹州	奈曼库利	卡拉卡尔帕克斯坦共和国	国际	全天
7	古巴达格	达绍古兹州	朱穆尔陶	卡拉卡尔帕克斯坦共和国	国际	全天

土库曼斯坦—伊朗关境口岸清单

公路口岸	土库曼斯坦		伊朗		口岸地位	工作制度
	口岸名称	地点	口岸名称	地点		
1	高丹	阿什哈巴德32千米处	巴吉吉兰	古昌行政中心	国际	日间
2	谢拉赫斯	阿哈尔州	谢拉赫斯	霍拉桑省	国际	日间

土库曼斯坦—阿富汗关境口岸清单

公路口岸	土库曼斯坦		阿富汗		口岸地位	工作制度
	口岸名称	地点	口岸名称	地点		
1	谢尔赫塔巴特	马雷州	图尔贡季	赫拉特省	国际	日间

附件：续1

土库曼斯坦—哈萨克斯坦关境口岸清单

公路口岸	土库曼斯坦		哈萨克斯坦		口岸地位	工作制度
	口岸名称	地点	口岸名称	地点		
1	捷米尔巴巴	卡拉基扬区	捷米尔巴巴	曼吉斯套州	国际	日间

土库曼斯坦—阿塞拜疆关境口岸清单

公路口岸	土库曼斯坦		阿塞拜疆		口岸地位	工作制度
	口岸名称	地点	口岸名称	地点		
1	土库曼巴希	土库曼巴希市	里海区边防基地	巴库拜洛夫区	国际	日间

131

第四章　土库曼斯坦海关管理

第一节　概　述

土库曼斯坦海关依照《土库曼斯坦海关法典》等相关海关法律文件，对进出境货物、物品及运输工具实施海关监管，征收海关税费，编制海关统计，并打击走私和海关领域的违法行为。

一、基本概念

1. 利害关系人，是指海关对货物或运输工具的决定、作为/不作为直接和单独涉及其利益的人。

2. 承运人，是指运输货物通过土库曼斯坦关境或在土库曼斯坦关境内运输海关监管货物的人，或者是运输工具的使用责任人。

3. 申报人，是指提交报关单的人，或以其名义提交报关单的人。

4. 报关代理人，是指受申报人或其他人委托，代表申报人实施海关作业的中间人。

5. 货物和运输工具的海关地位，是指依照土库曼斯坦法律规定，货物和运输工具是否被禁止和限制使用及处置。

6. 海关作业，是指在货物和/或运输工具通关时，依照《土库曼斯坦海关法典》规定对其作出的单独的行为。

7. 海关税费，是指关税、进口环节税和海关费用。进口环节税包括依照土库曼斯坦法律规定，货物进入土库曼斯坦关境时由土库曼斯坦海关征收的消费税。

8. 货物放行，是指按照货物适用的监管方式，海关允许利害关系人使用和/或处置货物的行为。

9. 货物随附单证，是指进出关境货物和在关境内运输的海关监管货物随附的运输、商业和海关单据。

10. 商业单据，是指增值税发票、发运单和装箱单、依照土库曼斯坦法律、国际条约或外贸及商业惯例使用的其他单据，以及因双方法律、协议或商业惯例用于证明完成货物进出口交易的其他单据。

11. 土库曼斯坦货物，是指具有在土库曼斯坦关境内自由流通海关地位的以下货物：

（1）完全在土库曼斯坦生产的；

（2）放行进入土库曼斯坦关境内自由流通的；

（3）以完全在土库曼斯坦生产，或在土库曼斯坦关境放行自由流通的货物为原料并在土库曼斯坦制造的。

12. 运输单据，是指提单、运单和其他在国际运输中证明具有货物运输合同及确认其内容的货物随附单证。

二、货物和运输工具进出境的主要原则

（一）平等权利

所有人均有权在平等基础上按照法律规定程序运输货物进出土库曼斯坦关境，但相关法律有不同规定的情形除外。

（二）海关通关和海关监管

1. 对于进出土库曼斯坦关境的货物和运输工具，应当按照《土库曼斯坦海关法典》规定的条件和程序，办理通关手续并接受海关监管。

2. 在办理通关手续和实施海关监管时，海关及其工作人员无权规定土库曼斯坦法律和其他规范性法律文件未规定的要求和限制。

三、信息通报和咨询

（一）海关领域规范性法律文件信息

1. 海关应确保自由免费获取海关领域规范性法律文件的信息。

2. 海关可以通过定期出版刊物的方式，公布其通过的海关领域的规范性法律文件。

（二）海关事务问题咨询

1. 海关就海关事务和海关职能范围内的问题向利害关系人提供咨询，自收到咨询之日起 1 个月内应予答复。

2. 海关免费提供口头或书面咨询。

3. 向利害关系人提供的咨询信息，不能直接作为海关对货物或运输工具

实施海关作业时作出决定或行为/不作为的依据。

4. 依照土库曼斯坦法律规定，海关工作人员对提供信息的真实性承担责任。

四、通关程序的基本规定

通关程序，是指规定实施海关作业和确定货物和运输工具海关地位的规则总和。

（一）通关程序的适用

1. 通关程序适用于对进出境货物和运输工具实施的所有海关作业。

2. 通关业务的办理程序和流程，取决于进出境货物和运输工具种类及运输主体的类别。

3. 海关作业平等适用于所有货物，不论其原产地、起运地和指运地。

（二）通关程序的开始与结束

1. 在以下情形下，视为开始办理通关业务：

（1）对于进口货物，向海关提交报关单或者与货物有关的文件，包括在法律规定的情形下采取口头申报或证明通关意向的其他行为；

（2）对于出口货物，向海关提交报关单，包括在法律规定的情形下采取口头申报或证明通关意向的其他行为。

2. 结束办理通关业务，是指完成货物适用监管方式规定的海关作业（包括计征海关税费）。

3. 对应当实施动植物检疫和其他形式国家监管的货物，只有在实施该监管的国家主管部门同意后方可结束通关程序。

（三）办理通关业务的时间和地点

1. 应当在海关所在地，并在其工作时间以内办理通关业务。

2. 应申报人或其他利害关系人的合理要求，办理通关业务时，可以按照海关规定程序，在海关所在地之外和海关工作时间以外实施部分海关作业。

（四）通关所需的文件和信息

1. 办理通关业务时，应当向海关提供通关所需的文件和信息。

2. 办理通关业务时，海关仅有权要求提交《土库曼斯坦海关法典》及土库曼斯坦加入且由土库曼斯坦海关负责实施的国际条约所规定提交的文件和信息。

3. 针对具体通关程序和监管方式办理通关业务所需的文件和信息清单，以及文件形式，由土库曼斯坦国家海关总署规定。

4. 为简化和加快通关业务流程，依据与外国海关签署的海关单证互认协议，海关可以接受经外国海关确认的海关单证。

5. 通关所需文件可以原件或副本形式，以及海关规定的电子文件形式提供。

6. 通关所需的文件和信息清单应当正式公布。

（五）办理通关业务时权利人及其代理人在场

1. 办理通关业务时，权利人或其代理人有权在场。
2. 应海关要求，办理通关业务时权利人或其代理人应当到场。

（六）办理通关业务使用的语言

1. 办理通关业务，包括填制通关文件，应当使用土库曼斯坦本国语言，但《土库曼斯坦海关法典》和土库曼斯坦加入的国际条约有不同规定的情形除外。

2. 海关有权接受使用本部门工作人员所掌握的外语编制的文件。

第二节　海关监管方式

一、海关监管方式的分类

为了对货物实施海关管理，土库曼斯坦海关规定了以下4类海关监管方式（本篇中以下简称"监管方式"）：

（一）主要监管方式

1. 放行供自由流通；
2. 出口；
3. 海关转运。

（二）经济性监管方式

1. 境内加工；
2. 加工供自由流通；

3. 境外加工；

4. 暂时进口；

5. 暂时出口；

6. 海关仓库；

7. 免税贸易；

8. 自由关税区（自由仓库）。

（三）最终监管方式

1. 复进口；

2. 复出口；

3. 销毁；

4. 放弃收归国有。

（四）特殊监管方式

备用品运输。

二、监管方式的基本规定

（一）放行供自由流通

1. 概述

放行供自由流通，是指进入土库曼斯坦关境的货物，在其关境内流通，且无须复运出口的监管方式。

2. 适用条件

货物放行供自由流通的条件如下：

（1）缴纳海关税费；

（2）遵守禁止和限制规定；

（3）符合《土库曼斯坦海关法典》和其他规范性法律文件的要求。

对于不符合上述条件的货物，应当依照《土库曼斯坦海关法典》规定予以有条件放行。

（二）出口

1. 概述

出口，是指在土库曼斯坦关境内自由流通的货物被运出该关境，且无复运进口义务的监管方式。

2. 适用条件

货物出口的条件如下：

（1）缴纳海关税费；

（2）遵守禁止和限制规定；

（3）符合《土库曼斯坦海关法典》和其他规范性法律文件的要求。

（三）海关转运

1. 概述

海关转运，是指在海关监管下，对货物运输起点和终点均在土库曼斯坦关境以外的外国货物，通过土库曼斯坦关境进行运输，无须缴纳海关税费，且不适用禁止和限制规定的一种监管方式。

2. 适用条件

任何外国货物均可适用海关转运监管方式，但依照土库曼斯坦法律和土库曼斯坦加入的国际条约禁止过境的货物除外。

3. 转运货物的换装和其他作业

（1）经海关允许，可以在其辖区内对转运货物进行换装作业，即将转运货物从进境运输工具换装到出境运输工具，但不得损坏海关封志和印章。

（2）如果符合《土库曼斯坦海关法典》规定的要求和条件，允许在土库曼斯坦关境内对转运货物进行仓储、拆分、合批及其他类似作业。

（3）如果货物、运输工具面临损毁、灭失或实质性损坏的实际风险，可准予实施本条前两款未规定的转运货物作业。

4. 海关转运监管方式的终止

（1）通过将转运货物从土库曼斯坦关境运出，以终止海关转运。

（2）承运人应当向指运地海关呈验转运货物，并提交转运报关单和其他转关运输文件。指运地海关应在呈验转运货物和提交文件之日完成必要的海关作业，以终止海关转运并签发货物和运输工具离境许可。转运货物分批出境时，最后一批货物运离土库曼斯坦关境视为完成海关转运。

（3）如果符合《土库曼斯坦海关法典》的相关规定，可以变更货物适用的监管方式，以终止海关转运。

（四）境内加工

1. 概述

（1）境内加工，是指在土库曼斯坦关境内，对有条件完全免除缴纳关税和进口环节税的进口货物，在规定期限（货物加工期限）内进行加工作业，而加工产品在一定期限内从土库曼斯坦关境出口的一种监管方式。

（2）对于在关境内加工的进口货物，适用所有禁止和限制规定。

2. 适用条件

（1）经海关许可，准予在关境内加工。

（2）如果海关可以在加工产品中对进口货物进行识别，则允许在关境内加工，但其等效货物①加工除外。

（3）如果符合《土库曼斯坦海关法典》规定的要求和条件，此前适用其他监管方式的外国货物可以适用境内加工监管方式。

（4）对于特定类别的进口货物，土库曼斯坦政府有权规定不得进行境内加工的情形。

3. 对加工产品中进口货物的识别

（1）对加工产品中进口货物进行识别，可以使用以下方法：

① 由申请人、加工人或海关工作人员在进口货物上加盖印章、戳记、数字或其他标记；

② 进口货物的详细说明、照片、比例图像；

③ 进口货物及其加工产品试样和样品的检测结果比对；

④ 使用进口货物生产商序列号或其他标记；

⑤ 应用现代技术的其他识别方法。

（2）根据申请人请求并经海关同意，可以对生产中使用的原材料、配件及加工产品生产工艺的详细信息进行研究，或在货物加工作业过程中实施海关监管，以确保货物识别的准确性。

4. 货物加工作业

境内加工监管方式规定的货物加工作业包括：

（1）对货物本身的加工或处理；

（2）制造新产品，包括产品安装、组装或拆卸；

（3）产品维修，包括修复、更换组件、恢复其消费属性；

（4）对有助于或便利产品生产的货物进行加工，即使这些货物在加工过程中全部或部分被消耗。

5. 货物加工期限

（1）货物加工期限由申请人与海关协商确定，但最长不得超过2年。

（2）确定货物加工期限时，还应考虑货物加工过程的持续时间和处置加工产品所需的时间。

---

① 等效货物，通常指在特征和功能特性方面完全相同的货物。这种货物由不同的制造商生产，但其最终目的和基本属性一致。境内加工中的等效货物，具体是指可以在关境内获取，并能够替代进口货物制造加工产品的国内货物。

（3）如果取得货物加工许可的人未违反境内加工规定，但因其自身无法控制的原因不能够在规定期限内完成货物加工，根据其申请可以延长原定加工期限。

（4）货物加工期限自其适用境内加工监管方式之日起开始计算，当货物分批进口时，则从第一批货物适用该监管方式之日起计算。

6. 加工产品产出率

（1）加工产品产出率，是指根据货物实际加工条件，对一定数量进口货物进行加工所产出加工产品的数量或百分比，由申请人与海关协商确定。

（2）在商定加工产品产出率时，海关应当参考专业机构（包括海关实验室）依据具体加工工艺流程所作出的结论。

（3）在加工产品产出率商定后，最终确定加工产品说明、质量和数量。

7. 境内加工许可

（1）土库曼斯坦的任何利害关系人均可取得境内加工许可，包括不直接从事货物加工作业的利害关系人。

（2）依据利害关系人的申请，海关签发货物境内加工许可。

（3）境内加工许可中应当注明：

① 用于加工的货物及其加工产品的说明、质量和数量；

② 货物加工作业及其实施方法；

③ 加工产品产出率；

④ 加工产品中进口货物的识别方法；

⑤ 货物加工期限；

⑥ 海关所需的其他信息。

（4）境内加工许可在货物加工的规定期限内有效。

（5）取得境内加工许可的人，在许可有效期限内，经海关书面同意，有权将许可转让给土库曼斯坦的其他人。

（6）如果申请人符合相关法律规定，则既可以在货物进入土库曼斯坦关境前，也可以在货物进入土库曼斯坦关境后发放货物境内加工许可。

8. 货物加工许可的签发程序

（1）为取得货物境内加工许可，应当向海关提交申请，申请中包含以下信息：

① 申请人；

② 货物加工作业人；

③ 用于加工的货物和加工产品，以及废碎料和剩余料件；

④ 货物加工作业及其实施方式和期限；

⑤ 货物加工设备的位置；

⑥ 加工产品的产出率；

⑦ 加工产品中进口货物的识别方法；

⑧ 以等效货物替代进口货物；

⑨ 货物加工期限。

（2）按照海关规定格式提交申请，申请应附所申报信息的证明文件。

（3）自受理申请之日起 1 个月内，海关对申请及其所附文件进行审核，包括对合规情况进行审核，并对加工产品的申报产出率和货物加工期限作出决定。

海关有权要求第三方及其他国家机构提供上述信息的证明文件。第三方及相关国家机构应在收到请求之日起 10 日内提交证明文件。在此情形下，海关有权延长申请的审核期限，但最长期限自受理申请之日起不得超过 2 个月。

（4）海关有权制定特殊情况下签发货物境内加工许可的简化程序。

（5）货物境内加工许可，由土库曼斯坦国家海关总署指定的海关签发。

（6）如果申请人提交的申请不符合相关规定，或海关不同意所申报的加工产品产出率和货物加工期限，则海关拒绝签发货物境内加工许可。

如果拒绝签发境内加工许可，海关应以书面形式通知申请人，并说明具体原因。

9. 货物加工许可的撤销

（1）撤销货物加工许可的决定自海关通过之日起生效。

（2）货物加工许可被撤销后，依照该撤销决定，货物不得适用境内加工监管方式，对于许可被撤销之前适用该监管方式的货物，允许按规定终止境内加工监管方式。

10. 出口关税及禁止和限制规定

（1）加工产品从土库曼斯坦关境出口时，不缴纳出口关税。

（2）出口加工产品适用所有禁止和限制规定。

11. 废碎料

对于在关境内加工货物所产生的废碎料，应当缴纳关税和进口环节税，视同该废碎料以此状态进口到土库曼斯坦关境内，但其自土库曼斯坦关境出口，或已加工成不适于在土库曼斯坦关境内继续按商业用途使用，且不能以任何经济可行方式恢复到原状态的情形除外。

对应当缴纳关税和进口环节税的废碎料，需向海关申报。

12. 剩余料件

（1）适用境内加工监管方式货物的剩余料件，可以从土库曼斯坦关境出口，无须缴纳出口关税。

（2）对未出口的剩余料件，应当缴纳进口关税和进口环节税，视同其以此状态进口到土库曼斯坦关境内。

对应当缴纳关税和进口环节税的剩余料件，需向海关申报。

13. 监管方式的终止

（1）从土库曼斯坦关境出口加工产品，或确定进口货物及其加工产品适用其他监管方式，以终止境内加工监管方式，应不晚于加工期限届满之日。

（2）如果加工产品分批从土库曼斯坦关境出口，可在其出口后定期对境内加工许可中注明的加工产品最终数量进行核销，但应不少于 3 个月 1 次，并不晚于最后一批货物出口之日。

（3）如果进口货物及其加工产品进入放行供自由流通，应当缴纳关税和进口环节税，其数额等同于该进口货物适用境内加工监管方式当日申请放行供自由流通应缴纳的税额。

（4）可以通过进口货物保持原状出口（复出口），以终止境内加工监管方式。

（五）加工供自由流通

1. 概述

加工供自由流通，是指在土库曼斯坦关境内，对有条件完全免缴关税和进口环节税的进口货物，在规定期限内（货物加工期限）进行加工作业，其加工产品后续放行供自由流通时，按加工产品适用税率缴纳关税的一种监管方式。

对适用加工供自由流通监管方式的进口货物，适用所有禁止和限制规定。

2. 适用条件

（1）加工供自由流通需经海关许可。

（2）如果符合以下条件，则允许适用加工供自由流通监管方式：

① 对加工产品应缴纳的关税数额，应当低于进口货物在适用加工供自由流通监管方式当日若放行供自由流通应缴纳的关税数额；

② 海关在加工产品中可以对进口货物进行识别；

③ 无法以任何经济可行方式将加工产品恢复原状。

（3）如果符合《土库曼斯坦海关法典》规定的要求和条件，此前适用其他监管方式的外国货物，可以适用加工供自由流通监管方式。

3. 对加工产品中进口货物的识别

对加工产品中进口货物的识别，可以使用以下方法：

（1）由申请人、加工人或海关工作人员在进口货物上加盖印章、戳记、数字或其他标记；

（2）进口货物的详细说明、照片、比例图像；

（3）进口货物及其加工产品试样和样品的检验结果比对；

（4）使用进口货物生产商序列号或其他标记；

（5）应用现代技术的其他识别方法。

根据申请人请求并经海关同意，可以对生产中使用的原材料、配件及加工产品生产工艺的详细信息进行研究，或者在货物加工作业过程中实施海关监管，以确保货物识别的准确性。

4. 货物加工作业

加工供自由流通监管方式规定的货物加工作业包括：

（1）对货物本身的加工或处理；

（2）制造新产品，包括产品安装、组装或拆卸。

5. 货物加工期限

（1）货物加工期限由申请人与海关协商确定，但最长不得超过1年。

（2）确定货物的加工期限时，还应考虑到货物加工过程的持续时间。

（3）如果取得货物加工许可的人未违反加工规定，但因其自身无法控制的原因不能够在规定期限内完成货物加工，根据其申请，可以延长原定加工期限。

（4）货物加工期限自其适用加工供自由流通监管方式之日起开始计算，当货物分批进口时，则从第一批货物适用该监管方式之日起计算。

6. 供自由流通货物的加工许可

（1）根据申报人的申请，海关签发供自由流通货物加工许可。

（2）许可中应当注明：

① 进口货物及其加工产品的说明、质量和数量；

② 货物加工作业及其实施方法；

③ 加工产品产出率；

④ 加工产品中进口货物的识别方法；

⑤ 货物加工期限；

⑥ 海关所需的其他信息。

（3）货物加工许可在货物加工的规定期限内有效。

（4）应在货物适用加工供自由流通监管方式之前，签发货物加工许可。

（5）供自由流通货物的加工许可，由土库曼斯坦国家海关总署指定的海关签发。

（6）已签发的货物加工许可不得转让他人。

（7）取得货物加工许可的人，应当承担关税和进口环节税的缴纳责任。

7. 货物加工许可的签发程序

（1）为取得供自由流通货物的加工许可，需向海关提交申请，申请中应当包含以下信息：

① 申请人；

② 货物加工作业人；

③ 用于加工的货物、加工产品，以及废碎料和剩余料件；

④ 货物加工作业及其实施方式和期限；

⑤ 货物加工设备的位置；

⑥ 加工产品产出率；

⑦ 加工产品中进口货物识别方法；

⑧ 货物加工期限。

（2）按照海关规定的格式提交申请，申请应附所申报信息的证明文件。

（3）自受理申请之日起 1 个月内，海关对申请及所附文件以及合规情况进行审核，并对加工产品的申报产出率和货物加工期限作出决定。

海关有权要求第三方及其他国家机构提供上述信息的证明文件。第三方及相关国家机构应在收到请求之日起 10 日内提交证明文件。在此情形下，海关有权延长申请审核期限，但自受理申请之日起最长不得超过 2 个月。

（4）如果申请人提交的申请不符合相关规定，则海关拒绝签发货物加工许可。

如果拒绝签发货物加工许可，海关应以书面形式通知申请人，并说明具体原因。

8. 废碎料和剩余料件

对适用加工供自由流通监管方式的货物在加工过程中所产生的废碎料和剩余料件，适用境内加工监管方式的相关规定。

9. 监管方式的终止

加工产品放行进入自由流通，即终止加工供自由流通监管方式。其放行时按加工产品适用的税率计算关税，其完税价格和数量应在申请放行供自由流通当日确定。

10. 加工产品适用关税税率的特殊规定

（1）加工产品适用进口加工货物原产地的关税税率。

（2）如果加工过程中使用产自不同国家的外国货物，则适用完税价格最高的外国货物原产地的关税税率。

（六）境外加工

1. 概述

境外加工，是指在规定期限内（货物加工期限）对从土库曼斯坦关境出口的货物进行加工作业，其加工产品后续进口时，完全或部分免于缴纳关税和进口环节税的一种监管方式。

按照境外加工监管方式,货物从土库曼斯坦关境出口时有条件全额免缴出口关税,且不适用经济性质的禁止和限制规定。

2. 适用条件

(1)境外加工需经海关许可。

(2)海关允许出口货物在关境外加工,前提是其加工产品中可对出口货物进行识别。

(3)具有自由流通海关地位的货物方可适用境外加工监管方式。如果货物加工为维修作业,则允许享受关税和进口环节税缴纳优惠的货物适用境外加工监管方式。

(4)对于特定类别货物,土库曼斯坦政府有权规定不允许在关境外对其进行加工的情形,以及按照境外加工监管方式进行加工作业的货物数量或价值的限制措施。

3. 对加工产品中进口货物的识别

对加工产品中出口货物的识别,可以使用以下方法:

(1)由申请人或海关工作人员在出口货物上加盖印章、戳记、数字或其他标记;

(2)出口货物的详细说明、照片、比例图像;

(3)对预先提取的出口货物及其加工产品试样和样品的检验结果进行比对;

(4)使用出口货物生产商序列号或其他标记;

(5)出口货物的加工证明文件;

(6)应用现代技术的其他识别方法。

根据申请人请求并经海关同意,可以对生产中使用的原材料、配件及加工产品生产工艺的详细信息进行研究,以确保货物识别的准确性。

4. 货物加工作业

境外加工监管方式规定的货物加工作业包括:

(1)对货物本身的加工或处理;

(2)制造新产品,包括产品安装、组装或拆卸;

(3)产品维修,包括修复、更换组件、恢复其消费属性。

5. 货物加工期限

(1)货物加工期限由申请人与海关协商确定,但最长不得超过2年。

(2)确定货物加工期限时,还应考虑货物加工过程持续时间和运输加工产品所需的时间。

(3)根据取得货物加工许可人的合理申请,可以延长原定加工期限,但最长不得超过 2 年。

（4）货物加工期限自其适用境外加工监管方式之日起开始计算，当货物分批出口时，则从第一批货物适用该监管方式之日起开始计算。

6. 加工产品产出率

（1）加工产品产出率，是指对一定数量出口货物进行加工所产出加工产品的数量或百分比。根据货物加工的实际条件，在加工产品进口到土库曼斯坦关境前，申报人与海关协商确定加工产品的产出率。

（2）依据申报人所提交包含加工工艺流程信息的文件，协商确定加工产品产出率。在商定加工产品产出率时，海关应当参考专业机构（包括海关实验室）根据具体加工工艺流程所作出的结论。

（3）在加工产品产出率商定后，最终确定加工产品说明、质量和数量。

7. 货物加工许可

（1）如果具有货物境外加工许可，则准予境外加工货物出口。

（2）境外加工许可发放给申报人。

（3）许可中应当注明：

① 用于加工的货物及其加工产品的说明、质量和数量；

② 货物加工作业及其实施方法；

③ 加工产品产出率，如果在许可签发之日已确定或协商一致；

④ 加工产品中出口货物的识别方法；

⑤ 货物加工期限；

⑥ 海关所需的其他信息。

（4）货物加工许可在货物加工的规定期限内有效。

（5）取得货物加工许可的人，承担关税和进口环节税的缴纳责任。

8. 货物加工许可的签发程序

（1）为取得货物加工许可，需向海关提交申请，申请中应当包含以下信息：

① 申请人；

② 货物加工作业人；

③ 拟加工货物；

④ 货物加工作业及其实施方式和期限；

⑤ 加工产品产出率，如其在申报人提交申请之日已确定；

⑥ 货物加工产品及其预计数量；

⑦ 对加工产品中出口货物的识别方法；

⑧ 外国货物替代加工产品；

⑨ 货物加工期限。

（2）按照海关规定的格式提交申请，申请应附所申报信息的证明文件。

（3）自受理申请之日起 1 个月内，海关对申请及其所附文件以及合规情况进行审核，并对加工产品的申报产出率和货物加工期限作出决定。

海关有权要求第三方及其他相关国家机构提供所申报信息的证明文件。在此情形下，海关有权延长申请的审核期限，但自受理申请之日起最长不得超过 2 个月。

（4）海关有权制定特殊情况下签发货物境外加工许可的简化程序。

（5）货物境外加工许可，由土库曼斯坦国家海关总署指定的海关签发。

（6）如果申请人提交的申请不符合相关规定，或海关不同意所申报的加工产品产出率和货物加工期限，则海关拒绝签发货物境外加工许可。

如果拒绝签发货物境外加工许可，海关应以书面形式通知申报人，并说明具体原因。

9. 货物加工许可的撤销

（1）海关依照土库曼斯坦政府决定撤销已签发的境外加工许可后，货物不得继续适用境外加工监管方式。

（2）撤销决定自海关通过之日起生效。

（3）对于在许可被撤销之前适用该监管方式的货物，允许按规定终止境外加工监管方式。

10. 加工产品适用的减免税规定

（1）如果加工目的是为出口货物提供无偿保修，则对加工产品完全免征关税和进口环节税。对此前在土库曼斯坦关境内放行供自由流通的加工产品，如果其放行供自由流通时已考虑到存在需要进行维修的缺陷，则不适用完全免征关税和进口环节税的规定。

（2）在其他情形下，可对加工产品减免部分关税。

（3）加工产品的进口环节税应当足额缴纳，但对出口货物进行维修作业除外。

11. 监管方式的终止

（1）加工产品进口至土库曼斯坦关境，或以其他方式终止境外加工监管方式。

（2）如果加工产品系分批进入土库曼斯坦关境内，可在其进口后定期对境外加工许可中注明的加工产品最终数量进行核销，核销应不少于 3 个月 1 次，并且不晚于最后一批加工产品进口之日起 1 个月内。

如果核销后确定取得境外加工许可的人应当缴纳关税和进口环节税，对于在海关作出强制缴纳此税款书面决定之日起 10 日内缴纳关税和进口环节税的，不计征海关税费滞纳金。海关应在不晚于作出决定的次日，向取得货物加工许可的人发送关税和进口环节税缴纳通知书。

（3）可以通过从土库曼斯坦关境出口的货物复进口，或该货物在符合《土库曼斯坦海关法典》规定的情况下适用出口监管方式，以终止境外加工监管方式。如果依照土库曼斯坦法律规定，出口货物或其加工产品强制复进口，则境外加工监管方式不得变更为出口监管方式。

当境外加工监管方式变更为出口监管方式时，出口货物应当缴纳出口关税。

（七）暂时进口

1. 概述

暂时进口，是指在一定期限（暂时进口期限）内，外国货物在土库曼斯坦关境内完全或部分有条件免缴关税和进口环节税，且不适用经济性质的禁止和限制规定的一种监管方式。

2. 适用条件

（1）如果货物复出口时海关可以对其进行识别，则允许其暂时进口，但依照土库曼斯坦加入的国际条约，允许用同类型货物替换暂时进口货物的情形除外。

（2）海关有权要求暂时进口监管方式的申请人为履行法律规定义务提供担保，包括提交暂时进口货物复出口担保。

（3）如果符合《土库曼斯坦海关法典》规定，此前适用其他监管方式的外国货物，可以适用暂时进口监管方式。

3. 对暂时进口货物使用和处置的限制

（1）取得暂时进口许可的人，可以使用暂时进口货物。

（2）经海关许可，允许将暂时进口货物转交法律规定可以作为申报人的其他人使用。该人有义务遵守暂时进口监管方式的相关规定。

如果货物适用有条件部分免征关税和进口环节税，则最初取得暂时进口许可的人，应当缴纳其按暂时进口监管方式使用货物期间的关税和进口环节税。如果以担保形式确保遵守暂时进口的海关监管规定，接受转让暂时进口货物的人应以其名义办理相关文件。自海关签发暂时进口货物转让许可之日起，该人享有/履行对最初取得货物暂时进口许可的人所规定的权利和义务。

（3）暂时进口货物应当保持其状态不变，但在正常运输、存储和使用条件下因自然磨损或自然损耗引起的变化除外。允许对暂时进口货物进行必要作业，包括维修（大修和升级改造除外）、保养和其他必要作业，以保持货物的消费属性，并使货物保持其适用暂时进口监管方式之日的完好状态。

（4）除前一项规定的货物作业外，不得对暂时进口货物进行其他处置。

（5）暂时进口货物转让他人，不中止或延长其暂时进口期限。

4. 适用关税和进口环节税

（1）有条件完全免缴关税和进口环节税的暂时进口货物清单及其免除条件，以及货物暂时进口期限，由土库曼斯坦政府制定。

如果暂时进口货物不会对土库曼斯坦经济造成实质性损害，在以下情形下，准予有条件完全免缴关税和进口环节税。

① 暂时进口托盘，以及其他类型可重复使用的容器和包装；

② 在对外贸易关系，以及科学、文化、电影、体育和旅游领域的国际关系发展框架内暂时进口货物；

③ 以提供国际援助为目的暂时进口货物。

（2）对于其他类别货物，以及不符合第（1）项规定的暂时进口货物，适用有条件部分免缴关税和进口环节税。

（3）有条件部分免税时应缴纳的关税和进口环节税税额在受理报关单之日计算，其缴纳周期由申报人确定。同时，依据在相应期限开始前缴纳关税和进口环节税的原则确定其具体缴纳期限。

（4）如果暂时进口货物变更为放行供自由流通货物，有条件部分免缴关税和进口环节税时已缴纳的关税和进口环节税数额，应当计入按放行供自由流通监管方式的相应数额。

（5）有条件部分免缴关税和进口环节税时所征收的关税和进口环节税总额，不得超过货物适用暂时进口监管方式时，如其放行进入自由流通时应缴纳关税和进口环节税的数额。

（6）如果暂时进口货物适用其他监管方式，有条件部分免缴关税和进口环节税时已缴纳的关税和进口环节税税款不予返还。

（7）关税和进口环节税的缴纳责任，由取得暂时进口许可的人承担。

5. 暂时进口期限

（1）暂时进口期限一般为 2 年。但以下情形除外：

① 依照《土库曼斯坦碳氢化合物资源法》暂时进口货物用于石油工程的，其暂时进口期限为规定的石油工程期限；

②《土库曼斯坦海关法典》规定享有海关特权和/或豁免权的外国人暂时进口的货物，其暂时进口期限为上述人员确定的期限；

③ 按照土库曼斯坦法律规定方式签署的租赁协议暂时进口的货物，其暂时进口期限为租赁合同的有效期限；

④ 根据土库曼斯坦政府决定，暂时进口货物用于生产和非生产设施的建设、大修和改造，其暂时进口期限由土库曼斯坦政府确定。

除上述情形外，经土库曼斯坦政府同意，土库曼斯坦国家海关总署可以对部分类别货物规定超过或少于 2 年的暂时进口期限。

（2）海关在规定的 2 年期限内，根据暂时进口许可申请人的请求，并考虑其进口目的和进口情况，确定货物的暂时进口期限。

（3）根据取得暂时进口许可人的合理请求，并在符合法律规定的情形下，海关可以决定延长货物的暂时进口期限，但最长不得超过 2 年。

6. 结束和中止监管方式

（1）暂时进口货物应在不晚于海关规定的暂时进口期限届满之日从土库曼斯坦关境出口，或依照《土库曼斯坦海关法典》规定申报其他监管方式。

（2）可以放行暂时进口货物进入自由流通，以终止暂时进口监管方式。在此情形下，按照货物适用暂时进口监管方式之日确定的完税价格和数量，以及按货物放行供自由流通之日确定的关税和进口环节税税率征收海关税费。

（3）在以下情形下，中止暂时进口监管方式的效力：

① 依照土库曼斯坦立法规定，扣押或收缴暂时进口货物；

② 依照《土库曼斯坦海关法典》规定，将暂时进口货物存放到海关仓库；

③ 根据取得暂时进口许可的人请求，部分免征关税和进口环节税的暂时进口货物适用其他未规定放行货物供自由流通的监管方式。

（4）暂时进口监管方式中止期满后，恢复其效力。

（5）暂时进口期限届满后，对未按照法律规定方式终止暂时进口监管方式的货物，海关依照《土库曼斯坦海关法典》相关规定对其进行处置。

（八）暂时出口

1. 概述

暂时出口，是指在土库曼斯坦关境内自由流通的货物可以暂时在土库曼斯坦关境外使用，并有条件完全免缴出口关税，且不适用经济性质的禁止和限制规定的一种监管方式。

2. 适用条件

如海关在货物复进口时能够进行识别，则允许其暂时出口，但依照土库曼斯坦加入的国际条约，允许用同类型货物替换暂时出口货物的情形除外。

3. 对暂时出口货物使用和处置的限制

（1）在暂时出口监管方式终止前，允许将暂时出口货物转让他人，但该人需履行暂时出口监管方式申请人的义务。

（2）暂时出口货物应当保持状态不变，但在正常运输、存储或使用条件下因自然磨损或自然损耗而发生的变化除外。

4. 出口关税的适用

（1）货物暂时出口时，免缴出口关税。

（2）对于未复运进境的暂时出口货物，依据货物出口时确定的完税价格和数量，以及货物申报适用暂时出口监管方式之日实施的关税税率，计算并缴纳出口关税。

5. 暂时出口期限

（1）根据申报人申请，海关依据货物暂时出口的目的确定其暂时出口期限，但自货物出口之日起最长不得超过1年。

（2）根据申报人的合理请求，海关可以延长货物的暂时出口期限。

（3）对于依照土库曼斯坦法律规定暂时出口后必须复运进口的部分类别货物，土库曼斯坦政府有权另行规定其暂时出口期限。

6. 监管方式的终止

（1）暂时出口货物应复运进口到土库曼斯坦关境，或在暂时出口期限届满前申报其他监管方式。

（2）如果符合《土库曼斯坦海关法典》的相关规定，海关准予将暂时出口监管方式变更为出口监管方式，但依照土库曼斯坦法律规定，暂时出口货物必须复运进境的情形除外。

（3）暂时出口监管方式变更为出口监管方式时，按照货物适用暂时出口监管方式之日确定的完税价格和数量，以及受理出口报关单之日确定的关税税率征收海关税费。

（4）允许将暂时出口监管方式变更为出口监管方式，而无须向海关实际提交货物。

（九）海关仓库

1. 概述

广义的海关仓库是一种监管方式，按照该监管方式，进口到土库曼斯坦关境的货物在海关监管下存储，无须缴纳关税和进口环节税，且不适用经济性质的禁止和限制规定，而拟出口货物在海关监管下存储，也应符合相关条件。

狭义的海关仓库，是指为上述目的而专门规划建设符合《土库曼斯坦海关法典》规定的场所和/或露天场地。

海关仓库属于海关监管区，适用海关仓库监管方式的货物在海关仓库中存储。

2. 适用条件

（1）任何货物均可适用海关仓库监管方式，但土库曼斯坦立法规定禁止进出境的货物，土库曼斯坦政府规定清单中限制进出境的货物，以及限定保质期和销售期不足 6 个月的货物除外。

（2）对于可能对其他货物造成损害，或需要特殊存储条件的货物，应当遵守土库曼斯坦法律规定的强制性要求，存放在专门用于存储此类货物的海关仓库，或海关仓库内的单独场所。

（3）此前适用其他监管方式的货物，可以适用海关仓库监管方式。如果符合《土库曼斯坦海关法典》规定的，外国货物可以存放在海关仓库中，以中止未规定放行货物供自由流通的监管方式的效力。

（4）经海关书面许可，对因外廓尺寸原因而无法放置在就近海关仓库的货物，允许其适用海关仓库监管方式，但不实际存放在海关仓库中。

在此情形下，海关仓库监管方式申请人应向海关提供货物放行供自由流通时应缴纳关税和进口环节税的担保，并遵守《土库曼斯坦海关法典》规定的所有其他要求和条件。同时，货物适用海关仓库监管方式期间，不得以任何方式转让货物，或将货物转交他人使用和处置。

3. 存储期限

（1）货物可以在海关仓库存放 3 年。

（2）对限定保质期和/或销售期的货物，应当申请海关仓库以外的监管方式，并在限定期限到期前 6 个月从海关仓库运出，但易腐类货物除外。

（3）海关仓库内货物的存放人，在报关单中应当确定货物的存储期限，但最长不得超过 3 年。

（4）根据海关仓库内货物存放人的合理要求，在 3 年的期限内，海关可以延长货物的存储期限。

4. 货物作业

（1）货物权利人及其代理人，有权对海关仓库内货物实施常规作业以确保其保持原状，有权检查和测量货物，以及在海关仓库内移动货物，前提是上述作业不会导致货物状态发生变化，并且不会损坏包装和/或施加的识别标志。

（2）经海关许可，货物权利人及其代理人可以实施前一项未规定的作业，包括提取货物试样和样品、常规组装，以及准备货物销售和运输所需的作业（包括分批、装运准备、分类、包装、重新包装和标记）。

如果实施该作业会导致货物损坏或其基本属性发生变化，海关有权拒绝签发上述作业许可。

（3）在预先书面通知海关的情形下，允许转让在海关仓库内存放的货物，以及转让对货物的占有、使用或处置权。

在此情形下，接受转让货物的人应向海关提交后续遵守相关要求的书面保证。

（4）在货物存储期限内，经海关书面许可，允许将货物从一个海关仓库转移到另一个海关仓库。在此情形下，不中断、不中止货物在海关仓库的存储期限。

5. 无法使用、变质或损坏的货物

在海关仓库存储期间，因事故或不可抗力导致无法使用、变质或损坏的货物，应当适用特定监管方式，视为其以无法使用、变质或损坏的状态进入土库曼斯坦关境。

6. 货物放行供自由流通时完税价格的确定

当货物放行供自由流通时，按货物放行供自由流通之日确定的货物完税价格和数量，计算关税和进口环节税。

7. 监管方式的终止

（1）在不晚于货物在海关仓库存储期限届满之日，应当申报其他监管方式。

（2）依照《土库曼斯坦海关法典》规定可以作为申报人的任何人，均有权完成终止海关仓库监管方式所需的海关作业。

（3）此前适用暂时进口监管方式的货物从海关仓库运出时，应当恢复其暂时进口期限，目的是在土库曼斯坦关境内对其继续使用。该货物放行供自由流通时，依照《土库曼斯坦海关法典》规定确定货物的完税价格、数量及关税税率。

（4）对存放在海关仓库的货物，海关仓库所有人可以申请对其进行销毁。

8. 海关仓库类型

（1）海关仓库分为开放型仓库和封闭型仓库：开放型海关仓库，是指可以存储任何货物，并可供任何人使用的海关仓库；封闭型海关仓库，是指专门用于存储海关仓库所有人货物的海关仓库。

（2）土库曼斯坦政府有权规定可存放在封闭型海关仓库中的货物类别。

（3）开放型和封闭型海关仓库，均可用于存放需要特殊存储条件，或可能对其他货物造成损害的部分类别货物（专用海关仓库）。

9. 对海关仓库配置和地点的要求

（1）拟用作海关仓库的场所和/或露天场地的建设和装备，应当确保货物保持完好状态，能够禁止无关人员进入，并确保对存放货物实施海关监管。确定海关仓库位置时，应当考虑贸易企业和其他利害关系人的利益。

（2）土库曼斯坦国家海关总署，对拟用作海关仓库的场所和/或露天场地的建设和地点制定强制性要求。

10. 海关仓库所有人

（1）列入海关仓库所有人名录的土库曼斯坦法人，可以成为海关仓库所有人。

列入海关仓库所有人名录的条件和该名录的编制办法，由土库曼斯坦国家海关总署制定。

海关仓库所有人名录，由土库曼斯坦国家海关总署编制。

（2）海关仓库所有人与海关仓库内货物的存放人应当签订合同。在可以存放货物时，开放型海关仓库所有人不得拒绝签订合同。

（3）海关仓库所有人可以是未列入海关仓库所有人名录中的海关机构。

11. 海关仓库所有人的义务和责任

（1）海关仓库所有人有义务：

① 遵守《土库曼斯坦海关法典》对海关仓库内存储货物的相关规定；

② 登记存储货物，并向海关提交货物存储报表；

③ 确保海关仓库内货物保持完好状态；

④ 确保未经海关许可的无关人员无法接触存储货物；

⑤ 如果海关仓库所有人取得境内转关运输许可，则需要缴纳关税和进口环节税。

（2）如果货物灭失或未经海关许可交付，海关仓库所有人需对存放在海关仓库的货物承担关税和进口环节税的缴纳义务。但货物因事故、不可抗力或正常存储条件下自然损耗导致损毁或灭失时，海关仓库所有人无须承担关税和进口环节税的缴纳责任。

12. 在海关自有的仓库存储货物

（1）海关自有的海关仓库为开放型仓库。

（2）货物存放在海关自有的仓库时，海关与海关仓库内货物存放人之间的关系，由《土库曼斯坦海关法典》和《土库曼斯坦民法典》调节。

在可以存储货物时，海关不得拒绝签订货物存储合同。

通过向货物存放人签发文件，确认海关接受货物存储，该文件格式由土库曼斯坦国家海关总署规定。

（3）如果存放在海关仓库内的货物被损毁，海关承担关税和进口环节税的缴纳义务。但因事故、不可抗力或正常存储条件下货物自然损耗所造成的损毁或灭失除外。

（4）在土库曼斯坦国境口岸海关自有的海关仓库内存放货物，按照《土库曼斯坦海关法典》相关规定收取海关费用。

（十）免税贸易

1. 概述

免税贸易，是指在海关监管下，直接在免税商店向离开土库曼斯坦关境的自然人零售进口到土库曼斯坦关境的外国商品或土库曼斯坦商品，无须缴纳关税和进口环节税，且不适用经济性质的禁止和限制规定的一种监管方式。

外国商品适用免税贸易监管方式时，应当返还此前已缴纳的进口关税和进口环节税。

2. 适用条件

（1）任何货物均可适用免税贸易监管方式，但土库曼斯坦禁止进出境的货物、禁止在关境内流通的货物，以及土库曼斯坦政府所制定清单内的货物除外。

（2）适用免税贸易监管方式货物的申报人只能是免税商店所有人，且该所有人只能是土库曼斯坦法人。

（3）允许货物适用免税贸易监管方式，如果：

① 商品拟在依法开设的免税商店销售；

② 依照《土库曼斯坦海关法典》规定，已提供缴纳关税和进口环节税的担保。

（4）用于保障免税商店正常运营的货物，不得适用免税贸易监管方式。

3. 对免税商店设施的要求

（1）免税商店场所可以由交易厅、附属间和仓库组成。上述场所的配备设施，应当确保商品保持完好状态、能够实施海关监管，并只能在免税商店交易厅销售商品。

（2）土库曼斯坦国家海关总署对免税商店仓库的配备设施制定强制性要求。

（3）免税商店交易厅的位置，应当确保无法将从免税商店购买的商品留在土库曼斯坦关境内，包括将其转交留在关境内的自然人。

（4）免税商店场所系海关监管区。

4. 免税商店所有人的义务和责任

（1）免税商店所有人有义务：

① 遵守免税贸易监管方式的相关规定；

② 遵守免税商店的设施配置要求；

③ 排除免税商店销售商品用于其他目的的可能性；

④ 对免税商店的进货和销售记录进行统计，并向海关提交报表；

⑤ 仅在免税商店附属间和仓库存放适用免税贸易监管方式的货物；

⑥ 如果免税商店所有人依照《土库曼斯坦海关法典》规定已取得境内转关运输许可，则需要缴纳关税和进口环节税；

⑦ 遵守土库曼斯坦法律在贸易和货币监管领域的相关要求；

⑧ 关闭免税商店时通知海关。

（2）如果适用免税贸易监管方式的外国货物灭失或用于其他用途，而未在免税商店内零售给离开土库曼斯坦关境的自然人，免税商店所有人需要对该货物承担关税和进口环节税的缴纳责任。但因事故、不可抗力，或正常存储和销售条件下因货物自然损耗造成其损毁或灭失时，免税商店所有人无须承担关税和进口环节税的缴纳责任。

5. 免税商店所有人

（1）列入免税商店所有人名录的土库曼斯坦法人可以成为免税商店所有人。

（2）列入免税商店所有人名录的条件和该名录编制办法，由土库曼斯坦国家海关总署制定。

（3）免税商店所有人名录，由土库曼斯坦国家海关总署编制。

6. 免税商店关闭时商品的处置

（1）如果关闭免税商店，自其关闭之日的次日起 15 日内，适用免税贸易监管方式的外国商品应当变更为其他监管方式。

（2）自免税商店关闭之日的次日起，适用免税贸易监管方式的商品被视为临时存储货物，不得继续销售，并不得在免税商店内放置其他商品。

（3）关闭免税商店，并不免除其所有人遵守、履行《土库曼斯坦海关法典》规定的要求和义务。

（十一）复进口

1. 概述

复进口，是指在规定期限内，此前从土库曼斯坦关境出口的货物复运进口到土库曼斯坦关境，无须缴纳关税和进口环节税，且不适用经济性质的禁止和限制规定的一种监管方式。

适用复进口监管方式的货物，应当视为放行供自由流通的货物。

2. 适用条件

（1）货物可以适用复进口监管方式，如果：

① 货物从土库曼斯坦关境出口时，具有自由流通货物地位，或者是外国货物的加工产品；

② 自货物从土库曼斯坦出境之日的次日起 3 年内申请复进口监管方式。应利害关系人的合理请求，在符合法律规定的前提下，土库曼斯坦国家海关总署对用于建筑、工业生产、矿产资源开采和其他类似用途的设备可以延长上述期限；

③ 货物保持从土库曼斯坦关境出口时的状态，但正常运输、存储或使用条件下因自然磨损或自然损耗而发生的变化除外；

（2）以营利为目的在土库曼斯坦关境外使用货物，对其进行维修（大修和升级改造除外）、保养和其他必要作业，以保持货物的消费属性和货物从土库曼斯坦出境之日的状态。上述作业不妨碍货物适用复进口监管方式，但维修作业导致货物价值高于出口当日价值的情形除外。

（3）此前适用其他监管方式的货物，可以适用复进口监管方式。

3. 所需文件和信息

（1）对于在土库曼斯坦关境外进行过维修的货物，为取得货物适用复进口监管方式的许可，申报人应向海关提供货物从土库曼斯坦关境出口的情况及货物维修作业的信息。

（2）为确认前项规定的信息，申报人应向海关提交：从土库曼斯坦关境出口时的货物报关单；确认货物出境日期的文件；返还进口关税和进口环节税的证明文件；确认申报信息的其他文件。

4. 出口关税的返还

（1）自货物从土库曼斯坦出境之日的次日起 6 个月内，如果该货物按照复进口监管方式进入土库曼斯坦关境，已缴纳的出口关税应予返还。

（2）海关依照法律规定返还已缴纳的出口关税。

（十二）复出口

1. 概述

复出口，是指此前进口到土库曼斯坦关境的货物从该关境出口，无须缴纳进口关税和进口环节税，或者应当返还已缴纳的进口关税和进口环节税，且不适用经济性质的禁止和限制规定的一种监管方式。

2. 适用条件

（1）外国货物，包括违反禁止进口规定进入土库曼斯坦关境的货物，可以适用复出口监管方式。

（2）符合规定条件的放行供自由流通货物，可以适用复出口监管方式。

（3）此前适用其他监管方式的货物，可以适用复出口监管方式。

（4）依照土库曼斯坦法律和/或土库曼斯坦加入的国际条约，可以对货物适用复出口监管方式规定附加条件。

3. 关税和进口环节税的适用

（1）货物复出口时，根据其进口时适用的监管方式，准予免缴进口关税和进口环节税，或返还已缴纳的税款。

（2）复出口货物出口时，不缴纳出口关税。

4. 放行供自由流通货物适用复出口监管方式

（1）如果放行供自由流通的货物进境时存在缺陷，或在数量、质量、说明或包装等方面不符合对外经济合同条款，且因此原因需退运给供应商或其指定的其他人，可以适用复出口监管方式，具体适用条件：

① 在土库曼斯坦关境内未使用或未进行过维修，但必须通过使用货物以检测缺陷或发现其他导致货物退运的情形除外；

② 可以被海关识别；

③ 自放行供自由流通之日起6个月内出口。

（2）应申报人的合理要求，根据对外经济合同条款，海关可以延长第（1）项第③条规定的期限。

（3）货物按照第（1）项规定复出口时，应当依照《土库曼斯坦海关法典》规定返还已缴纳的关税和进口环节税。

（十三）销毁

1. 概述

销毁，是指在海关监管下销毁外国货物，无须缴纳关税和进口环节税，且不适用经济性质的禁止和限制规定的一种监管方式。

销毁监管方式可适用于因事故或不可抗力而损毁、灭失或损坏的货物。

2. 适用条件

（1）如果被销毁货物不能以经济可行方式恢复原状，则可以对其进行销毁。

（2）以下类别货物不得销毁：

① 文物；

② 濒危动植物物种及其衍生物，但为控制疫情和动物流行病需要销毁的情形除外；

③ 在抵押关系终止前，海关作为抵押标的物所接受的货物；

④ 依照土库曼斯坦法律规定被收缴或扣押的货物；

⑤ 土库曼斯坦政府制定清单内的其他货物。

（3）在以下情形下，不允许销毁货物：

① 可能对环境造成重大危害，或对人类生命健康构成直接或潜在的危险；

② 按照其通常用途使用货物以完成销毁；

③ 可能导致土库曼斯坦国家机构产生费用。

3. 销毁期限和地点

（1）应申报人申请，海关根据销毁此类货物所需的合理时间，以及将货物从其所在地运输到销毁地点所需的时间，确定货物的销毁期限。

（2）根据土库曼斯坦环境保护法的要求，由申报人确定货物的销毁地点。

4. 废碎料

（1）对于因销毁外国货物而产生的废碎料，应当缴纳关税和进口环节税，视同该废碎料以此状态进口到土库曼斯坦关境，但该废碎料从土库曼斯坦关境出口，或者加工为不适合在土库曼斯坦关境内用于商业用途的状态，并且无法以经济可行方式恢复原状的情形除外。

（2）应当缴纳关税和进口环节税的废碎料需向海关申报。

（3）为征收关税和进口环节税，废碎料应当视为进口到土库曼斯坦关境的货物。

（4）申报人承担对废碎料缴纳关税和进口环节税的责任。

（十四）放弃收归国有

1. 概述

放弃收归国有，是指货物无偿转为国家财产，无须缴纳关税和进口环节税，且不适用经济性质的禁止和限制规定的一种监管方式。

2. 适用条件

（1）放弃货物转交国有，不应导致土库曼斯坦国家机构产生货物销售收入无法抵偿的任何费用。

（2）土库曼斯坦法律禁止流通的货物，不得适用放弃收归国有监管方式。

3. 放弃收归国有货物的地位

（1）适用放弃收归国有监管方式的货物，依法转为国家财产。

（2）放弃收归国有的货物自转交海关之时起，即具有在土库曼斯坦关境内自由流通的地位。

4. 适用监管方式的责任

通过放弃货物并转交国有方式对货物进行合法处置的责任由申报人承担。对该货物权利人提出的任何财产索赔要求，海关不予赔偿。

（十五）备用品运输

1. 概述

备用品运输，是指用于国际旅客和/或货物运输的海（江）上船舶、航空器和列车使用的货物，以及拟向此类运输工具的司乘人员和旅客出售的货物，进出关境时无须缴纳关税和进口环节税，且不适用经济性质的禁止和限制规定的一种监管方式。

2. 适用条件

（1）以下商品（备用品）可以适用备用品运输监管方式：

① 确保海（江）上船舶、航空器、列车在行驶（飞行）途中、中途停靠（降落）或停放时正常运行和技术维护所需的商品（包括燃料和润滑油）；

② 供海（江）上船舶、航空器或列车上的旅客和司乘人员使用的物品，无论其是否出售；

③ 用于向海（江）上船舶、航空器的旅客和司乘人员出售的商品。

（2）适用备用品运输监管方式，不受海（江）上船舶、航空器或列车的注册国或国籍的限制。

（3）海（江）上船舶、航空器、列车在行驶（飞行）途中、中途停靠（降落）或停放时正常运行和技术维护所需的备件和设备，不得适用备用品运输监管方式。

（4）用于商业航行的海（江）上船舶、民用和国家航空的航空器适用备用品运输监管方式，但个人自用的运输工具除外。

3. 免缴关税和进口环节税的条件

（1）海（江）上船舶、航空器上的备用品进入土库曼斯坦关境时，无须缴纳进口关税和进口环节税，前提是在土库曼斯坦关境期间这些备用品必须留在该船舶、航空器上。

（2）为保证列车正常运行和技术维护所需的备用品，以及供其旅客和司乘人员使用的备用品进入土库曼斯坦关境时，无须缴纳进口关税和进口环节税，前提是在土库曼斯坦关境期间这些备用品必须留在列车上。

（3）用于向海（江）上船舶、航空器的旅客和司乘人员销售，且不以在船舶和航空器上使用为目的的外国商品适用备用品运输监管方式时，如果该商品在土库曼斯坦关境外销售，则准予其免缴进口关税和进口环节税。

（4）海（江）上船舶、航空器上的备用品从土库曼斯坦关境出口时不缴纳出口关税，前提是该备用品数量与旅客和司乘人员的数量及航程时间相当，并足以确保上述船舶和航空器的正常运行和技术维护。

（5）保障列车正常运行和技术维护，以及供列车旅客和司乘人员消费所需的备用品，从土库曼斯坦关境出口时免缴出口关税，如果上述备用品数量足以确保列车正常运行和技术维护，以及旅客和司乘人员在途中消费。

（6）经海关许可，可以将备用品临时卸载、换装至其他国际客货运输船舶、航空器或列车上。

4. 备用品的使用

（1）海（江）上船舶在土库曼斯坦关境期间，供其旅客和司乘人员消费的备用品，以及保障船舶正常运行和技术维护所需的备用品可以在该船舶上消费和使用，消费和使用数量应当与旅客和船员人数及船舶停留时间相当，包括海（江）上船舶修理期间，如果船员在此期间内未离开船舶。

（2）航空器在土库曼斯坦关境内的一个或多个空港按计划降落时，用于保障航空器正常运行和技术维护的备用品，以及在航空器着陆点和在着陆点之间飞行期间供机组成员和旅客消费的备用品，可以在航空器着陆点和在着陆点之间飞行期间使用。

（3）航空器位于土库曼斯坦关境期间，可以在航空器上向旅客和机组成员销售不以在该航空器上使用为目的的备用品。

（4）列车在土库曼斯坦关境内行驶途中、中途停靠站点或停放点期间，可以在该列车上消费和使用供列车旅客和司乘人员消费的备用品，以及保障列车正常运行和技术维护所需的备用品，其数量应当与列车旅客和司乘人员数量及停驶和行驶时间相当。

（5）海关有权要求承运人采取必要措施，确保海（江）上船舶、航空器或列车在土库曼斯坦关境期间遵守备用品使用条件。根据海关决定，可以在备用品存储场所施加海关封志和加盖海关印章。

第三节　通关流程

一、货物和运输工具抵达关境

（一）抵达时间和地点

1. 货物和运输工具可以在海关工作时间内，通过土库曼斯坦国境口岸抵达土库曼斯坦关境。依照土库曼斯坦立法规定，货物和运输工具也可通过其他地点抵达土库曼斯坦关境。

2. 承运人进境后应当向海关呈验货物和运输工具，并不得改变货物状态、破坏其包装，以及更改、清除、销毁或损坏施加（加盖）的封志、印章及其他识别标志。

3. 货物和运输工具抵达关境的相关规定，不适用于管道运输和输电线路输送的货物，以及通过土库曼斯坦关境但不在关境内空港或港口停留的海（江）上船舶和航空器所运载的货物。

（二）确定口岸

1. 货物和运输工具进入土库曼斯坦关境的口岸：

（1）对于航空运输，是指航空器在土库曼斯坦关境内降落并卸载、装载、换装货物的第一个空港；

（2）对于空运货物，是指航空器在土库曼斯坦关境内降落并卸载货物的口岸；

（3）对于海（河）运，是指在土库曼斯坦关境内卸载、装载、换装货物的第一个港口；

（4）对于海（河）运货物，是指海（江）上船舶在土库曼斯坦关境内停泊和卸载货物的港口；

（5）对于其他运输方式及其运载货物，是指其行驶路线上土库曼斯坦境内的第一个口岸。

2. 货物和运输工具离开土库曼斯坦关境的口岸：

（1）对于航空运输，是指航空器在土库曼斯坦关境内降落并卸载、装载、换装货物的最后一个空港；

（2）对于空运货物，是指航空器在土库曼斯坦关境内降落并装载货物的口岸；

（3）对于海（河）运，是指在土库曼斯坦关境内卸载、装载、换装货物的最后一个港口；

（4）对于海（河）运货物，是指海（江）上船舶在土库曼斯坦关境内停泊和装载货物的港口；

（5）对于其他运输方式及其运载货物，是指其行驶路线上土库曼斯坦境内的最后一个口岸。

（三）预先通报

土库曼斯坦国境口岸（空港、机场、海港、河港、铁路车站、站点）管理部门按照与海关商定的程序，提前向海关通报货物和运输工具抵达土库曼斯坦国境口岸的时间和地点。

（四）抵达时提交的文件和信息

1. 货物和运输工具抵达土库曼斯坦关境时，承运人根据国际运输方式，向海关提交土库曼斯坦国家海关总署规定的文件和信息。

2. 对承运人提交的外文文件，必要时海关有权要求将文件中办理通关业务所需的信息译为土库曼斯坦本国语言。

3. 承运人可以委托任何人提交文件和信息。

4. 在货物和运输工具实际抵达土库曼斯坦关境前，承运人有权向海关提交文件和信息。

（五）出现事故或不可抗力时采取的措施

1. 如果从实际入境地到抵达地之间的货物运输中断，以及海（江）上船舶和航空器因事故、不可抗力或出现其他阻碍货物运抵并在规定地点停泊或降落的情况，被迫在土库曼斯坦关境内停泊或降落，承运人应当采取措施确保货物和运输工具保持完好状态，立即向最近的海关通报此情况和货物所在地，并根据海关要求，将货物运输或确保货物运输到最近的海关所在地或海关指定的其他地点。

2. 海关收到事件通报后，根据事件性质、货物的受损程度和运输工具的技术状况，采取必要的海关监管措施。

3. 对承运人或其他人采取上述措施产生的费用，海关不予补偿。

（六）在抵达地进行海关作业

1. 在货物抵达并向海关提交相关单证和信息后，可以卸载或换装货物，将货物存放至临时存储仓库，申报确定监管方式或进行境内转关运输。

2. 在货物抵达地自呈验货物之时起，该货物即获得临时存储地位。依照《土库曼斯坦海关法典》规定，临时存储期限届满后的货物由海关进行处置。

3. 运输工具应当办理通关手续。

（七）在抵达地卸载和换装货物

1. 在抵达地海关工作时间内，在专用货场从进境运输工具上卸载和换装货物。

根据利害关系人申请，海关可出具许可，允许其在其他地点和非海关工作时间卸载和换装货物。

2. 货物的卸载和换装地点属于海关监管区。其建筑和设施配备要求应当确保货物保持完好状态，并杜绝非作业人员进入。

3. 根据海（河）港货物作业人请求，在完成卸载和换装所需的期限内，货物可以存放在卸载和换装地点，无须放置在临时存储仓库，但存放时间最长不得超过1个月。

4. 货物丢失或未经海关许可转交第三方，其海关税费的缴纳义务由货物作业人承担。

5. 禁止卸载土库曼斯坦法律禁止进口的货物。

二、境内转关运输（转运）

（一）一般规定

1. 境内转关运输，是指不缴纳海关税费，且不适用经济性质的禁止和限制规定的外国货物，在土库曼斯坦关境内运输的一种海关程序。

2. 境内转关运输适用于：

（1）将货物从抵达地运送至指运地海关所在地；

（2）从货物申报地运送至土库曼斯坦关境内的出境地；

（3）临时存储仓库之间的运输；

（4）海关仓库之间的运输；

（5）外国货物在土库曼斯坦关境内运输。

3. 境内转关运输规定不适用于管道运输和输电线路输送的货物以及空运货物，如航空器执飞定期国际航线任务时，其运载货物均为抵达地卸载的情况下中途降落或技术性迫降。

4. 任何承运人均可依照境内转关运输程序运输货物。

（二）境内转关运输许可

1. 境内转关运输需经起运地海关书面许可，在其辖区内按照境内转运程序开始运输货物。

2. 境内转关运输许可发放给：

（1）承运人；

（2）土库曼斯坦的货运代理人；

（3）转运货物的交货地非海关所在地时，在交货地存储货物或对货物进行其他作业的人。

3. 发放境内转关运输许可应当符合以下条件：

（1）土库曼斯坦法律未禁止进口的货物；

（2）对进口货物在其抵达地实施边境检查和其他形式的国家监管；

（3）依照土库曼斯坦法律规定，如果在关境内运输特定类别货物，则应当提交许可和/或许可证；

（4）提交货物转运报关单；

（5）确保可以对货物进行识别；

（6）如果运输施加（加盖）海关封志和印章的货物，则运输工具应当符合装备要求。

4. 在呈验货物后，起运地海关确定是否符合第 3 款规定的条件，如果符合条件，则自受理转运报关单之日起 3 日内发放境内转运许可。

签发境内转运许可时，起运地海关确定境内转关运输期限和交货地。

5. 如果承运人或货运代理人多次不履行对海关行政违法案件作出的已生效行政处罚决定，或其未履行关税和进口环节税的缴纳义务，土库曼斯坦国家海关总署有权作出不允许其进行境内转关运输的决定。该决定在缴纳行政罚款或关税和进口环节税后 5 日内撤销，海关应将此情况以书面形式告知对其作出该决定的承运人或货运代理人。

6. 当境内转关运输的交货地非海关所在地时，境内转运许可只能发放给在交货地存储货物或对货物进行其他作业的人。在此情形下，其应履行货运代理人义务，并承担货运代理人的责任。

7. 因不符合第3款第（1）至第（3）项规定的条件，不能发放境内转运许可的，在对货物运输工具实施海关押运的前提下，海关有权准予将货物运至临时存储仓库或海关监管区的其他地点。

（三）转运报关单

1. 起运地海关接受任何商业、运输单据，或包含第2款规定信息的海关单证作为转运报关单。

2. 为获得境内转运许可，承运人（货运代理人）应向起运地海关提交以下信息：

（1）发货人及收货人名称和所在地；

（2）货物起运国和指运国；

（3）货物承运人或货运代理人名称和所在地；

（4）境内转运货物的运输工具，公路运输还需提供驾驶员信息；

（5）货物品种或名称、数量、价值、重量或体积，以及至少前4位的商品编码；

（6）总件数；

（7）货物指运地；

（8）计划途中换装或其他货物作业；

（9）货物预计运输期限；

（10）货物运输路线。

3. 根据运输人类别、货物品种及运输方式，土库曼斯坦国家海关总署有权减少第2款规定的信息项。

4. 如果转运报关单不包含所需的全部信息，应当以书面形式补充提交缺失的信息。转运报关单的格式和填制规范，由土库曼斯坦国家海关总署规定。

5. 按照土库曼斯坦国家海关总署规定的方式和程序，海关工作人员在作为转运报关单提交的文件上标注接收标记。

6. 转运报关单可以电子文件形式提交。其提交和在境内转关运输时的使用程序，由土库曼斯坦国家海关总署规定。

7. 依据土库曼斯坦所加入相关国际条约制作的文件，可以作为转运报关单使用。

（四）境内转关运输期限

1. 境内转关运输的最长期限不得超过10日，特殊情况下土库曼斯坦国家海关总署可以延长此期限，但自收到境内转关运输许可之日起不得超过 20 日。

2. 收到境内转运许可时，起运地海关依据承运人（货运代理人）申请、货物正常运输期限、运输方式和运输工具性能、运输路线和其他运输条件，确定境内转关运输期限。

3. 根据利害关系人的合理要求，海关可以在第 1 款规定期限内延长境内转运期限。如果承运人因事故或不可抗力影响未能在原定期限内送达货物，经海关书面许可，转运期限可以延长至超过第 1 款规定的期限。

（五）货物及其单证的识别

1. 为识别货物，起运地海关有权采取以下方式：

（1）在运输工具或者可拆卸货箱上施加（加盖）海关封志或海关印章；

（2）在单独包装上粘贴（喷涂）数字、字母或其他识别标记，施加（加盖）海关封志和印章；

（3）加盖戳记；

（4）提取试样和样品；

（5）货物和运输工具描述；

（6）使用图纸、比例图像、照片、视频、插图；

（7）使用海关工作人员制作的图纸、比例图像、照片、录像、插图；

（8）其他货物识别标志，包括发货人的铅封。

2. 通过对运输工具、可拆卸货箱施加（加盖）的海关封志和海关印章进行货物识别。

3. 如果无法从施加铅封的容器、包装中取出货物，或将货物放入其中而不留下开启容器、包装或损坏海关封志和印章的明显痕迹，可以通过此容器、包装上施加（加盖）的海关封志和海关印章进行货物识别。

4. 海关可以使用外国的海关封志或其他识别标志，但以下情形除外：

（1）起运地海关认定海关封志或其他识别标志不充分或不可靠；

（2）起运地海关对货物进行彻底查验。

5. 海关使用外国海关封志或其他识别标志时，适用对土库曼斯坦海关识别标志的禁止性规定，不得变更、清除、销毁或损坏此识别标志。

6. 海关对运输单证，以及承运人持有的货物商业单据进行识别。

为确保单据识别，海关有权采用以下方式：

（1）在单据上加盖印章和戳记；

（2）粘贴专用标签和专用保护标志；

（3）将海关所需文件放置在运输工具货舱或可拆卸货箱内，并施加（加盖）海关封志和海关印章；

（4）将海关所需单据放入关封。

（六）境内转关运输交货地

1. 境内转关运输的交货地，由起运地海关依据运输单证中注明的指运地信息确定。交货地应当位于指运地海关业务辖区内的海关监管区。

2. 如果境内转关运输的指运地出现变更，承运人有权向海关申请变更交货地。承运人可向其行驶路线上的任何一个海关提交任意格式的指运地变更申请和指运地变更的证明文件，以及转运报关单和其他货物单证。

海关收到变更申请和所需文件后，应在不晚于收到申请之日的次日作出变更交货地的决定。该决定通过结束货物转运，并签发新的境内转运许可的方式生效。应当在变更交货地的决定通过之日签发新的境内转运许可。

（七）海关押运

1. 海关押运，是指海关工作人员对运载境内转运货物的运输工具进行押运，以确保转运过程中遵守土库曼斯坦海关法律。

2. 在以下情形下，海关有权作出海关押运的决定：

（1）未依照《土库曼斯坦海关法典》规定提交关税和进口环节税的缴纳担保；

（2）海关风险分析管理系统判定的部分类别货物运输；

（3）承运人申请境内转运许可之日起前1年内，至少有1次未将货物送达至交货地，并经已生效的海关行政违法案件行政处罚决定证实；

（4）将错误运入土库曼斯坦的货物，或禁止进口到土库曼斯坦的货物退运出境，如果该货物实际出境地与货物所在地不一致；

（5）转运货物的交货地非海关所在地，或因不符合规定，在无法发放境内转关运输许可情况下运输货物；

（6）适用禁止和限制规定的货物的运输。

3. 依照《土库曼斯坦海关法典》规定，对海关押运收取费用。

（八）承运人的义务

境内转关运输货物的承运人有义务：

1. 在起运地海关规定的期限内，将货物及其随附单证送达交货地；

2. 确保货物、海关封志、印章及其他识别标志完好无损；

3. 未经海关许可，不得对货物进行换装、卸载、装载及实施其他作业，在不损坏海关封志的情况下，将货物倒装到其他运输工具的除外。

（九）承运人和货运代理人的责任

1. 在外国货物未送达指运地海关的情形下，如果货运代理人已取得境内转运许可，则承运人或货运代理人应当缴纳进口关税和进口环节税。

如果承运人未经海关许可将货物转交收货人或其他人，且获得该货物所有权的人确定其收到货物时已知悉或应知悉违反土库曼斯坦海关法律，则该人应当承担缴纳关税和进口环节税的责任。

2. 因事故、不可抗力影响，或者正常运输条件下因货物自然损耗造成的货物损毁或灭失，承运人和货运代理人不承担缴纳关税和进口环节税的责任。

3. 在境内转关运输过程中，货物由一辆运输工具换装至另一辆运输工具的，取得境内转运许可的承运人（货运代理人）承担关税和进口环节税的缴纳责任。

（十）发生事故、不可抗力时应当采取的措施

1. 发生事故、不可抗力或其他阻碍货物境内转关运输的情况，承运人应当采取措施确保货物和运输工具保持完好状态，立即向最近的海关通报情况和货物所在地，并根据海关要求将货物运输或确保货物运输到最近的海关所在地，或海关指定的其他地点。

2. 对承运人因采取上述措施而产生的费用，海关不予补偿。

（十一）终止货物境内转关运输

1. 如果指运地海关在单证审核和货物识别过程中未发现违反土库曼斯坦海关法律的行为，承运人应在运输工具抵达登记之时起24小时内结束境内转关运输。

2. 为完成境内转关运输，在运输工具抵达交货地后1小时内，承运人应当向指运地海关提交转运报关单及其持有的其他货物单证，并向海关呈验货物。如果在海关规定的工作时间之外抵达，则应在海关开始工作之时起1小时内提交。通过铁路运输货物时，上述单证的提交期限不得超过12小时。

3. 在承运人提交上述单证之时起2小时内，指运地海关应对抵达交货地的运输工具进行登记。

4. 在交货地结束境内转关运输之前，运输工具应当停放在海关监管区。

5. 将货物运输至非海关所在地的交货地时，无须向指运地海关呈验货物即可结束境内转关运输。

获得境内转运许可的人有义务接收并保管货物，在海关确认货物已运至

临时存储仓库、海关仓库或作为交货地的其他地点之前，确保不改变货物状态、不损坏货物包装，并不得使用和处置货物。货物应当放置在单独场所或使用围栏封闭的场地，并附有货物识别信息标牌。

三、货物临时存储

货物临时存储，是指外国货物存储期间无须缴纳关税和进口环节税，且不适用限制性规定，直至其依照特定监管方式放行或适用其他海关程序的一种海关程序。

（一）临时存储仓库

1. 临时存储仓库，是指为临时存储货物而专门规划和建设，且符合《土库曼斯坦海关法典》规定标准的场所和/或露天场地。

2. 临时存储仓库属于海关监管区。

3. 货物可以存放在任何临时存储仓库。

4. 任何外国货物均可在临时存储仓库存放，包括违反禁止规定进入土库曼斯坦关境的货物。

5. 可能对其他货物造成损害，或者需要特殊存储条件的货物，应当按照土库曼斯坦法律规定的强制性要求，存放在专门为存储此类货物而设立的仓库，或临时存储仓库中的单独场所。

6. 实施海关稽查期间收缴的货物及非法进口货物，可以存放在临时存储仓库。

7. 用作临时存储仓库的场所和/或露天场地，其建设和装备应当确保货物保持完好状态，并能够禁止无关人员进入，确保对这些货物实施海关监管。临时存储仓库应当位于交通枢纽和交通干线附近。

8. 用作临时存储仓库的场所和/或露天场地邻近应当设有供运输工具停放的安保区域，以便在完成境内转关运输期间停放运输工具。该区域属于海关监管区，运载海关监管货物的运输工具可以在任何时间进入该区域。

（二）货物放置到临时存储仓库所需的文件

1. 当货物放置到临时存储仓库时，应当向海关提交包含发货人、收货人名称和地址、货物起运国和指运国、货物品名、数量、包装件数、货物包装和标记的性质和方式、发票金额、货物毛重（千克）或货物体积（立方米）等信息的文件，以及至少前4位的商品编码。

2. 根据海关要求，货物存放人应以电子文件形式提交所需的文件和信息。

（三）货物临时存储期限

1. 货物临时存储期限为 1 个月。

经利害关系人合理请求，海关可以延长上述期限，但最长不得超过 6 个月。

2. 保质期内的易腐类货物，可以存放在临时存储仓库中，但不得超过第 1 款规定的期限（1 个月）。

3. 对于土库曼斯坦法律禁止进口的货物，其临时存储期限为 3 天，且此期限不得延长。

4. 自货物放置到临时存储仓库之日起，或货物取得临时存储资格之日起，开始计算货物的临时存储期限。境内转关运输货物从进境地运至海关所在地时，自境内转关运输结束之日起重新开始计算该货物的临时存储期限。

（四）对临时存储货物的作业

1. 在不改变货物状态，并不损坏包装和/或识别标志的前提下，货物权利人及其代理人有权对临时存储货物实施常规作业（包括检查和测量货物，在临时存储仓库内移动货物），以确保货物保持原状。

2. 经海关许可，货物权利人及其代理人可以提取货物试样和样品，修复破损包装，将货物运出临时存储仓库，以及实施后续运输所需的作业。

如果实施此作业将导致货物损毁或状态改变，海关有权拒绝签发作业许可。

3. 货物在临时存储期间因发生事故或不可抗力影响而无法使用、腐烂或损坏的，申报人应当申请适用特定监管方式，视为该货物以无法使用、腐烂或损坏的状态进入土库曼斯坦关境。

（五）临时存储仓库的类型

临时存储仓库分为开放型仓库或封闭型仓库。

1. 开放型临时存储仓库，是指可以存储任何货物和可供任何人使用的临时存储仓库。

2. 封闭型临时存储仓库，是指用于存储仓库所有人的货物或其他特定货物的仓库，包括限制流通和/或要求特殊存储条件的货物。

（六）临时存储仓库所有人

1. 列入临时存储仓库所有人名录的土库曼斯坦法人，可以经营临时存储仓库。

临时存储仓库所有人名录，由土库曼斯坦国家海关总署负责编制。

2. 临时存储仓库所有人依照《土库曼斯坦海关法典》规定保管海关监管货物。

3. 临时存储仓库所有人与货物存放人应当签订合同。如果临时存储仓库（封闭型仓库除外）可以存放货物，其所有人不得拒绝签订合同。

4. 临时存储仓库所有人，可以是未列入临时存储仓库所有人名录的海关机构。

（七）临时存储仓库所有人的义务

1. 临时存储仓库所有人有义务：

（1）遵守海关监管货物的存储规定；

（2）对存储的海关监管货物进行登记，并向海关提交存储货物报表；

（3）确保临时存储仓库内的货物及邻近海关监管区内的运输工具保持完好状态；

（4）确保货物和运输工具可昼夜存放在临时存储仓库或邻近的海关监管区内；

（5）确保无关人员未经海关许可无法接触位于上述仓库或邻近区域的货物和运输工具。

2. 如果仓库内存放货物丢失，或未经海关许可交付货物，临时存储仓库所有人应当承担缴纳货物关税和进口环节税的责任；如果因发生事故、不可抗力或正常存储条件下货物的自然损耗造成货物损毁或灭失，临时存储仓库所有人不承担缴纳关税和进口环节税的责任。

（八）在运输工具上临时存储货物

1. 如果货物抵达时海关封志和其他识别标志完好无损，并且在存在识别标志的情况下无法接触货物，根据货物权利人的请求，经铁路支线管理人或公路运输货物承运人同意，海关准予在运输工具上临时储存货物。

2. 如果未从运输工具上卸载货物，且运输工具在海关指定地点停放，则允许在运输工具上临时存储货物。从运输工具上卸载货物，或变更运输工具停放地点需经海关许可。

运输工具停放地点属于海关监管区。货物权利人应当确保货物保持完好状态，并禁止无关人员接触货物。

3. 如在海关监管区内运输工具上存放的货物丢失，或未经海关许可交付货物，由货物权利人承担缴纳关税和进口环节税的责任。如运输工具位于临时存储仓库的安保区域内，则由临时存储仓库所有人承担此责任。

4. 自海关签发在运输工具上存储货物的许可之日起，在运输工具上临时存储货物的期限不得超过 10 日。期满后未放行或未适用其他海关程序的货物，应当存放至临时存储仓库或适用其他海关程序。

（九）在收货人仓库临时存储货物

1. 在以下情形下，经海关许可，可以在收货人仓库临时存储货物：

（1）对个别人适用特别简化程序时；

（2）必须临时存放需要特殊存储条件的货物时，如果收货地点附近没有适合存放该货物的临时存储仓库；

（3）收货人为国家机关或国有企业（组织、机构）；

（4）依据土库曼斯坦政府决议签订的建设投资合同项下进口的货物。

2. 在签发使用收货人仓库临时存储货物的许可时，海关有权要求提供关税和进口环节税的缴纳担保。

3. 收货人在自有仓库存储货物时，应当遵守相关规定。不得在其仓库内存放其他人的外国货物。

四、货物申报

货物进出土库曼斯坦关境，变更监管方式，以及在《土库曼斯坦海关法典》规定的其他情形下，均应向海关申报。

（一）一般规定

1. 以书面、口头、缔约或电子形式，向海关申报货物及其拟适用监管方式的准确信息，以及海关所需的其他信息。

申报人或报关代理人，依据其选择的监管方式对货物进行申报。

2. 报关单中应当载明的信息，仅限于计征关税和进口环节税、编制海关统计，以及适用土库曼斯坦海关法律所需的信息。

3. 报关单中应当载明的信息及其提交形式应予正式公布。

（二）报关单提交地点

1. 应当向办理通关业务的海关提交报关单，《土库曼斯坦海关法典》有不同规定的除外。

2. 为确保对遵守土库曼斯坦海关法律的情况实施有效监督，土库曼斯坦国家海关总署有权指定海关接受特定类别的货物申报。

（三）申报人的权利和义务

1. 在货物申报和货物放行所需的海关作业过程中，申报人有权：

（1）检查和测量申报的货物，包括在提交报关单之前。

（2）经海关许可，对其申报进口到土库曼斯坦关境的货物提取试样和样品。如果在货物报关单中已注明，则无须单独提交货物试样和样品的报关单。

（3）海关工作人员对所申报货物实施外形查验和彻底查验及提取试样和样品时在场。

（4）知悉海关对申报货物的试样和样品的检测结果。

（5）提交货物申报所需的文件和信息，包括以电子文件形式提交；

2. 在货物申报和实施其他海关作业时，申报人有义务：

（1）提交报关单，并向海关提交必要的文件和信息；

（2）根据海关要求呈验所申报的货物；

（3）缴纳海关税费，或提供关税和进口环节税的缴纳担保；

（4）向海关通报所申报货物的查验条件，如进行查验时需遵守特定要求；

（5）完成海关依法提出的其他要求。

（四）报关单提交期限

1. 在货物抵达地向海关提交货物之日起 30 日内，或者自完成境内转关运输之日起 30 日内（如果不在货物抵达地申报），应当提交进口货物报关单，但自然人的行李物品和国际邮件除外。

2. 如果 30 日期限不足以使申报人收集必要的文件和信息，根据申报人的书面合理请求，海关可以延长报关单的提交期限。延长报关单提交期限不得违反货物的临时存储期限。

3. 如果报关单提交截止日期非海关工作日，此日期之后的下一个海关工作日视为该期限的截止日期。

4. 应在货物从土库曼斯坦关境实际出口之前，提交出口货物报关单，但管道运输和输电线路输送的出口货物除外。

（五）提前申报

1. 在外国货物进入塔吉克斯坦关境前，或者其结束境内转关运输之前，可以提交该货物的报关单。

2. 提前申报货物时，海关接受由申报人核证的货物随附运输或商业单据副本，在货物抵达土库曼斯坦关境后，必要时对该副本信息与原件信息进行比对。

3. 在货物抵达土库曼斯坦关境前，完成报关单审核并缴纳关税和进口环节税后，该报关单可以作为适用海关程序所需的唯一文件。

4. 自海关受理报关单之日起 15 日内，如果未向受理报关单的海关呈验货物，则视为报关单未提交。

（六）货物申报时提交的文件

1. 提交报关单时，应当随附提交报关单信息的证明文件。

2. 向海关申报货物时，应当提交以下主要文件：

（1）对外经贸合同或反映该合同交易内容的其他文件；

（2）商业单据；

（3）运输单据；

（4）许可、许可证、证书和/或证明遵守土库曼斯坦法律限制性规定的其他文件；

（5）给予关税和进口环节税优惠的证明文件；

（6）货物原产地证明文件；

（7）支付结算票据；

（8）所申报完税价格的证明文件，以及所选择的完税价格估价方法；

（9）申报人和其他相关人信息的证明文件。

3. 海关有权要求提供补充信息，以便对报关单及所提交文件和信息进行审核，并用于办理通关手续。

4. 如果个别文件不能与报关单同时提交，根据申报人书面合理请求，海关书面许可在受理报关单后 45 日内提交，但《土库曼斯坦海关法典》对个别文件和信息的提交期限有不同规定的除外。在此情形下，申报人应当提供在规定期限内提交文件的书面保证。

5. 如果向海关提交可用于其他货物通关的文件，应申报人要求，海关按照土库曼斯坦国家海关总署规定的格式出具接受该文件的书面确认。

6. 按照土库曼斯坦国家海关总署规定的程序，向海关提交电子文件。

（七）报关单受理

1. 向海关提交报关单当日，海关按照土库曼斯坦国家海关总署规定的程序予以受理，但依照规定拒绝受理的情形除外。

2. 报关单自海关受理之时起，即成为法律意义上的事实证明文件。

3. 如果海关未受理报关单，则视为该报关单未提交。

4. 海关无权拒绝受理报关单，但以下情形除外：

（1）向无权受理报关单的海关提交报关单；

（2）报关单由不适合的人提交；

（3）报关单中未注明必要的信息；

（4）报关单未签字或未以适当方式确认，或者未按规定格式编制；

（5）提交报关单时未提交通关所需文件，但可以在报关单受理之后提交的文件除外；

（6）对申报货物未实施《土库曼斯坦海关法典》规定在报关单提交之前或同时应当实施的行为。提交报关单时未缴纳关税和进口环节税不构成拒绝受理报关单的依据。

5. 海关应在不晚于报关单提交之日的次日，通知报关单提交人拒绝受理报关单的理由。根据报关单提交人的请求，该通知可以书面形式提供。

（八）报关单信息的变更和补充

1. 根据申报人的书面合理请求，并经海关许可，可对已受理报关单的信息进行更改或补充。

2. 如果符合以下条件，允许对已受理报关单的信息进行更改和补充：

（1）在收到申报人请求时，海关尚未确定报关单信息不实，但发现的错误不影响作出货物放行决定的情形除外；

（2）在收到申报人请求时，海关尚未开始货物查验；

（3）所做的更改和补充不影响作出货物放行决定，且不会导致必须更改影响确定关税和进口环节税税额及适用禁止和限制规定的信息。

3. 海关工作人员无权主动，或者受利害关系人请托填制报关单、更改或补充报关单信息，但属于海关职权范围内可填写的报关单信息，以及对用于机器处理编码信息的更改或补充除外，如果此类信息在报关单中以非编码形式存在。

（九）报关单撤销

1. 根据申报人的书面请求，已受理的外国货物报关单可以在该货物放行前撤销，以申报其他监管方式。

如果收到申报人请求之前，海关尚未确定报关单信息的真实性，或发现的错误不影响作出货物放行决定，经海关书面许可，允许撤销报关单。

在签发报关单撤销许可时，海关应当规定新报关单的提交期限（自报关单撤回许可签发之日起10日内）。撤销报关单不延长关税和进口环节税的缴纳期限。

2. 根据申报人的书面请求，已受理的土库曼斯坦货物出口报关单，无论其目的为何，在货物从土库曼斯坦关境出境之前均可撤销。

如果在收到申报人请求之前，海关尚未确定报关单信息不实，或发现的错误不影响作出货物适用所申报监管方式的决定，经海关书面许可，允许撤销报关单。

对该货物新报关单的提交期限不予规定。

（十）报关代理人

1. 概述

（1）报关代理人可以是依照土库曼斯坦法律设立，且列入报关代理人名录的法人。

列入报关代理人名录的条件和该名录的编制方式，由土库曼斯坦国家海关总署规定。

报关代理人名录，由土库曼斯坦国家海关总署编制。

（2）报关代理人须经申报人或其他利害关系人授权，并以其名义实施海关作业。

（3）报关代理人与被代理人的关系以双方签订的合同为基础。

2. 作为报关代理人开展业务的条件

法人作为报关代理人开展业务的条件为：

（1）编制内至少有 2 名取得报关员资格证书的报关员；

（2）具有土库曼斯坦法律规定的原始注册资本、法定基金或报关代理人股金；

（3）具有与海关应用软件兼容的软件系统。

3. 报关代理人的权利

（1）在实施海关作业时，报关代理人与其授权人在与海关的关系中具有同等权利。

（2）报关代理人有权作为被代理人履行关税和进口环节税缴纳义务的担保人。

（3）报关代理人有权要求被代理人提交通关所需的文件和信息，包括构成商业秘密、银行秘密的信息，以及其他受法律保护的秘密信息和机密信息，并有权在《土库曼斯坦海关法典》规定的期限内获得此类文件和信息。

（4）报关代理人有权要求被代理人履行土库曼斯坦民法所规定的义务，并作为与被代理人签订合同的条件。

4. 报关代理人的义务和责任

（1）根据货物所适用监管方式或其他海关程序所需海关作业的具体要求，确定报关代理人在办理通关业务过程中应当承担的义务。

（2）如果货物申报时确定的监管方式规定应当缴纳关税和进口环节税，

根据报关代理人与被代理人所签订的合同规定，由报关代理人负责缴纳关税和进口环节税。

（3）报关代理人及其员工不得出于个人目的，泄露或使用从被代理人处获得的构成商业秘密、银行秘密和其他受法律保护的秘密信息及其他机密信息，或将其转交第三方，但土库曼斯坦法律有不同规定的情形除外。

（4）报关代理人应对其实施海关作业的货物进行登记，并根据海关要求提交海关作业报告。

（5）报关代理人对海关的义务和责任，不受其与被代理人的合同限制。

（6）违法《土库曼斯坦海关法典》规定的报关代理人，应当依照土库曼斯坦法律规定承担相应责任。

5. 报关员

（1）报关员，是指符合土库曼斯坦国家海关总署规定的资质要求，并持有报关员资格证书的自然人。

报关员资格证书由土库曼斯坦国家海关总署发放。

（2）对报关员资格证书申请人的强制性要求：

① 具有普通中等教育证书；

② 参加由土库曼斯坦国家海关总署举办的报关员专业培训班；

③ 掌握由土库曼斯坦国家海关总署编制的报关员专业培训大纲。

（3）依照土库曼斯坦劳动法，报关员作为报关代理人的员工开展业务。

与报关员终止劳动合同时，报关代理人应当立即通知海关。

（4）报关代理人不得限制报关员对海关承担的义务。

（5）土库曼斯坦国家海关总署负责编制报关员名录。

6. 注销报关员资格证书的理由和程序

（1）在以下情形下，注销报关员资格证书：

① 认定其使用虚假文件取得报关员资格证书的事实；

② 规定在一定期限内禁止其从业处罚的法院判决生效；

③ 报关员泄露被代理人的秘密信息，或将其转交第三方；

④ 报关员因海关行政违法行为屡次被追究行政责任。

（2）注销报关员资格证书的决定，由土库曼斯坦国家海关总署作出，作出决定时应当说明理由。上述决定的副本应在决定作出之日起 3 日内发送给决定相对人。

（3）被注销报关员资格证书的人员，有权依照土库曼斯坦法律规定对注销证书的决定提出申诉。

（4）在以下情形下，被注销报关员资格证书的人员，无权重新申请该资格证书：

① 如果依据第（1）项①和③规定的理由被注销资格证书，自作出注销资格证书决定之日起 1 年内；

② 如果依据第（1）项②规定的理由被注销资格证书，在合法生效的法院判决规定的有效期内；

③ 如果依据第（1）项④规定的理由被注销资格证书，在受到行政处罚期间。

五、货物放行

（一）货物放行依据

1. 海关放行货物的条件：

（1）在办理货物通关业务和对货物进行检查过程中，海关未发现违反土库曼斯坦法律的行为，海关行政违法案件诉讼期间的货物放行除外；

（2）已向海关提交土库曼斯坦法律和土库曼斯坦所加入国际条约规定放行货物所需的许可证、证书、许可和其他文件，但上述文件可以在货物放行后提交的情形除外；

（3）申报人符合货物适用所选择监管方式，或适用相关海关程序的要求和条件；

（4）已缴纳关税和进口环节税，或者提供关税和进口环节税的缴纳担保。

2. 关税和进口环节税税款进入海关账户后，对进口到土库曼斯坦关境的货物准予放行供自由流通。如果关税和进口环节税税款未进入海关账户，则货物被视为有条件放行。

3. 可以依照《土库曼斯坦海关法典》规定，中止货物放行。

（二）有条件放行

1. 货物有条件放行的情形：

（1）依照土库曼斯坦法律规定，关税和进口环节税的优惠与对货物使用和处置的限制规定相关；

（2）货物适用海关仓库、免税贸易、境内加工、加工供自由流通、暂时进口、复出口、海关转运、销毁等监管方式，以及进口货物适用特殊监管方式；

（3）未提交确认符合土库曼斯坦法律限制规定的文件和信息。

2. 依照土库曼斯坦法律规定，享有关税和进口环节税优惠的有条件放行货物，只能用于提供优惠的限制条件所规定的目的。

对于未提交确认其符合限制规定的文件和信息的有条件放行货物，禁止转交第三方，包括以其他方式出售或转让。如果因此类货物的质量和安全检查而规定进口限制，则禁止以任何形式使用该货物。

3. 有条件放行货物具有国外货物地位。

4. 申报放行供自由流通的货物被视为有条件放行，如果已获准延期或分期缴纳关税和进口环节税，或者关税和进口环节税税款未进入海关账户。

（三）货物放行期限

海关在受理报关单、提交其他必要的文件和信息之日起 3 日内放行货物，但规定延长货物检查期限的情形除外。适用提前申报时，自向海关呈验货物之日起 3 日内放行。

（四）货物放行的附加条件

1. 在对报关单和申报时提交的其他单证审核过程中，以及对申报货物的检查过程中，如果发现不符合放行条件，则海关不予放行货物。

在此情形下，海关应当立即通知申报人不符合何种货物放行条件，申报人应当完成何种行为以满足货物放行条件。

2. 如果海关发现货物申报信息不准确，影响确认应缴纳关税和进口环节税的税额，海关应立即要求申报人更正该信息，并重新计算应缴纳关税和进口环节税税额。

3. 如果海关发现有迹象表明，货物报关时所申报的信息不准确，可能影响确定应缴纳关税和进口环节税税额，或申报信息未按规定方式予以确认，海关应当依照《土库曼斯坦海关法典》规定以何种方式进行补充审核。

在提供关税和进口环节税缴纳担保的前提下，海关对货物予以放行，根据上述审核结果可能对应缴纳税款进行补充计算。海关以书面形式通知申报人关税和进口环节税的担保金额。

4. 如果海关发现货物报关时申报信息不准确，影响对货物适用禁止或限制规定，海关应当要求申报人更正此信息，并提交符合相关限制规定的证明文件。海关在要求中应当说明必须更正哪些信息以放行货物，提交哪些文件以证明符合相关限制性规定。

5. 如果海关发现有迹象表明，货物报关时所申报的信息不准确，可能影响对货物适用禁止或限制规定，或者申报信息未按规定方式予以确认，海关应当依照《土库曼斯坦海关法典》规定以何种方式进行补充审核。

在申报人提交符合相关限制规定证明文件的前提下，海关对货物予以放行。海关应以书面形式通知申报人应当提交哪些文件。

6. 在第 2 款和第 4 款规定的情形下，应在不晚于申报人执行海关要求和补缴关税和进口环节税税款（如需补缴）之日的次日放行货物，但依照土库曼斯坦法律规定货物被收缴或被扣押的情形除外。

在第 3 款和第 5 款规定的情形下，应在不晚于提交关税和进口环节税缴纳担保和/或提交符合相关限制规定证明文件之日的次日放行货物。

7. 如果因更正货物申报信息，导致应缴纳关税和进口环节税的税额少于申报人申报的数额，则应立即予以放行。

（五）海关行政违法案件诉讼期间的货物放行

海关行政违法案件诉讼期间，如果属于违法客体的货物未作为物证被收缴或被扣押，根据海关负责人决定，可以在案件诉讼结束前放行货物。

六、货物和运输工具出境

（一）概述

1. 货物和运输工具出境，是指准予货物和运输工具在海关工作时间内，并在土库曼斯坦国境口岸或依照土库曼斯坦法律确定的其他地点，从土库曼斯坦关境运出/驶离。

2. 根据《土库曼斯坦海关法典》的要求，按照适用于出口货物的监管方式申报并放行货物后，经海关许可，允许从土库曼斯坦关境运出货物。

3. 货物和运输工具运出/驶离前，根据货物的运输方式，承运人应当向海关提交土库曼斯坦国家海关总署规定的文件和信息。

（二）离境运输工具的货物装载

1. 在出口报关单受理之后，经海关许可，允许将货物装载到离境运输工具上，但货物通关时海关不要求呈验货物，以及按照海关转运监管方式运输货物的情形除外。

2. 应当在海关工作时间之内，并在海关同意的地点装载货物。在土库曼斯坦国家海关总署规定的情形下，装载货物时应当有海关工作人员在场。

3. 在海关工作时间以外装载货物需提交申请，海关有权允许在海关工作人员不在场的情况下装载货物。

（三）对出口货物的要求

1. 货物从土库曼斯坦关境实际出口时，其数量和状态应与其适用特定监管方式之时的数量和状态相同，但由于自然磨损或损耗，或者正常运输和存储条件下货物自然属性的变化导致货物数量和状态发生的变化除外。

2. 如果因发生事故或不可抗力影响，造成货物灭失或其状态发生变化，以及按照土库曼斯坦现行技术规程和标准，因测量方法误差导致货物数量信息变更，则承运人无须承担相关责任。

第四节　商品归类及原产地确认

一、商品归类

（一）对外经济活动商品目录

1. 《对外经济活动商品目录》基于世界海关组织《商品名称及编码协调制度》编制。

2. 《对外经济活动商品目录》适用于土库曼斯坦法律设定的关税调节措施、禁止和限制规定及编制对外贸易海关统计。

（二）商品归类

1. 依照《土库曼斯坦海关法典》规定，向海关申报的货物应当按照《对外经济活动商品目录》进行归类，根据归类结果货物获得商品归类编码。

2. 如果依据《对外经济活动商品目录》进行归类所获得的商品编码不准确，该货物申报时海关自行对该货物进行归类。

3. 海关依据《对外经济活动商品目录》，并参考货物随附单证信息，以及鉴定机构出具的具有辅助性质的结论、证明和鉴定记录，进行商品归类。

4. 海关依据《对外经济活动商品目录》作出的商品归类决定具有强制性。申报人有权按照土库曼斯坦法律规定的程序对该决定提出申诉。

5. 根据申报人或其他利害关系人的申请，海关作出商品归类预裁定。

二、原产地确认

（一）货物原产地

1. 货物原产地，是指货物完全在其境内生产，或者依照《土库曼斯坦海关法典》规定的充分加工标准在其境内经过充分加工的国家。

2. 国家集团、海关联盟、地区及国家的一部分可以视为货物原产地，如果为确定货物原产地存在此类划分的必要性。

3. 根据申报人或其他利害关系人的申请，海关对货物原产地作出预裁定。

（二）完全在该国生产的货物

以下货物视为完全在该国生产的货物：

1. 在该国地下、水域（海域）、海底或海洋底土开采的矿产资源；

2. 在该国种植或采集的植物产品；

3. 在该国繁殖和饲养的动物；

4. 从该国饲养的动物上获取的产品；

5. 在该国猎取或捕捞的产品；

6. 该国船只捕捞的海洋渔业产品和其他海洋捕捞产品；

7. 在该国加工船上仅从第 6 款指定产品中获取的产品；

8. 在该国水/海域范围外的海底或海洋底土获取的产品，如果该国具有开发此海底或海洋底土的专属权；

9. 在该国生产或进行其他加工作业产生的废碎料（再生原料），以及在该国收集且只适合加工成原料的废旧产品；

10. 仅以第 1 款至第 9 款指定产品在该国生产的货物；

11. 在该国生产的电力。

（三）货物充分加工标准

1. 如果货物生产过程中有两个或两个以上国家参与，则货物原产地是实施最后加工作业，或符合充分加工标准的货物生产作业的国家。

2. 对于部分类别货物适用通行规则，根据该规则，货物原产地为因实施货物加工作业或生产作业，使货物任何位数归类编码的前 4 位发生改变的国家。

3. 为确定货物原产地，适用以下货物充分加工标准：

（1）足以认定货物原产地为完成特定生产技术流程的国家；

（2）改变货物价值，即使用材料的价值或附加值达到货物最终价值的定量百分比（从价比规则）。

4. 以下作业不受第 3 款约束，不符合充分加工标准：

（1）在货物存储或运输过程中，为保持货物完好状态进行的作业；

（2）货物销售和运输前的准备作业（分批、发货、分类、重新包装）；

（3）常规性组装作业，即借助加固材料（螺丝、螺母、螺栓等）组装货物部件；

（4）来自不同国家货物的混合，如最终产品特性与被混合产品没有根本差异；

（5）宰杀牲畜；

（6）上述两种或两种以上作业的混合。

5. 对于从土库曼斯坦给予关税优惠的国家进口的部分类别货物，为提供此优惠，在确定充分加工标准适用规程时，土库曼斯坦政府有权制定直接采购和直接发货的适用条件。

（四）原产地确认的特殊规定

1. 在确定货物原产地时，分批次交货的拆散件、未组装形式的货物，如果因生产或运输条件限制无法一批装运，或因失误货物被分为几个批次，应当根据申报人意愿视为单一货物。

2. 第1款规定的适用条件是：

（1）预先通知海关是分批进口的拆散件或未组装形式的货物，说明此交货形式的原因，并提供每批次的货物明细，注明每批次货物的价值和原产地，以及按《对外经济活动商品目录》确定的商品编码。如果因失误或地址错误造成货物拆分为多批次，则应当补充提供因失误造成货物分批进口的证明文件。

（2）同一供货人，从同一国家在同一合同框架内供应所有批次货物。

（3）所有批次货物向同一海关申报。

（4）自海关受理第一批货物报关单之日起6个月内，所有批次货物均应进口到土库曼斯坦关境内。如果无法供货的原因不取决于收货人，则根据申报人合理请求，海关可以延长剩余批次货物的进口期限，但自第一批货物进口之日起不得超过1年。

3. 用于机械、设备、仪器或运输工具的装置、附件、零部件、工具的原产地，认定为机械、设备、仪器或者运输工具的原产地，如该装置、附件、零部件、工具按随附的技术合格证、技术说明书或其他技术文件中注明的数量，同上述机械、设备、仪器或者运输工具成套进口和使用。

4. 进口货物的包装视为与货物本身同一原产地，根据《对外经济活动商品目录》包装应与货物分别申报的除外。在此情形下，包装和货物的原产地应当分别认定。

（五）货物原产地证明文件

货物原产地证明文件，是指货物原产地申报单和货物原产地证书。

1. 货物原产地申报单

货物原产地证明文件，可以是注明能够确定货物原产地信息，并以任意形式制作的货物原产地申报单。与货物有关的商业单据，或者生产商、销售

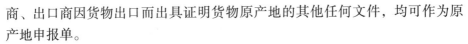

商、出口商因货物出口而出具证明货物原产地的其他任何文件，均可作为原产地申报单。

2. 货物原产地证书

（1）货物原产地证书，是指由货物原产国或货物出口国（如证书由货物出口国依据从货物原产国获取的信息签发）授权机构签发的货物原产地证明文件。

（2）货物从土库曼斯坦关境出口时，货物原产地证书由土库曼斯坦相关授权国家机构签发，如果按合同条件、货物进口国法律规定，或者土库曼斯坦加入的国际条约规定，应当具有该证书。

（3）签发货物原产地证书的土库曼斯坦授权国家机构应做到：

① 自原产地证书签发之日起，保存其副本和作为货物原产地确认依据的其他文件至少 3 年；

② 根据海关要求，并在海关规定期限内提交确认货物原产地证书真实性和准确性的文件和信息。

（4）如果对证书或其中信息的真实性产生疑问，海关可以向货物原产地证书签发机构说明理由，并请其提供补充信息或更为明确的信息。

（六）原产地证明文件的提交

1. 如果依照土库曼斯坦法律或土库曼斯坦加入的国际条约，土库曼斯坦给予货物原产国关税优惠，则货物进入土库曼斯坦关境时，应当提交货物原产地证明文件。

如果有理由认为所申报的货物原产地信息不真实，并影响关税、进口环节税税率和/或禁止和限制规定的适用，海关有权要求提交货物原产地证明文件。

特殊情况下，在提交报关单和海关申报所需其他文件的同时，应当按照土库曼斯坦法律或土库曼斯坦所加入国际条约规定的格式，提交货物原产地证明文件。

2. 如果货物原产地证书丢失，应当接受由授权机构出具的副本。

3. 海关对货物原产地证明文件和货物随附单证信息核证后确定货物原产地。

4. 海关接受货物原产地证书，如果海关有正式备案的表格、印鉴，签字样本，以及核证和签发货物原产地证书的授权机构地址。

（七）因货物原产地拒绝放行货物的理由

1. 依照土库曼斯坦法律或土库曼斯坦加入的国际条约，如果禁止原产于该国的货物进入土库曼斯坦，则海关拒绝放行货物。

2. 提交非正常办理的货物原产地证书和货物原产地申报单，或未提供上述文件不能成为拒绝放行的理由。

3. 如果货物原产地未经确认，则该货物适用最高关税税率。

4. 对第 2 款和第 3 款指定的货物，如果自受理报关单之日起 1 年内海关收到该货物原产地证明，则适用（恢复）特惠制或最惠国待遇。

三、预裁定

应申报人或其他利害关系人（以下简称"申请人"）的请求，土库曼斯坦国家海关总署及其指定的海关，依据《对外经济活动商品目录》对具体货物作出商品归类预裁定和货物原产地预裁定。

（一）预裁定申请

1. 预裁定申请，由申请人以纸质形式发送给相关海关。

2. 预裁定申请应当包含作出预裁定所需的货物信息。申请应当随附货物试样和样品、商品描述、照片、图片、图纸，商业文件、技术文件及其他文件。

3. 如无须提供其他信息，并无须进行鉴定，自预裁定申请登记之日起 30 日内，海关应对该申请进行审核，并作出预裁定。

4. 如果申请人提供的信息不足以作出预裁定，在收到申请之日起 30 日内，海关应当通知申请人提供补充信息，并规定信息的提交期限。规定期限内未提供补充信息的，海关对该申请不予受理。

5. 如果作出对预裁定申请不予受理的决定，海关应在作出该决定之日起 2 日内书面通知申请人，并说明拒绝理由。

拒绝受理申请不妨碍申请人重新提出预裁定申请，前提是已消除不受理申请的原因。

（二）预裁定的法律意义和有效期

1. 预裁定对所有海关都具有强制性。如果预裁定未撤销或未变更，则预裁定自作出之日起 3 年有效。

2. 只有依据其申请作出预裁定的申请人，才有权使用该裁定。

（三）预裁定的更改或撤销

1. 作出预裁定的海关，有权更改或撤销预裁定。

2. 在以下情形下，可以更改预裁定：

（1）世界海关组织通过在土库曼斯坦生效的强制实施的决议；

（2）如果与货物原产地确认有关的土库曼斯坦法律或土库曼斯坦加入的国际条约，对原产地确认规定了其他要求和条件；

（3）《对外经济活动商品目录》或土库曼斯坦海关法律关于作出预裁定的条款变更；

（4）发现在作出预裁定时出现错误。

3. 预裁定变更从作出变更决定之日起生效。

4. 在作出预裁定变更决定之日起 3 日内，海关应当将该决定发送给预裁定申请人。

3. 基于虚假文件和申请人提供的不实信息作出的预裁定应予撤销。撤销预裁定的决定自其通过之日起生效。在作出该决定之日起 3 日内，海关应当以书面形式发送给预裁定申请人。

第五节　货物的完税价格

一、完税价格估定和海关审价

（一）货物估价和申报

1. 按照完税价格估价方法，申报人确定货物的完税价格，并在货物报关时向海关申报。

2. 申报人所申报的货物完税价格，以及提交的与估价相关的信息，应当基于有凭据证实的真实资料。

（二）海关审价

1. 根据申报人提交的文件和资料，以及海关掌握用于确定货物完税价格的信息，海关就申报人选定货物完税价格的估价方法和所申报的货物完税价格作出决定。

2. 如果申报人提交的文件和资料不足以使海关就其申报的完税价格作出决定，海关应当书面要求申报人提供足以确定完税价格的补充文件和资料，并规定其提交期限。

3. 为确认申报货物的完税价格，应海关要求，申报人应当提交必要的补充文件和资料，或书面说明不能提交海关所要求文件和资料的原因。申报人有权证明其选定的货物完税价格估价方法的合理性，以及所提交信息的真实性。

4. 如果缺少能够证实申报人所申报的货物完税价格的准确性的数据，或发现申报人提交的文件和资料不真实和/或不充分，海关有权作出不同意使用所选定完税价格估价方法的决定，并要求申报人使用其他方法确定货物完税价格。在此情形下，海关和申报人可以就选择货物完税价格估价方法进行磋商。

5. 在货物放行期限内，如果未能完成完税价格估价程序，在提供关税和进口环节税缴纳担保的前提下，可以对货物予以放行，关税和进口环节税可以随后计征。海关应以书面形式通知申报人关税和进口环节税的担保金额。

6. 在海关规定期限内，如果申报人未提交补充文件和资料，或海关发现申报人提交的文件和资料可能不真实和/或不充分，且申报人拒绝以海关建议的其他方法为依据确定货物的完税价格，海关可以采用合理的完税价格估价方法独立确定货物的完税价格。海关应在不晚于作出独立确定完税价格决定之日的次日，将此决定以书面形式通知申报人。

7. 在货物放行后由海关确定其完税价格的情形下，如果需补缴关税和进口环节税，海关将发送海关税费缴纳通知书。申报人应在收到通知书之日起10 日内补缴关税和进口环节税，对按期补缴的海关不收取滞纳金。

二、进口货物估价

（一）进口货物估价方法

1. 对进口到土库曼斯坦关境的货物，应当采用以下方法确定其完税价格：
（1）进口货物成交价格方法；
（2）相同货物成交价格方法；
（3）类似货物成交价格方法；
（4）倒扣价格方法；
（5）计算价格方法；
（6）备用方法。

2. 进口货物成交价格方法，是进口货物完税价格估价的主要方法。

3. 如果无法使用主要方法（成交价格方法），则依次使用上述估价方法。即在此情形下，如果无法使用前一种方法确定货物的完税价格，则适用后一种方法。根据申报人意愿，可以颠倒倒扣价格方法和计算价格方法的应用顺序。

（二）进口货物成交价格方法

1. 进口货物的完税价格，是向土库曼斯坦供货时实付或应付的进口货物成交价格。

2. 在确定货物完税价格时，以下费用应当计入成交价格：

（1）货物抵达土库曼斯坦关境进境地的费用：

① 运输成本；

② 货物装载、卸载、换装费用；

③ 保险费。

（2）买方发生的费用：

① 佣金和经纪费，但采购佣金除外；

② 可重复使用包装的成本，如根据《对外经济活动商品目录》将其与被估价货物视为一个整体；

③ 货物包装成本，包括包装材料和包装工时成本。

（3）买方采取直接或间接方式，免费或以低价向卖方提供用于生产或销售被估价出口货物的以下货物和服务的相应部分成本：

① 作为被估价货物组成部分的原材料、材料、零部件、半成品和其他部件；

② 用于生产被估价货物的工具、冲模、模具和其他类似产品；

③ 被估价货物生产过程中使用的耗材（润滑材料、燃料等）；

④ 在土库曼斯坦关境外完成的，且生产被估价货物所直接需要的工程研究、研制开发工作、设计、美术装饰、草图和图纸，以及其他类似工作。

（4）作为被估价货物的销售条件，买方必须直接或间接支付的知识产权客体特许权使用费和其他费用。

（5）因被估价货物在土库曼斯坦的任何后续转售、转让或使用，卖方所获得直接或间接收入的相应部分。

3. 不能采用以成交价格方法确定货物完税价格的情形：

（1）买方处置或使用被估价货物的权利受到限制，但土库曼斯坦法律规定的限制除外。

（2）销售和成交价格取决于是否符合条件，该条件对成交价格的影响无法确定。

（3）在申报货物完税价格时，申报人所使用的数据无凭据证实或不能量化，或者不真实。

（4）如果交易双方系关联人，则成交价格不能作为确定完税价格的依据。关联人应当至少符合以下条件之一：

① 交易参与方之一（自然人）或交易参与方之一的负责人，同时是另一参与方的负责人；

② 交易参与方是企业的共同所有人；

③ 交易参与方之间受劳动关系约束；

④ 交易参与方之间受租赁关系约束；

⑤ 交易参与方之一是另一参与方的出资（股份）人，或者是另一参与方注册资本中具有表决权的股份所有人，其股份至少占注册资本的5%；

⑥ 交易双方均受第三方直接或间接控制；

⑦ 交易双方直接或间接共同控制第三方；

⑧ 交易的参与方之一，直接或间接受另一参与方的控制；

⑨ 交易双方或其负责人是亲属。

4. 在确定完税价格时，成交价格中包含的以下费用应予扣除：

（1）设备进口到土库曼斯坦关境后的安装、组装、调试或提供技术支持的费用；

（2）货物进入土库曼斯坦关境后的运输费用；

（3）货物进入土库曼斯坦关境后的运输保险费用。

（三）相同货物成交价格方法

1. 采用相同货物成交价格方法确定货物完税价格时，相同货物的成交价格作为确定货物完税价格的依据。

2. 相同货物，是指与被估价货物在包括以下特征的所有方面都相同的货物：

（1）物理特性；

（2）质量和市场信誉；

（3）原产地；

（4）生产商。

3. 如果该货物在其他方面均符合第 2 款的要求，则外观上的细微差异，不能作为拒绝认定相同货物的依据。

4. 相同货物的成交价格可以作为确定完税价格的依据，如果此货物：

（1）销往土库曼斯坦境内；

（2）与被估价货物同时进口或不早于被估价货物进口前 90 日进口；

（3）以大致相同的数量和同等商业水平（批发、零售）进口。

5. 如果没有相同数量和同等商业水平（批发、零售）的货物进口，可以使用不同数量和不同商业水平（批发、零售）进口相同货物的价格，但应考虑差异因素并对价格进行必要的调整。

6. 如果因距离和运输方式不同，相同货物与被估价货物在费用成本方面存在较大差异，对按照相同货物成交价格方法确定的完税价格应当以适当方式进行调整。

7. 第5款和第6款规定的调整，必须基于真实且有凭据证实的信息。

8. 使用此方法时：

（1）如果货物与被估价货物不在同一国家生产，则该货物不能视为被估价货物的相同货物；

（2）当没有被估价货物生产商生产的相同货物时，方可考虑其他生产商生产的货物。

9. 如果采用该方法时发现相同货物有多个交易价格，应当使用其中的最低价格确定进口货物的完税价格。

（四）类似货物成交价格方法

1. 采用类似货物成交价格估价方法时，类似货物的成交价格可以作为确定货物完税价格的依据。

2. 类似货物，是指并非在所有方面均相同，但具有类似特征，并由类似部件组成，使其具备与被估价货物相同的功能，并能够实现商业互换。在确定货物同质性时，应当考虑以下特征：

（1）质量、商标和市场信誉；

（2）原产地；

（3）生产商。

3. 采用类似货物成交价格方法确定货物完税价格时，适用相同货物成交价格方法中第4款至第9款的规定。

（五）倒扣价格方法

1. 如果被估价货物、相同或类似货物在土库曼斯坦境内保持原状销售，可以按照倒扣价格方法确定货物的完税价格。

2. 采用倒扣价格方法确定货物完税价格时，使用被估价货物、相同或类似货物在土库曼斯坦境内以最大批量售予非卖方关联人交易方的货物单价。

3. 从货物单价中扣除：

（1）支付佣金的费用，通常支付（或商定支付）的佣金费用，或者在土库曼斯坦关境内销售同等级和同种类进口货物的普通附加利润和一般费用；

（2）因进口或销售货物，在土库曼斯坦缴纳的进口关税、进口环节税和其他费用；

（3）在土库曼斯坦境内发生的运输、保险、装卸等常规费用。

4. 如果没有保持原状的被估价货物、相同或类似货物在土库曼斯坦销售的情况，应申报人请求，可以使用加工后货物单价，但对加工过程中产生的附加值应当进行调整。

（六）计算价格方法

采用计算价格方法确定货物完税价格时，使用以下各项费用相加得出的价格：

1. 生产商因生产被估价货物产生的费用和材料成本；

2. 从同种类货物出口国销往土库曼斯坦的总成本，包括运输、装卸和到土库曼斯坦过境地点的保险费用；

3. 出口商因向土库曼斯坦供应此货物而获得的通常利润。

（七）备用方法

1. 如果依次使用上述完税价格估价方法，申报人依然无法确定货物完税价格，或海关有证据认为，不能使用这些完税价格估价方法，则根据完税价格估价方法的一般原则，以及土库曼斯坦海关掌握的数据，确定被估价货物的完税价格。

2. 采取备用方法确定货物完税价格时，不能使用以下价格：

（1）土库曼斯坦国内市场的货物价格；

（2）最低完税价格；

（3）货物出口国向第三国供应货物的价格；

（4）武断或虚假的货物价格。

三、出口货物完税价格的估价方法

出口货物的完税价格，是指货物从土库曼斯坦关境出口时实际支付或应当支付的成交价格。

（一）未签订合同货物出口完税价格的确定

未签订合同出口货物时，其完税价格可以按照相同货物或类似货物的成交价格，以及依据发票、账单和确认购买出口货物及其价格的其他文件估定。

（二）按照出口货物成交价格确定货物完税价格

1. 采取出口货物成交价格方法确定货物的完税价格时，以下费用应当计入成交价格：

（1）货物从土库曼斯坦关境内运至货物出口地的费用：

① 运输费用；

② 货物装载、卸载和换装的费用。

（2）保险费。

（3）买方发生的费用：

① 佣金和经纪费；

② 可重复使用包装的成本，如根据《对外经济活动商品目录》，其与被估价货物视为一个整体；

③ 货物包装成本，包括包装材料和包装工时的成本。

2. 在确定出口货物的完税价格时，成交价格中应当扣除以下费用，如果有凭据证实此费用已包含在成交价格中：

（1）设备从土库曼斯坦关境出口后的安装、组装、调试或提供技术支持的费用；

（2）货物从土库曼斯坦出境后的运输费用；

（3）货物从土库曼斯坦出境后的运输保险费用。

第六节　海关税费

一、一般规定

（一）海关税费的种类

海关税费包括：

1. 进口关税；

2. 出口关税；

3. 进口环节税；

4. 海关费用。

（二）关税、进口环节税缴纳义务的产生和终止

1. 货物进出土库曼斯坦关境时，产生关税和进口环节税的缴纳义务：

（1）货物进口时——自通过关境之时起；

（2）货物出口时——自提交报关单，或实施直接导致货物运出土库曼斯坦关境的行为之时起。

2. 无须缴纳关税和进口环节税，如果：

191

（1）依照《土库曼斯坦海关法典》、土库曼斯坦的其他规范性法律文件，以及土库曼斯坦加入的国际条约规定：

① 对货物不征收关税和进口环节税；

② 货物享受有条件完全免除缴纳关税和进口环节税—在免税有效期内，并符合免税条件。

（2）在外国货物放行供自由流通前，因事故或不可抗力造成损毁或灭失。

（3）依照《土库曼斯坦海关法典》和土库曼斯坦其他规范性法律文件，货物被收归国有。

（4）进出土库曼斯坦关境货物的价值和/或数量，不超过土库曼斯坦法律规定的价值和/或数量限制。

（三）关税和进口环节税的缴纳责任人

1. 申报人为关税和进口环节税的缴纳责任人。

2. 如果由报关代理人进行申报，该报关代理人为关税和进口环节税的缴纳责任人。

3. 如未遵守《土库曼斯坦海关法典》关于货物使用和处置的规定，或者未遵守完全或部分免缴关税、进口环节税的海关程序和监管方式的规定，临时存储仓库所有人、海关仓库所有人、承运人和应当履行监管方式所规定义务的人为关税、进口环节税的缴纳责任人。

4. 未缴纳关税和进口环节税的，包括未正确计算和/或未及时缴纳关税和进口环节税的，缴纳责任人应当承担相关责任。

5. 货物和运输工具非法进出土库曼斯坦关境时，关税和进口环节税的缴纳责任，由非法运输货物及参与非法运输的人承担，如其已知悉或理应知悉此运输的非法性。

进口时还应包括获得非法进口货物和运输工具所有权的人，或者非法进口货物和运输工具的占有人，如其在获得或占有时已知悉或理应知悉进口的非法性，且按照土库曼斯坦法定程序通过适当方式得到证实。上述人应当承担与非法进出口货物的申报人同等的关税和进口环节税缴纳责任。

二、关税和进口环节税的计算

（一）计算方法

1. 关税和进口环节税，由申报人或其他负责缴纳关税及进口环节税的人自行计算。

2. 根据海关税费缴纳通知书的要求缴纳关税时，由海关计算应缴纳关税和进口环节税税额。

3. 如果土库曼斯坦法律未另行规定，应以土库曼斯坦本国货币计算关税和进口环节税。

4. 如果因计算关税和进口环节税税额需进行外币换算，适用受理报关单当日土库曼斯坦中央银行规定的外币对土库曼斯坦本国货币的汇率。

（二）税率适用

1. 计算关税和进口环节税时，适用海关受理报关单当日实施的税率。

2. 计算关税和进口环节税时，适用与《对外经济活动商品目录》中的商品名称和类别相对应的税率。

3. 对于违反《土库曼斯坦海关法典》规定进入土库曼斯坦关境，且未缴纳关税和进口环节税的货物，按其进境之日实施的关税和进口环节税税率，计算应缴关税和进口环节税税额。如无法确定该日期，则以海关发现此货物非法进境事实之日实施的关税和进口环节税税率，计算应缴关税和进口环节税税额。

按照境内转运监管方式运输的货物，以及按临时存储海关程序存储的货物丢失、未送达或未经海关许可发放，则依据货物适用相关监管方式当日实施的税率，计算应缴关税和进口环节税税额。

4. 从土库曼斯坦关境非法出口的货物，按其通过土库曼斯坦关境当日实施的关税税率，计算应缴关税税额。如果无法确定这一日期，则以海关发现此货物从土库曼斯坦关境非法出口事实之日实施的关税税率，计算应缴关税税额。

5. 违反减免进口关税和环节税的前提条件，有条件放行货物用于规定目的以外的其他用途时，适用海关受理报关单之日实施的关税和进口环节税税率。

三、缴纳期限和程序

（一）关税和进口环节税的缴纳期限

1. 如果《土库曼斯坦海关法典》未另行规定，应在不晚于提交报关单之日缴纳关税和进口环节税。

2. 变更监管方式时，应在不晚于被更改的监管方式终止之日缴纳关税和进口环节税。

3. 如果有条件放行货物用于海关优惠目的以外的其他用途，为计算滞纳金，将违反使用限制对货物进行处置的第一天视为关税和进口环节税的缴纳日期。如果无法确定这一日期，则海关受理该货物报关单之日视为关税和进口环节税的缴纳日期。

4. 违反海关程序将产生关税和进口环节税的缴纳义务，为计算滞纳金，将实施违法行为之日视为关税和进口环节税的缴纳日期。如果无法确定这一日期，则将相关海关程序开始之日视为关税和进口环节税的缴纳日期。

（二）预存款

1. 预存款，是指缴纳人不能确定即将缴纳海关税费的具体种类和数额时，作为海关税费存入海关账户的款项。

2. 海关收到的作为预存款的款项，是属于其缴纳人的财产，在缴纳人向海关发送将预存款作为海关税费使用的指令之前，或海关对预存款实施追征之前，不得将其视为海关税费。预存款缴纳人提交或以其名义提交报关单，或者实施其他证明有意将预存款作为海关税费使用的行为，视为该人发出将预存款用于缴纳海关税费的指令。

3. 应缴纳人的要求，海关与缴纳人对预存款支出情况进行联合对账。根据对账结果，按照土库曼斯坦国家海关总署规定的格式形成记录。记录一式两份，由海关负责人（或授权关员）和缴纳人签字，签字后其中一份记录应当交付缴纳人。

4. 从预存款划入海关账户之日起 3 年内，可以提交预存款返还申请，按照关税和进口环节税返还规则对预存款（余额）予以返还。

（三）关税和进口环节税的缴纳程序和方式

1. 关税和进口环节税上缴土库曼斯坦国家预算。

2. 如果土库曼斯坦法律未另行规定，关税和进口环节税以土库曼斯坦本国货币缴纳。

3. 依照土库曼斯坦法律规定，可以任何形式缴纳关税和进口环节税。

4. 应缴纳人要求，海关以书面形式出具关税和进口环节税的缴纳证明。

（四）关税和进口环节税缴纳义务的履行

以下情形视为关税和进口环节税的缴纳义务已履行：

1. 从缴纳人银行账户扣款之时起；

2. 从现金存入银行收款处之时起；

3. 从多缴纳或多追征的关税和进口环节税税款中抵消关税和进口环节税

之时起，如系缴纳人主动申请抵消，则从接受抵消申请时起；

4. 从预存款或保证金中抵消关税和进口环节税之时起，如系缴纳人主动要求抵消，则从海关收到抵消指令之时起；

5. 从银行或其他信贷机构、保险机构和保证人根据银行担保、保险合同或委托合同支付的款项中，抵消关税和进口环节税之时起；

6. 对未缴纳关税、进口环节税的货物、缴纳人的抵押品或其他财产进行强制追缴之日起，如果上述款项数额不低于欠缴关税、进口环节税数额。

四、关税和进口环节税的缴纳担保

（一）一般规定

1. 在以下情形下，应当提供履行关税和进口环节税缴纳义务的担保：

（1）准予延期或分期缴纳关税和进口环节税；

（2）货物有条件放行；

（3）运输和/或存储外国货物；

（4）在海关领域开展经营活动。

2. 缴纳关税和进口环节税，应由其缴纳责任人进行担保，或者由其他任何人为关税和进口环节税的缴纳责任人进行担保。

3. 海关确定已履行所担保义务3日内，关税和进口环节税缴纳担保应予返还。

（二）担保金额

1. 对于进口货物，关税和进口环节税担保金额，由海关根据货物放行供自由流通时应缴纳的关税和进口环节税税额确定；对于出口货物，按照货物出口时应缴纳的海关税费确定，但进口货物和出口货物的担保金额均不得少于应缴纳的税额。

2. 在确定关税和进口环节税担保金额时，因未向海关提供关于货物性质、品名、数量、原产地和完税价格的准确信息，而无法确定应缴纳关税和进口环节税税额时，根据已有信息确定货物价格和数量，按照关税和进口环节税的最高税率确定关税和进口环节税的担保金额。

3. 如果海关发现货物申报信息不准确，可能影响到应缴纳关税和进口环节税税额，海关根据可能重新计征的关税和进口环节税税额与已缴纳的关税和进口环节税税额之间的差额，确定关税和进口环节税的担保金额。

4. 对于部分类别货物，土库曼斯坦国家海关总署有权确定固定数额的关税和进口环节税缴纳担保。

（三）担保方式

1. 缴纳责任人通过以下方式提供关税和进口环节税的缴纳担保：

（1）货物和其他财产抵押；

（2）银行保函；

（3）保证；

（4）保险合同。

2. 关税和进口环节税的缴纳责任人，有权同时使用上述一种或多种关税和进口环节税的担保方式。

（四）货物和其他财产抵押

1. 抵押标的物可以是进口到土库曼斯坦关境的货物，以及依照土库曼斯坦民法规定可以作为抵押标的物的其他财产。

2. 通过海关与抵押人之间签署协议办理抵押。抵押人可以是关税和进口环节税的缴纳责任人或其他任何人。

3. 如果未向海关履行抵押担保义务，海关可以利用抵押标的物的价值，将欠缴税款划拨至土库曼斯坦国家预算。

4. 如果抵押标的物是海关监管货物并已移交给海关，则无须通过法院执行该货物满足海关的要求。对于其他抵押财产，按照土库曼斯坦财产抵押法规定的程序进行追偿。

5. 将财产作为抵押时，如果海关未作出其他决定，抵押标的物由抵押人保管。

在抵押财产所担保的义务履行之前，抵押人无权对抵押标的物进行处置。

（五）银行保函

海关接受依照土库曼斯坦法律签发的银行保函，作为关税和进口环节税的缴纳担保。

（六）保证

1. 依照土库曼斯坦民法，通过海关与保证人之间签署协议形成保证。

2. 报关代理人，临时存储仓库、海关仓库和免税商店的所有人，以及其他人可以作为保证人。

3. 如果缴纳人未履行关税和进口环节税的缴纳义务，则由保证人代替缴纳人在规定期限内履行关税和进口环节税的缴纳义务。

（七）保险合同

海关接受依照土库曼斯坦法律签订的保险合同，作为关税和进口环节税的缴纳担保。

五、关税和进口环节税的追征

（一）一般规定

1. 如果规定期限内未缴纳或未全额缴纳关税和进口环节税，海关按规定程序对关税和进口环节税实行强制追征。

2. 在采取关税和进口环节税强制追征措施之前，海关应当向缴纳人发送海关税费缴纳通知书，但货物在临时存储仓库、海关仓库存储期限已满的情形除外。

3. 通过以下方式，对法人和个体经营者强制追征关税和进口环节税：

（1）从缴纳人银行账户的现有资金中追征关税和进口环节税；

（2）如果海关分别持有银行保函、保险合同或保证，则按照《土库曼斯坦海关法典》规定的程序向银行、保险公司或保证人追征关税和进口环节税；

（3）通过执行缴纳人的其他财产，追征关税和进口环节税；

（4）按司法程序追征关税和进口环节税，但个体经营者除外。

4. 按照司法程序对自然人强制追征关税和进口环节税。

5. 在以下情形下，关税和进口环节税不予强制追征：

（1）自关税和进口环节税缴纳期限届满之日起或引发关税和进口环节税缴纳义务的事件发生之日起 3 年内，海关未向缴纳人发送海关税费缴纳通知书；

（2）海关实施强制追征特定措施的费用，超过所追征的关税和进口环节税税额。

（二）滞纳金

1. 对规定期限内未缴纳关税和进口环节税的，将计征滞纳金。

2. 自关税和进口环节税的缴纳期限届满次日起，直到履行关税和进口环节税缴纳义务之日（包括当日），逾期每天按未缴纳关税和进口环节税税额的 0.03% 计算滞纳金。

3. 对于临时存储仓库中的货物，在规定的临时存储期限内如果违反报关单提交期限，则不计算滞纳金。

4. 应在缴纳关税和进口环节税的同时或之后缴纳滞纳金，但不得晚于海关税费缴纳通知书发出之时起 10 日。

5. 缴纳关税和进口环节税，并不免除应计滞纳金的缴纳义务，而缴纳应计滞纳金同样不能免除关税和进口环节税的缴纳义务。

6. 按照《土库曼斯坦海关法典》规定的关税和进口环节税的缴纳、追征和返还方式，缴纳、追征和返还滞纳金。

（三）海关税费缴纳通知书

1. 海关税费缴纳通知书，是关于规定期限内未缴纳的关税和进口环节税税额，以及在其规定期限内应履行关税和进口环节税及应计滞纳金缴纳义务的海关书面通知。

2. 海关税费缴纳通知书应当包含以下信息：应缴纳的关税和进口环节税税额；海关税费缴纳通知书发出之日应计的滞纳金金额；关税和进口环节税及滞纳金的缴纳期限；海关税费缴纳通知书的执行期限；对关税和进口环节税的强制追征措施，以及缴纳人不执行海关税费缴纳通知书要求时应当采取的追征保障措施；发出海关税费缴纳通知书的理由。

3. 在发现未缴纳或未全部缴纳关税和进口环节税的事实之日起 10 日内，应向缴纳人发送海关税费缴纳通知书。海关税费缴纳通知书可以凭收条当面送交缴纳人，或以能够确认通知书接收事实和日期的其他方式交付缴纳人。如果缴纳人逃避接收，则通过邮局将通知书按挂号信寄出。自挂号信寄出之日起 6 日后，视为海关税费缴纳通知书已收悉。

4. 海关税费缴纳通知书应当送交缴纳人，无论其是否被追究行政或刑事责任。

5. 自缴纳人收到海关税费缴纳通知书之日的次日起，海关税费缴纳通知书的执行期限不得超过 10 日。

6. 如果未按通知书要求缴纳海关税费，海关根据规定采取措施强制追征关税和进口环节税。

（四）无争议追征

1. 如果在规定期限内未按通知书要求缴纳海关税费，海关将作出决定，按照无争议程序从缴纳人银行账户资金中追征关税和进口环节税（以下简称"无争议追征决定"）。

2. 无争议追征决定，是向缴纳人开户银行发送托收委托，委托银行从缴纳人账户中扣除追征款项，并划拨至海关账户的依据。

3. 无争议追征是从缴纳人的银行账户中扣除关税和进口环节税税款，但贷款和预算账户除外。

从银行外币账户中追征关税和进口环节税时，依据以土库曼斯坦本国货币缴纳的关税和进口环节税税额，按照实际追征日土库曼斯坦中央银行汇率折算的等值外币数额实施追征。

在追征银行外币账户中的资金时，海关负责人或其代理人在发送托收委托的同时，向缴纳人银行发送卖出缴纳人的外币资金的委托。

4. 银行按照土库曼斯坦法律规定的程序和期限，履行海关发送的托收委托。

5. 如果海关缺少形成无争议追征决定所必要的数据，则不得实施无争议追征。

（五）以未缴纳关税和进口环节税的货物追征关税和进口环节税

1. 如果缴纳人账户上无资金或缺少缴纳人账户信息，在符合《土库曼斯坦海关法典》规定的情形下，海关有权对未缴纳关税和进口环节税的货物执行追偿，前提是该货物未放行供自由流通。

2. 在以下情形下，允许对未缴纳关税和进口环节税的货物执行追偿，而无须发送海关税费缴纳通知书：

（1）货物在临时存储仓库或海关仓库的存储期限已满；

（2）海关未确定关税和进口环节税的缴纳责任人。

3. 根据法院判决对货物执行追偿以缴纳关税和进口环节税，但该货物作为抵押标的物已移交海关，以及被追偿货物在临时存储仓库或海关仓库的存储期限已满的情形除外。

4. 仅对未缴纳或未全额缴纳关税和进口环节税的货物，按照规定的程序和期限执行追偿。

5. 对货物执行追偿以缴纳关税和进口环节税，不受该货物所有人的限制。

6. 依照《土库曼斯坦海关法典》规定，对货物的销售收入进行处置。

（六）以缴纳人的其他财产追征关税和进口环节税

1. 在未按通知书要求缴纳海关税费，且缴纳人账户资金不足或无资金，或者无缴纳人账户信息的情况下，海关有权从无人认领的预存款余额中进行追征，或执行以缴纳人的其他财产（包括现金）追征关税和进口环节税。

2. 对海关账户中存储期限内的预存款执行追征，应当依据海关负责人或其代理人的决定，且必须在海关税费缴纳通知书中将此情况预先通知缴纳人。海关应在实施追征后的 1 天内，将以预存款追征关税和进口环节税的情况，以书面形式通知将上述资金存入该海关账户的人。

3. 依照土库曼斯坦税法规定，对缴纳人的其他财产执行追偿，以缴纳关税和进口环节税。

（七）银行执行无争议追征决定的义务

1. 银行有义务执行无争议追征决定。
2. 在收到无争议追征决定之日的下一个工作日内，银行应当执行该决定。
3. 如果缴纳人账户中存有资金，银行无权延迟执行无争议追偿决定。
4. 不履行或不当履行上述义务时，银行应当承担法律规定的责任。

六、关税和进口环节税的返还

（一）多缴纳或多追征的关税和进口环节税的返还

1. 多缴纳或多追征的关税和进口环节税税款（以下简称"多缴纳的税款"），是指作为关税和进口环节税实际缴纳或追征的资金，其数额超过《土库曼斯坦海关法典》和土库曼斯坦其他规范性法律文件规定的应缴纳数额。

2. 根据缴纳人的申请，对多缴纳的税款，海关应予退还。缴纳人应自多缴纳的税款入账之日起 5 年内，向该税款进入其账户的海关提交申请，自缴纳人提交申请之日起 10 日内，海关应当予以受理。

3. 依据海关结论返还多缴纳的税款，自收到该结论之日起 20 日内，经授权的国家财政部门应予返还。

4. 根据缴纳人要求，以抵消其他关税、滞纳金、罚款的形式返还多缴纳的税款。

5. 返还多缴纳的税款时，除返还关税和进口环节税外，还应当返还因多缴纳的税款而征收的滞纳金。

6. 在以下情形下，多缴纳的税款不予返还：

（1）如果缴纳人欠缴关税和进口环节税的数额超过应当返还的多缴纳税款的数额，可以对多缴纳的税款进行抵偿；

（2）在规定期限届满后提交返还多缴纳税款的申请。

7. 存在欠缴关税和进口环节税时，海关有权自主使用多缴纳的税款对其进行抵偿。海关应在不晚于抵偿后的次日通知缴纳人抵偿的情况。

（二）关税和进口环节税返还的其他情形

1. 在以下情形下，也应当返还关税和进口环节税：

（1）向海关提交的报关单被视为未提交；

（2）撤销报关单；

（3）以返还已缴纳关税的形式提供关税优惠；

（4）恢复最惠国待遇制度或关税特惠制度；

（5）根据《土库曼斯坦海关法典》规定，外国货物从土库曼斯坦关境出口、被销毁或放弃收归国有时，或者货物复进口时应当返还已缴纳的关税和进口环节税；

（6）经海关许可变更此前申报的监管方式，并适用重新选择的监管方式时，应当缴纳的关税和进口环节税税额低于适用最初监管方式时所缴纳的关税和进口环节税税额。

2. 上述关税和进口环节税的返还，应在引发返还已缴纳关税和进口环节税税款的情况发生之日的次日起 1 年内提出申请。

七、海关费用

（一）海关费用的种类

海关收取的费用包括：

1. 海关通关费用；

2. 海关押运费用；

3. 海关存储费用。

（二）海关费用的缴纳责任人

1. 海关费用的缴纳责任人为申报人或报关代理人。

2. 海关押运费用的缴纳责任人，是已获得境内转关运输许可或海关转运许可的人。

3. 海关存储费用的缴纳人，是临时存储仓库或土库曼斯坦国境口岸海关机构的海关仓库中货物的存放人；在转让货物的占有、使用或处置权的情况下，是取得土库曼斯坦国境口岸海关机构的海关仓库中存储货物财产权的人。

4. 海关费用的缴纳责任人，应当按照履行关税和进口环节税缴纳义务的规定，履行海关费用的缴纳义务。

（三）海关费用的计算方法

1. 海关费用应由其缴纳责任人独立计算，海关发出海关税费缴纳通知书时，由海关计算。

2. 如果土库曼斯坦法律未另行规定，应以土库曼斯坦本国货币计算应缴纳的海关费用。为计算海关费用而需要对外币进行换算时，适用报关单受理之日土库曼斯坦中央银行规定的外币对土库曼斯坦本币汇率。

（四）海关费用的费率适用

1. 计算海关通关费用，适用海关受理报关单之日实施的费率。

2. 计算海关押运费用，适用海关受理转运报关单之日实施的费率。

3. 计算海关存储费用，应当适用货物在临时存储仓库或海关机构的海关仓库中存储期间实施的费率。

（五）海关费用的缴纳期限

1. 海关通关费用，应在提交报关单前或提交报关单的同时缴纳。

2. 海关押运费用，应当在实际实施海关押运之前缴纳。

3. 海关存储费用，应当在货物从临时存储仓库或海关仓库实际出库前缴纳。

（六）海关费用的追征、返还和免除

1. 按照关税和进口环节税的追征和返还程序，对海关费用进行追征和返还。

2. 报关单视为未提交或撤销报关单时，海关收取的通关费用不予返还。

3. 依照土库曼斯坦法律及土库曼斯坦加入的国际条约，可以免除缴纳海关费用。

第七节 海关监管制度

一、一般规定

（一）海关监管的实施原则

1. 海关采取足以确保遵守土库曼斯坦法律的海关监管形式，根据选择性原则实施海关监管。

2. 在选择海关监管形式时应用风险管理系统。

3. 海关采用风险分析方法，确定应当接受检查的货物、运输工具、单证和人员及其检查程度。

4. 根据风险评估措施体系，土库曼斯坦国家海关总署确定海关监管策略。

5. 海关监管仅由海关机构依照《土库曼斯坦海关法典》实施。

（二）对报关单、其他单证及货物的检查期限

1. 货物通关期间，海关应在报关单受理之日起 3 日内完成对报关单和其他单证的审核，以及对货物的检查，以确定报关单和其他单证中的信息与货物名称、原产地、数量和价值是否一致，但《土库曼斯坦海关法典》规定更短期限的情形除外。

2. 如果提交待检的货物未按单独类别和/或货物名称拆分成包装单位，或货物商业、运输单据中未注明包装和标记信息，导致海关无法实施必要的作业以确定货物与其信息是否一致。在此情形下，海关有权延长货物的检查期限。延长时间即为货物权利人将批次货物拆分为单独类别货物所需的时间。

（三）海关监管货物和运输工具

1. 货物和运输工具自抵达土库曼斯坦关境时起至以下时刻，均视为处于海关监管之下：

（1）放行进入自由流通；

（2）销毁；

（3）放弃收归国有或转为国家所有；

（4）货物和运输工具实际离开土库曼斯坦关境；

（5）按照《土库曼斯坦海关法典》规定的程序和条件，允许使用和处置海关监管货物和运输工具。

2. 土库曼斯坦货物和运输工具离开土库曼斯坦关境时，自受理报关单或实施直接导致货物运出土库曼斯坦关境的行为之时起，直至货物出境前，视为处于海关监管之下。

3. 海关有权在货物和运输工具放行后实施海关监管。

4. 实施放行后监管的情形和程序，由土库曼斯坦国家海关总署规定。

（四）海关监管区

1. 为了对货物和运输工具实施外形查验和彻底查验，以及对其存储和移动实施海关监管，专门设立海关监管区。

海关监管区可以设在土库曼斯坦关境沿线，办理通关和实施海关作业的地点，货物换装及进行外形查验和彻底查验的地点，海关监管货物和运输工具的临时存储和停放地点，以及《土库曼斯坦海关法典》规定的其他地点。

2. 海关监管区分为永久监管区（该区域内长期存放海关监管货物）和临

时监管区。

设立临时海关监管区的条件：

（1）在非海关作业地点办理货物和运输工具的通关手续，按照实施此作业所需的时间设立临时海关监管区；

（2）对海关在永久海关监管区以外发现的货物和运输工具，有必要进行外形查验或彻底查验时，设立临时海关监管区。

设立临时海关监管区的决定，由海关负责人或其代理人以书面形式作出。

3. 海关监管区的设立、标记方式及标记要求，由土库曼斯坦国家海关总署制定，但在土库曼斯坦关境沿线设立的海关监管区除外。

按照土库曼斯坦政府规定的程序，在土库曼斯坦关境沿线和土库曼斯坦边境口岸设立海关监管区。

4. 经海关许可并在其监督下，允许货物、运输工具、人员（包括其他国家机构的工作人员）进出海关监管区，在监管区内移动，以及在海关监管区内开展生产和其他经营活动。

5. 只能在海关监管区对货物进行检查。

（五）海关监管所需文件和信息的提交

1. 依照《土库曼斯坦海关法典》规定，为实施海关监管，使货物和运输工具通过土库曼斯坦关境的人、报关代理人、临时存储仓库和海关仓库所有人必须向海关提交文件和信息。

2. 为实施海关监管，海关有权从银行和其他金融机构获取关于货物权利人、报关代理人、临时存储仓库和海关仓库所有人对外经济活动和缴纳海关税费的交易证明。

3. 货物放行后，为核查信息的真实性，海关有权向申报人或与货物交易有关的其他人索取对外经济交易的商业单据、会计核算文件和会计报表，以及有关进口货物对外经济业务及其后续业务的其他信息，包括电子信息。

4. 海关有权从法人注册机构和其他机构获取实施海关监管所需的信息。

5. 在解除货物海关监管的年度后，海关监管所需的文件应至少保存3年。在实施海关作业年度后，报关代理人、临时存储仓库和海关仓库所有人应将海关监管文件保存5年。

6. 根据海关要求，使用特别简化程序的报关代理人、临时存储仓库和海关仓库所有人以及使用和/或占有有条件放行货物的人，应当按照土库曼斯坦国家海关总署规定的格式，向海关提交货物存储、运输、销售、加工和/或使用的报表。

（六）实施海关监管不得造成非法损害（损失）

1. 实施海关监管时，不得对承运人、申报人及其代理人，临时存储仓库和海关仓库所有人、其他利害关系人，以及货物和运输工具造成损害（损失）。

2. 海关或其工作人员在实施海关监管过程中的非法决定和行为（不作为）所造成的损失应当全额赔偿，包括利润损失（未取得的收入）。

3. 海关或海关工作人员对其造成的损失，应当承担土库曼斯坦法律规定的责任。

4. 因海关工作人员的合法决定、行为所造成的损失不予赔偿。

二、海关监管的形式和规程

（一）海关监管形式

海关监管形式分为：

1. 单证和信息审核；

2. 口头询问；

3. 获取解释；

4. 海关监视；

5. 对货物和运输工具实施海关外形查验；

6. 对货物和运输工具实施海关彻底查验；

7. 人身检查；

8. 对使用特殊标识的货物标记及是否存在识别标志进行检查；

9. 对海关监管场所和区域进行巡查；

10. 海关稽查。

（二）单证和信息审核

1. 海关对货物和运输工具通关时所提交的单证和信息进行审核，以确认单证的真实性和信息的准确性。

2. 通过与其他来源所获取的信息进行比对，对海关专门统计信息进行分析，应用信息技术进行信息加工处理，以及土库曼斯坦法律规定的其他方式，对通关过程中向海关提交信息的准确性进行审核。

3. 实施海关监管时，海关有权要求提供补充文件和信息，仅用于报关单和其他海关单证中的信息审核。海关应以书面形式要求提供此类文件和信息，并规定文件和信息的提交期限。

4. 要求提供补充文件和信息，以及对其进行审核并不妨碍货物放行，《土库曼斯坦海关法典》有不同规定的除外。

（三）口头询问

办理进出境货物和运输工具的通关手续时，海关有权向自然人，以及对此货物和运输工具具有权限的企业、组织、机构的代表进行口头询问，而无须向其提供书面说明。

（四）获取解释

1. 获取解释，是指海关工作人员从货物权利人、申报人，以及其他与货物和运输工具进出境有关并掌握相关信息的人，获取与实施海关监管相关的信息。

2. 解释说明应以书面形式提交。

（五）海关监视

海关监视，是指海关授权工作人员有针对地经常性或一次性、直接或间接（应用技术手段）目视观察海关监管货物和运输工具的移动，以及对其实施的货运和其他作业。

（六）海关外形查验

1. 海关对货物和运输工具实施外形查验，是指在不打开运输工具或其货舱及不损坏货物包装的前提下，海关授权工作人员对货物、个人行李、运输工具、货运容器、海关封志、印章，以及其他用于海关监管的货物识别标志所进行的外部目视检查。

2. 申报人、货物和运输工具的其他权利人及其代理人不在场时，在海关监管区内可以对货物和运输工具实施外形查验，但上述人员表示有意愿在外形查验时到场的情形除外。

3. 对货物和运输工具实施外形查验过程中，如果发现申报货物数量不准确，由海关独立确定货物数量。

4. 根据对货物和运输工具实施外形查验的结果，必要时海关工作人员按照土库曼斯坦国家海关总署规定的格式编制外形查验记录。

应货物和运输工具权利人要求，海关工作人员应当编制查验记录，或在其持有的运输单据和/或报关单上标记外形查验的实际情况。查验记录第 2 联交付货物和/或运输工具权利人。

（七）海关彻底查验

1. 海关彻底查验，是指海关授权工作人员对货物和运输工具进行检查，需要拆除封志、清除印章和其他货物识别标志，拆启货物包装或开启运输工具货舱、容器等货物所在或可能存在的其他位置。

海关受理货物报关单后，可以对货物进行彻底查验。进口货物报关单提交之前，为识别货物、对违反海关法律的信息进行核实，以抽查方式实施海关监管，也可以进行彻底查验。

2. 海关授权工作人员作出实施彻底查验的决定时，应将此决定通知申报人或货物和运输工具权利人。海关对货物和运输工具实施彻底查验时，上述人员或其代理人可以在场，如果海关授权工作人员要求则必须在场。如果承运人未专门授权代理人，则运输工具驾驶员被视为代理人。

3. 在以下情形下，当申报人、货物和运输工具权利人及其代理人不在场时，海关有权在见证人在场时对货物和运输工具进行彻底查验：

（1）在货物抵达地向海关提交货物之日起30日内，或者完成境内转关运输之日起30日内，上述人员未到场；

（2）对国家安全、公共秩序、人类生命健康、动植物、环境、文物保护存在威胁，以及出现其他无法拖延的情况（包括有迹象表明货物属于易燃易爆物品、爆炸物、有毒物品、危险化学品、生物物质、麻醉药品、精神药物、烈性药品、放射性物质、核材料和散发刺激性气味的其他物品）；

（3）国际邮件寄送货物；

（4）所适用监管方式规定应当出境的货物和运输工具，违反规定滞留在关境内。

4. 如果海关对报关单载明的同品名货物中的一部分实施彻底查验，该查验结果应当适用于报关单载明的所有此类货物。如果申报人或其他货物权利人认为该查验结果不能适用于所有同品名货物，其有权要求对剩余部分货物进行补充查验。

5. 对货物和运输工具实施彻底查验过程中，如果确定货物申报数量不准确，由海关独立确定货物数量。

6. 根据彻底查验结果，编制一式两份的查验记录，记录中应当注明：

（1）实施彻底查验的海关工作人员和查验时在场人员的信息；

（2）进行海关查验时，申报人或其他货物和运输工具权利人不在场的原因；

（3）海关彻底查验结果。

记录的第2联应当交付货物和运输工具权利人或其代理人。

（八）人身检查

1. 人身检查是一种特殊的海关监管形式。如果有依据认为，通过土库曼斯坦关境并处于海关监管区内或开放国际航线的空港过境区内的自然人，利用身体藏匿禁止进出境物品，或违反《土库曼斯坦海关法典》规定程序携运物品且不自愿交出时，根据海关负责人或其代理人的书面决定，可以对其进行人身检查。

实施人身检查的决定，由海关负责人或其代理人作出。

2. 在开始人身检查前，海关工作人员应当向自然人宣布实施人身检查的决定，使自然人了解其在检查过程中的权利和义务，并建议其自愿交出藏匿物品。

自然人应当在实施人身检查决定书上签字，以证明本人知悉该决定。如果其拒绝签字，则在检查决定书上做出标注，并由宣布实施人身检查决定的海关工作人员签字证明。

3. 与被检查人同性别的海关工作人员，在符合卫生要求的隔离室内，在两名同性见证人在场时进行人身检查。

只能由医务人员对被检查人进行身体检查。

对未成年人或无行为能力的自然人进行人身检查时，其法定代理人（父母、养父母、监护人、保护人）或其陪同人员有权在场。

应当严禁其他自然人进入隔离室，并排除无关人员从其所处位置观察实施人身检查的可能性。

4. 实施人身检查的具体方式不得有损人格尊严，不得对被检查人的健康和财产造成非法损害（损失），并应控制在发现被检查人员利用身体藏匿物品所需的程度之内。

5. 在人身检查过程中，被检查人及其法定代理人应当服从海关检查人员的合法要求，并有权：

（1）要求向其宣布海关负责人或其代理人关于实施人身检查的决定；

（2）知悉自身权利和义务；

（3）作出解释，提出请求；

（4）在人身检查记录编制完成后，知悉记录内容，作出声明并记入检查记录；

（5）使用母语及翻译服务；

（6）依照土库曼斯坦法律规定的程序，在人身检查结束后，对海关工作人员的行为提出申诉，如被检查人认为，实施人身检查过程中其权利和合法利益受到侵犯。

6. 按照土库曼斯坦国家海关总署规定的格式，编制一式两份的人身检查记录。

实施人身检查的海关工作人员、被检查人或其法定代理人、见证人应当在记录上签字。如进行身体检查，则由实施身体检查的医务人员签字。记录第 2 联应当交付被检查人或其法定代理人。

（九）检查货物标记

1. 海关对货物或其包装上是否存在特殊标识、识别标志，或用于证明货物合法进口的其他货物标记进行核查。

2. 进口货物无特殊标识、识别标志或其他方式的货物标记，如果该货物所有人不能反向证明，则视为货物未办理通关和放行手续进入土库曼斯坦关境。

（十）对场所和区域进行巡查

1. 海关对场所和区域进行巡查，以确认在临时存储仓库、海关仓库、免税商店是否存放有海关监管货物和运输工具，包括有条件放行的货物和运输工具。

如收到关于货物和运输工具丢失、转让，或者以其他方式对货物进行处置或违反法律规定使用货物的信息，应当对场所和区域进行检查或抽查，以对此信息进行核实。

2. 海关可以对土库曼斯坦边境口岸和关境沿线设立的海关监管区内的场所和区域，以及进口货物批发或零售贸易企业，进行检查，以核实相关违法信息。

3. 在出示由海关负责人或其代理人签署的命令及官方证明后，海关工作人员对场所和区域进行巡查。

4. 如海关工作人员被拒绝进入场所和区域，其有权在两名见证人在场时进入场所和区域，制止抵抗并打开封闭场所，但土库曼斯坦法律对国家机关公职人员接触某些客体有不同规定的除外。

5. 海关应当在 24 小时之内将进入该场所和区域，制止抵抗和打开封闭场所的所有情况通知检察院。

7. 海关对场所和区域的巡查，应在其实施所需的最短时间内完成，最长不得超过 1 天。

8. 巡查完成后，按照土库曼斯坦国家海关总署规定的格式，编制一式两份的巡查记录。该记录第 2 联应当交付其场所和区域接受检查的人。

（十一） 海关稽查

1. 海关稽查，是指在货物放行之后，海关对报关单信息及通关过程中提交的其他文件信息与会计核算文件和会计报表数据、账户及其他信息进行比对，对货物放行事实及上述信息的准确性进行核查。

海关稽查分为一般形式和专项形式。

2. 海关可以对申报人，或者《土库曼斯坦海关法典》规定的非申报人实施海关一般稽查。

3. 根据海关负责人或其代理人的决定，实施海关一般稽查。该决定副本应当在稽查开始前交付被稽查人。

实施海关一般稽查时，海关有权访问被稽查人的自动化信息系统数据库。

一般稽查应在其实施所需的最短时间内完成，且不得超过 3 日。海关实施稽查不应妨碍被稽查人开展业务活动。

不得对同一货物重复进行海关一般稽查。

4. 海关可以对以下人实施海关专项稽查：

（1）报关代理人、临时存储仓库和海关仓库所有人，如果根据海关一般稽查结果，或采取其他形式的海关监管过程中发现其通关过程中提交的信息不准确，或违反《土库曼斯坦海关法典》规定使用和处置货物；

（2）报关代理人、临时存储仓库和海关仓库所有人，如果发现其代理或存储的进出境货物的会计核算报表存在违规行为，或在开展相关类型活动时未遵守《土库曼斯坦海关法典》的规定；

（3）进口货物批发或零售贸易商，如果发现其违反《土库曼斯坦海关法典》规定进口货物，导致违反关税、进口环节税的缴纳程序，或未遵守禁止和限制规定。

经土库曼斯坦国家海关总署批准，海关负责人确定实施海关专项稽查，并以书面形式作出实施海关专项稽查决定。开始专项稽查前，该决定副本应当交付被稽查人。

5. 实施海关专项稽查时，海关有权：

（1）要求无偿提供与进口货物生产、商业或其他业务有关的任何文件和信息（包括银行信息及电子文件）。

（2）检查被稽查人的场所和区域，在被稽查人的授权代理人在场时，对货物进行外形查验和彻底查验。在对个体经营者进行海关稽查时，需两名见证人在场。

（3）依照土库曼斯坦法律对货物进行盘点。

（4）收缴货物或禁止对货物进行处置。

6. 海关专项稽查应在其实施所需的最短期限内完成，自作出海关专项稽查决定之日起不得超过 2 个月。上述期限不包括从要求被稽查人提交文件和信息到提交该文件和信息之间的时间段。特殊情况下，土库曼斯坦国家海关署总可以将稽查期限再延长 1 个月。

不得对同一货物重复进行海关专项稽查。

7. 仅允许对法人和个体经营者进行一般形式和专项形式的海关稽查。

8. 为实施一般形式和专项形式的海关稽查，海关可以使用货物权利人、货物存储人或监管部门的货物盘点结果、审计报告，以及国家机构作出的报告和结论。

9. 按照土库曼斯坦国家海关总署规定的格式，形成海关稽查（一般形式和专项形式）报告。该报告应分别在以下时间形成：

（1）海关一般稽查完成后次日；

（2）海关专项稽查完成后 10 日内。

报告副本应当交付被稽查人。

10. 在海关稽查（一般形式和专项形式）过程中，发现海关领域的犯罪或行政违法迹象时，应当立即结束对已确定的违法直接客体的稽查，并编制海关稽查结果报告。依照土库曼斯坦刑事诉讼法或行政处罚法有关规定，海关将对其采取进一步行动。

11. 实施海关专项稽查期间，在以下情形下，禁止对货物进行处置：

（1）发现货物无特殊标识、识别标志或其他方式的货物标记，如果依照《土库曼斯坦海关法典》和土库曼斯坦其他规范性法律文件规定，该货物应予标记以证明其进口的合法性；

（2）发现货物带有假冒标识或标志；

（3）被稽查人商业单据中缺少海关放行货物的信息，如依照土库曼斯坦规范性法律文件，货物在土库曼斯坦境内流通时其商业单据中应当注明此类信息，或发现此类信息不准确或缺少应注明此类信息的商业单据；

（4）对于有条件放行的货物，发现其未用于减免进口关税和环节税所规定的用途，而按照其他用途被使用和/或处置。

12. 对于禁止处置的货物，应当转交其所有人或其他权利人存储，货物存储地点属于海关监管区域。决定实施海关专项稽查的海关负责人或其授权人可以允许使用禁止处置的货物，但不得将其转交他人，不得盗用、转让或以任何其他方式对其进行处置。

13. 如土库曼斯坦法律禁止该货物进口或流通，并有充分理由认为，禁止处置货物并非保证货物安全的有效措施，海关则对货物予以收缴。所收缴货物应当存放在海关的临时存储仓库或海关监管区内的其他地点。

14. 如提供可以追征的关税和环节税担保，可以不采取货物收缴措施，依照《土库曼斯坦海关法典》规定，计算关税、进口环节税税额以确定其担保金额，但土库曼斯坦法律禁止进口或禁止在境内流通的货物，或规定进出境数量限制的货物除外。

15. 如有充分依据，根据实施海关专项稽查的海关工作人员决定，在被稽查人或其代理人，以及至少2名见证人在场时，对货物予以收缴。

在收缴或禁止处置货物前，海关工作人员应当出示收缴或禁止处置货物的命令。

16. 制作收缴或禁止处置货物的记录。在记录或附随清单中，对收缴或禁止处置的货物应当进行详细描述，标明其名称、数量和个体特征。该记录应由执行收缴或禁止处置货物的海关工作人员、该货物的权利人或其代理人，以及见证人签字确认。记录副本交付货物权利人或其代理人。

17. 返还被收缴货物和解除货物的处置禁令，应不晚于海关专项稽查结束当日，但货物作为物证没收或可用以追征关税和环节税的情形除外。收缴货物的临时存储费用由被收缴人承担。

18. 对被收缴和被禁止处置货物的最终处置结果，应当在海关专项稽查结果报告中予以注明。

19. 自海关专项稽查结束之日起，对于2个月内无人认领的被收缴货物，按《土库曼斯坦海关法典》规定的程序进行处置。

三、海关监管过程中的鉴定和检验

（一）指定鉴定

1. 如需专业知识对海关监管过程中出现的问题予以澄清，则指定对货物、运输工具，或者包含有关货物和运输工具信息的文件或与其作业（行为）相关信息的文件进行鉴定。

2. 鉴定由海关实验室及其他相关机构的专家，或者海关指定的其他专家负责实施。凡具备作出结论所需专门知识的人员均可被指定为专家。当申报人或其他利害关系人主动要求进行鉴定时，其有权向海关提出专家建议人选。

3. 经海关负责人或其代理人同意，海关工作人员作出实施指定鉴定的决定，其中应当注明实施鉴定的理由，专家姓名和父称，鉴定机构名称，对专家提出的鉴定要求，提交专家处理的材料和文件清单，以及开展鉴定的日期及向海关提交结论的期限。

4. 实施鉴定的期限不得超出：

（1）临时存储期限，如收到鉴定结果前未放行货物；

（2）6个月，如对运输工具进行鉴定；

（3）1年，在其他情形下。

5. 海关工作人员应当向申报人说明其在鉴定过程中拥有的权利，并在决定书中注明上述过程，并由申报人或其代理人认定。

（二）专家结论

1. 依据检测结果，专家以本人名义提交书面结论。

2. 专家结论中应当注明检测时间、地点及检测人员，开展鉴定的依据，对专家提出的鉴定要求（问题），鉴定对象，向专家提供的材料和文件，检测内容、结果及检测方法，检测结果评估，鉴定结论及其根据。

作为鉴定的组成部分，鉴定结论应当随附1名或多名专家的说明材料和相关文件。

如专家在鉴定过程中确定存在重要事项，而向专家提交的鉴定要求中并未包括此项问题，专家有权在其结论中列入包括关于此事项的结论。

3. 如多名专家参与鉴定，所有专家均应在结论上签字。当专家之间存在分歧时，则每位专家分别作出自己的结论。

4. 开展指定鉴定的海关，应当向申报人或其他利害关系人交付专家结论的副本。

5. 海关通过相关决定时，应当参考专家根据鉴定结果作出的结论，包括根据申报人或其他利害关系人建议开展的鉴定。

（三）专家的权利和责任

1. 专家有以下权利：

（1）了解与鉴定对象有关的材料；

（2）经海关同意，邀请其他专家参与鉴定；

（3）要求提供开展鉴定所需的补充材料；

（4）经海关许可，参与实施海关监管的具体行动。

2. 在实施鉴定或准备实施鉴定的过程中，专家所获取构成商业秘密、银行秘密或其他受法律保护的秘密信息，以及其他机密信息，不得泄露、用于其他目的或转让给第三方，但土库曼斯坦法律有不同规定的情形除外。

（四）申报人、货物权利人及其代理人在指定和实施鉴定时的权利

1. 在指定和实施鉴定时，申报人、货物权利人及其代理人有以下权利：

（1）如有充分依据，可以对专家提出质疑；

（2）申请指定具体专家；

（3）向专家申请提出补充问题，并得到相关结论；

（4）经指定专家的海关批准，开展鉴定时到场并向专家作出解释；

（5）提取试样和样品；

（6）知悉专家结论并取得结论副本；

（7）申请实施补充鉴定或重复鉴定。

2. 如同意申报人、货物权利人或其代理人的请求，则由指定鉴定的海关出具相关决议。

如拒绝请求，则海关应当书面通知申请人并说明理由。

（五）试样和样品

1. 在实施海关监管时，海关工作人员有权提取检测所需的货物试样和样品，并按照土库曼斯坦国家海关署规定的格式，制作试样或样品的提取记录，其副本应当交付货物权利人或其代理人。

必要时，应在专家参与下提取试样或样品。

2. 经海关书面许可，申报人、货物权利人及其代理人、知识产权权利人，以及其他国家机构的工作人员也可提取海关监管货物的试样或样品。

3. 试样或样品应以能够保障对其检测的最小数量提取，如果此类提取：

（1）不影响实施海关监管；

（2）不改变货物特性；

（3）不会导致逃避缴纳关税、进口环节税，或者违反禁止和限制规定。

4. 申报人提取试样或样品时，无须提交试样和样品的单独报关单，但需在货物报关单上予以注明。

如试样或样品由海关提取，且规定期限内未退回，申报人有权从申报货物的完税价格中扣减试样或样品的完税价格。

5. 海关工作人员和其他国家机构的工作人员提取货物试样或样品时，申报人、货物权利人及其代理人有权在场。

6. 其他国家机构的工作人员，以及第 2 款指定的人员提取货物试样或样品时，海关工作人员有权在场。

7. 海关工作人员提取货物试样或样品时，申报人及其代理人有义务给予协助，包括自费实施货运作业和其他必要的货物作业。

8. 如申报人或其代理人不在场，但有 2 名见证人在场时，海关工作人员有权提取货物试样或样品。

9. 货物试样或样品的提取及检测程序，由土库曼斯坦国家海关署依照《土库曼斯坦海关法典》和土库曼斯坦的其他规范性法律文件制定。

10. 检测完成后，货物试样或样品应当返还其所有者，但依照土库曼斯坦法律此类试样或样品应予销毁或再利用，以及返还费用超过其本身价值的情形除外。

四、海关监管的补充规定

（一）对货物和运输工具的货运和其他作业

1. 根据海关要求，申报人、临时存储仓库和海关仓库所有人、报关代理人或其他货物权利人，有义务对货物进行称重，或者以其他方式确定货物数量，运输、装载、卸载、换装海关监管货物，修复破损包装、拆启包装、包装或重新包装海关监管货物，以及开启放置或可能放置货物的场所、容器和其他处所。

2. 对进出土库曼斯坦关境的货物和运输工具实施货运和其他作业时，其承运人应当提供协助。

（二）货物和运输工具的识别

1. 为识别海关监管货物和运输工具，可以使用运输和商业单据及其他文件、海关封志、印章、戳记、字母及其他识别标志，提取货物试样和样品，对货物和运输工具进行详细说明、绘制图纸，制作比例图像、照片、图解。

2. 只能由海关或经海关许可，销毁或更改（更换）识别标志，但存在货物和运输工具被损毁、丢失或严重损坏等实际威胁的情况除外。在此情形下，应当立即通知海关有关识别标志被更改、移除、销毁或损坏的情况，并提供存在上述威胁的证据。海关应当按照土库曼斯坦国家海关署规定的格式，编制更改、移除、销毁或更换识别标志的记录。

3. 外国海关施加（加盖）的封志、印章或其他识别标志作为海关识别标志时，适用第 2 款规定。

4. 根据申报人请求，对于从关境出口的土库曼斯坦货物，海关在其申报地进行货物识别。

（三）发现非法进口货物时海关的附加权力

1. 如海关发现，因从事经营活动而在土库曼斯坦关境内购买非法进入土库曼斯坦关境的货物，导致偷逃关税、进口环节税或违反禁止和限制规定，则禁止对此货物进行处置，或依照《土库曼斯坦海关法典》所规定开展海关稽查时收缴货物的程序，对货物予以收缴并临时存储。该货物被视为海关监管货物。

2. 在第 1 款规定的情况下，该货物购买人有权缴纳关税和进口环节税，并按照土库曼斯坦国家海关署规定的简化程序，办理货物通关手续。如其在货物被发现之日起 5 日内缴纳关税和进口环节税，或按照《土库曼斯坦海关法典》规定提供税款缴纳担保，则货物不予收缴，关税和进口环节税的滞纳金也不予计征。

3. 对非法进入土库曼斯坦关境的货物，第 2 款中关于办理通关手续并缴纳关税、进口环节税权利的规定，不适用于土库曼斯坦法律禁止进口及禁止在境内流通的货物，以及对其进出土库曼斯坦关境规定了数量限制的货物。

经海关申请，根据法院判决，上述货物将被收归国有。

4. 办理货物通关手续并缴纳关税、进口环节税后，货物被视为放行进入自由流通，但不妨碍海关采取必要行动以查明参与非法运输货物通过关境的人。

5. 如非法进口货物的购买人拒绝缴纳关税、进口环节税，则依照《土库曼斯坦海关法典》规定，对该货物追征关税和进口环节税。

（四）行政违法、民事和刑事案件审理过程中使用海关监管结果

海关监管结果可以作为刑事、民事和行政违法案件证据，并在上述案件及经济纠纷案件审理过程中，对决定和海关及其工作人员的行为（不作为）的申诉过程中，与其他证据一同接受法庭或海关工作人员的评估。

第八节　知识产权海关保护

土库曼斯坦于 1995 年加入世界知识产权组织。2020 年 11 月，土库曼斯坦与世界知识产权组织编制完成《土库曼斯坦 2021—2025 年知识产权制度发展规划（草案）》。2021 年，土库曼斯坦加入世界知识产权组织 2000 年通过的《专利法条约》，成为该公约的第 43 个成员方。土库曼斯坦涉及保护知识产权的法规包括《科学知识产权法》《关于发明的法律保护法》《关于工业设计的法律保护法》《商标法》《原产地名称法》等。

土库曼斯坦海关在其职权范围内，依据知识产权海关名录，实施知识产权海关边境保护。

一、中止货物放行的依据

根据著作权及邻接权、商标、服务标记（知识产权）的专有权利人和使

用货物原产地名称的权利人（以下简称"权利人"）的申请，海关按照规定程序采取措施中止货物放行。

中止货物放行作为知识产权边境保护措施，不适用于自然人携运进出关境，或通过国际邮件寄送的包含知识产权客体的少量物品，如该物品用于满足个人、家庭，以及其他与商业经营活动无关的需求。

海关采取知识产权保护措施，不妨碍权利人依照土库曼斯坦法律规定采取其他任何方式保护其自身权利。

二、申请的提交与审核

（一）权利人提交申请

1. 如权利人有充分依据认为，依照土库曼斯坦知识产权法其享有的权利，可能因其认定为侵权商品的货物进出土库曼斯坦关境，或在海关监管下对该货物实施其他作业而受到侵犯，则权利人或其代理人有权向土库曼斯坦国家海关署提出申请，要求采取措施中止货物放行。

2. 申请中应当包含以下信息：

（1）权利人，如申请由其代理人提交，还应包括代理人；

（2）知识产权客体；

（3）权利人认定侵权的货物，货物信息应足够详细，确保海关能够查明此货物；

（4）请求海关采取规定措施的期限。

3. 采取中止货物放行措施的申请，应当随附知识产权客体权利的证明文件（证书、协议，包括许可协议和专有权转让协议，以及权利人可以提交其拥有知识产权客体权利的其他证明文件），如申请由代理人提交，应当随附权利人向代理人出具的委托书。

4. 权利人或其代理人提交申请时可以附带货物样品，以作为存在侵犯自身权利事实的证明。

5. 申请应当随附权利人因中止货物放行可能对货物申报人、所有人、收货人等造成的财产损失进行赔偿的书面保证。

（二）对申请的审核

1. 自收到申请之日起，土库曼斯坦国家海关署应在 1 个月内对其进行审核，并依照《土库曼斯坦海关法典》规定作出同意或拒绝采取措施的决定。

2. 为核实权利人或其代理人所提供信息的准确性，土库曼斯坦国家海关署有权请求第三方及其他国家机构提供申报信息的证明文件。各方应在收到请求之日起 10 日内提交相关文件。同时，土库曼斯坦国家海关署有权延长申请的审核期限，但最长不得超过 2 个月。

3. 如权利人或其代理人提供虚假信息，或违反《土库曼斯坦海关法典》规定的要求，海关将作出拒绝采取规定措施的决定。自该决定作出之日起 3 日内，应以书面形式通知权利人或其代理人。

4. 如申请或其随附文件中载明的信息发生变化，权利人或其代理人应立即将信息变化向土库曼斯坦国家海关署进行通报。

三、知识产权海关名录

（一）知识产权海关名录的范围

海关决定对其采取规定保护措施的知识产权客体，应当列入由土库曼斯坦国家海关署编制的知识产权海关名录（以下简称"名录"）。

（二）列入名录的条件

依照土库曼斯坦民法规定，知识产权客体列入名录的前提条件是，权利人确保履行因中止货物放行可能对货物申报人、所有人、收货人所造成的财产损失进行赔偿的义务。

（三）从名录中删除知识产权客体

在以下情况下，将知识产权客体从名录中删除：

1. 应权利人或其代理人要求；
2. 权利人不符合列入名录的条件；
3. 知识产权客体的法律保护期限届满；
4. 货物中止放行期间权利人未向法律授权机构申请权利保护。

四、申请知识产权保护的期限

自知识产权客体列入名录之日起 5 年内，权利人或其代理人可以向海关申请采取包括中止货物放行在内的知识产权保护措施。如符合《土库曼斯坦海关法典》相关规定，根据权利人或其代理人的申请，可以延长此期限，但海关可以采取中止货物放行措施的期限不得超过知识产权客体的法律保护期限。

五、中止货物放行

（一）中止货物放行的程序

1. 在通关监管过程中，如海关发现权利人或其代理人指定的货物为侵权货物，则中止该货物放行，中止期限为 10 日。如权利人或其代理人向土库曼斯坦法律授权机构申请权利保护，并提出理由充分的书面请求，则可以延长此期限，但所延长期限不得超过 10 日。

由海关负责人或其代理人作出中止放行货物和延长货物中止放行期限的书面决定。

2. 海关应在不晚于中止货物放行之日的次日，将中止货物放行的事实，以及中止放行的原因和期限通知申报人、权利人或其代理人，并向申报人通报权利人或其代理人的名称（姓名、父称）和地址；向权利人或其代理人通报申报人的名称（姓名、父称）和地址。

3. 经海关书面许可，权利人、申报人或其代理人可以在海关监管下对已作出中止放行决定的货物提取试样和样品，进行检测、观察、拍照或以其他方式对货物进行记录。

（二）中止放行货物的赔偿责任

依照土库曼斯坦法律规定的程序，如无法确定货物（包括其包装和标签）侵权，则权利人应当依照土库曼斯坦民法规定，对因中止货物放行给货物申报人、所有人、收货人造成的财产损失承担赔偿责任。

六、信息提供

根据权利人或其代理人请求，海关可以提供权利人需要证明其被侵权的补充信息，但土库曼斯坦法律有不同规定的情形除外。

权利人或其代理人及申报人根据上述规定所获取的信息属秘密信息，不得泄露、转交第三方以及其他国家机构，但土库曼斯坦法律有不同规定的情形除外。

七、撤销中止货物放行决定

（一）中止货物放行期限届满后撤销中止放行决定

在货物中止放行期限内，如未收到土库曼斯坦法律授权机构关于收缴、扣押或没收货物的决定，则在货物中止放行期限届满之日的次日，撤销中止货物放行的决定。

（二）中止货物放行期限届满前撤销中止放行决定

1. 在以下情形下，可在货物中止放行期限届满前撤销中止货物放行的决定：

（1）权利人或其代理人请求海关撤销中止货物放行的决定；

（2）知识产权客体从名录中被删除。

2. 应在知悉权利人或其代理人请求撤销中止货物放行决定当日，或知悉知识产权客体从名录中被删除当日，撤销中止货物放行的决定。

3. 撤销中止货物放行的决定，由作出该决定的海关负责人或其代理人以书面形式作出。该决定撤销后，按照《土库曼斯坦海关法典》规定的程序对货物予以放行。

第五章　土库曼斯坦通关便利措施

第一节　自由经济区

一、概述

自由经济区，是指土库曼斯坦为吸引外国投资和促进经济发展而专门划定具有明确边界的特定区域。在自由经济区内实行一整套特殊的法律制度，包括制定税收、外汇和海关管理领域的优惠措施，简化劳务管理及出入境和金融信贷程序。

2017 年 10 月 11 日，土库曼斯坦颁布《自由经济区法》，就设立自由经济区的目的、自由经济区类型、参与者、设立程序、资金来源，以及土地使用、定价、外汇、税收、海关、保险、劳动关系等领域的特殊管理制度和政策稳定性予以明确规定，为入区企业在土地租赁、合同定价、外汇使用、税务和海关管理、用工比例等方面提供优惠条件。但该法中涉及货币、海关和居留管理等方面的特殊政策和规定仍需相关部门进一步制定实施细则。

二、自由经济区的类型

土库曼斯坦《自由经济区法》规定了 7 种类型的自由经济区：

1. 贸易型，包括自由贸易区和出口园区；
2. 工业生产型，包括进出口园区和工业园区；
3. 科技应用型，包括科技园区和科技城；
4. 服务型，包括金融信贷、银行、旅游休闲、信息和其他类型服务区；
5. 运输物流型，指自由港口经济区；
6. 农工综合型；
7. 复合型，指综合上述各种功能的自由经济区。

三、自由经济区的设立与撤销

（一）设立自由经济区

1. 依据土库曼斯坦政府的提议，由土库曼斯坦总统作出设立自由经济区的决议。

2. 设立自由经济区的决议中应当确定以下几项：

（1）自由经济区的区域和面积；

（2）自由经济区的设立期限；

（3）自由经济区内允许的经营形式；

（4）自由经济区内工程、交通和社会基础设施建设的资金额度、拨付时间和资金来源；

（5）自由经济区及其邻近地区的技术设施装备和建设计划，以及融资条件；

（6）自由经济区的特殊法律制度；

（7）自由经济区企业的最低初始投资额；

（8）自由经济区撤销后其基础设施的占有、使用和处置程序；

（9）自由经济区创建和运营所需的其他条件。

3. 自由经济区的运营期限不超过 40 年，如其活动符合土库曼斯坦国民经济利益及设立自由经济区的目标，可以延长其运营期限。

（二）撤销自由经济区

1. 自由经济区运营期限届满时，如未作出延期决定则应予撤销。

2. 在以下情形下，允许提前撤销自由经济区：

（1）为保护宪法制度基础，保障国防能力和国家安全；

（2）自由经济区成立后 2 年内未签订任何合同，或此前签订的合同被提前终止；

（3）按照设立自由经济区的程序，作出提前撤销自由经济区的决定。

四、自由经济区的发展现状

2007 年 7 月 24 日，土库曼斯坦总统签发总统令，批准设立阿瓦扎（AVAZA，土库曼斯坦里海疗养胜地）国家级旅游区，这是土库曼斯坦首个国家级旅游区建设项目，可以视为土库曼斯坦第一个自由经济区。

2009 年 6 月，举行首批设施奠基仪式。2018 年 7 月，土库曼斯坦对"阿瓦扎"国家级旅游区实行私有化,将其划归工业家和企业家联盟。"阿瓦扎"旅游区位于里海东岸长 16 千米的海岸上,总面积 17 平方千米。根据规划,该区共建设 60 余座高档宾馆、4 座儿童夏令营以及疗养院、休闲健身俱乐部、体育场馆、商贸中心和高档住宅楼等社会公用设施。土库曼斯坦政府对旅游区投入 10 亿美元,同时欢迎本国私营企业和外国公司投资,参与各类项目的规划和建设,大力发展区内旅游休闲产业。

目前,阿瓦扎国家级旅游区年接待能力逾 1 万人。

五、自由经济区的优惠政策

(一)《自由经济区法》规定的优惠政策

2017 年 10 月颁布的土库曼斯坦《自由经济区法》规定了以下优惠政策:

1. 土地租赁。区内企业可以享受 10 年的土地租赁费用优惠期:自合同签订之日起 3 年内免缴土地租赁费,此后 7 年可以按照土库曼斯坦相关法律规定费用标准的一半缴纳。

2. 货币制度。区内企业有权开设本币和外币账户,自由支取本币和外币,对区内区外的账户资金均无使用限制。区内允许本币和外币同时流通和自由兑换。

3. 税收政策。对合规经营的区内企业销售商品、工程和服务等经营活动免征增值税;对自由经济区法人用于区内经营的财产前 10 年免征财产税;对合规经营的区内法人前 10 年免征利润税;对在区内的个体经营者前 10 年免征所得税。

3. 定价制度。区内所有类型的产品及工程和服务,均实行自由定价制度。

4. 海关制度。运入自由经济区的外国货物适用自由关税区(自由仓库)监管方式,在区内存放和使用无须缴纳关税,且不适用经济性质的禁止和限制规定;区内外国货物和土库曼斯坦货物运往关境外时,不征收出口关税,且不适用经济性质的禁止和限制规定;区内企业在其经营活动范围内签订的商品、材料、设备进出口合同,工程和服务执行合同,商品、材料、设备购销合同均无须在国家商品和原料交易所注册。

5. 用工居留制度。自由经济区优先招收当地劳动力。拟在自由经济区工作的外国公民和无国籍人士无须申请境内劳务许可,不受土库曼斯坦法律规定的外国公民与本国公民 1∶9 用工比例的限制,并依照移民局规定,对自由经济区内工作的外国公民,简化其居留登记程序。

(二)阿瓦扎国家级旅游区的引资优惠政策

1. 签证居留。在项目建设和运营期内,为旅游区工作的外国专家、工人加急办理入境签证和劳动许可，并免征领事和居留手续费。

2. 税费。对于投资项目，在建设期内免缴增值税、财产税，投入运营后前 15 年免缴增值税、财产税和利润税；对用于旅游区项目建设和运营的设备、货物全部免征通关费用；在协议规定期限内，参与旅游区建设的外国投资者免缴土地租赁费（但租赁期最长不得超过 40 年）；旅游区内的投资项目以及参与项目建设和运营的法人，免缴注册费和许可证办理费；投资项目免缴交易所合同注册费；自国外进口、用于旅游区内投资项目建设和运营的各类材料和设备免缴标准认证费等。

3. 金融、保险、交通运输。允许外国投资者将利润兑换成可自由兑换货币，并在纳税后连同其他外汇收入汇往境外；在旅游区内实行特殊的外汇业务办理程序，保障现金、非现金的支出和汇款；土库曼斯坦国家保险公司负责对外国投资者的财产进行投保；优先运输旅游区内项目建设和运营所需物资；为外国专家、工人预留部分国际和国内航班机票等。

第二节　简化申报

一、土库曼斯坦货物出口时的简化申报

（一）适用条件

1. 土库曼斯坦货物从土库曼斯坦关境出口时，根据申报人意愿，可以申请适用简化申报流程，使用不完整报关单、定期报关单和临时报关单向海关申报。

2. 适用简化申报流程的前提条件是不妨碍实施海关监管，也不免除申报人遵守相关法律规定的义务，包括及时足额缴纳关税和进口环节税，遵守禁止和限制规定及所适用监管方式的要求。

（二）海关拒绝应用简化申报

如海关拒绝应用简化申报流程，应在不晚于报关单提交之日的次日通知申报人，并说明应用简化申报流程需满足的条件。

二、不完整申报

（一）不完整报关单的适用规定

如申报人因自身无法控制的原因，不掌握填制报关单所需的全部信息，

则允许提交不完整报关单，但其中应当申报货物放行、海关税费计征、确认符合限制性规定的必要信息，以及根据其数量和质量特征可进行货物识别的信息。

如海关受理不完整报关单，则适用提交完整报关单时同样的要求和条件，包括关税和进口环节税的计征程序。

（二）申报人的义务

提交不完整报关单时，申报人应以书面形式保证在海关规定期限内提交缺失的信息。对于外国货物，该期限自海关受理不完整报关单之日起不得超过 45 日；对于土库曼斯坦货物，自海关受理不完整报关单之日起不得超过 3 个月。

三、定期申报

同一个人定期通过土库曼斯坦海关边界运输同一货物时，如在 1 年内多次运输此货物，海关可以允许使用 1 份定期报关单。

应用定期报关单，不得违反货物临时存储的最长期限及关税和进口环节税的缴纳期限。

四、临时申报

（一）临时报关单的应用

土库曼斯坦货物从土库曼斯坦关境出口时，如无法按照常规提交办理通关手续所需的准确信息，则允许通过提交临时报关单进行定期临时申报。

（二）对临时申报的要求和条件

1. 土库曼斯坦货物被运离土库曼斯坦关境后，对一定期限内所有出口的土库曼斯坦货物，申报人应在海关规定的期限内提交 1 份以适当方式填制的完整报关单。在设定报关单提交期限时，应当考虑申报人获取充足信息所需的时间。完整报关单提交的最长期限为申报货物出口期限届满之日的次日起 3 个月。

2. 对使用临时报关单申报的土库曼斯坦货物，其预计出口期限由申报人确定。对征收出口关税或适用禁止和限制规定的土库曼斯坦货物，该期限不得超过 1 个月，海关不得早于此期限开始前 15 日受理临时报关单。

3. 在临时报关单中，允许依据一定期限内土库曼斯坦货物出口数量的意向进行申报，按预计出口货物数量，以及对外经济合同条款规定的货物消费特性和货物估价程序，确定临时报关单提交之日的预申报完税价格（估价）。

4. 从土库曼斯坦关境运出的货物，不得超过临时报关单中申报的数量，但由于自然磨损或损耗，或者正常运输和存储条件下货物自然属性改变导致货物数量发生变化，以及由于运输工具中存在非排放残留物而导致货物数量变化的情形除外。

5. 使用临时报关单时，适用海关受理该报关单之日实施的经济性质的禁止和限制规定及出口关税税率。

6. 向海关提交临时报关单的同时缴纳出口关税。如果由于申报信息更新而导致应缴纳出口关税税额增加，应当在提交完整报关单的同时补缴出口关税税款。在此情形下，不计滞纳金；如信息更新导致应缴纳出口关税税额减少，则依照《土库曼斯坦海关法典》规定，对多缴纳或多追征的出口关税予以返还。

7. 自临时报关单受理之日起 4 个月内，如土库曼斯坦货物未从土库曼斯坦关境出口，则申报该货物出口的报关单视为未提交。

根据利害关系人的合理请求，海关应当延长上述期限，但所延长期限不得再超过 4 个月。

第三节 简化通关

一、特定货物的简化通关程序

（一）适用简化通关的转运货物

如海关转运货物运抵土库曼斯坦关境的地点与运离该关境的地点重合，则允许按照简化程序进行海关转运。承运人或货运代理人只需提供货物和运输工具抵达时所需的文件和信息，向海关呈验货物和提交文件和信息当日即可签发转运许可。

（二）特定货物的优先通关

对于人道主义援助货物、外交代表机构的收发货物、易腐类货物、活体动物和鸟类、放射性材料、国际邮件和快件、用于展会的展品、大众信息传媒材料或其他类似货物，以及为消除自然灾害、事故、灾难和其他紧急状况后果所需的货物，进出关境时按照简化程序优先办理通关手续。

二、对部分外国人货物进出境的优惠规定

（一）适用范围

外国外交机构、领事机构和其他官方机构、国际组织，上述机构和组织的人员通过关境运输的货物，以及依照土库曼斯坦加入的国际条约在其境内享受特权和/或豁免权的外国人用于家庭和个人自用的货物，办理通关手续时适用简易程序。

（二）货物和行李运输

1. 外国外交机构和领事机构的货物运输。

位于土库曼斯坦境内的外国外交机构、领事机构可以进出口本机构公用货物，免缴关税和进口环节税，且不适用经济性质的禁止和限制规定。

2. 外交人员和领事官员及其家庭成员的货物运输。

（1）外交人员、领事官员，以及与其共同居住的家庭成员，可以进出口家庭和个人自用物品（包括家庭安置所需物品），免缴关税和进口环节税，且不适用经济性质的禁止和限制规定。

（2）外交人员、领事官员，以及与其共同居住的家庭成员的个人行李免于海关查验，除非有重大理由认为其中可能包含非家庭和个人自用物品，或者土库曼斯坦法律、土库曼斯坦加入的国际条约或检疫法规禁止进出境的物品。

必须在上述人员或其授权代表在场时进行海关查验。

3. 外国外交机构、领事机构行政技术人员的货物运输。

外国外交机构、领事机构的行政技术人员，以及与其共同居住的家庭成员（如上述人员非土库曼斯坦公民且不在土库曼斯坦境内长期居住），可将家庭安置物品运入土库曼斯坦关境，免缴关税和进口环节税，且不适用经济性质的禁止和限制规定。

4. 通过土库曼斯坦领土过境的外国外交人员、领事官员及其家庭成员享受同等海关优惠。

根据与外国签署的专门协定，并基于互惠原则，给予外国外交人员、领事官员的海关优惠可以扩大至该机构的行政技术人员和服务人员及其家庭成员，如其非土库曼斯坦公民，且不在土库曼斯坦长期居住。

（三）外国外交邮件和领事邮袋进出境规定

1. 对通过土库曼斯坦关境的外国外交邮件和领事邮袋，不得开启或扣留。

如有重大理由认为领事邮袋内可能装有外交文件、公务函件和供官方使用物品之外的其他物品，海关有权要求外国授权代表在海关工作人员在场时开启领事邮袋。如拒绝开启，领事邮袋将被退回始发地。

2. 外交邮袋和领事邮袋需有明显外部标志，以标明其性质。

3. 外交邮袋中只能装有外交文件和供公务使用的物品，而领事邮袋仅限于公务函件、文件或仅供公务使用的物品。

4. 依据与单独国家的互惠原则，外国外交和领事信使可以携运家庭和个人自用物品进出土库曼斯坦关境，免于海关查验、免缴关税和进口环节税，且不适用经济性质的禁止和限制规定。

（四）对外国代表团成员的海关优惠

对外国外交人员提供的海关优惠，可以扩大至外国国家代表、议员和政府代表团成员，以及在互惠基础上前往土库曼斯坦参加国际会谈、国际会议或承担其他官方任务的外国代表团成员。陪同上述成员的家庭成员也享受同等优惠。

第四节　纳税期限变更

一、一般规定

1. 依照《土库曼斯坦海关法典》规定，根据关税和进口环节税缴纳人的书面申请，在保证缴纳关税和进口环节税的前提下，土库曼斯坦国家海关署或其指定的海关可以变更关税和进口环节税的缴纳期限，准予延期或分期缴纳关税和进口环节税。

2. 以延期或分期缴纳的方式变更关税缴纳期限。分期缴纳期限最多为3个月；延期缴纳期限不超过30天。

3. 准予延期或分期缴纳关税和进口环节税的决定，应自申请提交之日起10日内作出。

4. 任何数额的应缴纳关税和进口环节税，均可全部或部分延期或分期缴纳。

对准予延期或分期缴纳的关税和进口环节税，在延期或分期期限内不计征滞纳金，但缴纳人违反延期或分期缴纳的相关规定，被提前终止延期或分期缴纳关税和进口环节税的情形除外。

6. 准予或拒绝延期、分期缴纳关税和进口环节税的决定，应以书面形式通知提出申请的缴纳人。决定中应当注明准予延期或分期缴纳关税和进口环节税的期限。如拒绝延期或分期缴纳关税和进口环节税，需说明作出此决定的理由。

7. 土库曼斯坦政府有权决定按更长期限延期或分期缴纳关税和进口环节税。

二、准予分期或延期缴纳关税和进口环节税的依据

对具有以下理由之一的，准予延期或分期缴纳关税和环节税：

1. 因自然灾害、技术事故或其他不可抗力情况给缴纳人造成损失；
2. 通过土库曼斯坦关境的货物属于易腐类货物；
3. 根据政府间协议实施供货；
4. 土库曼斯坦税法规定的其他理由。

三、不予延期或分期缴纳关税和进口环节税的情形

不予延期或分期缴纳关税和进口环节税，如其缴纳人：

1. 因违反土库曼斯坦海关法律的犯罪行为，被提起刑事诉讼；
2. 启动破产程序；
3. 土库曼斯坦税法规定的其他情形。

四、终止延期或分期缴纳关税和进口环节税

1. 延期或分期缴纳关税和进口环节税的有效期，自相关决定期限届满时终止，或者在该期限届满前终止。

2. 如缴纳人在规定期限届满前全额缴纳欠缴税款，延期或分期缴纳关税和进口环节税的效力将提前终止。

3. 如发现缴纳人出现不予延期或分期缴纳关税和进口环节税的情形，延期或者分期缴纳关税和进口环节税的决定应予撤销。

4. 如缴纳人违反延期或分期缴纳关税和进口环节税的规定，海关可以决定提前终止延期或分期缴纳关税和进口环节税的效力。

在此情形下，缴纳人应当在收到相关决定后的 5 日内，缴纳全部税款。

5. 在作出提前终止延期或分期缴纳关税和进口环节税的决定之日起 3 日内，海关应将该决定以书面形式通知缴纳人。

第六章　个人进出境通关指南

一、一般规定

如旅客进境时所携运货物的数量或性质表明，货物可能用于商业目的，则必须缴纳关税和进口环节税。这也适用于以营利为目的进口的任何其他货物。如旅客进境时在随身行李中携带个人和家庭自用物品或礼品，则不视为商业行为，无须缴纳进口关税。

二、强制申报

（一）强制申报的范围

1. 对于限制进口或应当征收关税、消费税或其他费用的货物，必须以书面形式进行申报。对于非生产或商业用途的货物，由自然人按简化程序申报，无须填写旅客报关单。

2. 海关依据旅客对进出境货物的申报，并参考以下因素，确定货物的用途：

（1）货物的性质和数量；

（2）货物进出境频率。

（二）报关单填制

报关单应当由成年人填写。属于未成年人的货物，应由其父母、养父母、保护人、监护人或受其委托的其他自然人进行申报。

三、通道选择

为方便进出境旅客通关及申报随身物品，土库曼斯坦国境口岸设置了绿色通道和红色通道：

进出境携带需申报或强制申报的物品，应当选择红色通道；

随身行李中没有需强制申报的物品（非随身行李中的物品和国际邮递物

品除外），可以选择绿色通道，并向海关口头申报随身物品。

海关有权对选择绿色通道的旅客进行查验。选择绿色通道的旅客如携带需缴纳关税或限制进出境物品，应当承担相关法律责任。

四、征税规定

（一）免税额度

1. 对旅客进境时在手提行李中携带总重量不超过 60 千克的物品（包括 1 千克首饰），免征关税。
2. 旅客可以携带以下个人自用物品进境，无须缴纳消费税：
（1）1 升酒精饮料；
（2）2 包烟草制品。
3. 对进出境的机动车辆，其出厂标准油箱内的燃料无须缴纳关税。

（二）征税标准

对超过 60 千克免税额度的物品，每千克征收 10 美元的关税；对超过免税额度 1 千克的珠宝，每克征收 0.2 美元的关税。

五、对旅客携运货物（物品、现钞）进出境的规定

（一）现钞

对个人携带外汇现钞进入土库曼斯坦无任何限制，但必须向海关申报。个人从土库曼斯坦出境时可以携带不超过 10000 美元或等值的其他货币，以及此前以现钞形式携带进境并向土库曼斯坦海关申报的外币，但出境时需向海关出示证明其携带外币进境的报关单。

（二）宠物和植物

宠物和植物进出境应当接受兽医和植物检疫部门的监管，取得检疫部门许可后办理海关通关手续。

（三）药品

旅客进境时可以随身携带按处方购买并用于个人治疗的药品。旅客通过向海关出示处方以证明药物用于本人治疗。如符合上述规定，携带药品进境时无须申报。

（四）凭许可证件进出境的物品

依据有关国家机构出具的许可证件，个人可以携运以下物品进出土库曼斯坦关境（见表2-1）。

表2-1　个人可以携运进出土库曼斯坦关境的物品

序号	品名	许可机构
1	除军用武器以外的火器及其弹药、发令枪、毒气枪	土库曼斯坦内务部
2	无线电电子装置和高频设备，包括无线电麦克风、无线电台、无线电电话和其他地面和卫星收发设备	土库曼斯坦政府跨部门无线电委员会
3	档案材料（仅出口）	土库曼斯坦政府档案局
4	艺术作品（图形、绘画）、古董、具有考古价值和艺术价值的其他物品（仅出口）	土库曼斯坦文化部
5	古代地毯和手工地毯（仅出口）	土库曼斯坦地毯协会
6	古圣像、宗教用品、宗教书籍（仅出口）	土库曼斯坦宗教委员会
7	脊椎动物和无脊椎动物、鸣禽和猎鸟、土库曼牧羊犬和猎犬、植物（仅出口）	土库曼斯坦土地资源和环境保护国家委员会

（五）禁止进出境货物

依照土库曼斯坦法律和土库曼斯坦加入的国际条约，基于保护国家安全、公共秩序、道德、人类生命健康、财产权以及知识产权客体、动植物、人类艺术、历史和考古资源，禁止旅客携运以下货物进出土库曼斯坦关境：

1. 公民使用的各种防身武器（包括毒气罐、电击枪、铁指环、链锤等）；

2. 发射塑料子弹的儿童气动手枪、左轮手枪、机关枪、步枪；

3. 右舵车辆，或从右舵车辆改装为左舵的车辆；

4. 5年以上车辆（不包括制造年份）；

5. 高速跑车，以及发动机排量超过3500毫升的轻型汽车；

6. 淫秽印刷品、视频、音频、照片和电影；

7. 对土库曼斯坦政治和经济利益、国家安全、居民健康和道德有害的印刷品、视听材料及其他信息载体；

8. 武器、弹药、军事装备，以及专门生产武器、弹药和军事装备的零部件和材料；

9. 爆炸品；

10. 核材料，包括燃料组件；

11. 电离辐射源；

12. 可用于制造武器和军事装备的技术和特殊设备；

13. 烟火制品，包括烟花（蓝焰烟火、燧石、用火药点燃的蜡烛和火炬除外）、鞭炮和烟火发射器；

14. 麻醉品和精神药物及其前体，以及制造和使用麻醉品和精神药物的技术或设备；

15. 毒药和有毒物质；

16. 作废的有价证券；

17. 瓶塞封签和其他用于制造各类酒类产品的包装材料。

（六）禁止个人携带（邮寄）出境的货物

1. 石髓；

2. 甘草根及其提取物；

3. 蜂胶；

4. 宝石和半宝石及其半成品；

5. 无检验标记的珠宝；

6. 家禽；

7. 鲟鱼科的活鱼、非活鱼及其部分和加工品；

8. 列入土库曼斯坦红皮书的动植物及其部分。

（七）免税出境且不限制数量的货物

1. 服装；

2. 针织品；

3. 鞋类；

4. 织物；

5. 烟草和烟草制品；

6. 酒精饮料；

7. 电视、音视频和无线电设备；

8. 轻型汽车；

9. 手工地毯和地毯制品（需提供鉴定报告）；

10. 矿泉水；

11. 无酒精饮料；

12. 蔬菜和瓜类作物、水果（7月至8月）；

13. 通心粉；

14. 蜂蜜；

15. 食盐；

16. 番茄酱

17. 冰激凌和其他食用冰，无论其是否含有可可；

18. 工厂地毯；

19. 碘制品；

20. 治疗用泥浆和海盐；

21. 无菌敷料；

22. 医用化妆棉；

23. 药用矿泉水；

24. 毡靴；

25. 瓷砖胶；

26. 水果和蔬菜罐头；

27. 动物肠道；

28. 皮革制品（原材料和初级加工材料）；

29. 糖果；

30. 鱼罐头；

31. 棉花籽油。

（八）携运货物和物品暂时进境及其复出境

1. 携带应当复运出境的物品（如摄像机、照相机、笔记本电脑、媒体专业技术设备等）进境时，必须向海关申报，复运出境时需出示可以证明其进境的报关单。

2. 允许外国公民和无国籍人将在国外永久注册的运输工具（商品编码前4位为8703）及其拖车（半拖车）运入土库曼斯坦，在土库曼斯坦停留期限由土库曼斯坦海关依据相关证明文件确定。海关可将其停留期限延长至签证规定的居留期限。

土库曼斯坦海关在办理此类运输工具进境手续时，应当制作一式两份的复出境保证书，一份由海关留存，另一份交付运输工具所有人，保证书是自土库曼斯坦复运出境的依据。

3. 外国公民和无国籍人暂时运入土库曼斯坦境内并应当履行复出境义务的运输工具，在规定期限届满时，必须从土库曼斯坦出境，不得在土库曼斯坦境内转让。

六、货物查验

旅客乘坐公共汽车或轻型汽车进出境时，如不在运输工具内检查行李，则旅客应当携带行李通过查验大厅。根据规定，接受检查的旅客有义务自行打开行李接受查验，检查完成后重新打包行李。应海关工作人员要求，乘客有义务提供个人信息。

携带他人行李或进境货物的旅客，应与行李、货物所有人同时通过查验大厅，以避免旅客须履行因他人进境货物超过规定数量而产生的海关税费缴纳义务及承担其他后果。

第三篇　塔吉克斯坦

DI – SAN PIAN TAJIKESITAN

第一章　塔吉克斯坦国家概况

一、国情概述

塔吉克斯坦共和国（俄文：Республика Таджикистан；英文：The Republic of Tajikistan），简称塔吉克斯坦。

塔吉克斯坦是位于中亚东南部的内陆国家，其北邻吉尔吉斯斯坦，西接乌兹别克斯坦，南部与阿富汗接壤，东部与中国交界。国土面积为14.31万平方千米，境内多山，约占国土面积的93%，有"高山国"之称。塔吉克斯坦水利资源占整个中亚的60%左右，居世界第八位，人均拥有量居世界第一位，但开发量不足实际的10%。矿产资源丰富，有世界第二大银矿区；锑矿在独联体占领先地位，在亚洲占第三位，仅次于中国和泰国；煤炭资源丰富，但95%以上的石油及天然气依赖进口。

塔吉克斯坦全国划分为三州一区一直辖市，包括索格特州、哈特隆州、戈尔诺—巴德赫尚自治州、中央直属区和首都杜尚别市。截至2023年1月全国人口数为1001万人。

二、经济概述

塔吉克斯坦政局稳定，市场开放，具备较为完善的经贸法律体系，近年来经济总体保持平稳增长，居民购买力不断增强。全球新冠疫情暴发后，塔吉克斯坦在实施一系列严格防疫措施的同时，继续推进落实工业化、能源、交通和粮食安全四大发展战略，积极推动国内数字经济和绿色经济发展，加大吸引外国直接投资力度，争取实现主要商品的进口替代和出口创汇。目前，塔吉克斯坦国内各企业和项目基本实现复工复产，国内经济正在逐步恢复生机。

2020年，根据塔吉克斯坦统计署数据，其国内生产总值（GDP）约合79.98亿美元，同比增长4.5%，人均GDP约合839美元；2021年其GDP约合87.5亿美元，同比增长9.4%，人均GDP约合897美元；2022年其GDP约合104亿美元，人均GDP约合1045美元。

三、对外贸易概述

2013 年 3 月 2 日，塔吉克斯坦正式成为世界贸易组织第 159 个成员。其对外签署的经贸协定辐射市场主要包括中亚各国、其他独联体国家、伊朗、阿富汗、巴基斯坦等。迄今为止，塔吉克斯坦已与俄罗斯、亚美尼亚、哈萨克斯坦、乌兹别克斯坦、白俄罗斯、吉尔吉斯斯坦、乌克兰和阿塞拜疆签署了自由贸易协定。

据塔吉克斯坦统计署数据，2020 年塔吉克斯坦对外贸易额为 45.58 亿美元，同比增长 0.8%。其中，出口贸易额 14.07 亿美元，同比增长 19.8%；进口贸易额 31.51 亿美元，同比下降 5.9%。2021 年对外贸易额 63.59 亿美元，同比增长 39.5%。其中，出口贸易额 21.49 亿美元，同比增长 52.8%；进口贸易额 42.1 亿美元，同比增长 33.6%。2022 年，塔吉克斯坦对外货物贸易额为 73 亿美元，同比增长 14.9%。其中，出口贸易额为 21.4 亿美元，同比下降 0.4%；进口贸易额为 51.68 亿美元，同比增长 22.8%。

塔吉克斯坦出口产品结构相对单一，主要为宝石及半宝石、矿产品、纺织材料及制品、贱金属及其制品等。塔吉克斯坦进口商品数量大、种类多，主要为矿产品、机械设备、化工产品、运输工具、贱金属及其制品、粮食作物和食品等。

2021 年，塔吉克斯坦前 10 位贸易伙伴为俄罗斯、哈萨克斯坦、中国、土耳其、乌兹别克斯坦、瑞士、德国、日本、伊朗、巴基斯坦。

四、中塔经贸合作

中国和塔吉克斯坦自 1992 年 1 月建交以来，双边经贸合作持续稳定发展。据中国海关统计，2020 年，受新冠疫情影响，中塔贸易额为 10.62 亿美元，同比下降 36.6%。其中，对塔吉克斯坦出口 10.17 亿美元，同比下降 36.04%；自塔吉克斯坦进口 0.45 亿美元，同比降低 47.06%。2021 年双边贸易强势复苏，贸易额达 18.6 亿美元，同比增长 75.2%。其中，对塔吉克斯坦出口 16.9 亿美元，同比增长 65.8%；自塔吉克斯坦进口 1.7 亿美元，同比增长 287.4%。而据塔吉克斯坦统计署发布的数据，2022 年双边贸易额为 12.1 亿美元，占其外贸总额的 16.6%。其中，对中国出口 3.68 亿美元；自中国进口 8.42 亿美元。中国是塔吉克斯坦第三大贸易伙伴（位列俄罗斯和哈萨克斯坦之后）、第二大出口目的国和第三大进口来源国。

从进出口商品结构上看，中国对塔吉克斯坦土出口商品的主要类别为锅炉、机械、电气设备、车辆及其零部件、塑料及其制品、精密仪器等；从塔吉克斯坦进口商品主要类别为矿砂、矿渣、棉花、生皮及皮革、铝及其制品、宝石或半宝石、贵金属等。

据塔吉克斯坦投资和国有资产管理委员会统计，截至 2022 年 12 月底，其累计吸引中国投资 37.454 亿美元，占其引进外资总额的 32.6%，其中直接投资 25.14 亿美元。2022 年，塔吉克斯坦吸引中国投资 4.932 亿美元，其中直接投资 4.283 美元。另据塔吉克斯坦统计署数据，2022 年塔吉克斯坦吸引中国投资 2.57 亿美元，其中直接投资 1.92 美元，占塔吉克斯坦引进外国直接投资总额（5.24 亿美元）的 36.64%。中国连续多年保持第一大投资来源国地位。目前，在塔吉克斯坦注册的中资企业有 300 余家，其经营范围主要涉及农业、矿业、纺织、电信、建材等领域。

塔吉克斯坦是首批与我国签署共建"一带一路"政府间合作文件的国家之一，中塔经贸合作已成为推动"丝绸之路经济带"建设的重要力量。两国经济互补性强，中国优势产能和技术适合塔吉克斯坦发展需要，随着共建"一带一路"倡议在塔吉克斯坦的深入推进，两国经贸合作的前景将更加广阔。

第二章　塔吉克斯坦海关概况

一、历史沿革

塔吉克斯坦共和国政府于 1992 年 1 月 22 日颁布命令，成立塔吉克斯坦共和国政府海关监管总局。

1993 年 6 月 22 日，塔吉克斯坦共和国政府发布第 288 号决定，在海关监管总局基础上组建塔吉克斯坦共和国国家海关委员会。

1994 年 2 月 15 日，塔吉克斯坦共和国部长会议发布第 85 号决定，不再保留塔吉克斯坦共和国国家海关委员会，组建塔吉克斯坦共和国政府下属的海关委员会，后更名为国家海关署。

1997 年，塔吉克斯坦加入世界海关组织。

二、基本情况

塔吉克斯坦国家海关署属于正部级执法机构。依照《塔吉克斯坦共和国海关法典》（以下简称《塔吉克斯坦海关法典》）规定，海关在其职权范围内保护塔吉克斯坦的主权和经济安全。除共和国议会、总统和政府外，其他任何国家机构均无权作出影响海关权限的决定，未经许可不得履行、变更海关职能，指定海关工作任务或以其他方式干预海关工作。

塔吉克斯坦海关实施准军事化管理和关衔制度。海关关员的招录条件为年龄在 20 ~35 岁之间的塔吉克斯坦公民，要求其掌握本国语言，具有中等专业教育或高等教育学历，且服满义务兵役，在个人品格、道德品质、业务素质和健康状况方面能够胜任海关工作。海关入职试用期最长为 6 个月，试用期间不授关衔，但对国家海关署通过高等教育机构委托培养的毕业生，以及从其他执法部门或军事机构调入的人员无入职试用期的规定。

塔吉克斯坦针对海关关员制定了严格的纪律要求。除教学、科研和其他创作型活动外，禁止海关关员从事任何有偿活动和经营活动；要求海关关员进行收入和财产（包括股权）申报。此外，还针对海关关员制定了近亲属回避制度。

三、海关工作的基本原则

1. 塔吉克斯坦宪法和法律至上原则。
2. 公民自由和人权优先原则。
3. 塔吉克斯坦及其主体间的国家权力统一原则和职权划分原则。
4. 对国家机构统一要求的原则。
5. 国家机构面前公民平等原则。
6. 公务员的称职性和专业性原则。
7. 上级机关在其职权范围内，依法作出的决定对公务员具有强制性的原则。
8. 工作中保守秘密原则。
9. 不履行或不当履行公务应当承担责任的原则。
10. 公务员无党派和宗教团体应与国家分离原则。
11. 公务员社会保障原则。

四、海关职能

1. 参与塔吉克斯坦海关政策的制定和实施；
2. 在职权范围内，保护塔吉克斯坦主权和经济安全；
3. 确保遵守海关负责监督执行的塔吉克斯坦海关法律和其他立法规定；
4. 确保遵守进出境货物的禁止和限制规定；
5. 保护国家和海关领域对外经济活动参与者的权利和利益；
6. 发展海关的物质技术和社会基础；
7. 在职权范围内，采取措施保障国家安全、人类生命健康，保护环境和文物；
8. 实施海关通关监管，营造有利条件，推动货物和运输工具快速通关；
9. 征收关税、环节税、海关费用，包括反倾销税、保障措施关税和反补贴税，针对海关违法案件征收罚款，对是否准确计算并及时缴纳海关税费进行监督，采取海关税费强制追征措施；
10. 确保货物和运输工具遵守进出境规定；
11. 在职权范围内保护知识产权；
12. 打击走私和海关领域的其他犯罪和行政违法行为；在进出境环节打击非法贩运麻醉药品及其前体、精神药物、武器弹药、爆炸物、文物、放射性物质、濒危动植物种及其部分衍生物、知识产权客体；协助打击国际恐怖主义，制止机场内非法干涉国际民用航空的违法犯罪行为；

13. 确定并实施海关腐败风险分析的程序、方式和方法；

14. 在职权范围内开展税务、货币、出口管制等塔吉克斯坦法律规定海关有权实施或参与实施的其他类型的监管；

15. 编制海关对外贸易统计和《对外经济活动商品目录》；

16. 确保履行塔吉克斯坦海关领域的国际义务，与外国海关、主管海关事务的其他外国主管部门和国际组织开展合作；

17. 在海关领域提供信息服务和咨询，按规定程序向国家机构、组织和公民提供海关信息；

18. 开展海关领域的科研工作；

19. 根据打击犯罪所得合法化（洗钱）和打击资助恐怖主义的授权机构要求，依法向其提供海关内部信息；

20. 履行塔吉克斯坦法律规定的其他职责。

五、海关的权力和责任

（一）海关的权力

为履行其职责，海关有权：

1. 依法采取措施，确保遵守塔吉克斯坦的海关立法规定。

2. 要求提供法律规定的文件和信息。

3. 检查参与海关作业的公民和公职人员的身份证件。

4. 要求自然人和法人证明其有权在海关领域实施特定行为或开展特定活动。

5. 依法开展业务侦察工作，以发现、防范、制止和揭露犯罪活动，开展刑事诉讼法规定由海关负责的紧急侦察行动和调查工作，发现并确定准备实施、正在实施或已实施犯罪活动的人。

6. 在职权范围内，按照塔吉克斯坦刑事诉讼法规定的程序，采取紧急侦查调查行动。

7. 依照塔吉克斯坦关于行政违法的立法规定，对行政违法案件提起诉讼，并追究行政违法人的责任。

8. 在紧急情况下，使用组织或社会团体的通信工具或运输工具（不包括外国的外交代表机构、领事机构、其他机构，以及国际组织的通信工具和运输工具），预防海关领域的犯罪活动，追捕和扣留实施犯罪或涉嫌实施犯罪的人员。在此情形下，对所有使用组织或社会团体的通信工具或运输工具造成的损失和产生的费用，应当按照塔吉克斯坦法律规定的程序予以补偿。

9. 依法扣留涉嫌在海关领域已实施或正在实施犯罪或行政违法行为的人员，并将其带到海关办公场所或塔吉克斯坦内务部门。

10. 对涉及货物和运输工具进出境、海关监管货物的运输、存储及对其进行货运作业的事实和事件，进行记录、录像、录音、摄像和摄影。

11. 从国家机关、组织、企业、社会团体获取履行职责所需的信息。

12. 向国家机关、组织、企业负责人提出书面警告，要求其消除违法行为，并监督其执行情况。

13. 向法院提出以下申诉和申请：

（1）强制追征关税和进口环节税；

（2）以货物追偿关税和进口环节税。

14. 与对外经济活动参与者及其专业协会建立和保持正式咨询关系，合作推行有效的通关监管方式。

15. 建立并保持海关领域的国际交往。

16. 行使法律规定的其他权力。

（二）海关及其工作人员的责任

1. 对海关工作人员的非法决定、行为（不作为），应当依照塔吉克斯坦法律承担纪律、行政、刑事和其他责任。

2. 对海关工作人员在履职过程中的非法决定、行为（不作为）给行政相对人及其财产所造成的损失，海关应予赔偿。

3. 因海关及其工作人员的合法行为所造成的损害不予赔偿。

六、海关的法律基础

塔吉克斯坦海关立法以《塔吉克斯坦共和国宪法》为基础，由《塔吉克斯坦海关法典》《塔吉克斯坦共和国海关机构法》，以及调整塔吉克斯坦海关工作的其他规范性法律文件组成。

如塔吉克斯坦加入的国际条约与上述法律有不同规定，则适用国际条约的规定。

七、海关机构设置

塔吉克斯坦海关实行垂直管理体制，由国家海关署统一管理全国海关机构，在组织机构上可分为国家海关署、地区海关管理局、海关和海关办事处4

个层级。

国家海关署决定设立、重组和撤销地区海关局、海关和海关办事处，确定具体海关机构的工作职能、开展特定海关作业的权限及其业务辖区，并有权设立仅行使海关部分职能，或仅对特定货物实施海关作业的专业性海关。

塔吉克斯坦政府国家海关署中央机关内设 10 个局和 3 个处，下设 5 个地区海关管理局，以及海关干部进修学院、中央海关实验室、《海关》杂志编辑部和驻俄罗斯联邦代表处等机构。全国海关关员编制共计 1118 人（不含工勤人员），其中中央机关编制为 175 人。

塔吉克斯坦政府国家海关署领导职数为一正三副，署长关衔为海关中将，副署长关衔均为海关少将。

（一）中央机关

塔吉克斯坦政府国家海关署中央机关包括海关监管局、放行后监管和稽查局、海关违法行为调查局、关税和外汇监管局、海关统计和分析局、法律保障局、海关国际合作局、监察局、财务局、干部局、总值班室、统一自动化信息管理处和信息处。

（二）地区海关管理局

塔吉克斯坦政府国家海关署下设 5 个海关管理局，均按国家行政区划设立，具体包括杜尚别市、图尔松扎德市海关管理局，以及索格特州、哈特隆州、戈尔诺—巴德赫尚自治州海关管理局。

地区海关管理局、海关和海关办事处依照《塔吉克斯坦海关法典》、其他规范性法律文件及国家海关署规定开展工作。海关和海关办事处可以不具有法人地位。

第三章　塔吉克斯坦口岸管理

塔吉克斯坦陆地边境线总长 4188 千米，其中陆地边界总长为 2899 千米，界河为 1289 千米，与阿富汗、乌兹别克斯坦、吉尔吉斯斯坦和中国等国毗邻。

塔吉克斯坦共有 34 个国境口岸，其中 24 个公路口岸、5 个航空口岸、4 个铁路口岸河和 1 个河运口岸。

目前，塔吉克斯坦与联合国（包括联合国毒品和犯罪问题办公室）、欧盟、日本国际合作署、国际移民组织、欧洲安全与合作组织驻塔吉克斯坦项目办公室，以及其他捐助方和伙伴方开展密切合作，以落实边境领域的各种合作项目。

一、概述

（一）定义

口岸，是指在铁路、公路车站（站点）、河港、空港、机场、军用机场范围内，对进出塔吉克斯坦关境的自然人、运输工具和货物实施边防检查和海关监管，以及卫生和动植物检疫的专门区域。

（二）口岸管理和协调机构

塔吉克斯坦国家安全委员会总体负责口岸管理和协调工作，参与国家边境政策的制定和实施，协调各口岸监管部门的业务工作，与海关联合制定并落实打击走私的措施，查扣违反边境口岸制度的人员，防范并制止在口岸区域之外或以其他非法方式进出境，并对边境口岸制度的执行情况进行监督。

（三）口岸监管职能分工

依照塔吉克斯坦立法规定，以下部门承担口岸监管职能：

1. 塔吉克斯坦国家安全委员会，负责进出境边防检查；

2. 塔吉克斯坦政府国家海关署，负责对进出境的自然人、运输工具和货物实施海关监管；

3. 塔吉克斯坦卫生部，负责进出境卫生检疫；

4. 塔吉克斯坦农业部，负责进出境动植物检疫；

5. 塔吉克斯坦国家安全委员会、国防部和国有塔吉克斯坦航空公司，负责进出境航空安全管理；

6. 塔吉克斯坦国有铁路公司，负责监管铁路边境站点和中转站的安全运行交接业务；

7. 塔吉克斯坦交通运输部，负责公路口岸运输监管。

二、口岸类别

（一）按口岸地位划分

1. 国际口岸（A 类口岸），是指任何国家的自然人、运输工具和货物均可按照规定程序通过的口岸。

2. 双边口岸（B 类口岸），是指依照塔吉克斯坦和特定国家的双边协议，只有塔吉克斯坦和该国的自然人、运输工具和货物可以按照规定程序通过的口岸。

3. 简易口岸（C 类口岸），是指允许塔吉克斯坦和邻国的自然人及运输工具按规定程序进入对方边境地区的口岸。

（二）按国际运输方式划分

1. 公路口岸；

2. 铁路口岸；

3. 航空口岸；

4. 河运口岸。

（三）按国际运输性质划分

1. 客运口岸；

2. 货运口岸；

3. 客货口岸。

（四）按口岸工作制度划分

1. 永久性口岸；

2. 临时性口岸；

3. 季节性口岸。

三、口岸设立、开通和关闭的程序

（一）口岸设立

1. 由塔吉克斯坦政府国家海关署和地方政府，以及按不同口岸类型分别由交通运输部、国家铁路公司、国防部、国有塔吉克斯坦航空公司（以下简称"发起方"），向塔吉克斯坦政府提出设立口岸的建议。在征求塔吉克斯坦国家安全委员会边防部队的意见后，由政府作出设立口岸的决定。

依照塔吉克斯坦与邻国签订的国际条约，塔吉克斯坦政府设立直接位于国家边境的口岸。

2. 发起方应当起草设立口岸的经济技术可行性报告，其中包括口岸建设、改造、技术装备，以及生活基础设施建设的资金来源，并就该报告征求口岸设立区域所在地方政府的意见后，向塔吉克斯坦外交部、国防部、内务部、农业部、财政部、卫生部、国家海关署、交通运输部、国有塔吉克斯坦航空公司和国家铁路公司提交。

上述部门和组织应当对所提供材料进行研究，并在 1 个月内向发起方提交研究结果。

3. 除设立口岸的可行性报告外，发起方还应当向塔吉克斯坦政府提交以下文件，以作出设立口岸的决定：

（1）与塔吉克斯坦外交部、国防部、内务部、农业部、财政部、经济发展和贸易部、卫生部、国家海关署、国家安全委员会、地方政府，以及设立公路口岸、铁路口岸、航空口岸时分别与交通运输部、国家铁路公司、国有塔吉克斯坦航空公司协商确定的塔吉克斯坦政府关于设立口岸的决定草案，其中应当注明口岸类别。

（2）相关口岸监管部门提出保障口岸正常运行所需的人员编制数量及人员经费额度。

4. 塔吉克斯坦政府关于设立口岸的决定，应当通过媒体正式公布，并由外交部按规定程序通知塔吉克斯坦驻外外交和领事机构。

（二）口岸开通

1. 在结束口岸建设、改造、技术装备，并按规定程序完成使用验收后开通口岸。

2. 按照与塔吉克斯坦农业部、卫生部、国家海关署、国家安全委员会，以及设立公路口岸、铁路口岸、航空口岸、军用机场口岸时分别与交通运输部、国家铁路公司、国有塔吉克斯坦航空公司和国防部协商确定的设计规划，进行口岸建设和改造。

3. 口岸建设、改造完成后，由相关部门组成验收委员会进行使用验收。

验收委员会成员应当包括塔吉克斯坦国家安全委员会、国家海关署、卫生部和其他国家权力执行机构的代表，以及口岸设立区域所在地方政府的代表。

4. 根据验收委员会提交的口岸使用验收报告，发起方与塔吉克斯坦国家安全委员会、国家海关署、卫生部、农业部联合发布关于口岸开放运行的决定。

政府与邻国协商同意后签订相关国际性法律文件，确定开通口岸。

4. 临时性和季节性口岸的运行期限，由塔吉克斯坦政府依照其加入的相关国际条约确定。

（三）口岸关闭

1. 塔吉克斯坦政府关闭口岸的依据：

（1）塔吉克斯坦加入的关于终止跨境运输的国际条约；

（2）塔吉克斯坦或其他国家单方面决定终止关于设立（开通）口岸的国际条约；

（3）相关国家权力执行机构认为口岸不适合或不可能继续运行。在此情形下，应当成立国家评估委员会，就口岸关闭问题作出结论。

2. 在以下情形下，依照塔吉克斯坦加入的国际条约，根据塔吉克斯坦国家安全委员会、国家海关署、卫生部和农业部的建议，塔吉克斯坦政府可以暂时关闭口岸：

（1）发生紧急情况、自然灾害或技术原因，导致无法进行国际运输；

（2）因卫生检疫原因；

（3）相关部门严重违反口岸建筑、设施和技术装备的管理规定。

作出或取消临时关闭口岸的决定，应当立即通报塔吉克斯坦的邻国，必要时通过外交渠道照会其他相关国家。

四、口岸维护及财政和后勤保障

口岸建设、改造、维护和技术装备费用，由塔吉克斯坦国家预算资金，以及依照现行法律规定筹集的其他资金按比例分摊。

各相关方所承担口岸建设、改造、维护和技术装备的资金比例，应当在项目预算文件中予以确定。

用于对进出境自然人、运输工具和货物实施监管的口岸技术设备的装备费用，以及口岸监管部门的经费开支，由国家预算资金承担。

附件：

塔吉克斯坦与邻国关境口岸清单

塔吉克斯坦—乌兹别克斯坦关境口岸清单

公路口岸	塔吉克斯坦		乌兹别克斯坦		口岸地位	工作制度
	口岸名称	地点	口岸名称	地点		
1	艾瓦季	哈特隆州	古尔巴霍尔	苏尔汉河州	国际	全天
2	布拉茨特沃	图尔松扎德图曼尼	萨里阿西亚	苏尔汉河州	国际	全天
3	法捷哈巴德	索格特州	奥伊别克	塔什干州	国际	全天
4	帕塔尔	索格特州	安达尔汉	费尔干纳州	国际	全天
5	萨拉兹姆	索格特州	贾尔捷帕	撒马尔罕州	国际	全天
6	拉瓦特	索格特州	拉瓦特	费尔干纳州	双边	日间
7	哈什季亚克	索格特州	别卡巴德	锡尔河州	双边	日间
8	纳夫本尼奥德	索格特州	波普	纳曼干州	双边	日间
9	库什捷吉尔曼	索格特州	普洛京纳	塔什干州	双边	日间
10	扎法拉巴德	索格特州	哈瓦萨巴德	锡尔河州	双边	日间
11	哈沃托格	索格特州	乌奇图尔甘	吉扎克州	双边	日间
12	乌拉—捷帕	索格特州	库什肯特	吉扎克州	双边	日间
铁路口岸	口岸名称	地点	口岸名称	地点	口岸地位	工作制度
1	坎尼巴达姆	索格特州	安达尔汉	费尔干纳州	国际	全天
2	那乌	索格特州	别卡巴德	塔什干州	国际	全天
3	霍沙季	哈特隆州	阿穆—赞格	苏尔汉河州	国际	全天
4	帕赫塔阿巴德	图尔松扎德区	乌尊	苏尔汉河州	国际	全天

塔吉克斯坦—中国关境口岸清单

公路口岸	塔吉克斯坦		中国		口岸地位	工作制度
	口岸名称	地点	口岸名称	地点		
1	库里玛	戈尔诺—巴德赫尚自治州	卡拉苏	新疆维吾尔自治区	国际	日间

附件： 续1

塔吉克斯坦—阿富汗关境口岸清单

公路口岸	塔吉克斯坦		阿富汗		口岸地位	工作制度
	口岸名称	地点	口岸名称	地点		
1	伊什卡希姆	戈尔诺—巴德赫尚自治州	苏尔丹	巴达赫尚省	国际	日间
2	杰姆	戈尔诺—巴德赫尚自治州	杰莫甘	巴达赫尚省	国际	
3	鲁兹瓦伊	戈尔诺—巴德赫尚自治州	努赛	巴达赫尚省	国际	
4	下皮扬季	哈特隆州	舍尔汉—班达尔	昆杜士省	国际	日间
5	胡姆罗吉	戈尔诺—巴德赫尚自治州	焦马尔吉—博洛	巴达赫尚省	国际	
6	绍洪	哈特隆州	霍洪	巴达赫尚省	国际	
河运口岸	口岸名称	地点	口岸名称	地点	口岸地位	工作制度
1	科库利	哈特隆州	艾－汉努姆	塔哈尔省	国际	全天

塔吉克斯坦—吉尔吉斯斯坦关境口岸清单

公路口岸	塔吉克斯坦		吉尔吉斯斯坦		口岸地位	工作制度
	口岸名称	地点	口岸名称	地点		
1	古利斯通	索格特州	克济尔—别利	巴特肯州	国际	全天
2	奥夫奇卡拉恰	索格特州	库伦杜	巴特肯州	国际	全天
3	卡拉米克	拉赫什区	卡拉米克	奥什州	双边	日间
4	基济尔—阿尔特	戈尔诺—巴德赫尚自治州	博尔—多博	奥什州	国际	全天
5	马丹尼亚特	索格特州	凯拉加奇	巴特肯州	双边	全天

第四章　塔吉克斯坦海关管理

第一节　概　述

塔吉克斯坦共和国政府主管海关事务。

塔吉克斯坦政府国家海关署负责直接落实海关领域的各项工作任务，保障塔吉克斯坦境内所有海关机构的执法统一性；参与海关管理领域的国际合作，确保塔吉克斯坦法律与国际法规范和国际通行惯例的一致性；依照《塔吉克斯坦海关法典》和其他规范性法律文件实施海关管理，保障货物和运输工具进出塔吉克斯坦关境时遵守关税调控措施，以及禁止和限制规定。

一、海关法律的时间效力

调整海关领域法律关系的规范性法律文件不适用于其生效之前发生的法律关系，但文件本身或其生效文件中有不同规定的除外。

确立或强化海关法律关系主体责任的规定，或者增加海关法律关系主体附加义务的规定不具有追溯力；减轻海关法律关系参与者责任的规定具有追溯力。

在海关事务中，适用报关单受理之日实施的关税调控措施及禁止和限制规定。

二、对海关法律文件的要求

在制定海关领域规范性法律文件的条款时，应当保障对外经济活动参与者准确了解在货物和运输工具进出关境过程中拥有的权利和义务，以及在何时应当按照何种程序采取何种行为。

如因海关领域规范性法律文件规定不明确或存在歧义，导致发生违反海关规定的行为，则不得追究违法责任。

如塔吉克斯坦政府国家海关署制定的行政规章对企业权利和合法权益造成损害，可以依照塔吉克斯坦法律规定的诉讼程序进行申诉。

三、基本概念

1. 海关作业，是指办理货物和运输工具通关手续时，对货物和运输工具实施的单独行为。

2. 进口环节税，是指依照塔吉克斯坦法律规定，海关对进口货物征收的增值税和消费税。

3. 国内税，是指依照塔吉克斯坦法律规定，对在塔吉克斯坦境内流通货物征收的增值税和消费税。

4. 承运人，是指从事进出境货物运输和/或在塔吉克斯坦关境内从事海关监管货物运输的人，或运输工具的使用责任人。

5. 报关代理人，是指受申报人或者有义务或有权利依照《塔吉克斯坦海关法典》规定实施海关作业的其他人委托，并以申报人或其他人名义实施海关作业的代理人。

6. 申报人，是指申报货物或以其名义申报货物的人。

7. 货物放行，是指海关允许利害关系人依照监管方式使用和/或处置货物的行为。

8. 有条件放行，是指对货物和运输工具予以放行，但对其使用和处置设定条件并作出限制。

9. 本国货物，是指具有在塔吉克斯坦关境内自由流通地位的货物。包括在塔吉克斯坦境内生产且未运出塔吉克斯坦关境的货物；已放行进入塔吉克斯坦关境自由流通的货物；已完全在塔吉克斯坦关境内生产的货物，或以放行进入塔吉克斯坦关境内自由流通的货物为原料，在塔吉克斯坦生产的货物。

10. 外国货物，是指非本国的货物。

11. 货物和运输工具的地位，是指是否存在对货物和运输工具的使用和处置作出的禁止和限制规定。

12. 利害关系人，是指海关对货物和/或运输工具的决定、行为/不作为直接和单独涉及其利益的人。

13. 货运代理人，是指依照《塔吉克斯坦共和国民法典》规定，按照运输代理协议开展业务的人。

14. 商业单据，是指增值税发票（发票）、明细单、发运单和装箱单，开展对外贸易和其他活动时使用的其他单据，以及确认完成与货物进出境相关交易的单据。

15. 海关单证，是指用于海关目的的文件。

16. 运输单证，是指提单、运单和确认运输合同及其内容的单据，以及国际运输过程中运输工具及其运载货物的随附单证。

四、货物和运输工具进出境的基本原则

（一）平等权利

所有人平等享有按照《塔吉克斯坦海关法典》规定程序运输货物进出塔吉克斯坦关境的权利，但《塔吉克斯坦海关法典》、其他规范性法律文件，以及与塔吉克斯坦加入的国际条约有不同规定的情形除外。

（二）遵守禁止和限制规定

1. 对塔吉克斯坦法律禁止进口的货物，海关将予以扣留。如法律未另行规定，承运人应当立即从塔吉克斯坦关境运出该货物。在无法运出或无法立即运出关境的情况下，该货物必须存放在临时存储仓库或其他海关监管区域，相关费用由该货物的权利人承担。该货物的最长存储期限为 3 天，在临时存储期限届满后，依照《塔吉克斯坦海关法典》规定收归国有。

2. 如符合塔吉克斯坦立法规定和塔吉克斯坦所加入国际条约规定的要求和条件，海关准予限制进口的货物运入关境并予以放行。

3. 禁止出口的货物不得从塔吉克斯坦关境实际出境。

4. 如符合塔吉克斯坦立法规定和塔吉克斯坦所加入国际条约规定的要求和条件，海关准予限制出口的货物运出关境。

5. 对货物权利人、申报人、承运人或其他人因违反货物进出境禁止和限制规定而产生的费用，海关不予补偿。

（三）海关通关和海关监管

1. 任何进出塔吉克斯坦关境的货物和运输工具，均应按照《塔吉克斯坦海关法典》规定的条件和程序，办理通关手续并接受海关监管。

2. 在办理通关手续和实施海关监管时，海关及其工作人员无权设定塔吉克斯坦法律和其他规范性法律文件未规定的要求和限制。

（四）对货物和运输工具的使用和处置

1. 在货物放行前，任何人无权违反《塔吉克斯坦海关法典》规定的程序和条件，使用和处置货物及运输工具。

2. 在货物和运输工具放行后，应当按照所申报的监管方式对其进行处置和使用。

（五）提供担保

海关有权要求法人或自然人对进出境货物提供履行《塔吉克斯坦海关法典》规定义务的担保，包括海关税费的缴纳担保。

五、海关领域的经营活动

法人只有被列入海关承运人名录、临时存储仓库和海关仓库及免税商店所有人名录、经认证的经营者（AEO）和报关代理人名录（本篇中以下简称"海关事务经营者名录"）后，方可作为海关承运人，临时存储仓库、海关仓库和免税商店所有人，经认证的经营者及报关代理人开展经营活动。

六、信息通报和咨询

（一）知悉海关作出决定和实施行为/不作为的原因

1. 海关及其工作人员作出相关决定或实施相关行为时，以及在规定期限内未作出相关决定或未实施应当实施的相关行为时，如该决定或行为直接影响相关人的合法权益，其有权向海关了解作出相关决定、实施行为的原因和依据，或未作出相关决定、未实施行为的原因。

2. 自海关作出决定或实施行为/不作为之日起，或自作出决定、实施行为的期限届满之日起，或者自相关人知悉海关所作出的决定或实施的行为/不作为之日起6个月内，可以向海关提出查询请求。

3. 利害关系人可以口头和书面形式请求海关提供所需信息。海关应在收到口头请求当日予以研究。如以书面形式提交请求，海关应在收到请求之日起10日内以书面形式予以答复。

（二）海关领域的规范性法律文件信息

1. 海关应当确保公众可自由免费获取海关领域的现行规范性法律文件信息，包括使用信息技术、信息宣传栏、显示屏、宣传册和其他印刷材料，以及视频、音频和其他信息传播技术手段。

2. 海关应当保障公众使用信息技术手段获取正在起草的法律文件信息，以及对海关法律文件尚未生效的修订和补充信息，但提前公开法律文件将妨碍实施海关监管或降低海关监管效能的情形除外。

3. 塔吉克斯坦政府国家海关署应当在其正式出版物中公布本部门制定的

法律文件，以及塔吉克斯坦海关法律文件和海关领域的规范性法律文件。

（三）海关事务咨询

1. 海关负责答复利害关系人就海关事务，以及海关职权范围内的相关业务提出的咨询。海关负责人或其代理人指定海关工作人员负责答复咨询。对利害关系人申请的信息，自收到申请之日起 1 个月内应予答复。

海关在答复咨询时，不仅要提供申请的信息，还应当提供其认为有必要向利害关系人通报的其他相关信息。

2. 海关免费提供口头或书面咨询。向利害关系人提供的咨询信息，不能作为海关对货物或运输工具实施海关作业时作出决定或实施行为/不作为的直接依据。

3. 对未经海关授权的人员所提供非专业咨询造成的损失，海关不承担责任。

七、通关程序的基本规定

（一）通关程序的适用

1. 通关程序适用于对进出境货物和运输工具实施的所有海关作业。

2. 通关业务的办理程序和流程，取决于进出境货物和运输工具种类、运输方式及运输主体的类别。

3. 海关作业平等适用于所有货物，不论其原产地、起运国和指运国。

（二）通关程序的开始与结束

1. 开始办理通关业务：

（1）对于进口货物，向海关提交预先报关单，或者与进出境货物有关的文件之时，包括在法律规定的情形下采取口头申报或实施能够证明通关意向的其他行为时；

（2）对于出口货物，向海关提交报关单之时，包括在法律规定的情形下采取口头申报或实施能够证明通关意向的其他行为时。

2. 结束办理通关业务，是指完成货物适用监管方式规定的海关作业（包括计征海关税费）。

（三）办理通关业务的时间和地点

1. 应当在海关所在地，并在其工作时间内办理货物的通关手续。

2. 应申报人或其他利害关系人的合理要求，办理通关业务时，可以按照海关规定程序，在海关所在地之外和非工作时间实施部分海关作业。

（四）通关业务所需的文件和信息

1. 办理通关业务时，应当向海关提供通关所需的文件和信息。海关仅有权要求提交确保遵守塔吉克斯坦海关法律所需的单证和信息，以及《塔吉克斯坦海关法典》所规定提交的文件和信息。

2. 针对具体通关程序和监管方式办理通关业务所需的文件和信息清单，对信息的要求及其提交期限，由塔吉克斯坦政府国家海关署规定。

3. 根据运输货物进出境的法人或自然人的类别、货物种类、货物用途、运输方式，塔吉克斯坦政府国家海关署有权缩减办理通关业务所需文件和信息的清单。

4. 通关所需的文件和信息清单应当正式公布，包括在塔吉克斯坦政府国家海关署官方网站上公布。

5. 为简化和加快通关业务流程，塔吉克斯坦政府国家海关署可以与外国海关签署海关单证互认协定。

6. 通关所需文件可以原件形式，或者经过文件提交人、申报人或出具文件的授权机构核证或经公证后的副本形式提交。在提交副本时，海关可视情况核对副本与其原件是否一致，核对后原件应当退还提交人。

7. 通关所需的文件，可以电子形式提交。

（五）办理通关业务时利害关系人或其代理人应当在场

1. 办理通关业务时，利害关系人或其代理人有权在场。

2. 应海关要求，办理通关业务时利害关系人或其代理人应当到场。

（六）办理通关业务使用的语言

办理通关业务，包括填制通关文件，应当使用塔吉克斯坦本国语言或跨民族①交流语言。塔吉克斯坦政府国家海关署有权确定接受和使用本部门工作人员掌握的外语编制文件和信息的具体情形。

（七）其他国家机构的监管

如塔吉克斯坦法律规定货物应当接受其他国家机构的监管，则对进出塔吉克斯坦关境的货物实施卫生检疫和动植物检疫及其他类型的国家监管后，方可办结通关手续。

---

① 塔吉克斯坦宪法规定塔吉克语是唯一的国家官方语言，俄语是跨民族交流语言。

第二节 海关监管方式

一、概述

（一）海关监管方式类别

为了对货物实施海关管理，塔吉克斯坦海关规定了以下海关监管方式（本篇中以下简称"监管方式"）：

1. 放行供自由流通；
2. 出口；
3. 国际海关转运；
4. 境内加工；
5. 加工供自由流通；
6. 境外加工；
7. 暂时进口；
8. 海关仓库；
9. 复进口；
10. 复出口；
11. 销毁；
12. 放弃收归国有；
13. 暂时出口；
14. 免税贸易；
15. 自由关税区；
16. 自由仓库；
17. 备用品运输；
18. 特殊监管方式。

（二）监管方式的选择和变更

1. 货物进出塔吉克斯坦关境时，应当选择一种监管方式，并遵守相关规定。
2. 企业有权选择任何监管方式，以及在《塔吉克斯坦海关法典》规定的期限内变更为其他任何监管方式。

（三）货物适用监管方式

1. 海关依照《塔吉克斯坦海关法典》规定签发许可，确定货物适用的监管方式。

2. 如符合所申报监管方式的要求和货物放行的其他条件，则海关必须签发许可，准予货物适用所申报的监管方式。

（四）确认货物符合监管方式的规定

申报人有义务证明货物符合所申报监管方式的规定，包括减免关税、环节税，或者返还已缴纳的税款和/或不适用经济性质的禁止和限制规定。

（五）违反海关监管规定的责任

1. 依照《塔吉克斯坦海关法典》规定，确定违反监管方式要求和条件的责任主体。

2. 在以下情形下，对违反监管方式规定的要求和条件，不承担责任：

（1）因事故或不可抗力导致货物灭失、损坏、变质或出现其他无法挽回的损失；

（2）按照所选择的监管方式，在正常运输、存储和使用条件下因自然磨损、损耗而导致货物数量或状态的变化；

（3）根据塔吉克斯坦或外国国家权力机构的决定，或因上述机构实施的行为，导致授权人失去对货物和/或运输工具的占有权。

3. 确认造成货物灭失、损坏、数量和状态变化情况的义务，由遵守监管规定的责任人承担。在外国领土上发生的情况，应当由塔吉克斯坦驻外领事机构或发生上述情况的国家的主管部门确认。

（六）海关行政违法案件中扣押货物

1. 在办理海关行政违法案件时，如适用监管方式的货物被扣押，则中止监管方式对该货物的效力。

2. 如已生效的海关行政违法案件决定，未规定没收适用监管方式的货物，则应当恢复监管方式对该货物的效力。

3. 如应予追究的行政责任与违反监管方式有关，且违法行为导致无法继续适用该监管方式，应当在行政违法案件判决生效之日起15日内终止监管方式。

二、监管方式的基本规定

（一）放行供自由流通

1. 概述

放行供自由流通，是指对进入塔吉克斯坦关境的货物，未规定任何使用和消费限制的一种监管方式。

2. 适用条件

货物放行供自由流通应当符合以下条件：

（1）缴纳关税和进口环节税；

（2）遵守塔吉克斯坦法律设定的非经济性质的限制规定；

（3）符合《塔吉克斯坦海关法典》和塔吉克斯坦其他规范性法律文件的要求；

（4）办结通关手续。

对于不符合上述条件的货物，应当依照《塔吉克斯坦海关法典》规定，予以有条件放行。

（二）出口

1. 概述

出口，是指国内货物运出塔吉克斯坦关境，且在关境外无使用和消费限制的一种监管方式。

2. 适用条件

货物出口的条件如下：

1. 按照《塔吉克斯坦海关法典》规定的程序缴纳出口关税，并遵守限制规定；

2. 依照《塔吉克斯坦共和国税法典》规定，货物出口时免缴、返还或补偿环节税。

（三）国际海关转运

1. 概述

海关转运，是指货物运输起点和终点均在塔吉克斯坦关境以外的外国货物，通过塔吉克斯坦关境进行运输，在进境地点和离境地点之间对其实施海关监管，但无须缴纳关税和进口环节税，且不适用禁止和限制规定的一种监管方式。

2. 适用条件

（1）任何外国货物均可适用国际海关转运监管方式，但依照塔吉克斯坦法律和塔吉克斯坦加入的国际条约禁止过境的货物除外。

（2）塔吉克斯坦法律和塔吉克斯坦加入的国际条约，可以规定适用国际海关转运监管方式的补充条件。

3. 转运货物的换装和其他作业

（1）如提前向海关通报并经海关许可，可以在其辖区内对转运货物进行换装作业，即将转运货物从进境运输工具换装到出境运输工具，但不得损坏海关封志和印章。

（2）如符合《塔吉克斯坦海关法典》规定的要求和条件，允许在塔吉克斯坦关境内对转运货物进行仓储、拆分、合批及其他类似作业。

（3）如货物、运输工具面临损毁、灭失或实质性损坏的实际风险，可准予对转运货物实施以上未规定的作业。

4. 海关转运监管方式的终止

（1）转运货物从塔吉克斯坦出境，视为国际海关转运终止。

承运人应当向指运地海关呈验转运货物、提交转运报关单和其他转运文件。指运地海关应在呈验转运货物和提交文件之日完成必要的海关作业，以终止国际海关转运，并签发货物和运输工具离境许可。

国际转运货物分批出境时，最后一批货物运离塔吉克斯坦关境时视为终止海关转运。

（2）如符合《塔吉克斯坦海关法典》的相关规定，可以变更货物适用的监管方式以终止海关转运。

（四）境内加工

1. 概述

（1）境内加工，是指在塔吉克斯坦关境内，对有条件完全免除缴纳关税和进口环节税的进口货物，在规定期限（货物加工期限）内用于货物加工作业，而加工产品在一定期限内从塔吉克斯坦关境出口的一种监管方式。

（2）用于境内加工的进口货物，适用所有禁止和限制规定。

2. 适用条件

（1）经海关许可，准予在关境内加工。

（2）如海关可以在加工产品中对进口货物进行识别，则允许在关境内进行加工，但等效货物加工除外。

（3）如符合《塔吉克斯坦海关法典》规定的要求和条件，此前适用其他监管方式的外国货物可以适用境内加工监管方式。

（4）对于特定类别的进口货物，塔吉克斯坦政府可以规定不允许进行境内加工的情形，或者对用于境内加工的进口货物规定数量和价值限制，以保护国内生产商的利益。

3. 货物识别

为了对加工产品中的进口货物进行识别，可以使用以下方法：

（1）由申请人、加工人或海关工作人员在进口货物上加盖印章、戳记、数字或其他标记；

（2）进口货物的详细说明、照片、比例图像；

（3）进口货物及其加工产品试样和样品的检验结果比对；

（4）使用进口货物生产商序列号或其他标记。

根据申请人请求并经海关同意，可以对生产中所使用的原材料、配件，以及加工产品生产工艺的详细信息进行研究，或在货物加工作业过程中实施海关监管，以确保对货物进行识别。

4. 货物加工

境内加工监管方式规定的货物加工作业包括：

（1）对货物本身的加工或处理；

（2）制造新产品，包括产品安装、组装或拆卸；

（3）产品维修，包括修复、更换组件、恢复其消费属性；

（4）对有助于或便利产品生产的货物进行加工，即使这些货物在加工过程中全部或部分被消耗。

5. 加工期限

（1）货物加工期限由申请人与海关协商确定，但不得超过2年。

（2）境内加工期限，依据货物加工过程的持续时间和处置加工产品所需的时间确定。

（3）如取得货物加工许可的人未违反境内加工规定，但因其自身无法控制的原因无法在规定期限内完成货物加工，根据其申请可以延长原定加工期限。

（4）货物加工期限自其适用境内加工监管方式之日起开始计算，当货物分批进口时，则从第一批货物适用该监管方式之日起计算。

6. 产出率

（1）加工产品产出率（对一定数量进口货物进行加工所产出加工产品的数量或百分比），由申请人根据货物实际加工条件与海关协商确定，但相关授权机构已确定标准产出率的除外。

（2）在商定加工产品产出率时，海关应当参考专业机构（包括海关实验室）根据具体加工工艺流程作出的结论。

（3）如按固定技术条件对具有稳定特性的货物进行加工，并产出恒定数量的加工产品，则由塔吉克斯坦政府授权主管部门制定加工产品标准产出率。

（4）在加工产品产出率确定后，最终确定加工产品的说明、质量和数量。

7. 境内加工许可

（1）塔吉克斯坦的任何利害关系人均可取得境内加工许可，包括不直接从事货物加工作业的利害关系人。

（2）根据利害关系人的申请，海关签发境内加工许可。

（3）境内加工许可中应当注明：

① 用于加工的货物及其加工产品的说明、质量和数量；

② 货物加工作业及其实施方法；

③ 加工产品产出率；

④ 加工产品中进口货物的识别方法；

⑤ 货物加工期限；

⑥ 海关需要的其他信息。

（4）境内加工许可在货物加工的规定期限内有效。

（5）取得境内加工许可的人，在许可有效期内，经海关书面同意，有权将许可转让给其他能够遵守境内加工要求和条件的塔吉克斯坦人，并向海关提交在关境内进行货物加工期间的合规报告。如在此期间产生关税和进口环节税的缴纳义务，则需缴纳关税和进口环节税。

（6）如申请人符合相关法律规定，既可以在货物进入塔吉克斯坦关境前，也可以在货物进入塔吉克斯坦关境后，发放进口货物境内加工许可。

8. 加工许可的签发程序

（1）第三方以及其他国家机构为取得境内加工许可，应当向海关提交申请，申请中应当包含以下信息：

① 申请人；

② 货物加工作业人；

③ 用于加工的货物、加工产品，以及废碎料和剩余料件；

④ 货物加工作业，其实施方式和期限；

⑤ 货物加工设备的位置；

⑥ 加工产品产出率；

⑦ 加工产品中进口货物识别方法；

⑧ 以等效货物替代进口货物；

⑨ 货物加工期限。

（2）按照海关规定的格式及提交方式向海关提交申请，并应当随附所申报信息的证明文件。

（3）自受理申请之日起 1 个月内，海关对申请及所附文件进行审核。在此期限内，海关对合规情况进行审核，并对加工产品的申报产出率和货物加工期限作出决定。

海关有权要求第三方以及其他国家机构提供上述信息的证明文件。第三方及相关机构应在收到请求之日起 10 日内提交证明文件。在此情形下，海关有权延长申请的审核期限，但自受理申请之日起不得超过 2 个月。

如不符合规定的要求和条件，海关有权拒绝签发货物加工许可。

（4）如申请人提交申请时不符合相关规定，或海关不同意所申报加工产品产出率和货物加工期限，则海关拒绝签发境内加工许可。

海关拒绝签发境内加工许可需有充分依据，应以书面形式通知申请人，并说明拒绝签发该许可的原因。

9. 加工许可的撤销

（1）如果依照基于《塔吉克斯坦海关法典》制定的规范性法律文件，货物不得适用境内加工监管方式，则海关应当撤销已签发的境内加工许可。

（2）撤销决定自上述规范性法律文件生效之日起生效。

（3）货物加工许可被撤销后，依照该撤销决定，货物不得适用境内加工监管方式，对于许可撤销前适用该监管方式的货物，允许按规定终止此监管方式。

10. 免征出口关税及适用禁止和限制规定

（1）加工产品从塔吉克斯坦关境出口时，不缴纳出口关税。

（2）出口加工产品适用所有禁止和限制规定。

11. 废碎料

对于在关境内加工货物所产生的废碎料，应当缴纳关税和进口环节税，视同该废碎料以此种状态进口到塔吉克斯坦关境内，但其自塔吉克斯坦关境出口，或已加工成不适于在塔吉克斯坦关境内继续按商业用途使用，且不能以任何经济可行方式恢复到原状态的情形除外。

对应当缴纳关税和进口环节税的废碎料，需向海关申报。

12. 剩余料件

（1）适用境内加工监管方式货物的剩余料件，可以从塔吉克斯坦关境出口且无须缴纳出口关税。

（2）对未出口的剩余料件，应当缴纳进口关税和进口环节税，视同其以此状态进口至塔吉克斯坦关境内。

对应当缴纳关税和进口环节税的剩余料件，需向海关申报。

13. 监管方式的结束和中止

（1）应当在不晚于加工期限届满之日，从塔吉克斯坦关境出口加工产品，或确定进口货物及其加工产品适用其他监管方式，以终止境内加工监管方式。

（2）如果加工产品分批从塔吉克斯坦关境出口，可以在其出口后定期对加工产品许可中注明的加工产品最终数量进行核销，不少于3个月1次，并不晚于最后一批货物出口之日起30日内。

如核销后确定，取得境内加工许可的人应当缴纳关税和进口环节税，对海关作出必须缴纳此税款的书面决定之日起10日内缴纳关税和进口环节税的，不计海关税费滞纳金。海关应在不晚于作出决定的次日，向其发送关税和进口环节税缴纳通知书。

（3）对进口货物及其加工产品，可予以放行供自由流通，或适用其他监管方式，以结束境内加工监管方式。

（4）可以通过进口货物保持原状出口（复出口），以终止境内加工监管方式。

（5）在以下情形下，根据利害关系人申请，可以中止境内加工监管方式的效力：

① 依照《塔吉克斯坦海关法典》规定，将加工产品存放至海关仓库；

② 加工产品适用非放行供自由流通的其他监管方式。

（6）境内加工监管方式中止期间，不得对货物进行加工作业。

（五）加工供自由流通

1. 概述

加工供自由流通，是指对进口至塔吉克斯坦关境内用于加工作业的货物，在规定期限（货物加工期限）内有条件完全免缴关税和进口环节税，其加工产品后续放行供自由流通时，按加工产品所适用税率缴纳关税的一种监管方式。

对适用加工供自由流通监管方式的进口货物，适用所有禁止和限制规定。

2. 适用条件

（1）如符合以下条件，则允许适用加工供自由流通的监管方式：

① 取得海关许可；

② 提交相关授权机构关于加工产品产出率的结论；

③ 海关在加工产品中可以对进口货物进行识别；

④ 确保遵守塔吉克斯坦法律规定；

⑤ 无法以任何经济可行的方式将加工产品恢复原状；

⑥ 对加工产品应缴纳的关税数额，应当低于在进口货物适用加工供自由流通的监管方式当日，如放行供自由流通应缴纳的关税数额；

⑦ 进口加工货物与实施加工作业为同一人。

（2）申报人可以申请适用加工供自由流通监管方式。

（3）如符合《塔吉克斯坦海关法典》规定，此前适用其他监管方式的外国货物，可以适用加工供自由流通的监管方式。

（4）由塔吉克斯坦政府制定禁止适用加工供自由流通的监管方式的货物清单。

3. 货物加工

加工供自由流通的监管方式规定的货物加工作业包括：

（1）对货物本身的加工或处理；

（2）制造新产品，包括产品安装、组装或拆卸。

4. 加工期限

（1）货物加工期限由申请人与海关协商确定，但不得超过 1 年。

（2）供自由流通货物的加工期限，依据货物加工过程的持续时间确定。

（3）如取得货物加工许可的人未违反加工规定，但因其自身无法控制的原因无法在规定期限内完成货物加工，根据其申请，可以延长原定的加工期限。

（4）货物加工期限自其适用加工供自由流通监管方式之日起开始计算，当货物分批进口时，则从第一批货物适用该监管方式之日起计算。

5. 加工许可

（1）根据申报人的申请，海关签发供自由流通货物加工许可。

（2）许可中应当注明：

① 进口货物及其加工产品的说明、质量和数量；

② 货物加工作业及其实施方法；

③ 加工产品产出率；

④ 加工产品中进口货物的识别方法；

⑤ 货物加工期限；

⑥ 海关所需的其他信息。

（3）货物加工许可在货物加工的规定期限内有效。

（4）在货物适用加工供自由流通的监管方式之前，签发货物加工许可。

（5）已签发的货物加工许可不得转让他人。

（6）取得货物加工许可的人，应当承担关税和进口环节税的缴纳责任。

6. 加工许可的签发程序

（1）取得供自由流通货物的加工许可，需向海关提交申请，申请中应当包含以下信息：

① 申请人；

② 货物直接加工作业人；

③ 用于加工的货物、加工产品，以及废碎料和剩余料件；

④ 货物加工作业的实施方式和期限；

⑤ 货物加工设备的位置；

⑥ 加工产品产出率；

⑦ 加工产品中进口货物的识别方法；

⑧ 货物加工期限。

（2）按照海关规定的格式及提交方式向海关提交申请，并应当随附所申报信息的证明文件。

（3）自受理申请之日起 30 日内，海关对申请及所附文件进行审核。在此期限内，海关审核其合规情况，并对加工产品的申报产出率和货物加工期限作出决定。

海关有权要求第三方及其他国家机构提供上述信息的证明文件。第三方及相关机构应在收到请求之日起 10 日内提交证明文件。在此情形下，海关有权延长申请的审核期限，但自受理申请之日起不得超过 2 个月。

（4）如申请人提交的申请不符合相关规定，则海关有权拒绝签发货物加工许可。

如拒绝签发货物加工许可，海关应当书面通知申请人，并说明具体原因。

7. 废碎料和剩余料件

对适用加工供自由流通监管方式的货物在加工过程中产生的废碎料和剩余料件，适用境内加工监管方式的相关规定。

8. 监管方式的终止

加工产品放行进入自由流通，即终止加工供自由流通监管方式。其放行时按加工产品适用的税率计算关税，在申请放行供自由流通当日确定其完税价格和数量。

9. 适用关税税率的特殊规定

（1）加工产品适用进口加工货物原产地的关税税率。

（2）如加工过程中使用产自不同国家的外国货物，适用关税税率应当考虑以下特殊规定：

① 如加工导致《对外经济活动商品目录》的商品编码前 4 位中任意一位发生变化，则加工产品适用自塔吉克斯坦给予最惠国待遇国家进口货物的关税税率；

② 在其他情形下，适用完税价格最高的外国货物原产地的关税税率。

（六）境外加工

1. 概述

境外加工，是指在规定期限（货物加工期限）内，对从塔吉克斯坦关境出口的货物进行加工作业，其加工产品后续进口时，完全或部分免缴关税和进口环节税的一种监管方式。

按照境外加工监管方式，货物从塔吉克斯坦关境出口时有条件全额免缴出口关税，且不适用经济性质的禁止和限制规定。

货物按照境外加工监管方式出口时，不得免缴、返还或补偿国内环节税。

2. 适用条件

（1）境外加工需经海关许可。

（2）海关允许出口货物在关境外加工，如在其加工产品中可以对出口货物进行识别，但依照《塔吉克斯坦海关法典》规定，外国货物替代加工产品的情形除外。

（3）具有自由流通地位的货物，或原产于塔吉克斯坦的货物，可以适用境外加工监管方式。如货物加工为维修作业，则允许享受关税和进口环节税缴纳优惠的货物适用境外加工监管方式。

（4）对于特定类别货物，塔吉克斯坦政府有权规定不允许在关境外对其进行加工的情形，以及对按照境外加工监管方式进行加工作业的货物规定数量或价值的限制措施，以保护国内生产商的利益。

3. 货物识别

为了对加工产品中的出口货物进行识别，可以使用以下方法：

（1）由申请人或海关工作人员在出口货物上加盖印章、戳记、数字或其他标记；

（2）出口货物的详细说明、照片、比例图像；

（3）对预先提取的出口货物及其加工产品试样和样品的检验结果进行比对；

（4）使用出口货物生产商序列号或其他标记；

（5）出口货物的加工证明文件；

（6）应用现代技术的其他识别方法。

根据申请人请求并经海关同意，可以对生产中使用的原材料、配件以及加工产品生产工艺的详细信息进行研究，以确保对货物进行识别。

4. 货物加工

境外加工监管方式规定的货物加工作业包括：

（1）对货物本身的加工或处理；

（2）制造新产品，包括产品安装、组装或拆卸；

（3）产品维修，包括修复、更换组件、恢复消费属性。

5. 加工期限

（1）货物加工期限由申请人与海关协商确定，但不得超过 2 年。

（2）在 2 年的期限范围内，货物在关境外的加工期限，依据货物加工过程持续时间和运输加工产品所需的时间确定。

（3）根据取得货物加工许可的人的合理申请，可以延长原定加工期限，但最长不得超过 2 年。

（4）货物加工期限自其适用境外加工监管方式之日起开始计算，当货物分批出口时，则从第一批货物适用该监管方式之日起计算。

6. 产出率

（1）加工产品产出率（对一定数量进口货物进行加工所产出加工产品的数量或百分比），由申报人根据货物实际加工条件与海关协商确定，但相关授权机构已制定标准产出率的情形除外。加工产品进口至塔吉克斯坦关境前，应当确定其产出率。

（2）依据申报人所提交包含加工工艺流程信息的文件，协商确定加工产品产出率。在商定加工产品产出率时，海关应当参考专业机构（包括海关实验室）根据具体加工工艺流程所作出的结论。

（3）在加工产品产出率商定后，最终确定加工产品说明、质量和数量。

（4）如果按照固定技术条件，对具有稳定特性的货物加工后产出恒定数量的加工产品，则由授权主管部门制定加工产品的标准产出率。

适用加工产品标准产出率时，如进口加工产品数量超出规定的加工产品产出率，则不得全额或部分免缴关税和进口环节税。

7. 加工许可

（1）如具有货物境外加工许可，则准予境外加工货物出口。

（2）境外加工许可发放给申报人。

（3）许可中应当注明：

① 用于加工的货物及其加工产品的说明、质量和数量；

② 货物加工作业及其实施方法；

③ 加工产品产出率，如果在许可签发之日已确定或协商一致；

④ 加工产品中出口货物的识别方法；

⑤ 货物加工期限；

⑥ 海关所需的其他信息。

（4）货物加工许可在货物加工的规定期限内有效。

（5）取得货物加工许可的人，承担关税和进口环节税的缴纳责任。

8. 加工许可的签发程序

（1）为取得货物加工许可，需向海关提交申请，申请中应当包含以下信息：

① 申请人；

② 货物直接加工作业人及其所在地；

③ 拟加工货物；

④ 货物加工作业的实施方式和期限；

⑤ 加工产品产出率，如已确定，或在申报人提交申请之日已确定；

⑥ 货物加工产品及其预计数量；

⑦ 对加工产品中出口货物的识别方法；

⑧ 外国货物替代加工产品；

⑨ 货物加工的期限。

（2）按照海关规定的格式及提交方式向海关提交申请，并应当随附所申报信息的证明文件。

（3）自受理申请之日起 30 日内，海关对申请及所附文件进行审核。在此期限内，海关对申请中载明的信息进行审核，并对加工产品的申报产出率和货物加工期限作出决定。

海关有权要求第三方及其他相关国家机构提供所申报信息的证明文件。在此情形下，海关有权延长申请的审核期限，但自受理申请之日起不得超过 2 个月。

（4）如申请人提交的申请不符合相关规定，或海关不同意所申报的加工产品产出率和货物加工期限，则海关拒绝签发货物境外加工许可。

海关拒绝签发境外加工许可需有充分依据，并以书面形式通知申请人。

9. 加工许可的撤销

（1）依照塔吉克斯坦规范性法律文件，海关撤销已签发的货物加工许可后，货物不得继续适用境外加工监管方式。

（2）撤销决定自塔吉克斯坦相关法律文件生效之日起生效。

（3）对于在许可撤销之前适用该监管方式的货物，允许按规定终止此监管方式。

10. 外国货物替代加工产品

在以下情形下，根据申报人的合理请求并经海关批准，可以用外国货物替代加工产品：

（1）外国货物在说明、数量、价值、质量和技术特性等方面与加工产品一致；

（2）外国货物与加工产品前 4 位商品编码相同。

11. 免征海关税费

（1）如加工目的是为出口货物提供无偿保修，则对加工产品完全免征关税和进口环节税。对此前在塔吉克斯坦关境内放行供自由流通的加工产品，如其放行供自由流通时已考虑到需要进行维修的缺陷，则不得适用减免关税和进口环节税的规定。

（2）在其他情形下，可以对加工产品免征部分关税和进口环节税。

（3）加工产品的消费税应当足额缴纳，但对出口货物进行维修作业除外。

（4）如加工产品在加工期限届满后进口，则不得减免关税和进口环节税。

12. 监管方式的终止

（1）加工产品进口至塔吉克斯坦关境，或以其他方式终止境外加工监管方式。

（2）如加工产品系分批进入塔吉克斯坦关境，可在其进口后定期对加工产品许可中注明的加工产品最终数量进行核销，但不少于 3 个月 1 次，并不晚于最后一批货物进口之日起 30 日内。

如核销后确定取得境外加工许可的人应当缴纳关税和进口环节税，对海关作出强制缴纳此税款的书面决定之日起 10 日内缴纳关税和进口环节税的，不计征海关税费滞纳金。海关应在不晚于作出决定的次日，向取得货物加工许可的人发送关税和进口环节税缴纳通知书。

（3）可以通过从塔吉克斯坦关境出口的货物复进口，或该货物在符合《塔吉克斯坦海关法典》规定的情形下适用出口监管方式，以终止境外加工监管方式。如依照塔吉克斯坦法律规定，出口货物或其加工产品强制复进口，则境外加工监管方式不得变更为出口监管方式。

境外加工监管方式变更为出口监管方式时，无须向海关实际提交货物。

境外加工监管方式变更为出口监管方式时，对出口货物应当缴纳出口关税和利息，视为受理报关单之日准予其延期缴纳出口关税。

（七）暂时进口

1. 概述

暂时进口，是指在一定期限（暂时进口期限）内，外国货物在塔吉克斯坦关境内完全或部分有条件免缴关税和进口环节税，且不适用经济性质的禁止和限制规定，但在规定期限内需复运出境的一种监管方式。

2. 适用条件

（1）如货物复出口时海关可以对其进行识别，则允许其暂时进口，但依照塔吉克斯坦加入的国际条约，允许用同类型货物替换暂时进口货物的情形除外。

（2）海关有权要求暂时进口监管方式的申请人为履行法律规定义务提供担保，包括提交暂时进口货物复出口担保。

（3）如符合《塔吉克斯坦海关法典》规定，此前适用其他监管方式的外国货物，可以适用暂时进口监管方式。

3. 对暂时进口货物的使用和处置限制

（1）取得暂时进口许可的人，可以使用暂时进口货物。

（2）经海关许可，允许将暂时进口货物转交法律规定可以作为申报人的其他人使用。该人有义务遵守暂时进口监管方式规定的条件。

如货物适用有条件部分免征关税和进口环节税，则最初取得暂时进口许可的人，应当按暂时进口监管方式缴纳使用货物期间的关税和进口环节税。如以担保形式确保遵守暂时进口的海关监管规定，接受转让暂时进口货物的人应以其名义办理相关文件。自海关签发暂时进口货物转让许可之日起，该人享有/履行对最初取得暂时进口许可的人所规定的权利和义务。

（3）暂时进口货物应当保持状态不变，但正常运输、存储和使用条件下因自然磨损或自然损耗引起的变化除外。允许对暂时进口货物进行必要作业以保持其完好状态，包括维修（大修和升级改造除外）、保养和其他必要作业，以保持货物的消费属性，并使货物保持其适用暂时进口监管方式之日的状态。

（4）除第（3）项规定的货物作业外，不得对暂时进口货物进行其他处置。

（5）暂时进口货物转让他人，不中止或延长其暂时进口期限。

4. 适用关税和进口环节税

（1）有条件完全免缴关税和进口环节税的暂时进口货物清单及其免除条件，由塔吉克斯坦政府制定。

如暂时进口货物不会对塔吉克斯坦经济造成实质性损害，在以下情形下，允许有条件完全免缴关税和进口环节税：

① 暂时进口托盘，以及其他类型可重复使用的容器和包装；

② 在对外贸易关系，以及科学、文化、电影、体育和旅游、展会和交易会领域的国际关系发展框架内暂时进口货物；

③ 以提供国际援助为目的暂时进口货物；

④ 租赁条件下的暂时进口货物。

（2）对于其他类别货物，以及不符合第（1）项规定的暂时进口货物，适用有条件部分免缴关税和进口环节税。在部分有条件免缴关税和进口环节税时，货物在塔吉克斯坦关境内的每一个自然月，应当按照货物放行供自由流通时应缴关税和进口环节税的3%缴纳税款。

（3）在部分有条件免缴关税和进口环节税时，由取得暂时进口许可的人，选择在货物适用暂时进口监管方式时缴纳或定期缴纳关税和进口环节税。关税和进口环节税的缴纳周期由申报人与海关协商确定。同时，依据在相应期限开始前缴纳关税和进口环节税的原则，确定其具体缴纳期限。

（4）有条件部分免缴关税和进口环节税时所征收的关税和进口环节税总额，不得超过货物适用暂时进口监管方式时，如其放行进入自由流通时，应缴纳关税和进口环节税的数额。

（5）如部分有条件免缴关税、进口环节税时所缴纳关税、进口环节税税额，等同于货物适用暂时进口监管方式之日如其放行供自由流通应缴纳关税和进口环节税的数额，应视为货物放行供自由流通，前提是该货物不适用经济性质的限制规定，或者货物适用暂时进口监管方式之日该限制已被取消。

（6）如暂时进口货物适用其他监管方式，有条件部分免缴关税和进口环节税时已缴纳的关税和进口环节税税款不予返还。

（7）关税和进口环节税的缴纳责任，由取得暂时进口许可的人承担。

5. 暂时进口期限

（1）暂时进口期限不超过 2 年。

对于部分类别货物，包括租赁货物，塔吉克斯坦政府可以规定比上述期限更长的暂时进口期限。

（2）根据暂时进口许可申请人的申请，并考虑其进口目的和进口情况，海关在第（1）项规定的期限内确定货物的暂时进口期限。

（3）根据取得暂时进口许可的人的合理请求，且在不违反法律规定的情形下，海关可以决定延长货物的暂时进口期限，但不得超过 2 年。

6. 监管方式效力的结束和中止

（1）暂时进口货物应在不晚于海关规定的暂时进口期限届满之日从塔吉克斯坦关境出口，或依照《塔吉克斯坦海关法典》规定申请其他监管方式。

（2）可以放行暂时进口货物进入自由流通，以终止暂时进口监管方式。在此情形下，按照货物适用暂时进口监管方式之日确定的完税价格和数量，以及按货物放行供自由流通之日确定的关税和进口环节税税率征收海关税费。

申报人有权向海关说明，货物在正常运输、存储和使用条件下因自然磨损或自然损耗，以及由于事故或不可抗力作用导致其完税价格降低和/或数量减少。如申报人向海关提供真实且有凭据证明的信息，可以对货物完税价格和/或数量进行调整。

（3）在以下情形下，中止暂时进口监管方式的效力：

① 依照塔吉克斯坦立法规定，扣押或收缴暂时进口货物；

② 依照《塔吉克斯坦海关法典》规定，将暂时进口货物存放到海关仓库；

③ 根据取得暂时进口许可的人请求，部分免征关税和进口环节税的暂时进口货物适用其他未规定放行货物供自由流通的监管方式。

（4）暂时进口监管方式中止期满后，恢复其效力。

（八）海关仓库

1. 概述

广义的海关仓库是一种监管方式，按照该监管方式，进口到塔吉克斯坦关境的货物在海关监管下存储，无须缴纳关税和进口环节税，且不适用经济性质的禁止和限制规定，而拟出口货物在海关监管下存储，也应当符合相关条件。

狭义的海关仓库，是指为上述目的而专门规划建设符合《塔吉克斯坦海关法典》规定的场所和/或露天场地。

适用海关仓库监管方式的货物在海关仓库中存储。海关仓库属于海关监管区。

如符合相关限制性规定，货物可以在任何海关仓库中存储。

2. 适用条件

（1）任何货物均可适用海关仓库监管方式，但塔吉克斯坦规范性法律文件禁止进出境货物，塔吉克斯坦政府规定清单中的限制进出境货物，以及在申请适用海关仓库监管方式之日其限定保质期不足 180 天的货物除外。

（2）对于可能对其他货物造成损害或需要特殊存储条件的货物，应当遵守塔吉克斯坦规范性法律文件规定的强制性要求，存放在专门用于存储此类货物的海关仓库，或海关仓库内的单独场所。

（3）此前适用其他监管方式的货物，可以适用海关仓库监管方式。如符合《塔吉克斯坦海关法典》规定，外国货物可以存放在海关仓库中，以中止未规定放行货物供自由流通的监管方式的效力。

（4）经海关书面许可，对因外廓尺寸原因而无法放置在就近海关仓库的货物，允许其适用海关仓库监管方式，但不实际存放在海关仓库中。

在此情形下，海关仓库监管方式申请人应向海关提供货物放行供自由流通时应缴纳海关税费的担保，并遵守《塔吉克斯坦海关法典》规定的所有其他要求和条件。同时，货物适用海关仓库监管方式期间，不得以任何方式转让货物，或将货物转交他人使用和处置。

3. 存储期限

（1）货物可以在海关仓库存放 3 年。

（2）对限定保质期和/或销售期的货物，应当申请海关仓库以外的监管方式，并在限定期限到期前 180 天从海关仓库运出，但海关规定更短期限的易腐类货物除外。

（3）海关仓库内货物的存放人，在报关单中应当确定货物的存储期限，但不得超过 3 年。

（4）根据海关仓库内货物存放人的合理要求，在 3 年的期限内，海关可以延长货物的存储期限。

4. 货物作业

（1）货物权利人及其代理人有权对海关仓库内货物实施常规作业以确保其保持原状，有权检查和测量货物，以及在海关仓库内移动货物，前提是上述作业不会导致货物状态发生变化，并不会损坏包装和/或施加的识别标志。

（2）经海关许可，货物权利人及其代理人可以提取货物试样和样品、进行常规组装、准备销售和运输货物所需的作业，包括分批、装运准备、分类、包装、重新包装、标记，以及提升货物品质所需的作业。

如果实施上述作业会导致货物损坏或其基本属性发生变化，海关有权拒绝签发上述作业许可。

（3）对于外国货物的试样和样品，应当视其为放行进入自由流通，需缴纳关税和进口环节税，但货物样品在 1 个月内返回海关仓库的除外。

（4）在预先书面通知海关的情形下，允许转让海关仓库内存放的货物，以及转让对货物的占有、使用或处置权。

在此情形下，接受转让货物的人应向海关提交后续遵守相关要求的书面保证。自海关收到该保证之日的次日，该人即享有/承担《塔吉克斯坦海关法典》对海关仓库中货物存放人规定的权利和义务。

（5）在货物存储期限内，经海关书面许可，允许将货物从一个海关仓库转移到另一个海关仓库。在此情形下，不中断、不中止货物在海关仓库的存储期限。

5. 海关税费的免除或返还

（1）此前适用其他监管方式的外国货物，拟从塔吉克斯坦关境出口并存放在海关仓库时，无须缴纳进口关税和环节税，或依照《塔吉克斯坦海关法典》规定返还已缴纳的税款。如享受免缴或返还海关税费的货物未从塔吉克斯坦关境出口，则应当缴纳进口关税、环节税及利息。

（2）按照出口监管方式，拟从塔吉克斯坦关境出口的国内货物存放在海关仓库时，依照《塔吉克斯坦共和国税法典》规定，应当免缴、补偿或返还国内环节税。如该货物在海关仓库存放之日起 6 个月内未实际出口，应当征收上述税款及其利息。

6. 无法使用、变质或损坏的货物

在海关仓库存储期间，因事故或不可抗力导致无法使用、变质或损坏的货物，应当适用特定的监管方式，视为其以无法使用、变质或损坏的状态进入塔吉克斯坦关境。

7. 货物放行供自由流通时完税价格的确定

当货物结束在海关仓库存储放行供自由流通时，按货物放行供自由流通之日确定的货物完税价格和/或数量，计算关税和进口环节税。

8. 监管方式效力的终止

（1）在不晚于货物在海关仓库存储期限届满之日，应当申报其他监管方式。

（2）对适用海关仓库监管方式的货物，只有货物权利人有权确定其适用其他监管方式。

（3）此前适用暂时进口监管方式的货物从海关仓库放行时，应当恢复货物暂时进口期限，以在塔吉克斯坦关境内对其继续使用。该货物放行供自由流通时，依照《塔吉克斯坦海关法典》规定计算应缴纳的关税和进口环节税税额。

（4）对存放在海关仓库的货物，海关仓库所有人可以申请对其进行销毁。

9. 海关仓库类型

（1）海关仓库分为开放型仓库和封闭型仓库。

开放型海关仓库，是指可以存储任何货物，并可供任何人使用的海关仓库；

封闭型海关仓库，是指专门用于存储海关仓库所有人货物的海关仓库。

（2）不得存放在封闭型海关仓库中的货物清单，由塔吉克斯坦政府确定。

（3）开放型和封闭型海关仓库，均可用于存放需要特殊存储条件，或可能对其他货物造成损害的部分类别的货物（专用海关仓库）。

10. 对海关仓库建筑、配置和地点的要求

（1）拟用作海关仓库的场所和/或场地的建设和装备，应当确保货物保持完好状态，能够禁止无关人员（非仓库工作人员、非货物权利人或其代理人）进入，并确保对存放货物实施海关监管。确定海关仓库位置时，应当考虑贸易企业和其他利害关系人的利益。

（2）海关对拟用作海关仓库的场所和/或露天场地的建筑、装备和地点制定强制性要求。

11. 海关仓库所有人

（1）列入海关仓库所有人名录的国内法人，可以成为海关仓库所有人。

（2）在《塔吉克斯坦海关法典》规定的情形和条件下，海关仓库所有人负责保管海关监管货物。

（3）海关仓库所有人与海关仓库内货物的存放人应当签订合同。在可以存放货物时，开放型海关仓库所有人不得拒绝签订合同。

（4）海关仓库所有人可以是未列入海关仓库所有人名录中的海关机构。塔吉克斯坦政府国家海关署应至少每6个月在其官方出版物和官网上公布海关自有的海关仓库清单。

12. 列入名录的条件

（1）列入海关仓库所有人名录的条件如下：

① 拥有（自有、经营或租赁）适合用作海关仓库并符合《塔吉克斯坦海关法典》规定要求的场所和/或露天场地；

② 提供海关税费的缴纳担保；

③ 具有应对因存放货物出现损失，或违反存储合同条款而可能发生民事责任风险的保险合同。

（2）如根据租赁协议使用场所和/或露天场地，在申请列入海关仓库所有人名录之日，租赁合同的有效期不得少于 3 年。

13. 列入名录的申请

（1）列入海关仓库所有人名录，应当依据符合《塔吉克斯坦海关法典》规定条件的法人申请。

（2）列入海关仓库所有人名录的申请中应当包含以下信息：

① 向海关申请列入海关仓库的所有人名录。

② 申请人名称、法律组织形式、所在地、银行开户，以及法定资本、法定基金或共同出资额。

③ 海关仓库类型。对于封闭型仓库，需说明选择此类仓库的必要性和可行性依据。

④ 申请人所有并拟用作海关仓库的场所和/或露天场地及其位置、建筑、装备和后勤保障设备。

⑤ 海关税费缴纳担保。

⑥ 申请人民事责任风险的保险合同。

（3）列入海关仓库所有人名录的申请，应附以下申报信息的证明文件：

① 法人国家登记证书；

② 拟用作海关仓库的场所和/或露天场地的所有权证明文件；

③ 拟用作海关仓库的场所和/或露天场地的平面图和图纸；

④ 海关税费缴纳担保的证明文件；

⑤ 银行开户证明；

⑥ 保险单。

（4）应就拟用作海关仓库的每个单独场所和/或每个单独露天场地分别提交申请。

14. 列入名录的证书

列入海关仓库所有人名录的证书有效期为 5 年，证书应当包含以下信息：

（1）海关仓库所有人名称、法律组织形式及所在地；

（2）用作海关仓库的场所和/或露天场地的所有权；

（3）海关税费缴纳担保；

（4）海关仓库类型；

（5）海关仓库的位置。

15. 海关仓库所有人的义务和责任

（1）海关仓库所有人有以下义务：

① 遵守《塔吉克斯坦海关法典》对海关仓库内存储货物的相关规定；

② 登记存储货物，并向海关提交存储货物报表；

③ 确保海关仓库内货物保持完好状态；

④ 确保无关人员未经海关许可无法接触存储货物；

⑤ 缴纳关税和进口环节税，如海关仓库所有人取得境内转关运输许可。

（2）如货物灭失或未经海关许可交付，海关仓库所有人对存放在海关仓库的货物承担关税和进口环节税的缴纳义务。当货物因事故、不可抗力或正常存储条件下的自然损耗导致损毁或灭失时，海关仓库所有人不承担关税和进口环节税的缴纳责任。

16. 撤销证书

在以下情形下，海关可以撤销列入海关仓库所有人名录的证书：

（1）海关仓库所有人不符合列入海关仓库所有人名录的条件之一；

（2）海关仓库所有人未遵守《塔吉克斯坦海关法典》规定的义务；

（3）海关仓库所有人因实施海关领域的行政违法行为，多次被追究行政责任。

17. 在海关自有的仓库存储货物

（1）海关自有的海关仓库为开放型仓库，应当符合《塔吉克斯坦海关法典》规定的要求。

（2）货物存放在海关仓库时，海关与海关仓库内货物存放人之间的关系，由《塔吉克斯坦海关法典》和《塔吉克斯坦共和国民法典》调节。

在可以存储货物时，海关不得拒绝签订货物存储合同。

海关通过向货物存放人出具收据，确认其接收存储货物，收据格式由塔吉克斯坦政府国家海关署规定。

（3）如存放在海关仓库内的货物被损毁，海关承担关税和进口环节税的缴纳义务。但因事故、不可抗力或正常存储条件下货物自然损耗所造成的损毁或灭失除外。

（九）复进口

1. 概述

复进口，是指此前从塔吉克斯坦关境出口的货物，在规定期限内进口到塔吉克斯坦关境，无须缴纳关税和进口环节税，且不适用经济性质的禁止和限制规定的一种监管方式。

适用复进口监管方式的货物，应当视为放行供自由流通的货物。

2. 适用条件

（1）准予货物适用复进口监管方式，应满足以下条件。

① 货物从塔吉克斯坦关境出口时具有自由流通货物地位，或者是外国货物的加工产品。

② 自货物从塔吉克斯坦关境出境之日的次日起 3 年内申请复进口监管方式。应利害关系人的合理请求，在符合法律规定的前提下，海关对用于建筑、工业生产、矿产资源开采和其他类似用途的设备可以延长上述期限。

③ 货物保持从塔吉克斯坦出境时的状态，但正常运输、存储或使用条件下因自然磨损或自然损耗而发生的变化除外。

④ 货物复进口时关税、环节税、补贴及其他需返还至国家预算的款项已缴纳。

（2）以营利为目的在塔吉克斯坦关境外使用货物，对其进行维修（大修和升级改造除外）、保养和其他必要作业，以保持货物的消费属性和货物从塔吉克斯坦出境之日的状态。上述作业不妨碍货物适用复进口监管方式，但维修作业导致货物价值高于出口当日价值的情形除外。

（3）此前适用其他监管方式的货物，可以适用复进口监管方式。

3. 所需文件和信息

（1）如果在塔吉克斯坦关境外对货物进行过维修，为取得货物适用复进口监管方式的许可，申报人应向海关提供货物从塔吉克斯坦关境出口情况及货物维修作业的信息。

（2）为确认第（1）项规定的信息，申报人应向海关提交：从塔吉克斯坦关境出口时的货物报关单；确认货物出境日期的文件；返还进口关税和进口环节税的证明文件；确认申报信息的其他文件。

4. 出口关税的返还

（1）自货物从塔吉克斯坦出境之日的次日起 6 个月内，如果该货物按照复进口监管方式进入塔吉克斯坦关境，已缴纳的出口关税应予返还。

（2）依据海关决定，由国家财政授权机构返还已缴纳的出口关税。

（十）复出口

1. 概述

复出口，是指此前进口到塔吉克斯坦关境的货物从该关境出口，无须缴纳进口关税和进口环节税，或者应当返还已缴纳的进口关税和进口环节税，且不适用经济性质的禁止和限制规定的一种监管方式。

2. 适用条件

（1）货物适用复出口监管方式的前提条件是：

① 适用特定监管方式之前是临时存储货物；

② 符合规定条件的放行供自由流通货物；

③ 此前适用境内加工和加工供自由流通监管方式，但未经加工的外国货物；

④ 此前适用海关仓库、自由关税区、自由仓库、暂时进口和免税贸易监管方式的外国货物；

⑤ 违反禁止进口规定，进入塔吉克斯坦关境的外国货物。

（2）应征消费税的货物复出口，应当提交关税和进口环节税缴纳担保或实施海关押运。

（3）依照塔吉克斯坦规范性法律文件和/或塔吉克斯坦加入的国际条约，可以对货物适用复出口监管方式规定附加条件。

3. 关税和进口环节税的适用

（1）对于复出口货物，根据其进口时适用的监管方式，准予免缴进口关税和进口环节税，或返还关税和进口环节税的缴纳担保。

（2）复出口货物出口时，不缴纳出口关税。

4. 放行供自由流通货物适用复出口监管方式

（1）如放行供自由流通的货物进境时存在缺陷，或在数量、质量、说明或包装等方面不符合对外经济合同条款，且因此原因需退运给供应商或其指定的其他人，可以适用复出口监管方式，该货物应满足的条件如下：

① 在塔吉克斯坦关境内未使用或未进行维修，但必须通过使用货物以检测缺陷或发现其他导致货物退运的情形除外；

② 可以被海关识别；

③ 自放行供自由流通之日起 6 个月内出口。

应申报人合理要求，根据对外经济合同条款，海关可以延长此期限。

（2）货物按照第（1）项规定复出口时，应当依照《塔吉克斯坦海关法典》规定返还已缴纳的关税和进口环节税。

（十一）销毁

1. 概述

销毁，是指在海关监管下销毁外国货物，无须缴纳关税和进口环节税，且不适用经济性质的禁止和限制规定的一种监管方式。

2. 适用条件

（1）如果被销毁后的货物不能以经济可行方式恢复原状，则可以对其进行销毁。

（2）以下类别货物不允许销毁：

① 文物；

② 濒危动植物物种及其衍生物，但为控制疫情和动物流行病需要销毁的情形除外；

③ 在抵押关系终止前，海关接受作为抵押标的物的货物；

④ 依照塔吉克斯坦法律规定被收缴或扣押的货物；

⑤ 塔吉克斯坦政府制定清单内的其他货物。

（3）在以下情形下，不允许销毁货物：

① 可能对环境造成重大危害，或者对人类生命健康构成直接或潜在的危险；

② 按照其通常用途使用货物以完成销毁；

③ 可能导致塔吉克斯坦国家机构产生费用。

3. 销毁期限和地点

（1）应申报人申请，海关根据以所申请方式销毁此类货物所需的合理时间，以及将货物从其所在地运输到销毁地点所需的时间，确定货物的销毁期限。

（2）依照塔吉克斯坦环境保护法的要求，申报人经与海关协商后确定货物的销毁地点。

4. 销毁因事故或不可抗力损毁的货物

销毁监管方式可适用于因事故或不可抗力而损毁、灭失或损坏的货物。

5. 废碎料

（1）对于因销毁外国货物而产生的废碎料，应当缴纳关税和进口环节税，视同该废碎料以此状态进入塔吉克斯坦关境，但该废碎料从塔吉克斯坦关境出口，或者加工为不适合在塔吉克斯坦关境内用于商业用途的状态，并且无法以经济可行方式恢复原状的情形除外。

应当缴纳关税和进口环节税的废碎料需向海关申报。

（2）申报人承担对废碎料缴纳关税和进口环节税的责任。

（十二）放弃收归国有

1. 概述

放弃收归国有，是指货物无偿转为国家财产，无须缴纳关税和进口环节税，且不适用经济性质的禁止和限制规定的一种监管方式。

2. 适用条件

（1）放弃货物收归国有不应导致塔吉克斯坦国家机构产生货物销售收入无法抵偿的任何费用。

（2）依照塔吉克斯坦规范性法律文件禁止流通的货物，不得适用放弃收归国有监管方式。

（3）依照法院作出没收决定的判决，塔吉克斯坦规范性法律文件禁止流通的货物转为国家资产。

（4）不得适用放弃收归国有监管方式的货物清单，由塔吉克斯坦政府制定。

3. 货物地位

（1）适用放弃收归国有监管方式的货物，依法转为国家财产。

（2）将放弃收归国有的货物转交海关之时起，货物即具有在塔吉克斯坦关境内自由流通的地位。

4. 责任

通过放弃收归国有方式对货物进行合法处置的责任由申报人承担。对该货物权利人提出的任何财产索赔，海关不予赔偿。

（十三）暂时出口

1. 概述

暂时出口，是指在规定期限内，国内货物可以在塔吉克斯坦关境外使用，并有条件完全免缴出口关税，且不适用经济性质的禁止和限制规定的一种监管方式。

货物暂时出口时，不得免缴、返还或补偿国内环节税。

2. 适用条件

（1）货物适用暂时出口监管方式的前提条件是：

① 货物复运进境时，确保海关可以对货物进行识别；

② 按照海关规定方式提交货物复运进境担保；

③ 提供出口关税缴纳担保；

（2）对于塔吉克斯坦规范性法律文件禁止出口的货物，不得适用暂时出口监管方式。

3. 暂时出口期限

（1）货物暂时出口的总期限不得超过 3 年。

经申报人申请，海关依据出口目的及出口具体情况确定暂时出口期限。

根据申报人的合理请求，海关可以延长货物暂时出口期限，但所延长期限不得超过 1 年。

（2）对于塔吉克斯坦规范性法律文件规定出口后必须复运进口的部分类别货物，塔吉克斯坦政府有权另行规定暂时出口期限。

4. 出口关税的适用

（1）货物暂时出口时，有条件完全免缴出口关税。

（2）对于未复运进境的暂时出口货物，依据货物出口时的完税价格和数量，以及货物申报暂时出口监管方式之日实施的关税税率，计算并缴纳出口关税。依照《塔吉克斯坦共和国税法典》规定，对上述税款需计征利息，视为国内货物在适用暂时出口监管方式之日准予延期缴纳税款。

5. 监管方式的终止

（1）暂时出口货物应在暂时出口期限届满前复运进口到塔吉克斯坦关境，或者依照《塔吉克斯坦海关法典》规定申报其他监管方式。

（2）如符合《塔吉克斯坦海关法典》的相关规定，海关准予将暂时出口监管方式变更为出口监管方式，但依照塔吉克斯坦规范性法律文件，暂时出口货物必须复运进境的情形除外。

（3）如暂时出口货物的所有权转让给外国人，则暂时出口监管方式应变更为出口监管方式，但塔吉克斯坦规范性法律文件规定必须复运进境的暂时出口货物不得转让。

（4）允许将暂时出口监管方式变更为出口货物适用的其他监管方式，且无须向海关实际提交货物。

（十四）免税贸易

1. 概述

免税贸易，是指在海关监管下，直接在免税商店向离开塔吉克斯坦关境的自然人零售进口到塔吉克斯坦关境的外国商品或塔吉克斯坦的商品，无须缴纳关税和进口环节税，且不适用经济性质的禁止和限制规定的一种监管方式。

2. 适用条件

（1）任何货物均可适用免税贸易监管方式，但塔吉克斯坦禁止进出境货物、禁止在关境内流通的货物，以及塔吉克斯坦政府所制定清单内的货物除外。

（2）适用免税贸易监管方式的货物，只能在位于塔吉克斯坦关境内的口岸免税商店内销售，并接受海关监管。

（3）免税商店内销售的商品应当具有识别标志。

（4）对适用免税贸易监管方式的国内货物，依照《塔吉克斯坦共和国税法典》规定，免缴、返还或补偿国内环节税。

（5）对适用免税贸易监管方式的外国货物，应当返还此前已缴纳的进口关税和进口环节税。

（6）适用免税贸易监管方式货物的申报人，只能是免税商店所有人。

（7）免税商店所有人，只能是列入免税商店所有人名录的塔吉克斯坦法人。

（8）用于保障免税商店正常运营的货物，不得适用免税贸易监管方式。

3. 对免税商店建筑和配备设施的要求

（1）免税商店场所可以由交易厅、附属间和仓库组成。

上述场所的配备设施，应当确保商品保持完好状态、能够实施海关监管，并只能在免税商店交易厅销售商品。

（2）如免税商店仓库位于口岸区域之外，塔吉克斯坦政府国家海关署对其配备设施制定强制性要求。

（3）免税商店交易厅的位置，应当确保无法将在免税商店购买的商品留在塔吉克斯坦关境内，包括将其转交留在关境内的自然人。

（4）免税商店场所系海关监管区。

（5）如果是依据租赁合同取得免税商店场所的使用权，则在提交列入免税商店所有人名录的申请之日起，该合同的有效期不得少于 3 年。

4. 列入名录的条件

列入免税商店所有人名录的条件是：

（1）拥有（自有、经营或租赁）适合用作免税商店并符合《塔吉克斯坦海关法典》规定要求的场所；

（2）提供海关税费的缴纳担保；

（3）具有因销售他人货物可能出现损失，或者违反与他人签订的销售合同条款而可能发生民事责任风险的保险合同。

5. 申请列入名录

（1）列入免税商店所有人名录，应当依据符合《塔吉克斯坦海关法典》规定条件的法人申请。

（2）列入免税商店所有人名录的申请中，应当包含以下信息：

① 向海关申请列入免税商店所有人名录；

② 申请人名称、法律组织形式、所在地、银行开户，以及法定资本、法定基金或共同出资额；

③ 申请人拥有并拟用作免税商店的场所及其位置、建筑、装备和后勤保障设备；

④ 海关税费的缴纳担保；

⑤ 申请人民事责任风险的保险合同。

（3）列入免税商店所有人名录的申请，应当随附以下申报信息的证明文件：

① 法人国家登记证书；

② 拟用作免税商店场所的所有权证明文件；

③ 拟用作免税商店场所的平面图和图纸;

④ 海关税费缴纳担保的证明文件;

⑤ 银行开户证明;

⑥ 保险单。

（4）应就拟用作免税商店的每个单独场所分别提交申请。

6. 免税商店所有人的义务和责任

（1）免税商店所有人有以下义务:

① 遵守免税贸易监管方式的相关规定;

② 遵守免税商店的建筑和设施配置的要求;

③ 排除免税商店销售商品用于其他目的的可能性;

④ 对免税商店的进货和销售记录进行统计,并向海关提交报表;

⑤ 仅在免税商店附属间和仓库存放适用免税贸易监管方式的货物;

⑥ 缴纳关税和进口环节税,如免税商店所有人依照《塔吉克斯坦海关法典》规定已取得境内转关运输许可;

⑦ 遵守塔吉克斯坦在贸易领域立法规定的要求;

⑧ 关闭免税商店时通知海关。

（2）如适用免税贸易监管方式的外国货物灭失或用于其他用途,而未在免税商店内零售给离开塔吉克斯坦关境的自然人,免税商店所有人对该货物承担关税和进口环节税的缴纳责任。但因事故、不可抗力或正常存储和销售条件下货物的自然损耗造成损毁或灭失时,免税商店所有人无须承担关税和进口环节税的缴纳责任。

7. 列入名录的证书

（1）列入免税商店所有人名录的证书,应当包含以下信息:

① 免税商店所有人名称、法律组织形式及所在地;

② 用作免税商店场所的所有权;

③ 缴纳海关税费的担保方式和金额;

④ 免税商店所在地。

（2）列入免税商店所有人名录证书的有效期为5年。

（3）在以下情形下,海关可以撤销列入免税商店所有人名录的证书:

① 免税商店所有人违反经营规定;

② 免税商店所有人未依照《塔吉克斯坦海关法典》规定缴纳关税和进口环节税;

③ 免税商店所有人多次因实施海关领域的行政违法行为被追究行政责任。

（4）如撤销列入免税商店所有人名录的证书:

① 自撤销证书之日的次日起15日内,适用免税贸易监管方式的外国货物

应当变更为其他监管方式。

② 自撤销证书之日的次日起，适用免税贸易监管方式的商品被视为临时存储货物，不得继续销售，并不得在免税商店内放置其他商品。

③ 撤销列入免税商店所有人名录的证书，并不免除所有人遵守《塔吉克斯坦海关法典》规定的要求和履行《塔吉克斯坦海关法典》规定的义务。

（十五）自由关税区

1. 概述

自由关税区，是指外国和国内货物在自由经济区内存放和使用时完全或部分免除关税和环节税，且不适用经济性质的禁止和限制规定的一种监管方式。

自由经济区，是指依照塔吉克斯坦规范性法律文件设立并实施自由关税区监管方式的区域。

2. 对货物及其加工产品的处理

（1）允许对适用自由关税区监管方式的货物进行生产作业和零售以外的商业交易。

（2）塔吉克斯坦政府可以制定不得适用自由关税区监管方式的货物清单，并对适用该监管方式货物的部分作业制定禁止和限制规定。

（3）适用自由关税区监管方式的货物，可以适用其他监管方式。

（4）对适用自由关税区监管方式的加工后形成的货物，可以适用放行供自由流通、出口、复出口、销毁、放弃收归国有监管方式，以及自由关税区监管方式，以放置在另一个自由经济区。

3. 适用监管方式的期限

在自由经济区运行期间，货物适用自由关税区监管方式无时间限制。

4. 守法保障措施

（1）自由经济区的建筑设施和装备设施应当符合塔吉克斯坦海关领域的法律规定，包括确保对适用自由关税区监管方式的货物实施海关监管。塔吉克斯坦政府国家海关署对自由经济区的建筑设施和装备设施制定强制性要求。

（2）自由经济区的管理部门应保障以下几点：

① 确保货物和运输工具进出自由经济区必须接受海关监管；

② 为海关提供必要条件，以对进出自由经济区的货物和运输工具实施海关监管；

③ 执行海关对遵守塔吉克斯坦海关领域立法规定的要求。

5. 货物登记

（1）自由经济区内的经营者对适用自由关税区监管方式的货物及其交易

进行登记，并按照塔吉克斯坦政府国家海关署规定的程序向海关提交报表。

（2）适用自由关税区监管方式的货物发生的任何变化，均应记录在报表文件中。

6. 海关税费及禁止和限制规定

货物适用自由关税区监管方式时，全部或部分免缴关税和环节税，且不适用经济性质的禁止和限制规定。如该货物从自由经济区运至塔吉克斯坦关境内的其他地区，应当征收关税和环节税，并根据所申报的监管方式适用经济性质的禁止和限制规定。

（十六）自由仓库

1. 概述

自由仓库，是指在确定为自由仓库的相关场所（地点）存放和使用货物，不征收关税和环节税，且不适用经济性质的禁止和限制规定的一种监管方式。

根据国家海关署与对外贸易主管部门的建议，塔吉克斯坦政府作出设立自由仓库的决定。

2. 可以适用自由仓库监管方式的货物

允许用于加工的货物，以及用于货物加工的辅助性货物适用自由仓库监管方式，但塔吉克斯坦规范性法律文件禁止的货物除外。

3. 货物处理

（1）在自由仓库可以进行以下作业：

① 为确保货物保持完好状态进行清洁、通风、干燥，提供最佳存储温度（冷藏、冷冻、加热），放置到具有保护性作用的包装中，涂抹保护润滑脂、防腐剂及防锈涂层，注入安全添加剂。

② 货物销售和运输前的准备，包括分批、发货、分拣、包装、重新包装、标记、装载、卸载、换装、在仓库内移动货物、测试等。

③ 制造（加工）其他货物，包括保留进口货物基本特性的装配、组装和调校；对货物本身进行加工，使外国货物失去个体特性，但在加工产品中保留其特性，确保在加工产品中可以识别进口货物；货物维修及修复；使用促进加工产品生产的辅助性货物，其在加工过程中全部或部分被消耗。

④ 在自由仓库中，将货物作为工艺设备及其备件、装卸设备和其他技术设备进行使用。

（2）对自由仓库内货物进行第（1）项中①和②规定的作业，应当通知海关，该作业不得改变其商品编码。

对自由仓库内的临时存储货物，可以进行第（1）项中①规定的作业。

对自由仓库内的外国货物进行加工时，允许使用国内货物作为添加剂和附加组件生产加工产品。

（3）为确保遵守塔吉克斯坦的立法规定和实施海关监管，塔吉克斯坦政府有权对自由仓库内的货物作业制定单独的禁止和限制规定。

4. 放置期限

在自由仓库运行期间，货物放置在自由仓库无时间限制。

5. 货物登记

（1）自由仓库所有人，对放置在自由仓库内的货物及对其实施的作业进行登记，并按照塔吉克斯坦政府国家海关署规定的程序向海关提交报表。

（2）为登记货物及其作业信息，可以使用会计核算和报表文件，文件中应记录货物名称、识别特征、数量、在自由仓库内的搬移信息及货物发生的任何变化。

6. 自由仓库所有人的义务

自由仓库所有人有以下义务：

（1）确保自由仓库在整个运行期间符合规定的要求；

（2）确保货物保持完好状态，以及对货物实施的作业符合塔吉克斯坦海关立法规定；

（3）配合海关监管；

（4）排除扣押仓库货物的可能性，但属于海关监管措施的扣押货物除外；

（5）遵守自由仓库的设立和经营条件，并执行海关包括接触货物在内的各项要求；

（6）按照塔吉克斯坦法定程序，向海关提供自由仓库内的场所、设备和通信工具，以实施海关监管和办理通关业务；

（7）对放置在自由仓库内的货物及对其实施的作业进行登记，并按照《塔吉克斯坦海关法典》规定的程序向海关提交报表。

7. 海关税费及禁止和限制规定

（1）对进入自由仓库的国内货物和外国货物，不征收关税和环节税，也不适用禁止和限制规定。货物从自由仓库进入塔吉克斯坦关境的其他区域，应当征收关税和环节税，并根据所申报的监管方式适用经济性质的禁止和限制规定，但国内货物除外。

（2）以下货物从自由仓库出口到塔吉克斯坦关境外，不征收关税且不适用禁止和限制规定：

① 外国货物；

② 在自由仓库生产的货物；

③ 在自由仓库加工的货物。

8. 经营要求

自由仓库的设立和运营应当符合以下要求：

（1）自申请签发许可之日起，自由仓库所有人拥有或已租赁经营场所（租赁期限至少为 3 年）；

（2）场所区域使用围栏封闭并进行标记；

（3）自由仓库区域内不得存在非仓库组成部分的建筑物和设施；

（4）具有货物查验场地；

（5）安装货物加工作业设备。

自由仓库在整个运行期间应当符合规定。

9. 经营许可

（1）依据塔吉克斯坦政府决定和国家海关署签发的自由仓库经营许可，设立自由仓库。

（2）自由仓库的经营许可应当包含以下信息：

① 海关机构名称；

② 所有人名称及其法律组织形式；

③ 经营活动类型；

④ 用作自由仓库场所的所有权；

⑤ 海关税费的担保方式和担保金额；

⑥ 自由仓库所在地；

⑦ 塔吉克斯坦政府决定的编号和日期；

⑧ 纳税人识别号码；

⑨ 许可登记号码和批准日期。

（3）自由仓库经营许可长期有效。

（4）自由仓库经营许可不得转让他人。

10. 经营申请

（1）自由仓库所有人的经营申请应当包括以下信息：

① 申请对自由仓库所有人开展经营活动进行文件审核；

② 申请人名称、法律组织形式、所在地、银行开户，以及法定资本、法定基金或共同出资额；

③ 申请人拥有并拟用作自由仓库的场所及其位置、建筑、装备和后勤保障设备；

④ 海关税费的缴纳担保；

⑤ 申请人民事责任风险的保险合同。

（2）自由仓库所有人的经营申请，应当随附以下申报信息的证明文件：

① 法人国家登记证书；

② 拟用作自由仓库场所的所有权证明文件；

③ 拟用作自由仓库场所的平面图和图纸；

④ 海关税费缴纳担保的证明文件；

⑤ 银行开户证明。

（3）如申请和文件中的信息发生变化，自由仓库所有人应在变更之日起30 个自然日内通知海关。

11. 许可效力中止

（1）如自由仓库所有人未遵守《塔吉克斯坦海关法典》的相关规定，海关可以决定中止许可效力 6 个月，并说明中止理由。

（2）自作出决定之日起中止许可效力。在中止期限内，不得将货物存放到自由仓库。许可中止前在自由仓库内存放的货物，应当保持不变状态。

（3）消除中止自由仓库经营许可的原因后，海关应当发布命令，恢复许可效力。

12. 许可的撤销

（1）在以下情形下，海关可以撤销自由仓库所有人的经营许可：

① 故意提供虚假信息；

② 自由仓库所有人违反许可规定；

③ 未消除此前中止许可的原因；

④ 法院禁止自由仓库所有人从事自由仓库经营活动；

⑤ 依照塔吉克斯坦政府决定，终止自由仓库所有人的经营活动；

⑥ 自由仓库所有人多次因违反海关规定被追究行政责任；

⑦ 依照塔吉克斯坦规范性法律文件，对自由仓库进行改造和清算。

（2）撤销许可的决定以国家海关署负责人命令的形式发布，并注明该决定的依据。

（3）撤销许可的决定，自命令发布之日起生效。

（4）自由仓库所有人在收到许可撤销决定之日起 15 个自然日内将许可退回国家海关署。

（5）在发布撤销许可的命令之日起 2 年后，如已消除撤销许可的原因，可以重新申请自由仓库经营许可。

（6）自由仓库的经营活动被终止时，适用自由仓库监管方式的货物可以申报其他监管方式，或者在作出终止许可决定之日起 30 个自然日内终止自由仓库监管方式。

如自由仓库中存有加工货物，海关应当通知货物存放人自由仓库经营活动被终止，并保持自由仓库监管方式的效力至加工作业完成。

（十七）备用品运输

1. 概述

备用品运输，是指用于有偿国际旅客运输、有偿或无偿货物商业运输的江上船舶、航空器和列车使用的货物，以及拟向此类运输工具司乘人员和旅客出售的货物进出关境时，无须缴纳关税和进口环节税，且不适用经济性质的禁止和限制规定的一种监管方式。

适用备用品运输监管方式的货物出口时，不得免缴、返还或补偿国内环节税，《塔吉克斯坦共和国税法典》有不同规定的除外。

2. 适用条件

（1）允许以下商品（备用品）适用备用品运输监管方式：

① 确保江上船舶、航空器、列车在行驶/飞行途中、中途停靠/降落或停放时正常运行和技术维护所需的商品（包括燃料和润滑油）；

② 供江上船舶、航空器或列车上的旅客和司乘人员消费的商品，无论其是否出售；

③ 用于向江上船舶、航空器的旅客和司乘人员出售，并不在船舶和航空器上消费的商品。

（2）适用备用品运输监管方式，不受江上船舶、航空器或列车的注册国或国籍的限制。

（3）江上船舶、航空器、列车在行驶/飞行途中、中途停靠/降落或停放时正常运行和技术维护所需的备件和设备，不得适用备用品运输监管方式。

（4）用于商业航行的江上船舶、民用和国家航空的航空器可以适用备用品运输监管方式，但个人自用的运输工具除外。

（5）备用品应当向海关申报，但无须适用海关程序。

向海关申报备用品时，货物申报单，以及运输、商业和其他随附单据可以作为报关单使用。报关单中应载明的信息清单由塔吉克斯坦政府国家海关署制定。

3. 免税条件

（1）江上船舶、航空器上的备用品进入塔吉克斯坦关境时，无须缴纳进口关税和进口环节税，前提是这些备用品在塔吉克斯坦关境期间必须留在该船舶、航空器上。

（2）为保证列车正常运行和技术维护所需的备用品，以及供其旅客和司乘人员消费的备用品进入塔吉克斯坦关境时无须缴纳进口关税和进口环节税，前提是这些备用品在塔吉克斯坦关境期间必须留在列车上。

（3）用于向江上船舶、航空器的旅客和司乘人员销售，且不在船舶和航空器上消费的外国商品适用备用品运输监管方式时，如果该商品在塔吉克斯坦关境外销售，则免缴进口关税和进口环节税。

（4）江上船舶、航空器上的备用品从塔吉克斯坦关境出口时不缴纳出口关税，前提是该备用品数量与旅客和司乘人员的数量及航程时间相当，并足以确保上述船舶和航空器的正常运行和技术维护。

（5）保障列车正常运行和技术维护，以及供列车旅客和司乘人员消费所需的备用品，从塔吉克斯坦关境出口时免缴出口关税，前提是上述备用品数量足以确保列车正常运行和技术维护，以及旅客和司乘人员在途中消费。

（6）经海关许可，可以将备用品临时卸载、换装至其他国际客货运输船舶/航空器或列车上。

4. 备用品的使用

（1）江上船舶在塔吉克斯坦关境期间，供其旅客和司乘人员消费的备用品，以及保障船舶正常运行和技术维护所需的备用品可以在该船舶上消费和使用，消费和使用的数量应与旅客和船员人数及船舶停留时间相当，包括江上船舶在船坞、造船厂或船舶修理厂维修期间，前提是船员在此期间内未离开船舶。

（2）航空器在塔吉克斯坦关境内的一个或多个空港按计划降落时，用于保障航空器正常运行和技术维护的备用品，以及在航空器着陆点和在着陆地之间飞行期间供机组成员和旅客消费的备用品，可以在航空器位于着陆点和在着陆地之间飞行期间使用。

（3）航空器位于塔吉克斯坦关境期间，可以在航空器上向旅客和机组成员销售不在该航空器上消费的备用品。

（4）列车在塔吉克斯坦关境内行驶途中、中途停靠站点或停放地点期间，可以在该列车上消费和使用供列车旅客和司乘人员消费的备用品，以及保障列车正常运行和技术维护所需的备用品，其数量应当与列车旅客和司乘人员数量及停驶和行驶时间相当。

（5）海关有权要求承运人采取必要措施，确保江上船舶、航空器或列车在塔吉克斯坦关境期间遵守备用品使用条件。根据海关决定，可以在备用品存储场所施加海关封志和加盖海关印章。

（十八）特殊监管方式

1. 概述

适用特殊监管方式的货物完全免除关税和环节税，且不适用经济性质的禁止和限制规定。

货物适用特殊监管方式时，不得返还已缴纳的关税和环节税，不得免缴、返还或补偿国内环节税，但特殊监管方式变更为出口监管方式的情形除外。

2. 适用范围

以下进出境货物适用特殊监管方式：

（1）从塔吉克斯坦关境出口用于保障塔吉克斯坦驻外大使馆、领事馆、国际组织代表处和其他官方代表处正常运行的货物；

（2）部署在塔吉克斯坦关境内的部队，与驻扎在关境外的部队之间通过海关边界运输的货物；

（3）用于预防和消除自然灾害和其他紧急情况的货物，包括向紧急情况下受灾人员免费分发的货物，开展紧急救援和其他应急行动，以及紧急救援队生活保障所需的货物；

（4）出口到塔吉克斯坦境外，用于保障国有医疗机构、保健机构和其他社会公益机构开展活动的货物，以及国内机构为国家利益开展非商业科研工作的货物；

（5）海关之间通过外国领土运输的国内货物。

第三节　通关流程

一、货物和运输工具抵达关境

（一）货物和运输工具抵达关境的时间和地点

1. 货物和运输工具可以在海关工作时间内，通过塔吉克斯坦国境口岸抵达塔吉克斯坦关境。依照塔吉克斯坦法律规定，货物和运输工具也可以通过其他地点抵达塔吉克斯坦关境。

海关规定，承运人应当采取防范措施，避免在海关工作时间之外抵达关境的货物和运输工具未经许可而被使用。

2. 承运人进境后应当向海关呈验货物和运输工具，并不得改变货物状态，破坏其包装，以及更改、清除、销毁或损坏施加（加盖）的封志、印章及其他识别标志。

3. 海关应以可公开获取方式提供塔吉克斯坦国境口岸的信息，以及相关限制措施和海关工作时间等信息。

（二）出现事故或不可抗力时采取的措施

1. 如出现事故、不可抗力或其他阻碍货物运抵及江上船舶、航空器在规定地点停泊或降落的情况，导致从实际入境地到抵达地的货物运输中断，以及江上船舶和航空器被迫在塔吉克斯坦关境内停泊或降落时，承运人应当采取一切措施确保货物和运输工具保持完好状态，立即向最近的海关通报情况和货物所在地，并根据海关要求将货物运输或确保货物运输（如运输工具已损坏）到最近的海关或海关指定的其他地点。

2. 对承运人或其他人采取上述措施所产生的费用，海关不予补偿。

（三）预先通报货物和运输工具抵达关境

塔吉克斯坦国境口岸（空港、机场、河港、铁路车站、站点）管理部门按照与海关商定的程序，提前向海关通报货物和运输工具抵达塔吉克斯坦国境口岸的时间和地点。

（四）提交单证和信息

1. 货物和运输工具抵达塔吉克斯坦关境时，承运人根据国际运输方式，向海关提交规定的单证和信息。

2. 在货物和运输工具实际抵达塔吉克斯坦关境之前，承运人应向海关提交单证和信息。

3. 承运人应按照海关规定的程序提交电子单证。

4. 对承运人提交的外文单证，必要时海关有权要求将单证中办理通关业务所需的信息译为塔吉克斯坦本国语言或跨民族交流语言。

5. 承运人可以委托其他人以其名义提交单证和信息。

（五）国际公路运输提交的单证和信息

1. 通过公路运输方式开展国际运输时，承运人应向海关提交以下信息：

（1）运输工具国籍注册信息；

（2）货物承运人名称和地址；

（3）货物起运国和指运国名称；

（4）收发货人的名称和地址；

（5）承运人持有的商业单据中买卖双方信息；

（6）货物件数、标记及包装种类；

（7）商品名称、符合国际要求的商品描述和至少前 4 位的商品编码；

（8）货物毛重（千克）或货物体积（立方米），但超规货物除外；

（9）货物是否被禁止或限制进入塔吉克斯坦关境；

（10）国际货物运单编制的时间和地点。

2. 承运人通过提交以下单证向海关通报上述信息：

（1）运输工具单证；

（2）国际货物运单；

（3）承运人持有的所运载货物的商业单据。

（六）国际水上运输提交的单证和信息

1. 通过水上运输方式开展国际运输时，承运人应向海关提交以下信息：

（1）船舶注册及其国籍；

（2）船舶名称及其描述；

（3）船长姓氏；

（4）船舶代理人名称及地址；

（5）乘客人数、姓名、国籍、出生地点和日期、登船港口及下船港口；

（6）司乘人员数量及组成；

（7）始发港和停靠港名称；

（8）货物名称、数量及描述；

（9）货物件数、标记和包装种类；

（10）装货港和卸货港名称；

（11）港口卸载货物的提单号码或确认水上运输合同及其内容的其他单证号码；

（12）船上剩余货物的卸货港名称；

（13）货物最初起运港名称；

（14）船舶现有船用备用品的名称及其数量；

（15）船上货物分布说明；

（16）船舶是否运载国际邮件；

（17）船上是否存在禁止或限制进入塔吉克斯坦关境的货物，包括船员持有的塔吉克斯坦货币和外汇，以及麻醉品、烈性药品、精神药物和毒性药物；

（18）船舶是否运载包括武器和弹药在内的危险品。

2. 承运人通过提交以下单证，向海关通报第 1 款规定的信息：

（1）总申报单；

（2）货物申报单；

（3）备用品申报单；

（4）船员自用物品申报单；

（5）船员名单；

（6）乘客名单；

（7）《万国邮政公约》规定的单证；

（8）提单或确认水上运输合同及其内容的其他单证。

（七）国际航空运输提交的单证和信息

1. 通过航空运输方式开展国际运输时，承运人应向海关提交以下信息：

（1）航空器国籍标识和注册标识；

（2）航班号、航线、起飞港和抵达港；

（3）航空器经营机构名称；

（4）机组人数；

（5）乘客人数，乘客姓氏、名字及父称的首字母，登机港和下机港名称；

（6）货物类别；

（7）货物运单号码、每个运单的件数；

（8）装货港和卸货港名称；

（9）装载和卸载的备用品数量；

（10）航空器是否运载国际邮件；

（11）航空器是否运载禁止或限制进入塔吉克斯坦关境的货物，包括机组人员持有的塔吉克斯坦货币和外汇，以及麻醉品、烈性药品、精神药物、毒性药物、武器和弹药。

2. 承运人通过提交以下单证向海关通报上述信息：

（1）民用航空国际条约规定的承运人标准单证（总申报单）；

（2）包含航空器运载货物信息的单证（货物清单）；

（3）包含航空器备用品信息的单证；

（4）航空运单；

（5）包含乘客及其行李信息的单证（旅客名单）；

（6）《万国邮政公约》规定的单证。

（八）国际铁路运输提交的单证和信息

1. 通过铁路运输方式开展国际运输时，承运人应向海关提交以下信息：

（1）发货人名称及地址；

（2）收货人名称及地址；

（3）货物起运车站和指运车站名称；

（4）货物件数、标记及包装种类；

（5）商品名称，以及依据《商品名称及编码协调制度》或《对外经济活动商品目录》确定的至少为前4位的商品编码；

（6）货物毛重（千克）；

（7）集装箱识别号码。

2. 承运人通过提交以下单证向海关通报上述信息：

（1）铁路运单；

（2）承运人持有所运载货物的商业单据。

（九）在货物和运输工具抵达地进行海关作业

1. 在货物抵达并向海关提交相关单证和信息后，可以卸载或换装货物，将货物存放至临时存储仓库，申报监管方式或进行境内转关运输。

2. 在货物抵达地自呈验货物之时起，该货物即处于临时存储状态。依照《塔吉克斯坦海关法典》规定，临时存储期限届满后的货物由海关进行处置。

3. 如海关需要对禁止和限制进入塔吉克斯坦关境的货物进行查验，而确保遵守此禁限措施也属于其他国家机构的职权范围，则海关应当协调相关部门，以确保检查同时实施。

4. 对进境运输工具，应当依照《塔吉克斯坦海关法典》规定办理通关手续。

（十）在抵达地卸载和换装货物

1. 应当在海关工作时间内，并在货物抵达地的专用货场从进境运输工具卸载和换装货物。

根据利害关系人申请，并经海关许可，允许在其他地点和非海关工作时间卸载和换装货物。

2. 货物的卸载和换装地点属于海关监管区。其建筑和设施配备要求应确保货物保持完好状态，并杜绝非作业人员进入。

3. 根据水运港口货物作业人申请，在完成卸载和换装所需的期限内，货物可以存放在卸载和换装地点，无须放置到临时存储仓库，但最长不得超 2 个月。

4. 货物丢失或未经海关许可转交第三方的，其关税和进口环节税的缴纳责任由货物作业人承担。

5. 禁止卸载塔吉克斯坦法律禁止进口的货物。

二、境内转关运输（转运）

（一）一般规定

1. 境内转关运输，是指不缴纳海关税费，且不适用经济性质的禁止和限制规定的外国货物，在塔吉克斯坦关境内运输的一种海关程序。

2. 境内转关运输适用于：

（1）将货物从抵达地运送至指运地海关所在地；

（2）从货物申报地运送至塔吉克斯坦关境内的出境地；

（3）临时存储仓库之间的运输；

（4）海关仓库之间的运输；

（5）未提交海关税费缴纳担保的外国货物在塔吉克斯坦关境内的运输。

3. 境内转关运输规定不适用于管道运输和输电线路输送的货物，以及空运货物，如航空器执飞定期国际航线任务时，其运载货物的方式均为抵达地卸载的情况下中途降落或技术性迫降。

4. 包括海关承运人在内的任何承运人，均可依照境内转关运输程序运输货物。

（二）境内转关运输许可

1. 经起运地海关书面许可，在其辖区内按照境内转运程序运输货物。

2. 境内转运许可发放给以下人员：

（1）承运人；

（2）本国货运代理人；

（3）转运货物的交货地非海关所在地时，在交货地存储货物或对货物进行其他作业的人。

3. 发放境内转运许可应当符合以下条件：

（1）塔吉克斯坦规范性法律文件未禁止进口的货物；

（2）对进口货物在其抵达地已实施边防检查和其他形式的国家监管；

（3）已提交货物符合在关境内运输的限制性规定的证明文件；

（4）已提交货物转运报关单；

（5）确保可以对货物进行识别；

（6）如运输施加（加盖）海关封志和印章的货物，则运输工具应当符合装备要求；

（7）已采取相应措施，确保遵守塔吉克斯坦海关法律。

4. 向起运地海关呈验货物后，如海关确认符合第 3 款规定条件，应在受理转运报关单之日起 24 小时内签发境内转运许可。如转运报关单符合全部规定条件，起运地海关应在 30 分钟内予以受理。

签发境内转运许可时，起运地海关确定境内转关运输期限和交货地。

5. 如承运人或货运代理人多次不履行境内转关运输规定的义务，或者未全部执行对海关行政违法案件作出的已生效行政处罚决定，或者未履行关税和进口环节税的缴纳义务，塔吉克斯坦政府国家海关署有权作出禁止其进行境内转关运输的决定。该决定在缴纳行政罚款或关税和进口环节税后 5 日内撤销，海关应将此情况以书面形式告知该决定的承运人或货运代理人。

6. 当境内转关运输的交货地非海关所在地时，境内转运许可只能发放给在交货地存储货物或对货物进行其他作业的人。在此情形下，其应履行货运代理人义务，并承担货运代理人的责任。

7. 因不符合第 3 款第 (1) 项至第 (3) 项规定的条件，无法发放境内转运许可的，在对货物运输工具实施海关押运的前提下，海关有权准予将货物运至临时存储仓库或海关监管区的其他地点。

（三）转运报关单

1. 起运地海关接受任何商业、运输单据，或包含下列第 2 款规定信息的海关单证作为转运报关单。

2. 为取得境内转运许可，承运人（货运代理人）应向起运地海关提交以下信息：

（1）运输单证上注明的发货人及收货人名称和所在地；

（2）货物起运国和指运国；

（3）货物承运人或取得境内转运许可的货运代理人名称和所在地；

（4）境内转运货物的运输工具，公路运输还需提供驾驶员信息；

（5）商业单据和运输单证上注明的货物品种或名称、数量、价值、重量或体积，以及依据《商品名称及编码协调制度》或《对外经济活动商品目录》确定的至少前 4 位商品编码；

（6）货物总件数；

（7）货物指运地；

（8）计划途中换装或其他货运作业；

（9）货物预计运输期限；

（10）货物运输路线，前提是应当按照规定路线运输。

3. 除第 2 款规定的信息外，海关无权要求承运人或货运代理人提交其他信息。

4. 根据运输人类别、货物品种及运输方式，塔吉克斯坦政府国家海关署有权减少第 2 款规定的信息项。

5. 如转运报关单不包含所需的全部信息，应在转运报关单中以书面形式补充提交缺失信息。转运报关单的格式和填制规范由塔吉克斯坦政府国家海关署规定。

6. 按照塔吉克斯坦政府国家海关署规定的方式和程序，海关工作人员在作为转运报关单提交的文件上标注接收标记。

7. 转运报关单可以电子文件形式提交。其提交和在境内转关运输时使用的程序，由塔吉克斯坦政府国家海关署规定。

8. 塔吉克斯坦所加入相关国际条约规定的文件，可以作为转运报关单使用。

（四）境内转关运输期限

1. 通过公路和铁路运输时，境内转运时限不得超过按照每月 2000 千米计算确定的期限；如通过航空运输，自收到境内转运许可之日起不得超过 3 日。

2. 在收到境内转运许可时，起运地海关依据承运人（货运代理人）申请、货物正常运输期限、运输方式和运输工具性能、运输路线和其他运输条件，在第 1 款规定的期限内，确定境内转关运输期限。

3. 根据利害关系人的合理要求，海关可以在第 1 款规定期限内延长境内转运期限。如承运人按照境内转运程序运输货物的过程中因事故或不可抗力影响，不能在原定期限内送达货物，经海关书面许可，转运期限可以延长，超过第 1 款规定的期限。

（五）货物及其单证的识别

1. 起运地海关对境内转关运输货物进行标记，以确保指运地海关能够发现提取货物、向运输工具装载货物或对货物进行其他作业的痕迹，如境内转运过程中可以实施上述作业。

2. 为识别货物，起运地海关有权采取以下方式：

（1）在运输工具、集装箱或可拆卸货箱上施加（加盖）海关封志或海关印章；

（2）在单独包装上粘贴（喷涂）数字、字母或其他识别标记，施加（加盖）海关封志和印章；

（3）加盖戳记；

（4）提取试样和样品；

（5）货物和运输工具描述；

（6）使用图纸、比例图像、照片、视频、插图；

（7）使用海关工作人员制作的图纸、比例图像、照片、录像、插图；

（8）其他货物识别标志，包括发货人的铅封。

3. 通过对运输工具、集装箱或可拆卸货箱施加（加盖）的海关封志和印章进行货物识别。

4. 海关可以使用外国海关封志或其他识别标志，但以下情形除外：

（1）起运地海关认定海关封志或其他识别标志不充分或不可靠；

（2）起运地海关对货物进行彻底查验。

5. 海关使用外国海关封志或其他识别标志时，不得变更、清除、销毁或损坏塔吉克斯坦海关识别标志的禁止性规定，同样适用于外国海关的识别标志。

6. 海关对运输单证，以及承运人持有的货物商业单据进行识别。

海关有权采取以下方式对单证进行标记：

（1）在单证上加盖印章和戳记；

（2）粘贴专用标签和专用保护标志；

（3）将海关所需文件放置在运输工具货舱、集装箱或可拆卸货箱内，并施加（加盖）海关封志和印章；

（4）将海关所需单据放入关封。

（六）境内转关运输交货地

1. 境内转关运输的交货地，由起运地海关依据运输单证中注明的指运地信息确定。交货地应当位于指运地海关业务辖区内的海关监管区。

2. 如境内转关运输的指运地出现变更，承运人有权向海关申请变更交货地。在此情形下，承运人可向其行驶路线上的任何一个海关提交任意格式的指运地变更申请和指运地变更的证明文件，以及转运报关单和其他货物单证。

海关收到变更申请和所需文件后，应在不晚于收到申请之日的次日作出变更交货地的决定。该决定通过结束货物转运，并签发新的境内转运许可的方式生效。应当在变更交货地的决定通过之日签发新的境内转运许可。

（七）转关运输过程中的守法保障措施

1. 允许运输工具和货物在境内转运的条件：

（1）未禁止该货物进出塔吉克斯坦关境；

（2）依照《塔吉克斯坦海关法典》规定办理转运报关单；

（3）实施第 2 款规定的担保措施之一。

2. 境内转关运输时，货物和运输工具抵达交货地的担保措施包括：

（1）将资金存入海关收款处或划拨至任一海关账户；

（2）提供财产抵押；

（3）提交银行保函；

（4）由海关承运人运输货物；

（5）实施海关押运；

（6）塔吉克斯坦所加入的国际条约规定的其他担保措施。

承运人有权选择上述任何一项措施。

3. 第 2 款规定不适用于铁路转关运输货物、按照塔吉克斯坦加入的国际条约中规定的通过航空运输的货物，以及海关承运人运输的货物。

4. 在塔吉克斯坦境内运输时，必须提供关税和进口环节税缴纳担保的货物清单，由塔吉克斯坦政府制定。

5. 塔吉克斯坦政府有权指定部分类别货物的境内转运路线。如部分类别货物进出境时经常出现违反塔吉克斯坦海关法律规定的情况，或塔吉克斯坦规范性法律文件对部分类别货物制定了禁止和限制性规定，则应当指定上述货物的运输路线。在此情形下，指定的运输路线对承运人具有强制约束力。未经海关书面批准，不得更改运输路线。

（八）海关押运

1. 海关押运，是指海关工作人员对运载境内转运货物的运输工具进行押运，以确保转运过程中遵守塔吉克斯坦海关法律。

2. 在以下情形下，海关有权作出海关押运的决定：

（1）未依照《塔吉克斯坦海关法典》规定提交关税和进口环节税的缴纳担保；

（2）海关风险分析管理系统判定的部分类别货物运输；

（3）承运人申请境内转运许可之日起前 1 年内，至少有 1 次未将货物运送至交货地，并经已生效的海关行政违法案件行政处罚决定证实；

（4）将错误运入塔吉克斯坦的货物或禁止进口的货物退运出境，前提是该货物实际出境地与货物所在地不一致；

（5）转运货物的交货地非海关所在地，或因不符合规定，在无法发放境内转运许可时运输货物；

（6）适用禁止和限制规定的货物运输。

3. 依照塔吉克斯坦政府规定的数额，对海关押运收取费用。

（九）承运人的义务

境内转关运输货物的承运人应：

1. 在海关规定的期限内，从起运地按照指定路线（如运输路线已确定）将货物及其单证送达交货地；

2. 确保货物、海关封志、印章及其他识别标志完好无损；

3. 未经海关许可，不得对货物进行换装、卸载、装载及实施其他作业，在不损坏海关封志的情况下，将货物换装到其他运输工具的除外。

（十）承运人和货运代理人的责任

1. 如外国货物未送达指运地海关，则承运人或货运代理人（如货运代理人已取得境内转运许可）应当缴纳进口关税和进口环节税。

如承运人未经海关许可将货物转交收货人或其他人，且取得该货物所有权的人确定其收到货物时已知悉或应知悉违反塔吉克斯坦海关法律，则该人应当承担关税和进口环节税的缴纳责任。

2. 因事故、不可抗力影响，或者正常运输条件下因货物自然损耗造成的货物损毁或灭失，承运人和货运代理人不承担关税和进口环节税的缴纳责任。

海关无权以未按指定路线运输或违反境内转运期限为理由，要求承运人或货运代理人缴纳海关税费。

3. 在境内转关运输过程中，货物由一辆运输工具换装至另一辆运输工具的，关税和进口环节税的缴纳责任由取得境内转运许可的承运人（货运代理人）承担。

（十一）出现事故或不可抗力时应当采取的措施

在出现事故、不可抗力时承运人应采取以下措施：

1. 采取一切措施确保货物和运输工具保持完好状态；

2. 立即向最近的海关通报情况。收到通报的海关应当立即通知起运地海关和指运地海关，并作出是否继续运输的决定。

3. 海关对承运人因采取上述措施而产生的费用不予补偿。

（十二）终止境内转关运输

1. 如指运地海关在单证审核和货物识别过程中未发现违反塔吉克斯坦海关法律的行为，应在运输工具抵达登记之时起 24 小时内尽快终止境内转运，并向承运人发放境内转运结关证书。

2. 为完成境内转关运输，承运人应在运输工具到达交货地后 1 小时内向指运地海关呈验货物，提交转运报关单及其持有的其他货物单证。如果在海关规定的工作时间之外抵达，则自海关开始工作之时起 1 小时内提交。通过铁路运输货物时，上述单证的提交期限不得超过 12 小时。

3. 在承运人提交上述单证之时起 2 小时内，指运地海关应对抵达交货地的运输工具进行登记，并向承运人出具运输工具抵达的书面证明。

4. 在交货地结束境内转关运输之前，运输工具应当停放在海关监管区。

5. 将货物运输至非海关所在地的交货地时，无须向指运地海关呈验货物即可结束境内转关运输。

取得境内转运许可的人有义务接收并保管货物，在海关确认货物已运至临时存储仓库、海关仓库或作为交货地的其他地点之前，确保不改变货物状态、不损坏货物包装，并不得使用和处置货物。货物应当放置在单独场所或使用围栏封闭的场地，并附有货物识别信息标牌。

三、海关承运人

（一）概述

1. 海关承运人，可以是列入海关承运人名录的国内法人。

2. 海关承运人依照《塔吉克斯坦海关法典》规定运输海关监管货物。

3. 海关承运人有权在一个或多个海关的辖区内开展运输业务。

4. 海关承运人与发货人或货运代理人之间的关系应当以合同为基础。如具备可以接受的合同订立条件，海关承运人不得拒绝签订合同。

（二）列入名录的条件

1. 从事货物运输至少 2 年；

2. 提供海关税费缴纳担保；

3. 具有货物运输许可证，如塔吉克斯坦法律规定此类经营活动受许可证管理；

4. 拥有（自有、经营、管理或租赁）货物运输工具，包括用于运输施加（加盖）海关封志和印章的货物的运输工具；

5. 具有民事责任风险的保险合同。

（三）列入名录的申请

1. 列入海关承运人名录的申请应当包含以下信息：

（1）向海关申请列入海关承运人名录；

（2）申请人名称、法律组织形式、所在地、开户银行，以及法定资本、法定基金或共同出资额；

（3）从事货物运输的时间；

（4）从事货物运输的区域；

（5）作为海关承运人开展业务时使用的运输工具（总数、技术规格），包括可用于运输施加（加盖）海关封志和印章的货物的运输工具；

（6）海关税费的缴纳担保；

（7）民事责任风险的保险合同。

2. 列入海关承运人名录的申请应附货物运输许可证，以及所申报信息的以下证明文件：

（1）法人国家登记证书；

（2）拟使用运输工具所有权的证明文件；

（3）运输工具证书（证明可运输施加海关封志的货物）；

（4）提供海关税费缴纳担保的证明文件；

（5）银行开户证明；

（6）保险单。

（四）海关承运人证书

1. 列入海关承运人名录的证书应当包括以下信息：

（1）海关承运人名称、法律组织形式及所在地；

（2）缴纳海关税费的担保形式和担保金额；

（3）指定海关承运人的活动区域。

2. 海关承运人证书有效期为 3 年。

（五）海关承运人的义务

海关承运人有以下义务：

1. 遵守《塔吉克斯坦海关法典》对海关监管货物运输规定的条件和要求；

2. 对承运的海关监管货物进行统计，并向海关提交海关监管货物运输报表；

3. 在未将外国货物送达指运地海关的情况下，缴纳关税和进口环节税；

4. 对发货人、收货人或货运代理人提供的信息采取保密措施。

（六）撤销海关承运人证书

在以下情形下，海关可以撤销海关承运人证书：

1. 海关承运人不符合列入海关承运人名录的条件之一；

2. 在未将外国货物送达指运地海关的情况下，海关承运人未履行海关税费的缴纳义务；

3. 因实施海关领域的行政违法行为，海关承运人多次被追究行政责任。

四、货物临时存储

（一）概述

货物临时存储，是指接受海关监管的外国货物在存储期间无须缴纳关税和进口环节税，且不适用限制性规定，直至其按照特定监管方式放行，或者适用其他海关程序的一种海关程序。

（二）临时存储仓库

1. 临时存储仓库，是指专门规划和建设用于临时存储货物，且符合《塔吉克斯坦海关法典》规定要求的场所和/或露天场地。

2. 临时存储仓库属于海关监管区。

3. 货物可以存放在任何临时存储仓库。

4. 任何外国货物均可在临时存储仓库存放，包括违反禁止规定进入塔吉克斯坦关境的货物。

5. 可能对其他货物造成损害，或者需要特殊存储条件的货物，应当按照塔吉克斯坦法律规定的强制性要求，存放在专门为存储此类货物而设立的仓库，或临时存储仓库中的单独场所。

6. 实施海关稽查期间扣押、收缴的货物及非法进口货物，可以存放在临时存储仓库。

（三）货物临时存储期限

1. 货物临时存储期限为 2 个月。

经利害关系人合理请求，海关可以延长上述期限。货物临时存储期限最长为 4 个月。

2. 保质期内的易腐类货物，可以存放在临时存储仓库中，但不得超过第 1 款规定的期限。

3. 对于塔吉克斯坦法律禁止进口的货物，其临时存储期限为 3 天，且此期限不得延长。

4. 自货物放置到临时存储仓库之日起，或货物取得临时存储资格之日起，开始计算货物的临时存储期限。境内转关运输货物从进境地运至海关所在地时，自境内转关运输结束之日起重新开始计算该货物的临时存储期限。

（四）对临时存储货物的作业

1. 在不改变货物状态，并不损坏包装和/或识别标志的前提下，货物权利人及其代理人有权对临时存储货物实施常规作业（包括检查和测量货物，在临时存储仓库内移动货物），以确保货物保持原状。

2. 经海关许可，货物权利人及其代理人可以提取货物试样和样品，修复破损包装，将货物运出临时存储仓库，以及进行后续运输所需的作业。

如实施此作业将导致货物损毁或改变其状态，海关有权拒绝签发作业许可。

3. 对于临时存储期间因事故或不可抗力影响而无法使用、腐烂或损坏的货物，申报人应当申请适用特定监管方式，视为该货物以无法使用、腐烂或损坏的状态进入塔吉克斯坦关境。

（五）临时存储仓库的类型

1. 临时存储仓库分为开放型仓库或封闭型仓库。

2. 开放型临时存储仓库，是指可以存储任何货物和可供任何人使用的临时存储仓库。

3. 封闭型临时存储仓库，是指用于存储仓库所有人的货物或其他特定货物的仓库，包括限制流通和/或要求特殊存储条件的货物。

（六）对临时存储仓库的要求

1. 用作临时存储仓库的场所和/或露天场地，其建筑和设施配备应确保货物保持完好状态，能够禁止无关人员（非仓库工作人员，非货物权利人或其代理人）进入，并确保对存放货物实施海关监管。

2. 用作临时存储仓库的场所和/或露天场地附近应当设有供运输工具停放的安保区域，以便在完成境内转关运输期间停放运输工具。该区域属于海关监管区，运载海关监管货物的运输工具可以在任何时间进入该区域。

3. 为确保有效实施海关监管，塔吉克斯坦政府国家海关署对临时监管仓库的建筑、设施配备及设立地点制定强制性要求。

4. 根据海关决定，位于生产型企业区域内的封闭型临时存储仓库，如其符合第1款规定的标准，可不适用上述要求。

（七）临时存储仓库所有人

1. 列入临时存储仓库所有人名录的塔吉克斯坦法人，可以经营临时存储仓库。

2. 临时储存仓库所有人，依照《塔吉克斯坦海关法典》规定保管海关监管货物。

3. 临时存储仓库所有人与货物存放人应当签订合同。如临时存储仓库（存放仓库所有人货物的封闭型仓库除外）可以存放货物，其所有人不得拒绝签订合同。

4. 临时存储仓库所有人，可以是未列入临时存储仓库所有人名录的海关机构。塔吉克斯坦政府国家海关署应当定期（每6个月不少于1次）在其正式出版物和官网上公布并更新海关自有的临时存储仓库清单。

（八）列入名录的条件

1. 列入临时存储仓库所有人名录的条件如下：

（1）拥有（自有、经营或租赁）用作临时存储仓库并符合规定要求的场所和/或露天场地；

（2）提供海关税费的缴纳担保；

（3）具有因对他人存放货物造成损失，或违反存储合同条款而可能发生民事责任风险的保险合同。

2. 如根据租赁协议使用场所和/或露天场地，在申请列入临时存储仓库所有人名录之日，租赁合同的有效期不得少于 1 年。

（九）列入名录的申请

1. 列入临时存储仓库所有人名录，应依据符合《塔吉克斯坦海关法典》规定条件的法人申请。

2. 列入临时存储仓库所有人名录的申请，应当包含以下信息：

（1）向海关申请列入临时存储仓库所有人名录。

（2）申请人名称、法律组织形式、所在地、银行开户，以及法定资本、法定基金或共同出资额。

（3）临时存储仓库类型。对于封闭型仓库，需说明选择此类仓库的必要性和可行性依据。

（4）申请人所有并拟用作临时存储仓库的场所和/或露天场地及其位置、建筑、装备和后勤保障设备。

（5）海关税费的缴纳担保。

（6）申请人民事责任风险的保险合同。

3. 列入临时存储仓库所有人名录的申请，应附以下申报信息的证明文件：

（1）法人国家登记证书；

（2）拟用作临时存储仓库的场所和/或露天场地的所有权证明文件；

（3）拟用作临时存储仓库的场所和/或露天场地的平面图和图纸；

（4）海关税费缴纳担保的证明文件；

（5）银行开户证明；

（6）保险单。

4. 应就拟用作临时存储仓库的每个单独场所和/或每个单独露天场地分别提交申请。

（十）列入名录的证书

1. 列入临时存储仓库所有人名录的证书，应当包含以下信息：

（1）临时存储仓库所有人名称、法律组织形式及所在地；

（2）用作临时存储仓库的场所和/或露天场地的所有权；

（3）缴纳海关税费的担保方式和担保金额；

（4）临时存储仓库类型；

（5）临时存储仓库的位置。

2. 列入临时存储仓库所有人名录的证书有效期为 3 年。

（十一）临时存储仓库所有人的义务

1. 临时存储仓库所有人有以下义务：

（1）遵守海关监管货物的存储条件和要求；

（2）对存储的海关监管货物进行统计，并向海关提交存储货物报表；

（3）确保临时存储仓库内的货物及其邻近海关监管区内的运输工具保持完好状态；

（4）确保货物和运输工具可昼夜存放在临时存储仓库或其邻近的海关监管区内；

（5）确保无关人员未经海关许可无法接触位于上述仓库或邻近区域的货物和运输工具。

（6）依照《塔吉克斯坦海关法典》相关规定，缴纳关税和进口环节税。

2. 如仓库内存放货物丢失，或者未经海关许可交付货物，临时存储仓库所有人承担货物关税和进口环节税的缴纳责任。如因事故、不可抗力或正常存储条件下货物自然损耗造成货物损毁或灭失，临时存储仓库所有人不承担关税和进口环节税的缴纳责任。

（十二）证书的撤销

1. 在以下情形下，海关可以撤销列入临时仓库所有人名录的证书：

（1）不符合列入临时仓库所有人名录的条件之一；

（2）临时仓库所有人未履行《塔吉克斯坦海关法典》规定的义务；

（3）临时仓库所有人因实施海关领域的行政违法行为，多次被追究行政责任。

2. 如列入临时仓库所有人名录的证书被撤销，或临时仓库所有人因其他原因被从该名录中除名，自撤销/除名之日的次日起 2 个月内，临时仓库所有人应当自费将仓库中临时存储的货物转移至其他临时存储仓库。自除名之日的次日起不得再将货物放置到临时存储仓库。

（十三）在海关临时存储仓库中存放货物

1. 海关所有的临时存储仓库均为开放型仓库，应当符合《塔吉克斯坦海关法典》规定的要求。

2. 货物存放在海关临时存储仓库时，海关与货物存放人之间的关系由《塔吉克斯坦海关法典》和《塔吉克斯坦共和国民法典》调节。在可以存放货物的情形下，海关不得拒绝签订货物存储合同。

通过向货物存放人出具收据，以确认海关接受货物存储，收据格式由塔吉克斯坦政府国家海关署规定。

3. 如存放在海关临时存储仓库内的货物被损毁，海关承担关税和进口环节税的缴纳义务。但因事故、不可抗力或正常存储条件下货物自然损耗造成损毁或灭失的情形除外。

4. 在海关临时存储仓库存放货物，应当根据合同收取费用。

（十四）铁路运输货物临时存储的特殊规定

1. 根据铁路部门申请，海关准予卸货之前在位于铁道线路的列车上临时存放货物。

上述地点属于海关监管区，铁路部门应当确保货物保持完好状态，并禁止无关人员接近。

2. 存放在海关监管区内运输工具上的货物，视为处于临时存储状态，其卸载和移动至任何地点均需海关许可。

3. 存放在海关监管区内运输工具上的货物丢失，或未经海关许可交付，由铁路部门承担关税和进口环节税的缴纳责任。

（十五）在收货人仓库临时存储货物

1. 在以下情形下，经海关许可，可以在收货人仓库临时存储货物：

（1）对经认证的经营者适用特别简化程序时；

（2）必须临时存放要求特殊存储条件的货物时，前提是收货地点附近没有适合存放该货物的临时存储仓库。

2. 在签发使用收货人仓库临时存储货物的许可时，海关有权要求提供海关税费缴纳担保。

3. 收货人在自有仓库存储货物时应当遵守相关规定。不得在其仓库内存放第三方的外国货物。

五、货物申报

货物进出塔吉克斯坦关境，变更监管方式，以及在《塔吉克斯坦海关法典》规定的其他情形下，均应向海关申报。

（一） 一般规定

1. 应当按照规定方式（书面、口头、缔约或电子形式），向海关申报货物及其拟适用监管方式的准确信息，以及通关所需的其他信息。

根据申报人选择，由申报人或报关代理人进行货物申报。

2. 报关单中应当载明的信息，仅限于计征关税和进口环节税、编制海关统计，以及适用塔吉克斯坦海关法律所需的信息。

3. 如使用报关单作为海关实施外汇监管的核销文件，依照塔吉克斯坦关于外汇管制的立法规定，报关单中还需载明实施外汇监管所需的信息。

4. 报关单中应载明的信息及其提交形式应当正式公布。

（二） 报关单提交地点

1. 应当向有权受理报关单的海关提交报关单。

2. 在以下情形下，为确保对遵守塔吉克斯坦海关法律的情况实施有效监管，塔吉克斯坦政府国家海关署有权指定海关接受特定类别的货物申报：

（1） 需要专业设备和/或专业知识，以办理文物、军事装备、武器和弹药、放射性材料和可裂变材料的通关业务；

（2） 按货物国际运输方式（公路、河运、空运、铁路、管道和输电线路）指定海关；

（3） 如部分类别货物进出境时经常出现违反塔吉克斯坦海关立法规定的情况，或塔吉克斯坦规范性法律文件对该类货物制定了禁止和限制规定；

（4） 依照塔吉克斯坦政府制定的清单，必要时对包含知识产权客体的部分类别货物实施特殊监管。

3. 向指定海关以外的海关提交报关单的，该海关应在报关单提交当日将其转发至指定的海关。

在此情形下，报关单的受理期限应予延长（增加转发报关单所需的时间），但不得超过2个工作日。

（三） 申报人的权利和义务

1. 在货物申报和实施货物放行所需的海关作业过程中，申报人有以下权利：

（1） 检查和测量申报的货物，包括在提交报关单之前；

（2） 经海关许可，对其申报进口到塔吉克斯坦关境的货物提取试样和样品。如果在货物报关单中已注明，则无须单独提交货物试样和样品的报关单。

（3） 海关工作人员对其所申报货物实施外形查验和彻底查验及提取试样

和样品时在场；

(4) 知悉海关对其申报货物的试样和样品的检测结果；

(5) 以电子文件形式提交货物申报所需的文件和信息。

2. 在货物申报和实施其他海关作业时，申报人有以下义务：

(1) 提交报关单，并向海关提供必要的文件和信息；

(2) 根据海关要求呈验所申报的货物；

(3) 缴纳海关税费或提供海关税费缴纳担保。

（四）对同批货物中不同名称货物申报的特殊规定

1. 如果同一批货物中包含不同名称的货物，根据申报人意愿，可以按照同一个商品归类编码申报，前提是该编码：

(1) 适用最高的关税税率；

(2) 适用最高的消费税税率；

(3) 适用最高的增值税税率；

(4) 所有商品前 4 位编码相同。

2. 申报人应当提交货物清单，对同批货物中所有货物的名称和数量进行申报。发货明细单、装箱单或其他类似文件可以作为货物清单使用。货物清单视为报关单不可分割的部分。

3. 如同批货物中的部分货物适用限制规定，则按照同一商品编码申报该货物，并不免除申报人遵守限制规定的要求。

4. 为核实是否遵守第 3 款规定，海关有权要求申报人提交更为准确的货物信息。

（五）报关单提交期限

1. 在货物抵达塔吉克斯坦关境的地点向海关呈验货物之日起 15 日内，或者自完成境内转关运输之日起 15 日内（如不在货物抵达地申报），应当提交进口货物报关单，但报关单提交之前放行货物，以及自然人的行李物品和国际邮件除外。

2. 如果 15 日期限不足以使申报人收集必要的文件和信息，根据申报人的书面合理请求，海关应当延长报关单的提交期限。延长报关单提交期限不得超过货物的临时存储期限。

3. 如报关单提交截止日期非海关工作日，这一天之后的下一个海关工作日视为该期限的截止日期。

4. 应在货物从塔吉克斯坦关境实际出口之前，提交出口货物报关单，但管道运输和输电线路输送的出口货物除外。

（六）提前申报

1. 在外国货物运抵塔吉克斯坦关境前，或者其结束境内转关运输之前，可以提交该货物的报关单。

2. 提前申报货物时，如需使用运输单证或商业单据，海关接受由申报人核证的货物随附运输单证或商业单据副本，在货物抵达塔吉克斯坦关境后，必要时对该副本信息与原件信息进行比对。

3. 在货物运抵塔吉克斯坦关境前，完成报关单审核并缴纳关税和进口环节税后，该报关单可以作为货物适用海关程序所需的唯一文件。

4. 自海关受理报关单之日起 15 日内，如未向受理报关单的海关呈验货物，则视为报关单未提交。

（七）提交文件

1. 向海关提交报关单时应当随附其电子副本，以及其他必要的文件。

2. 如所申报信息的证明文件对作出货物放行决定具有约束力，申报人可以提交文件副本，并保证在报关单审核期间向海关提交文件正本。

对规定期限内未提交文件正本，或此前文件副本中申报信息不实，申报人应当承担责任。

3. 货物放行后，合同、增值税发票、运输单证、关税和环节税缴纳证明应当返还申报人。自报关单登记之日起，申报人应将上述文件保存 3 年。

4. 提交报关单时应当随附报关单信息的证明文件，包括以下几项：

（1）报关单提交人的权限证明；

（2）商业单据；

（3）运输单证；

（4）符合限制规定证明；

（5）关税和进口环节税缴纳担保的证明。

5. 根据所选择监管方式的要求，除第 4 款规定的主要文件外，还应当按照塔吉克斯坦政府国家海关署规定的程序提交其他文件。

6. 如申报人申请海关税费优惠，并不适用禁止和限制规定，应当向海关提交符合相关规定的证明文件。

7. 为证明其申报的完税价格，申报人应当提供所申报完税价格的证明文件，以及所选择的完税价格估价方法；

8. 如个别文件不能与报关单同时提交，根据申报人的书面合理请求，海关书面许可在受理报关单后 45 日内提交，但《塔吉克斯坦海关法典》对个别文件和信息的提交期限有不同规定的除外。在此情形下，申报人应当提供在规定期限内提交文件的书面保证。

（八）报关单受理

1. 海关在收到报关单之日，应对提交报关单及所需文件的事实予以记录。根据报关单提交人的请求，海关应当立即出具接收报关单及相关文件的书面确认（包括电子文件形式）。

2. 海关应在接收报关单当日予以受理，但以下情形除外：

（1）向无权受理报关单的海关提交报关单；

（2）报关单提交人不符合规定；

（3）报关单中未注明必要的信息；

（4）报关单未签字或未以适当方式确认，或者未按规定格式编制；

（5）提交报关单时未提交通关所需文件，但可以在报关单受理之后提交的文件除外；

（6）对申报货物未实施《塔吉克斯坦海关法典》规定的在报关单提交之前或同时应实施的行为。

3. 自报关单受理之时起，即成为法律意义上的事实证明文件。

4. 如海关未受理报关单，则视为该报关单未提交。

5. 海关应在不晚于报关单提交之日的次日，通知报关单提交人拒绝受理报关单的理由。应报关单提交人请求，该通知可以书面形式提供。

（九）报关单信息的变更和补充

1. 根据申报人的书面合理请求，并经海关许可，可对已受理报关单的信息进行更改或补充。

2. 如符合以下条件，允许对已受理报关单的信息进行更改和补充：

（1）在收到申报人请求时，海关尚未确定报关单信息不实，但发现的错误不影响作出货物放行决定的情形除外；

（2）在收到申报人请求时，海关尚未开始货物查验；

（3）所做的更改和补充不影响作出货物放行决定，且不导致必须更改影响确定关税和进口环节税税额及适用禁止和限制规定的信息。

3. 海关工作人员无权主动，或者受利害关系人请托填制报关单、更改或补充报关单信息，但属于海关职权范围内可以填写的报关单信息，以及对用于机器处理编码信息的更改或补充除外，前提是此类信息在报关单中以非编码的形式存在。

（十）报关单撤销

1. 根据申报人的书面请求，已受理的外国货物报关单可以在该货物放行前撤销，以申报其他监管方式。

如收到申报人请求之前，海关尚未确定报关单信息的真实性，或发现的错误不影响作出货物放行决定，经海关书面许可允许撤销报关单。

在签发报关单撤销许可时，海关应当规定新报关单的提交期限（自报关单撤回许可签发之日起 15 日内）。撤销报关单不延长关税和进口环节税的缴纳期限。

2. 根据申报人的书面请求，已受理的塔吉克斯坦货物出口报关单，无论其目的，在货物从塔吉克斯坦关境出境之前均可撤销。

如收到申报人请求之前，海关尚未确定报关单信息不实，或发现的错误不影响作出货物适用所申报监管方式的决定，经海关书面许可，允许撤销报关单。

对该货物新报关单的提交期限不予规定。

六、报关代理人

（一）概述

1. 报关代理人，可以是列入报关代理人名录的国内法人。但国有企业不得成为报关代理人。

2. 报关代理人需经申报人或其他利害关系人授权，并以其名义实施海关作业。

3. 报关代理人有权以下列方式确定其业务范围：

（1）按照《对外经济活动商品目录》对特定类别货物实施海关作业；

（2）对采取特定运输方式的进出境货物实施海关作业；

（3）实施特定的海关作业；

（4）经营区域限定在一个（多个）海关的业务辖区。

4. 报关代理人与申报人、其他利害关系人的关系应当以合同为基础。

（二）列入名录的条件

1. 申请人编制内至少有 2 名取得报关员资格证书的报关员；

2. 具有完整的初始注册资本、法定基金或申请人股份；

3. 提供关税和进口环节税缴纳担保；

4. 具有因对被代理人财产造成损失，或违反与被代理人签订的合同，而可能发生民事责任风险的保险合同。

（三）报关代理人的权利

1. 在实施海关作业时，报关代理人与其授权人在与海关的相互关系中拥有同等权利。

2. 报关代理人有权作为被代理人履行关税和进口环节税缴纳义务的担保人。

3. 报关代理人有权要求被代理人提交通关所需的文件和信息，包括构成商业秘密、银行秘密的信息，以及其他受法律保护的秘密信息和机密信息，并有权在《塔吉克斯坦海关法典》规定的期限内获得此类文件和信息。

4. 报关代理人与被代理人签订合同时有以下权利：

（1）向部分被代理人提供价格折扣和其他优惠；

（2）作为与被代理人签订合同的前提条件，要求其确保履行《塔吉克斯坦共和国民法典》规定的义务。

（四）报关代理人的义务和责任

1. 根据货物所适用监管方式或其他海关程序所需海关作业的具体要求，确定报关代理人在办理通关业务过程中应当承担的义务。

2. 如货物申报时确定的监管方式规定应缴纳关税和进口环节税，由报关代理人缴纳关税和进口环节税。

对于货物申报时缴纳关税和进口环节税，报关代理人与申报人承担同等责任。

3. 报关代理人及其员工不得出于个人目的，泄露或使用从被代理人获得的构成商业秘密、银行秘密和其他受法律保护的秘密信息及其他机密信息，或将其转交第三方，但塔吉克斯坦法律有不同规定的情形除外。

4. 报关代理人应对其实施海关作业的货物进行登记，并提交海关作业报告。

5. 根据海关要求，报关代理人应当提交报关单的电子副本。

6. 报关代理人对海关的义务和责任，不受其与被代理人的合同限制。

（五）报关员

1. 报关员，是指符合塔吉克斯坦政府国家海关署规定的资质要求，并持有报关员资格证书的自然人。

2. 报关员作为报关代理人的员工开展业务。

3. 报关员资格证书无有效期限制。

七、货物放行

（一）货物放行依据

1. 按照《塔吉克斯坦海关法典》规定的期限，如符合以下条件，海关对货物予以放行：

（1）在办理货物通关业务和对货物进行检查过程中，海关未发现违反塔吉克斯坦法律的行为，或者已查明不构成提起行政违法诉讼理由的违法行为已消除，并且依照塔吉克斯坦法律，作为违法行为客体的货物无须收缴、没收或后续不要求作为物证；

（2）已向海关提交符合禁止和限制规定的证明文件，但上述文件可以在货物放行后提交的除外；

（3）申报人符合货物适用所选择监管方式或相关海关程序的要求和条件；

（4）已缴纳关税和进口环节税，或者提供关税和进口环节税的缴纳担保。

2. 关税和进口环节税税款进入预算账户后，对进口到塔吉克斯坦关境的货物准予放行供自由流通。如关税和进口环节税税款未进入账户，则货物被视为有条件放行。根据海关税费缴纳人的要求，塔吉克斯坦政府国家海关署应当提供税款入账信息。

3. 可以依照《塔吉克斯坦海关法典》规定中止货物放行。

（二）有条件放行

1. 货物有条件放行的情形：

（1）依照塔吉克斯坦规范性法律文件，关税和进口环节税的缴纳优惠与对货物使用和处置的限制规定相关；

（2）货物适用海关仓库、自由仓库、自由关税区、免税贸易、境内加工、加工供自由流通、暂时进口、复出口、国际海关转运、销毁等监管方式，以及进口货物适用特殊监管方式；

（3）未提交确认符合限制性规定的文件和信息。

2. 依照塔吉克斯坦法律规定，享有关税和进口环节税缴纳优惠的有条件放行货物，只能用于提供优惠的限制条件所规定的目的。

对于未提交确认其符合限制规定的文件和信息的有条件放行货物，禁止转交第三方，包括以其他方式出售或转让，如果因此类货物的质量和安全检查而规定进口限制，则禁止以任何形式使用（消费）该货物。

3. 有条件放行货物具有外国货物地位，应当接受海关监管。

4. 申报放行供自由流通的货物视为有条件放行，如已获准延期或分期缴纳关税和进口环节税，或者关税和进口环节税税款未进入预算账户。

（三）货物放行期限

1. 海关在受理报关单、提交其他必要的文件和信息之日起，以及向其呈验货物之时起 2 日内放行货物，但规定延长货物检查期限的情形除外。

2. 适用提前申报时，海关检查呈验货物后予以放行。

（四）货物放行的附加条件

1. 对报关单和申报时提交的其他单证审核过程中，以及对申报货物的检查过程中，如发现不符合放行条件，则海关不予放行货物。

在此情形下，海关应当立即通知申报人不符合何种货物放行条件，申报人应当完成何种行为以满足货物放行条件。

2. 如海关发现货物申报信息不准确，影响确认应缴纳关税和进口环节税的税额，海关应立即要求申报人更正该信息，并重新计算应缴纳关税和进口环节税税额。

3. 如海关发现有迹象表明，货物报关时所申报信息不准确，可能影响确定应缴纳关税和进口环节税的税额，或申报信息未按规定方式予以确认，海关应当依照《塔吉克斯坦海关法典》规定以任何方式进行补充审核。

在提供关税和进口环节税缴纳担保的前提下，海关对货物予以放行，根据上述审核结果可能对应缴纳税款进行补充计算。海关以书面形式通知申报人关税和进口环节税的担保金额。

4. 如海关发现货物报关时申报信息不准确，影响对货物适用禁止或限制规定，海关应当要求申报人更正此信息，并提交符合相关限制规定的证明文件。海关在要求中应当说明必须更正哪些信息以放行货物，提交哪些文件以证明符合相关限制规定。

5. 如海关发现有迹象表明，货物报关时所申报的信息不准确，可能影响对货物适用禁止或限制规定，或者申报信息未按规定方式予以确认，海关应当依照《塔吉克斯坦海关法典》规定以任何方式进行补充审核。

在申报人提交符合相关限制规定证明文件的前提下，海关对货物予以放行。海关应以书面形式通知申报人应当提交哪些文件。

6. 在第2款和第4款规定的情形下，应在不晚于申报人执行海关要求和补缴关税和进口环节税税款（如需补缴）之日的次日放行货物，但依照塔吉克斯坦法律货物被收缴或被扣押的情形除外。

在第3款和第5款规定的情形下，应在不晚于提交关税和进口环节税缴纳担保和/或提交符合相关限制规定证明文件之日的次日放行货物。

如因更正货物申报信息，应缴纳关税和进口环节税的税额少于申报人申报的数额，则直接放行此货物。

（五）行政违法案件诉讼期间的货物放行

海关行政违法案件诉讼期间，根据海关负责人决定，在提交关税和进口环节税缴纳担保的前提下，可以在案件诉讼结束前放行货物，如属于违法客体的货物未作为物证被收缴或被扣押。

八、货物和运输工具离开关境

（一）出境时间和地点

1. 准予货物和运输工具在海关工作时间内，并在塔吉克斯坦国境口岸出境。

2. 根据《塔吉克斯坦海关法典》的要求，按照出口货物申报的监管方式放行货物后，经海关许可，允许从塔吉克斯坦关境运出货物。

（二）文件和信息的提交

1. 货物和运输工具出境需经海关许可。

2. 为取得货物和运输工具出境许可，应当向海关提交货物适用出口监管方式的证明文件。

3. 货物和运输工具出境前，根据货物国际运输方式，承运人或委托其他人以其名义向海关提交《塔吉克斯坦海关法典》规定的文件和信息。

（三）货物装载

1. 在海关受理报关单并在货物随附单证上加盖"准予装载"的戳记之后，可以将货物装载到离境运输工具上，但货物通关时海关不要求呈验货物，按照国际海关转运监管方式运输货物的情形除外。

2. 应当在海关工作时间之内，并在海关同意的地点装载货物。装载货物时海关工作人员有权在场并对货物进行检查。

根据利害关系人的申请，海关可以允许在其工作时间以外装载货物。

（四）对货物离境的要求

1. 货物实际出境时，其数量和状态应与其适用特定监管方式之时的数量和状态相同，但由于自然磨损或损耗，或者正常运输和存储条件下货物自然属性变化导致货物数量和状态的变化，以及由于运输工具中存在非排放残留物而导致货物数量发生变化的情形除外。

2. 如因事故或不可抗力影响，造成货物灭失或其状态发生变化，以及按照塔吉克斯坦现行技术规程和标准，因测量方法误差导致货物数量信息变更，承运人无须承担相关责任。

3. 在货物出境地向海关呈验货物时，根据申报人请求，由海关确认货物实际出口数量。

第四节　原产地确认及商品归类

一、原产地确认

（一）适用范围

1. 根据货物原产地，适用税率调控措施，以及禁止和限制规定。

2. 制定原产地确认规则，以适用关税优惠和实施非优惠贸易政策措施。

（二）货物原产地

1. 货物原产地，是指货物在其境内完全生产，或者依照《塔吉克斯坦海关法典》规定的标准或程序在其境内经过充分加工的国家或地区。

2. 国家集团、海关联盟、地区及国家的一部分可以视为货物原产地，前提是为确定货物原产地存在此类划分的必要性。

3. 根据申报人或其他利害关系人申请，海关对货物原产地作出预裁定。

（三）完全在该国/地区生产的货物

以下货物视为完全在该国/地区生产的货物：

1. 在该国地下、领海、海底或海洋底土开采的矿产资源；

2. 在该国种植或采集的植物产品；

3. 在该国繁殖和饲养的动物；

4. 在该国饲养的动物获取的产品；

5. 在该国猎取或捕捞的产品；

6. 该国船只获得的海洋渔业产品和其他海洋捕捞产品；

7. 在该国加工船上仅从第 6 款指定产品中获取的产品；

8. 在该国水/海域范围外的海底或海洋底土获取的产品，如该国具有开发此海底或海洋底土的专有权；

9. 在该国生产或进行其他加工作业产生的废碎料（再生原料），以及在该国收集且只适合加工成原料的废旧产品；

10. 在位于宇宙空间的航天器中获取的物品，如该国是相关航天器的注册国；

11. 仅以第 1 款至第 10 款指定产品在该国生产的货物;

12. 在该国生产的电力。

(四) 货物充分加工标准

1. 如货物生产过程中有两个或两个以上国家参与,则货物原产地是实施最后加工作业,或符合充分加工标准的货物生产作业的国家。

2. 对于进入塔吉克斯坦关境的部分类别货物可以适用原产地确认通行规则,根据该规则,货物原产地为因实施加工或生产作业,使货物任何位数归类编码的前 4 位发生改变的国家。

3. 为确定货物原产地,可以按照塔吉克斯坦政府规定的程序,适用以下充分加工标准:

(1) 足以认定货物原产地为完成特定生产技术流程的国家;

(2) 改变货物价值,即使用材料的价值或附加值达到货物最终价值一定的百分比(从价比规则)。

4. 以下作业不符合充分加工标准:

(1) 在货物存储或运输过程中,为保持货物完好状态进行的作业;

(2) 货物销售和运输前的准备作业(分批、发货、分类、重新包装);

(3) 未实质性改变货物状态的常规组装操作;

(4) 来自不同国家货物的混合,如最终产品特性与混合货物没有根本差异。

5. 对于从塔吉克斯坦给予关税优惠的国家进口的部分类别货物,为提供此优惠,在确定充分加工标准适用规程时,塔吉克斯坦政府有权制定直接采购和直接发货的适用条件。

(五) 原产地确认的特殊规定

1. 在确定货物原产地时,分批次交货的拆散件、未组装形式的货物,如因生产或运输条件限制无法一批装运,或因失误货物被分为几个批次,应当根据申报人意愿视为单一货物。

2. 第 1 款规定的适用条件如下:

(1) 预先通知海关是分批进口的拆散件或未组装形式的货物,说明此交货形式的原因,并提供每批次货物明细,注明每批次货物的价值和原产地,以及按《对外经济活动商品目录》确定的商品归类编码。如因失误或地址错误造成货物拆分为多批次,则应当补充提供因失误造成货物分批进口的证明文件;

(2) 同一供货人从同一国家供应所有批次货物;

（3）所有批次货物向同一海关申报；

（4）自海关受理第一批货物报关单之日起 1 年内，或第一批货物报关单提交期限届满后 1 年内，所有批次货物均应进口到塔吉克斯坦关境内。根据申报人的合理请求，海关可将此期限延长至进口所有批次货物所需的期限。

3. 用于机械、设备、仪器或运输工具的附件、零部件、工具的原产地，认定为机械、设备、仪器或运输工具的原产地，如该附件、零部件、工具按通常配套进口的数量同上述机械、设备、仪器或运输工具成套进口和使用。

4. 进口货物的包装视为与货物本身同一原产地，但包装应与货物分别申报的情形除外。在此情形下，包装和货物的原产地应当分别认定。

（六）原产地证明文件

货物原产地证明文件，是指货物原产地申报单或货物原产地证书。

1. 货物原产地申报单

（1）货物原产地证明文件，可以是注明能够确定货物原产地信息，并以任意形式制作的货物原产地申报单。与货物有关的商业单据，或者生产商、销售商、出口商因货物出口而出具证明货物原产地的其他任何文件，均可作为原产地申报单。

（2）如货物原产地申报单中的原产地信息所依据的标准与塔吉克斯坦适用的标准不同，则依据塔吉克斯坦适用的标准确定货物原产地。

2. 货物原产地证书

（1）货物原产地证书，是指由货物原产国或货物出口国（如证书由货物出口国依据从货物原产地获取的信息签发）主管部门或授权机构签发的货物原产地证明文件。

如货物原产地证书中的原产地信息所依据的标准与塔吉克斯坦适用的标准不同，则依据塔吉克斯坦适用的标准确定货物原产地。

（2）货物从塔吉克斯坦关境出口时，其原产地证书由塔吉克斯坦授权机构或组织签发，前提是按合同条件、货物进口国规定，或者塔吉克斯坦加入的国际条约规定，应当具有该证书。

自原产地证书签发之日起，对于证书副本和作为货物原产地确认依据的其他文件，其签发机构或组织应至少保存 4 年。

（3）在进口货物通关过程中，原产地证书应当与报关单及其他文件同时提交。如原产地证书丢失，可以接受经正式核证的证书副本。

（4）如原产地证书未以适当方式办理（有擦拭、涂改或未经核证的更改，缺少必要的签字或印章，根据证书中的信息无法确定其与所申报货物的关系，证书中货物原产地或原产地确认结果所依据的标准模糊不清），或者发现证书中存在虚假信息的迹象，海关有权向签发原产地证书的国家主管部门提出申请，要求提供补充文件或澄清信息。

（5）为实施选择性查验，海关有权要求签发原产地证书的国家主管部门提供补充文件或信息。开展查验不妨碍依据所申报的原产地信息实施货物放行。

（七）原产地证明文件的提交

1. 如依照塔吉克斯坦规范性法律文件或其加入的国际条约，塔吉克斯坦给予货物原产地关税优惠，则货物进入塔吉克斯坦关境时，应当与报关单同时提交货物原产地证明文件。

除此之外，只有在发现迹象表明所申报原产地信息不真实，并影响适用关税、进口环节税税率和/或禁止和限制规定，海关才有权要求提交货物原产地证明文件。

特殊情况下，在提交报关单和海关申报所需其他文件的同时，应当按照塔吉克斯坦法律或塔吉克斯坦所加入国际条约规定的格式，提交货物原产地证明文件。

2. 在以下情形下，可以不受第 1 款规定的限制，无须提交原产地证明文件：

（1）如进入塔吉克斯坦关境的货物申请适用国际海关转运或暂时进口监管方式，但依照塔吉克斯坦规范性法律文件或其加入的国际条约，禁止原产地为该国的货物进口或过境的情形除外；

（2）如同一发货人使用同一运输工具，按一份运单向同一收货人发运货物的完税价格不超过规定标准；

（3）如自然人依照《塔吉克斯坦海关法典》规定携运货物进出境。

（八）货物放行的附加条件

1. 如缺少货物原产地证明文件，或者发现迹象表明所提交文件以非正常方式办理或其包含虚假信息，在提交货物原产地证明文件或澄清信息之前应注意以下几点：

（1）如海关发现的迹象表明，该货物原产地为不享受最惠国待遇的国家，则按照原产地为非最惠国的货物所适用的税率缴纳关税和进口环节税，或者按此税率提供关税和进口环节税缴纳担保；

（2）如海关发现的迹象表明，货物原产于限制其货物进口的国家，在申报人提交符合限制规定的证明文件，或者提供反倾销税或反补贴税缴纳担保的前提下放行货物；

（3）如海关发现的迹象表明，货物可能原产于禁止其货物进口至塔吉克斯坦的国家，则不予放行货物。

2. 对第 1 款第（1）项指定的货物，如海关受理报关单之日起 1 年内收到该货物原产地证明，则适用（恢复）特惠制度或最惠国待遇。

二、商品归类

（一）《对外经济活动商品目录》

1. 依据国际通行的商品归类制度，塔吉克斯坦政府批准《对外经济活动商品目录》。

2. 《对外经济活动商品目录》适用于执行关税和非关税调控措施，以及编制塔吉克斯坦对外贸易海关统计。

3. 塔吉克斯坦政府国家海关署负责编制《对外经济活动商品目录》，并在其官网上公布。

（二）商品归类

1. 向海关申报货物时应对其进行归类，即按照《对外经济活动商品目录》确定货物的商品归类编码。

2. 如确定申报人在货物申报时违反商品归类原则，海关有权自行对该货物进行归类。

3. 塔吉克斯坦政府国家海关署有权对部分类别货物作出归类决定，并在其官网上公布。

4. 海关作出的商品归类决定具有强制性。申报人有权依照《海关法典》规定的程序对该决定提出申诉。

三、预裁定

（一）作出预裁定

1. 应利害关系人请求，塔吉克斯坦政府国家海关署及其指定的海关，依据《对外经济活动商品目录》对具体货物作出商品归类预裁定和货物原产地预裁定。

2. 作出预裁定的方式和程序，由塔吉克斯坦政府国家海关署制定。

3. 塔吉克斯坦政府国家海关署应当在官网上公布其作出的预裁定，但构成国家秘密、商业秘密、银行秘密、税务秘密或其他受法律保护秘密的信息，以及涉及利害关系人的其他机密信息除外。

4. 商品归类预裁定数据库，由塔吉克斯坦政府国家海关署进行维护。

（二）预裁定申请

1. 预裁定申请，由利害关系人以书面形式发送给相关海关。

预裁定申请应当包含作出预裁定所需的信息。申请应附货物试样和样品、商用名称、生产商名称、商品描述、照片、图片、图纸，商业文件、技术文件及其他文件。

海关依照塔吉克斯坦《自然人和法人申请法》规定的期限，对预裁定申请进行审核。

2. 如申请人提供的信息不足以作出预裁定，海关在收到申请之日起 30 日内，应当通知申请人提供补充信息并规定信息提交期限（不超过 30 日）。规定期限内未提供补充信息的，海关对预裁定申请不予受理。

如果预裁定申请所附文件中包含的信息，与审核预裁定申请的海关所要求提供的补充信息相互矛盾，则对该申请不予受理。

拒绝受理申请，不妨碍申请人重新提出预裁定申请，如已消除拒绝受理的原因。

（三）预裁定的法律意义和有效期

预裁定对所有海关都具有强制性。预裁定自作出之日起 3 年内有效，前提是预裁定未撤销或未变更，或者其效力未终止。

（四）预裁定的更改、撤销及效力终止

1. 在符合《塔吉克斯坦海关法典》规定的情形下，海关可以决定终止预裁定效力，更改或撤销预裁定。

终止预裁定效力、更改或撤销预裁定的决定，应在不晚于作出该决定的次日，以书面形式送达其申请人。

2. 如依据申请人所提交的伪造文件作出预裁定，应当终止预裁定的效力。终止决定自预裁定通过之日起生效。

3. 如《对外经济活动商品目录》变更，或发现在作出预裁定时出现错误，则应当对预裁定进行更改。

预裁定变更，按照其变更决定规定的期限生效，但不得早于作出预裁定变更决定之日起 3 个月。

4. 在以下情形下，可以撤销预裁定：

（1）如果《对外经济活动商品目录》出现变更，世界海关组织通过在塔

吉克斯坦强制实施的归类决定；

（2）塔吉克斯坦加入的国际条约或塔吉克斯坦规范性法律文件，对原产地确认规定了其他要求和条件。

应当在上述文件正式公布后 3 日内作出撤销预裁定的决定，并与该文件同时生效。

5. 法院可以对更改或撤销货物原产地预裁定的决定进行复审。

第五节　货物的完税价格

货物的完税价格，是指对进出塔吉克斯坦关境的货物，依照《塔吉克斯坦海关法典》相关规定确定的价格，用于征收海关税费和海关费用，以及适用塔吉克斯坦对外经济调控措施。

一、进口货物完税价格的估价方法

（一）概述

1. 对进口到塔吉克斯坦关境的货物，应当采用以下方法确定其完税价格：
（1）进口货物成交价格方法；
（2）相同货物成交价格方法；
（3）类似货物成交价格方法；
（4）倒扣价格方法；
（5）计算价格方法；
（6）备用方法。
2. 进口货物成交价格方法，是进口货物完税价格估价的主要方法。
3. 如无法使用主要方法（成交价格方法），则依次使用第 1 款的估价方法。在此情形下，如果无法使用前一种方法确定货物的完税价格，则适用后一种方法。根据申报人申请，可以颠倒倒扣价格方法和计算价格方法的应用顺序。

（二）进口货物成交价格方法

1. 进口货物的完税价格，是货物向塔吉克斯坦出口时，实际支付或应当支付的价格。
2. 在确定货物完税价格时，以下费用应当计入成交价格。

（1）货物运抵空港、港口或其他进境地的费用：

① 运输成本；

② 货物装载、卸载、换装费用。

（2）保险费。

（3）买方发生的费用：

① 佣金和经纪费，但采购佣金除外；

② 集装箱或其他可重复使用包装的成本，如根据《对外经济活动商品目录》，包装与被估价货物视为一个整体；

③ 货物包装成本，包括包装材料和包装工时成本。

（4）买方采取直接或间接方式，免费或以低价向卖方提供用于生产或销售被估价出口货物的以下货物（服务）的相应部分成本：

① 作为被估价货物组成部分的原材料、材料、零部件、半成品和其他部件；

② 用于生产被估价货物的工具、冲模、模具和其他类似产品；

③ 被估价货物生产过程中使用的耗材（润滑材料、燃料等）；

④ 在塔吉克斯坦关境外完成的，且生产被估价货物所直接需要的工程研究、研制开发工作、设计、美术装饰、草图和图纸。

（5）作为被估价货物的销售条件，买方必须直接或间接支付使用知识产权客体的特许权使用费和其他费用，如该费用未包含在实付或应付价格中。

（6）卖方因任何后续转售、转让或使用被估价货物的直接或间接收入的相应部分。

3. 在确定货物的完税价格时，不得包括以下费用：

（1）设备进口到塔吉克斯坦关境后的安装、组装、调试或提供技术支持的费用；

（2）货物进入塔吉克斯坦关境后的运输费用；

（3）货物进入塔吉克斯坦关境后的运输保险费用；

（4）在进口国缴纳的关税和进口环节税。

4. 在以下情形下，不能采用进口货物成交价格方法确定货物的完税价格。

（1）买方处置或使用被估价货物的权利受到限制，但以下限制除外：

① 塔吉克斯坦法律规定的限制；

② 货物销售区域的限制；

③ 对货物价格没有实质性影响的限制。

（2）在没有购销迹象的交易框架下，向塔吉克斯坦供应货物：

① 无偿；

② 按寄售条件在塔吉克斯坦销售货物，货物所有权不转让给进口商；

③ 外国法人向其在塔吉克斯坦境内的分公司（代表处）供应货物；

④ 按照财产租赁合同供应货物；

⑤ 暂时出口；

⑥ 对生产过程中产生的废碎料进行非商业用途的有效利用；

⑦ 在规定保修期内，更换质量不合格的产品（部件）。

（3）销售和成交价格取决于是否符合条件，该条件对成交价格的影响无法确定。

（4）在申报货物完税价格时，申报人所使用的数据无凭据证实或不能量化、不真实。

（5）如交易双方系关联人，则成交价格不能作为确定完税价格的依据。关联人应至少符合以下条件之一：

① 交易参与方之一或其负责人同时是另一参与方的负责人；

② 交易参与方是企业的共同所有人；

③ 交易参与方之间受劳动关系约束；

④ 交易参与方之一是另一参与方的出资（股份）人，或者是另一参与方注册资本中具有表决权的股份所有人，其股份至少占注册资本的5%；

⑤ 交易双方均受第三方直接或间接控制；

⑥ 交易双方直接或间接共同控制第三方；

⑦ 交易的参与方之一直接或间接地受交易的另一参与方的控制；

⑧ 交易双方或其负责人是近亲属。

5. 交易双方的关联性并不构成不接受成交价格的充分理由。在此情形下，海关应当对交易情况进行审核。如关联性未对价格构成影响，则可以使用成交价格确定货物的完税价格。

6. 如海关有理由认为交易双方的关联性影响了货物价格，则建议申报人提供（根据申报人要求可以书面形式提供）补充信息，以证明其关联性未影响货物价格。

（三）相同货物成交价格方法

1. 采用相同货物成交价格方法确定货物完税价格时，相同货物的成交价格作为确定货物完税价格的依据。

2. 相同货物，是指与被估价货物在包括以下特征的所有方面都相同的货物：

（1）物理特性；

（2）质量和市场信誉。

3. 使用相同货物成交价格方法进行海关估价时：

（1）如货物与被估价货物不在同一国家生产，则不视为相同货物。

（2）如果没有被估价货物生产商生产的相同货物，则可以考虑其他生产商生产的货物。

（3）不视为相同货物，如其规划、研发、艺术装饰、工艺设计、草图或图纸满足以下几点：

① 买方免费提供或低价销售给卖方，用于生产和向塔吉克斯坦出口该货物；

② 在塔吉克斯坦完成，因此其价格未列入该货物的完税价格。

4. 外观上的细微差异，不能作为拒绝认定相同货物的依据，前提是该货物在其他方面均符合要求。

5. 相同货物的成交价格可以作为确定完税价格的依据，如果此货物满足以下几点：

（1）销往塔吉克斯坦境内；

（2）与被估价货物同时进口，或不早于被估价货物进口前 90 个自然日进口；

（3）以大致相同的数量和同等商业水平进口。

6. 如果没有相同数量和同等商业水平（批发、零售）的货物进口，可以使用不同数量和不同商业水平（批发、零售）进口相同货物的价格，但应考虑差异因素对价格进行调整。

7. 如因距离和运输方式不同，相同货物与被估价货物在费用成本方面存在较大差异，对按照相同货物成交价格方法确定的完税价格应当以适当方式进行调整。

8. 第 6 款和第 7 款规定的调整，必须基于真实且有凭据证实的信息。

9. 如发现相同货物有多个交易价格，应当使用其中最低价格确定进口货物的完税价格。

（四）类似货物成交价格方法

1. 采用类似货物成交价格估价方法时，类似货物的成交价格可以作为确定货物完税价格的依据。

2. 类似货物，是指并非在所有方面完全相同，但具有类似特征，并由类似部件组成，使其具备与被估价货物相同的功能，并能够实现商业互换。

3. 在确定类似货物时，应当考虑以下特征：

（1）质量、商标；

（2）市场信誉

（3）原产地；

（4）生产商。

4. 采用类似货物成交价格确定货物完税价格时，适用相同货物成交价格方法的相关规定。

（五）倒扣价格方法

1. 如被估价货物、相同或类似货物在塔吉克斯坦境内保持原状销售，可以按照倒扣价格方法确定货物的完税价格。

2. 采用倒扣价格方法确定货物完税价格时，使用与被估价货物同时进口的相同或类似货物以最大批量售予非卖方关联人的货物单价。

如没有同时进口的货物，则应当考虑被估价货物进口后的最近日期，但不得晚于被估价货物进口之时起 90 个自然日。

3. 从货物单价中扣除的费用如下：

（1）支付佣金的费用，通常支付或商定支付的佣金费用，或者在塔吉克斯坦关境内销售同等级和同种类进口货物的普通附加利润和一般费用；

（2）因进口或销售货物，应在塔吉克斯坦缴纳的进口关税、进口环节税和其他费用；

（3）在塔吉克斯坦支付的运输、保险、装卸费用。

4. 在没有被估价货物、相同或类似货物按货物进口时状态销售的情形下，应申报人请求，可以使用加工后的货物单价，但应当扣除加工过程中产生的附加值。

（六）计算价格方法

采用计算价格方法确定货物完税价格时，使用以下各项费用相加计算得出的价格：

1. 生产商因生产被估价货物产生的费用和材料成本；

2. 从同种类或同级别货物出口国销往塔吉克斯坦的总成本，包括运输、装卸和到塔吉克斯坦关境过境地点的保险费用；

3. 出口商因向塔吉克斯坦出口此货物而获得的通常利润。

（七）备用方法

1. 如依次使用上述完税价格估价方法，申报人依然无法确定货物完税价格，则塔吉克斯坦海关根据所掌握的数据，按照《塔吉克斯坦海关法典》规定的原则，确定被估价货物的完税价格。

2. 采用备用方法确定货物的完税价格时，不能使用以下价格：

（1）货物出口国国内市场价格；

（2）货物出口国向第三国供应货物的价格；

（3）塔吉克斯坦生产的货物在国内市场的价格；

（4）已确定相同或类似货物价格以外的其他费用；

（5）可供海关选择的两个价格中最高的价格；

（6）最低完税价格；

（7）武断或虚假的货物价格。

3. 使用备用方法估价时，海关应以书面形式说明所使用数据的来源，以及依据此数据计算的详细情况。

二、出口货物完税价格的确定

（一）概述

出口到塔吉克斯坦关境外货物的完税价格，是指货物销售出口时实际支付或应当支付的价格。

（二）出口货物估价方法

1. 在确定货物完税价格时，以下费用应当计入成交价格。

（1）货物运抵空港、港口或其他出境地的费用：

① 运输费用；

② 货物装载、卸载和换装的费用。

（2）保险费。

（3）买方发生的费用：

① 佣金和经纪费；

② 集装箱或其他可重复使用包装的成本，如根据《对外经济活动商品目录》，包装与被估价货物视为一个整体；

③ 货物包装成本，包括包装材料和包装工时的成本。

（4）作为被估价货物的销售条件，卖方应直接或间接支付与被估价货物有关的特许权使用费，如此特许权使用费未包括在实付或应付的价格中。

（5）直接或间接向卖方支付的部分后续销售收入。

（6）在塔吉克斯坦关境内征收的环节税，如依照《塔吉克斯坦共和国税法典》或塔吉克斯坦加入的国际条约，该货物从塔吉克斯坦关境出口时，对卖方已缴纳的环节税不予返还。

2. 在确定货物的完税价格时，成交价格中应当扣除以下费用，前提是有凭据证实此费用已包含在成交价格中：

（1）设备从塔吉克斯坦关境出口后的安装、组装、调试或提供技术支持的费用；

（2）货物从塔吉克斯坦出境后的运输费用；

（3）货物从塔吉克斯坦出境后的运输保险费用；

（4）在进口国缴纳的关税和进口环节税。

3. 在缺少成交价格的情况下，应当根据申报人提供的卖方涉及出口货物生产、购买、存储、运输等相关费用的会计凭证记录，以及第 2 款所列费用确定出口货物的完税价格。

4. 如缺少证明所申报出口货物完税价格的信息，则以海关掌握的相同或类似货物的信息为依据，确定货物的完税价格。

三、申报完税价格

（一）提交完税价格的证明文件

1. 为证明所申报的完税价格，应当提交以下文件：

（1）完税价格申报单，无须填写该申报单的情形除外；

（2）合同及其补充协议，如其内容可能影响海关估价；

（3）增值税发票或形式发票；

（4）确认货物价值的支付单据，如根据合同付款条件，在提交报关单之日已全额或部分付款；

（5）运输和保险单据，如运输和保险费用根据供货条件由买方承担；

（6）未列入增值税发票中，买方发生运输费用的票据；

（7）起运国报关单副本，前提是申报人可以提供。

2. 如第 1 款指定的文件不足以证明所申报的完税价格，申报人可以提供以下补充文件：

（1）货物运输人的组成文件；

（2）与交易有关的第三方签订的合同；

（3）以卖方名义向第三方付款的票据；

（4）与被估价货物交易有关的佣金和代理服务票据；

（5）确认货物价值的买方会计凭证记录；

（6）许可证或版权合同；

（7）仓库收据；

（8）订购单；

（9）生产商的产品目录、明细表和价格表；

（10）生产商对被估价货物的成本核算；

（11）完税价格申报单中申报信息的其他证明文件。

3. 货物放行后，第 1 款第（2）至（6）项、第 2 款第（1）至（8）项规定文件的原件应返还给申报人。提交上述文件同时，应当随附经申报人核证的文件副本，用以办理通关业务。

（二）申报完税价格的规定

1. 申报人申报货物时，应当向海关申报货物的完税价格，并填写完税价格申报单。

2. 申报人所申报的完税价格及其所提交的估价信息，应当依据真实、可以量化和有凭据证明的资料。

3. 对适用放行供自由流通或出口监管方式的进出境货物，均应填写完税价格申报单，但以下情形除外：

（1）进口货物的完税价格不超过规定标准，但同一合同框架下多次交货，以及同一发货人根据不同合同多次向同一收货人供应同种货物的情形除外；

（2）符合塔吉克斯坦政府关于自然人携运货物进出境的规定。

在上述情形下，使用报关单申报完税价格。

四、完税价格的调整

在以下情形下，可以对货物的完税价格进行调整：

（一）办理通关业务和海关审价的过程

1. 发现申报人所申报的估价方法、完税价格及其价格构成与其提交的证明文件不符；

2. 在完税价格申报单中发现了影响完税价格估定的技术性错误；

3. 海关依据其掌握的价格信息，有条件放行货物并提供给申报人使用。

（二）货物放行后

1. 在确定有条件放行货物的最终完税价格时，或者海关对有条件放行货物进行海关估价时，依据申报人提供的补充信息；

2. 发现货物申报过程中影响完税价格及其价格构成的技术性错误；

3. 后续稽查发现虚假申报；

4. 由于进出口货物数量和/或质量与外贸合同条款规定存在差异，发现在报关单登记之日所申报的完税价格与货物实际价值不符。

（三）因转移定价监管成交价格发生变化

五、申报人的权利和义务

（一）申报人的权利

1. 证明其提供完税价格信息的真实性，如海关怀疑其真实性；
2. 需确定申报货物的完税价格时接收该货物，前提是根据海关估价结果提供关税和环节税的缴纳担保；
3. 需确定所申报无须征税货物的完税价格时接收该货物，前提是在海关规定期限内提供所需文件；
4. 书面要求海关说明不接受所申报完税价格的原因；
5. 如不同意海关确定货物完税价格的决定，按照法律规定的程序提出申诉；
6. 按照《塔吉克斯坦海关法典》规定的程序，要求海关通报关于进出境货物完税价格的预裁定。

（二）申报人的义务

1. 申报完税价格并提供真实、可量化并有凭据证明的估价信息；
2. 确认完税价格时，根据海关要求提供所需的数据；
3. 承担因确认其申报的完税价格，或者向海关提供补充资料而产生的任何额外费用。

六、海关审价

依照《塔吉克斯坦海关法典》规定，并按照塔吉克斯坦政府国家海关署规定的程序，海关对货物完税价格进行监管。

（一）海关审价程序

1. 根据申报人提供的文件和资料，以及海关掌握的估价信息，就申报人选择的完税价格估价方法和所申报的货物完税价格作出决定。
2. 如申报人提供的文件和资料不足以就其申报的完税价格作出决定，海关应当书面要求申报人提供补充文件和资料，并规定其提交期限。在此情形下，提交补充文件的要求不能成为拒绝登记报关单和拒绝放行货物的理由；
3. 如缺少证明申报人所申报完税价格准确性的文件和资料，或者有理由认为申报人提供的资料不准确或不充分，海关有权决定不接受其选择的估价方法，并建议申报人采取其他方法确定完税价格。在此情形下，海关可以与申报人就选择估价方法进行磋商。

4. 如货物放行时尚未完成完税价格估价程序，则提交海关税费缴纳担保后可以放行货物。海关应当书面通知申报人海关税费担保金额。

5. 在海关规定期限内，如申报人未提交补充文件和资料，或海关发现有迹象表明申报人提供的资料可能不准确和/或不充分，且申报人拒绝接受海关建议使用其他估价方法确定货物的完税价格，则海关根据现有的信息（包括相同或类似货物的价格信息），依次使用海关估价方法，独立确定申报货物的完税价格。海关应在不晚于作出决定之日的次日以书面形式通知申报人。海关在货物放行后确定货物完税价格时，如需补缴关税和进口环节税，应当发送海关税费缴纳通知书。自收到通知书之日起 10 个工作日内，申报人应当补缴海关税费，超期应收取利息。

（二）海关在审价过程中的义务

根据申报人请求，海关应以书面形式提供以下信息：

1. 海关确定货物完税价格的程序和方法；
2. 海关不接受完税价格的原因。

第六节　海关税费

一、一般规定

（一）海关税费的种类

1. 海关税费包括以下几类：
（1）关税；
（2）进口增值税；
（3）进口消费税；
（4）特殊关税。

2. 海关税费中进口环节税（增值税和消费税）的缴纳人及其计征程序，由《塔吉克斯坦共和国税法典》规定。

（二）特殊关税

1. 特定关税是针对特定货物征收的一种海关税费，其税率由塔吉克斯坦政府制定。

2. 确定适用特殊关税时，不得征收其他海关税费。

（三）关税

1. 关税税率由塔吉克斯坦政府制定。

2. 关税税率分为从价税率、从量税率及混合税率。

3. 依照塔吉克斯坦对外贸易法及其加入的国际条约，可以临时对进口货物征收特殊关税，包括保障措施关税、反倾销税和反补贴税。

4. 免缴关税的部分类别货物。

以下情形下进口货物免缴关税：

（1）进口本国和/或外国货币（用于收藏的古钱币除外）及证券。

（2）进口塔吉克斯坦国家银行和财政部用于国家储备的贵金属和宝石。

（3）进口向塔吉克斯坦国家机构捐赠的货物，人道主义援助物资，以及为消除自然灾害、事故和灾难后果，向慈善组织捐赠的货物。

（4）进口生产技术设备及其配套产品，包括在融资租赁条件下形成或补充企业的法定基金，或用于对现有生产部门进行技术改造，前提是该财产不属于应征消费税货物，且根据企业创立文件直接用于生产货物、完成工作和提供服务。如果企业被清算，或者上述进口生产技术设备及其配套产品自进口之日起 2 年内未使用或被该企业转让他人，对按照本款规定免缴的关税，应予追征并上缴国家预算，但以融资租赁方式进口的此类设备除外。

（5）根据塔吉克斯坦政府制定的清单，进口的药品、医疗设备、制药设备和医疗器械。

（6）塔吉克斯坦政府使用援助（信贷）协议资金实施投资项目框架下的进口货物。

（7）塔吉克斯坦政府确定的重要设施建设框架下的进口货物。

（8）按照塔吉克斯坦《产品分割协议法》批准的《产品分割协议》所规定的程序，用于完成工作方案和成本估算规定工作的进口货物。免征关税的进口货物清单由塔吉克斯坦政府制定。

（9）生产商根据清单（应征消费税的货物除外），并按照塔吉克斯坦政府规定的数量，直接进口用于生产生铝的货物。

（10）进口皮棉和生铝。

（11）根据塔吉克斯坦政府制定的清单，进口残疾人专用产品。

（12）进口军事装备和主要部件、武器、弹药、国防用途的飞行器及其零部件；

（13）用于旅游设施（包括酒店、疗养院和度假村、旅游中心和其他旅游设施）的进口设备和建筑材料。旅游设施清单、进口设备和建筑材料的名称和数量，由塔吉克斯坦政府确定。

（14）进口用于生产校服的原材料（辅料），其清单由塔吉克斯坦政府确定。

（15）按照塔吉克斯坦政府制定清单进口的农业机械。

（16）按照塔吉克斯坦政府制定清单进口的药品生产原材料和用品。

（17）为制药企业进口的最新工艺和现代化设备。

（18）为满足家禽、鱼类养殖需要进口的技术、设备和材料，以及为直接满足家禽、鱼类养殖和混合饲料生产领域经营实体自身需要而进口的货物。

（19）进口商品编码前 4 位为 8702、8703、8704 和 8705 的车辆（生产日期不超过 1 年，里程不超过 10000 千米），按 50% 征税。

（20）按照塔吉克斯坦政府规定的清单和程序，进口用于加工和生产最终产品的进口原材料，但国内生产的原材料和应征消费税货物除外。

（四）海关费用

1. 海关费用包括以下几项：

（1）海关通关费用；

（2）海关押运费用；

（3）海关自有仓库中的存储费用；

（4）报关员资格证书签发费用。

2. 海关费用的数额。

（1）在办理货物和运输工具的海关手续时，对货物和运输工具实施海关押运，在海关自有仓库存储货物，以及签发报关员资格证书时，应当按照塔吉克斯坦政府规定的方式和数额收取海关费用。

（2）海关费用应限于所提供服务的大致价格，不属于对国内货物的间接保护，也并非基于税收目的对进口外国货物的征税。

（五）纳税义务的产生和终止

1. 货物进出塔吉克斯坦关境时，产生关税和进口环节税的缴纳义务：

（1）货物进口时，自通过关境之时起；

（2）货物出口时，自提交报关单，或者实施直接导致货物运出塔吉克斯坦关境的行为之时起。

2. 无须缴纳关税和进口环节税的情况如下。

（1）依照塔吉克斯坦法律和《塔吉克斯坦海关法典》规定：

① 对货物不征收关税和进口环节税；

② 货物享受有条件完全免除缴纳关税和进口环节税，如在免税有效期内，并符合免税条件。

（2）外国货物放行供自由流通前，因事故或不可抗力，或正常运输、存储或使用条件下的自然磨损或损耗导致货物损毁或灭失。

（3）依照《塔吉克斯坦共和国税法典》规定，对放行供自由流通货物，或者对出口货物缴纳关税和环节税的义务终止。

（六）纳税责任人

1. 申报人为关税和进口环节税的缴纳责任人。如果由报关代理人进行申报，该报关代理人为关税和进口环节税的缴纳责任人。

2. 如未遵守《塔吉克斯坦海关法典》关于货物使用和处置的规定，或者完全或部分免缴关税、进口环节税的海关程序和监管方式规定，临时存储仓库所有人、海关仓库所有人、承运人和应当履行监管方式义务的人为关税、进口环节税的缴纳责任人。

3. 未缴纳关税和进口环节税的，包括未正确计算和/或未及时缴纳的，关税和进口环节税的缴纳责任人应当承担相关责任。

4. 货物和运输工具非法进出塔吉克斯坦关境时，关税和进口环节税的缴纳责任，由非法运输货物及参与非法运输的人承担，如其已知悉或理应知悉此运输的非法性。进口时还应当包括获得非法进口货物和运输工具所有权的人，或者非法进口货物和运输工具的占有人，如其在获得或占有时已知悉或理应知悉进口的非法性，且按照塔吉克斯坦法定程序通过适当方式得到证实。上述人应当承担与非法进出口货物的申报人同等的海关税费缴纳责任。

二、关税和进口环节税的计算

（一）征税对象

关税和环节税的征税对象是进出境货物。货物的完税价格和/或其数量是关税、环节税的计算依据。

（二）关税和进口环节税的计算方法

1. 关税及进口环节税，由申报人或其他负责缴纳关税及进口环节税的人自行计算。

2. 根据海关税费缴纳通知书的要求缴纳关税时，由海关计算应当缴纳的关税和进口环节税税额。

3. 应以塔吉克斯坦本国货币计算关税和进口环节税。

（三）关税和进口环节税税率的适用

1. 计算关税和进口环节税时，适用海关受理报关单之日实施的税率，《塔吉克斯坦海关法典》有不同规定的情形除外。

2. 计算关税和进口环节税时，适用与《对外经济活动商品目录》中商品名称和类别相对应的税率。

3. 因计算关税和进口环节税，包括确定货物完税价格时，如需进行外币换算，适用受理报关单当日塔吉克斯坦中央银行规定的外币对塔吉克斯坦本国货币的汇率。

4. 对违反《塔吉克斯坦海关法典》规定进入塔吉克斯坦关境，且未缴纳关税和进口环节税的货物，按其进境之日实施的关税和进口环节税税率，计算应缴关税和进口环节税的税额。如无法确定这一日期，则以海关发现此货物之日实施的关税和进口环节税税率，计算应缴关税和进口环节税的税额。按照境内转关及临时存储海关程序运输或存储的货物丢失、未送达或未经海关许可发放，则依据货物适用相关监管方式当日实施的税率，计算应缴纳关税和进口环节税的税额。

5. 从塔吉克斯坦关境非法出口的货物，按其通过塔吉克斯坦关境之日实施的关税税率计算应缴关税的税额。如无法确定这一日期，则以货物出境当月1日或当年1月1日实施的关税税率，计算应缴关税税额。

6. 有条件放行货物用于减免进口关税和环节税用途以外的其他目的时，适用海关受理报关单之日实施的关税和进口环节税税率。货物的完税价格、数量或用于确定税收基础的其他基数，在适用关税和进口环节税税率之日确定。

三、关税和进口环节税的缴纳期限和程序

（一）缴纳期限

1. 如《塔吉克斯坦海关法典》未另行规定，应当在海关受理报关单之前或同时缴纳关税和进口环节税。

2. 货物进口时，应在其进境地向海关呈验货物之日起15日内缴纳关税和进口环节税，如货物不在进境地申报，则应在终止境内转关运输之日起15日内，缴纳关税和进口环节税。

3. 货物出口时，应在不晚于提交报关单之日缴纳关税，《塔吉克斯坦海

关法典》有不同规定的除外。

4. 变更监管方式时，应不晚于被更改监管方式效力终止之日缴纳关税和进口环节税。

5. 如有条件放行货物用于海关优惠目的以外的其他用途，为计算利息，将违反限制规定，使用和处置货物的第一天视为关税和进口环节税的缴纳日期。如无法确定这一日期，则海关受理该货物报关单之日视为关税和进口环节税的缴纳日期。

6. 违反海关程序规定将引发关税和进口环节税的缴纳义务，为计算利息，将实施违法行为之日视为关税和进口环节税的缴纳日期。如无法确定这一日期，则相关海关程序开始之日视为关税和进口环节税的缴纳日期。

（二）预存款

1. 预存款，是指缴纳人不能确定即将缴纳海关税费的具体种类和数额时，作为海关税费存入海关账户的款项。

2. 预存款，以塔吉克斯坦本国货币或外币存入海关收款处，或者海关国库账户。

3. 海关收到作为预存款的款项应当属于缴纳人的财产，在缴纳人向海关发送将预存款作为海关税费使用的指令之前，或海关对预存款实施追征之前，不得将其视为海关税费。预存款缴纳人提交或以其名义提交报关单，或者实施其他证实有意将预存款作为海关税费使用的行为，视为该人作出将预存款用于海关税费的指令。

4. 应缴纳人要求，海关应自收到要求之日起 30 日内向其提交预付款支出书面报告。如缴纳人不认可报告结果，则对缴纳人的资金支出情况进行联合对账。对账结果按照塔吉克斯坦政府国家海关署规定的格式形成记录。记录一式两份，由海关和缴纳人分别签字。签字后其中一份记录应当交付缴纳人。

5. 如在预存款存入海关收款处或海关账户之日起 3 年内提交预存款返还申请，应当按照《塔吉克斯坦海关法典》的规定予以返还。

（三）缴纳程序和方式

1. 根据缴纳人选择，关税和进口环节税可以使用塔吉克斯坦本国货币，或按照塔吉克斯坦国家银行牌价使用外币缴纳。

2. 以塔吉克斯坦本国货币计算的关税和进口环节税换算成外币时，应当按照海关受理报关单之日实施的汇率，如海关税费缴纳义务不涉及报关单，则适用实际缴纳之日实施的汇率。

3. 依照塔吉克斯坦规范性法律文件，关税和进口环节税可以任何形式缴纳。

（四）缴纳义务的履行

在以下情形下，视为关税和进口环节税的缴纳义务已履行：

1. 从缴纳人银行账户扣款之时起；

2. 自现金存入海关收款处之时起；

3. 从多缴纳或多追征的关税和进口环节税税款中抵消关税和进口环节税之时起，如系缴纳人主动申请抵消，则从接受抵消申请之时起；

4. 从预存款或保证金中抵消关税和进口环节税之时起，如系缴纳人主动要求抵消，则从海关收到抵消指令之时起；

5. 从银行、其他信贷机构或保险机构根据银行担保或保险合同，以及保证人根据委托合同支付的款项中，抵消关税和进口环节税之时起；

6. 对未缴纳关税、进口环节税的货物或者缴纳人的抵押品或其他财产执行强制追缴之日起，前提是上述款项数额不低于欠缴的关税、进口环节税数额。

四、关税和进口环节税的缴纳担保

（一）一般规定

1. 在以下情形下，应当提供履行关税和进口环节税缴纳义务的担保：

（1）准予延期或分期缴纳关税和进口环节税；

（2）货物有条件放行；

（3）运输和/或存储外国货物；

（4）在海关领域开展经营活动。

2. 关税和进口环节税应由其缴纳责任人进行担保，或者由其他任何人为关税和进口环节税的缴纳责任人进行担保。

3. 海关确定已履行担保义务3日内，或者所担保的活动终止后3日内，关税和进口环节税缴纳担保应予返还。

（二）担保金额

1. 关税和进口环节税担保，由海关根据供自由流通货物放行时应缴纳的关税和进口环节税税额确定，或货物按照出口监管方式出口时应缴纳的税费确定，但不得超出上述数额。

2. 如果在确定关税和进口环节税担保金额时，因未向海关提供关于货物性质、品名、数量、原产地和完税价格的准确信息，而无法确定应缴纳关税和进口环节税税额，则根据已有信息可确定的货物价格和货物数量，按照关税和进口环节税的最高税率确定关税和进口环节税的担保金额。

3. 如海关发现货物申报信息不准确，可能影响到应缴纳关税和进口环节税税额，海关根据可能重新计征的关税和进口环节税税额与已缴纳的关税和进口环节税税额之间的差额，确定关税和进口环节税的担保金额。

4. 对于部分类别货物，塔吉克斯坦政府国家海关署有权确定固定数额的关税和进口环节税缴纳担保。

（三）担保方式

1. 通过以下方式提供关税和进口环节税的缴纳担保：

（1）货物和其他财产抵押；

（2）银行保函；

（3）向海关收款处或海关账户存入保证金；

（4）保证。

2. 关税和进口环节税的缴纳责任人，有权同时使用上述一种或多种关税和进口环节税的担保方式。

（四）货物和其他财产抵押

1. 抵押标的物可以是进口到塔吉克斯坦关境的货物，以及依照塔吉克斯坦规范性法律文件可以作为抵押标的物的其他财产。

2. 通过海关与抵押人之间签署协议办理抵押。抵押人可以是关税和进口环节税的缴纳责任人或其他任何人。

3. 如未履行抵押担保义务，海关可以利用抵押标的物的价值，将关税和进口环节税的欠缴税款划拨至国家预算。

4. 对属于海关监管货物并已作为抵押移交给海关的抵押标的物，以及其他抵押财产，按照塔吉克斯坦法律规定的程序进行追偿。

（五）银行保函

1. 海关接受列入银行名录的银行所出具的保函，作为关税和进口环节税的缴纳担保。

2. 塔吉克斯坦政府国家海关署负责编制银行名录，并定期在其正式出版物和官方网站上公布。

（六）保证金

1. 应以塔吉克斯坦本国货币，或者按照塔吉克斯坦国家银行外汇牌价换算的外币向海关收款处或海关账户存入保证金，作为海关税费缴纳担保。

2. 保证金不计利息。

3. 未履行担保义务的，应当缴纳的海关税费和利息从保证金转入国家预算。

4. 如已履行担保义务，所缴纳款项应予返还，或者应缴纳人要求，用于缴纳海关税费、抵消未来海关税费，或者作为其他海关税费缴纳义务的担保。

5. 海关收到保证金之后，应当向其缴纳人出具海关收据，海关收据不得转交他人。

（七）保证

1. 依照《塔吉克斯坦共和国民法典》，通过海关与保证人之间签署协议形成保证。

2. 报关代理人，临时存储仓库、海关仓库和免税商店的所有人，以及其他人可以作为保证人。

五、海关税费的追征

（一）一般规定

1. 如规定期限内未缴纳或未全额缴纳关税和进口环节税，海关按法律规定程序对关税和进口环节税实行强制追征。

2. 对缴纳关税和进口环节税的责任人，或未缴纳关税和进口环节税的货物执行强制追征。

3. 从责任人银行账户中的现有资金中强制追征关税和进口环节税，或者通过司法程序执行责任人的其他财产，以进行强制追征。

4. 在采取强制追征措施之前，海关应当向缴纳责任人发送海关税费缴纳通知书。

（二）滞纳金

1. 对规定期限内未缴纳关税和进口环节税的，将计征滞纳金。

2. 自关税和进口环节税的缴纳期限届满次日起，直到履行关税和进口环节税缴纳义务之日（包括当日），或者自作出准予延期或分期缴纳关税和进口环节税决定之日起，逾期每天按《塔吉克斯坦共和国税法典》规定的数额计算滞纳金。

3. 对于临时存储仓库中的货物，在规定的临时存储期限内如违反报关单提交期限，不计算滞纳金。

4. 应在缴纳关税和进口环节税的同时，或在缴纳该税款后 1 个月内缴纳滞纳金。

5. 提交准予延期或分期缴纳关税和进口环节税的申请，不中止对欠缴税款征收滞纳金。

6. 按照《塔吉克斯坦海关法典》规定的关税和进口环节税的缴纳、追征和返还的方式，缴纳、追征和返还滞纳金。

（三）关税和进口环节税缴纳通知书

1. 关税和进口环节税缴纳通知书，是关于规定期限内未缴纳的关税和进口环节税税额，以及在通知书规定期限内履行关税和进口环节税及应计滞纳金缴纳义务的海关书面通知。

2. 缴纳通知书应当包含以下信息：应缴纳的关税和进口环节税税额；缴纳通知书发出之日应计的滞纳金金额；缴纳通知书的执行期限；对关税和进口环节税的强制追征措施，以及缴纳人不执行通知书时应当采取的追征保障措施；发出海关税费缴纳通知书的理由。

3. 在发现未缴纳或未全部缴纳关税和进口环节税的事实之日起 10 日内，应向缴纳人发送海关税费缴纳通知书。

4. 自收到海关税费缴纳通知书之日起，关税和进口环节税缴纳通知书的执行期限不得超过 10 个工作日和 20 个自然日。如未执行此通知书，则海关采取措施强制追征关税和进口环节税。

5. 关税和进口环节税缴纳通知书以送交组织负责人、其他授权代表、凭收条或以能够确认通知书接收事实和日期的其他方式当面送交的自然人。如上述人员逃避接收通知书，则通过邮局按挂号信寄出。自挂号信寄出之日起 6 日后，视为关税和进口环节税缴纳通知书已收悉。

6. 海关税费缴纳通知书应当送交缴纳人，无论其是否被追究行政或刑事责任。

7. 自货物申报结束之日起，对关税和进口环节税缴纳通知书的诉讼时效为 5 年。

（四）海关可以采取的措施

对拒不执行关税和进口环节税缴纳通知书的，海关依照《塔吉克斯坦海关法典》和塔吉克斯坦其他法律，中止其账户在银行和其他金融信贷机构的支出交易，扣押财产并对其应缴纳税款进行追征。

六、关税和进口环节税及保证金的返还

（一）多缴纳或多追征关税和进口环节税的返还

1. 多缴纳或多追征的关税和进口环节税税款，是指作为关税和进口环节税实际缴纳或追征的资金，其数额超过《塔吉克斯坦海关法典》和塔吉克斯坦其他规范性法律文件规定的应缴纳数额。

2. 自缴纳或追征关税和进口环节税之日起 5 年内，缴纳人可以向收取税款或执行税款追征的海关提交申请，要求返还多缴纳或多追征的关税和进口环节税税款。

3. 自发现多缴纳或多追征关税和进口环节税的事实之日起 1 个月内，海关应当通知缴纳人多缴纳或多追征的关税和进口环节税税额。

4. 根据塔吉克斯坦政府国家海关署的决定，中央财政机构对多缴纳或多追征的关税和进口环节税进行返还。自多缴纳或多追征关税和进口环节税的返还申请及所需全部文件提交之日起，对返还申请的审核期限不得超过 1 个月。如违反上述期限，依照《塔吉克斯坦共和国税法典》对未返还的税款按日计算利息。

5. 多缴纳或多追征的关税和进口环节税，应当返还至申请中指定的账户。

6. 应缴纳人要求，多缴纳的关税和进口环节税税款以抵消其他海关税费、滞纳金或罚款缴纳义务的形式进行返还。

7. 在以下情形下，多缴纳或多追征的关税和进口环节税不予返还：

（1）如缴纳人欠缴海关税费，在此情形下，可以对多缴纳的关税和进口环节税税款进行抵消；

（2）如应返还的海关税费低于规定数额，但自然人多缴纳或对其多追征海关税费的情形除外；

（3）如在规定期限届满后，提交返还关税和进口环节税的申请。

8. 存在欠缴海关税款时，海关有权自主使用多缴纳的关税和进口环节税税款对其进行抵消。海关应在抵消后 3 日内通知缴纳人实施抵消的情况。

（二）关税和进口环节税返还的其他情形

1. 在以下情形下，也应当返还关税和进口环节税：

（1）向海关提交的报关单被视为未提交；

（2）撤销报关单；

（3）以返还已缴纳关税税款的形式提供关税优惠；

（4）恢复最惠国待遇制度或关税特惠制度；

（5）如《塔吉克斯坦海关法典》规定，外国货物从塔吉克斯坦关境出口时，或者被销毁或放弃收归国有时，或者货物复进口时，应当返还已缴纳的关税和进口环节税；

（6）经海关许可变更此前申报的监管方式，如货物适用重新选择的监管方式时，应缴纳的关税和进口环节税税额低于最初适用监管方式时所缴纳的关税和进口环节税税额。

2. 上述关税和进口环节税的返还，应在引发返还已缴纳关税和进口环节税税款的情况发生之日的次日起至 1 年内提出申请。

（三）保证金的返还

1. 在履行保证金所担保义务的前提下，如在履行义务的次日起至 3 年内向海关提交保证金返还申请，保证金应予返还。上述期限届满后，保证金转入国家预算并不得返还。

2. 如保证金是以现金形式存入海关收款处，应存款人的要求，可以将保证金以非现金形式返还至存款人指定的账户。

3. 如存款人欠缴海关税费，则保证金不予返还。海关有权使用保证金追征欠缴税款。

第七节　海关监管制度

一、一般规定

（一）海关监管的实施原则

1. 海关采取足以确保遵守塔吉克斯坦海关法律的监管形式，根据选择性原则实施海关监管。

2. 在选择海关监管形式时应用风险管理系统。

3. 海关采用风险分析方法，确定应当接受检查的货物、运输工具、单证和人员及其检查程度。

4. 根据风险评估措施体系，塔吉克斯坦政府国家海关署确定海关监管策略。

5. 为实施海关监管，塔吉克斯坦政府国家海关署与外国海关开展合作，并签署互助协议。

6. 海关监管仅由海关机构依照《塔吉克斯坦海关法典》实施。

（二）对报关单、其他单证及货物的检查期限

1. 货物通关期间，海关应在受理报关单、提交单证和呈验货物之日起 2 个工作日内完成报关单和其他单证审核及货物检查，以确定报关单和其他单证中的信息与货物名称、原产地、数量和价值是否一致，但《塔吉克斯坦海关法典》规定更短期限的情形除外。

2. 如呈验待检的货物未按单独类别和/或货物名称拆分成包装单位，或货物商业、运输单证中未注明包装和标记信息，导致海关无法实施必要的作业以确定货物与其信息是否一致，在此情形下，海关有权延长货物的检查期限。延长时间即为货物权利人将批次货物拆分为单独类别货物所需的时间。

（三）海关监管货物和运输工具

1. 货物和运输工具自抵达塔吉克斯坦关境时起至以下时刻，均视为处于海关监管之下：

（1）放行进入自由流通；

（2）销毁；

（3）放弃收归国有或转为国家所有；

（4）因事故或不可抗力，或者正常运输和存储条件下的自然损耗被损毁；

（5）货物和运输工具实际离开塔吉克斯坦关境。

2. 国内货物和运输工具离开塔吉克斯坦关境时，自受理报关单或实施直接导致货物运出塔吉克斯坦关境的行为之时起，直至货物出境前，视为处于海关监管之下。

（四）海关放行后监管

1. 海关对进口到关境内货物的流通实施海关监管（放行后监管），目的如下：

（1）核实该货物的通关信息；

（2）检查货物是否有合法进口证明标记或其他识别标志。

2. 基于风险管理评估系统开展海关放行后监管。

3. 海关有权在货物解除海关监管后 1 年内，实施海关放行后监管。

（五）海关监管区

1. 为了对货物和运输工具实施外形查验和彻底查验，以及对其存储和移动实施海关监管，设立海关监管区。

海关监管区可以设在塔吉克斯坦关境沿线，包括办理通关和实施海关作业的地点，货物换装及进行外形查验和彻底查验的地点，海关监管货物运输工具的临时存储和停放地点，以及《塔吉克斯坦海关法典》规定的其他地点。

2. 海关监管区分为长期存放海关监管货物的永久监管区和临时监管区。

设立临时海关监管区的条件：

（1）在非海关作业地点办理货物和运输工具的通关手续，按照实施此作业所需的时间设立临时海关监管区；

（2）对海关在永久海关监管区以外发现的货物和运输工具，有必要进行外形查验或彻底查验时，设立临时海关监管区。

设立临时海关监管区的决定，由海关负责人或其代理人以书面形式作出。

3. 海关监管区的设立、标记方式及标记要求由塔吉克斯坦政府国家海关署制定，但关境沿线设立的海关监管区除外。

按照塔吉克斯坦政府规定的程序，在关境沿线和口岸区域设立海关监管区。

4. 经海关许可并在其监督下，允许货物、运输工具、人员（包括其他国家机构的工作人员）进出海关监管区，在监管区内移动，以及在海关监管区内开展生产和其他经营活动。

5. 只能在海关监管区对货物进行检查。

（六）海关监管所需的文件和信息的提交

1. 依照《塔吉克斯坦海关法典》规定，为实施海关监管，使货物和运输工具通过关境的人、报关代理人、临时存储仓库和海关仓库所有人，以及海关承运人必须向海关提交文件和信息。

2. 为实施海关监管，海关有权从银行和其他信贷机构获取关于货物权利人、报关代理人、临时存储仓库和海关仓库所有人及海关承运人对外经济活动和缴纳海关税费的交易信息。

3. 货物放行后，为核查信息的真实性，海关有权向申报人或与货物交易有关的其他人索取对外经济交易的商业单据、会计核算文件和会计报表，以及有关进口货物对外经济业务及其后续业务的其他信息，包括电子信息。

4. 海关有权从法人注册机构和其他机构获取实施海关监管所需的信息。

5. 在解除货物海关监管的年度后，海关监管所需的文件应至少保存3年。在实施海关作业年度后，报关代理人、临时存储仓库和海关仓库所有人及海关承运人应将海关监管文件保存3年。

6. 根据海关要求，报关代理人、临时存储仓库和海关仓库所有人、免税商店所有人、经认证的经营者和海关承运人，以及使用和/或占有有条件放行货物的人，应当按照塔吉克斯坦政府国家海关署规定的格式向海关提交货物存储、运输、销售、加工和/或使用的报表。

（六）实施海关监管期间不得造成非法损害

1. 实施海关监管时，不得对承运人、申报人及其代理人，临时存储仓库和海关仓库所有人、免税商店所有人、其他利害关系人，以及货物和运输工具造成损害。

2. 海关或其工作人员在实施海关监管过程中的非法决定和行为（不作为）所造成的损失应当全额赔偿，包括利润损失（未取得的收入）。

3. 海关或海关工作人员造成的损失，应当承担塔吉克斯坦法律规定的责任。

4. 因海关工作人员的合法决定、行为所造成的损失不予赔偿。

二、海关监管的形式和规程

（一）海关监管形式

海关监管形式分为：

1. 单证和信息审核；

2. 口头询问；

3. 获取解释；

4. 海关监视；

5. 对货物和运输工具实施海关外形查验；

6. 对货物和运输工具实施海关彻底查验；

7. 人身检查；

8. 对使用特殊标识的货物标记及是否存在识别标志进行检查；

9. 对海关监管的场所区域进行巡查；

10. 海关稽查。

（二）单证和信息审核

1. 海关对货物和运输工具通关时所提交的单证和信息进行审核，以确认单证的真实性和信息的准确性。

2. 通过与其他来源所获取的信息（包括其他形式的海关监管结果）进行比对，对海关专门统计信息进行分析，使用软件进行信息加工处理，以及塔吉克斯坦法律未禁止的其他方式，对通关过程中向海关提交信息的准确性进行审核。

3. 实施海关监管时，海关有权要求提供补充文件和信息，仅用于报关单和其他海关单证中的信息审核。海关应以书面形式要求提供此类文件和信息，并规定文件和信息的提交期限。

4. 海关要求提供补充文件和信息，以及对其进行审核并不妨碍货物放行，《塔吉克斯坦海关法典》有不同规定的除外。

（三）口头询问

办理进出境货物和运输工具的通关手续时，海关有权向自然人，以及对此货物和运输工具具有权限的组织代表进行口头询问，而无须向其提供书面说明。

（四）获取解释

1. 获取解释，是指海关工作人员从货物权利人、申报人，以及其他与货物和运输工具进出境有关并掌握相关信息的人，获取与实施海关监管有关的信息。

2. 解释说明应以书面形式提交。

（五）海关监视

海关监视，是指海关授权工作人员有针对地经常性或一次性、直接或间接（应用技术手段）公开目视观察海关监管货物和运输工具的移动，以及对其实施的货运和其他作业。

（六）海关外形查验

1. 海关对货物和运输工具实施外形查验，是指海关授权工作人员在不打开运输工具或其货舱，并不损坏货物包装的前提下，对货物、个人行李、运输工具、货运容器、海关封志、印章，以及其他用于海关监管的货物识别标志所进行的外部目视检查。

2. 申报人、货物和运输工具其他权利人及其代理人不在场时，在海关监管区内可以对货物和运输工具实施外形查验，但上述人员表示有意愿在外形查验时到场的情形除外。

3. 对货物和运输工具实施外形查验过程中，如发现申报货物数量不准确，由海关独立确定货物数量。

4. 必要时，海关工作人员根据对货物和运输工具实施外形查验的结果，按照塔吉克斯坦政府国家海关署规定的格式编制查验记录。

应货物和运输工具权利人要求，海关工作人员应当编制记录，或在其持有的运输单证上标记外形查验的实际情况。查验记录第 2 联交付货物和/或运输工具权利人。

（七）海关彻底查验

1. 海关彻底查验，是指海关授权工作人员对货物和运输工具进行检查，需要拆除封志、清除印章和其他货物识别标志，拆启货物包装或开启运输工具货舱、容器、集装箱或货物所在或可能存在的其他位置。

海关受理货物报关单后，可以对货物进行彻底查验。进口货物报关单提交之前，为识别货物、对违反海关法律的信息进行核实，或以抽查方式实施海关监管，也可以进行彻底查验。

2. 海关授权工作人员作出实施彻底查验的决定时，应将此决定通知申报人或货物和运输工具的其他权利人。海关对货物和运输工具实施彻底查验时，上述人员或其代理人可以在场，如海关授权工作人员要求则必须在场。如承运人未专门授权代理人，则运输工具驾驶员被视为代理人。

3. 在以下情形下，当申报人、货物和运输工具其他权利人及其代理人不在场时，海关有权对货物和运输工具进行彻底查验：

（1）在货物抵达地向海关呈验货物之日起 15 日内，或者完成境内转关运输之日起 15 日内，上述人员未到场；

（2）对国家安全、公共秩序、人类生命健康、动植物、环境、文物保护存在威胁，以及出现其他无法拖延的情况（包括有迹象表明货物属于易燃易爆物品、爆炸物、有毒物品、危险化学品、生物物质、麻醉药品、精神药物、烈性药品、放射性物质、核材料和散发刺激性气味的其他物品）；

（3）国际邮件寄送货物；

（4）所适用监管方式规定应当出境的货物和运输工具，违反规定滞留在塔吉克斯坦关境内。

在此情形下，海关应当在见证人在场时对货物和运输工具实施彻底查验。

4. 如海关对报关单载明的同品名货物中的一部分实施彻底查验，该查验结果应当适用于报关单载明的所有此类货物。如申报人或其他货物权利人认为该查验结果不能适用于所有同品名货物，其有权要求对剩余部分货物进行补充查验。

5. 对货物和运输工具实施彻底查验过程中，如确定货物申报数量不准确，由海关独立确定货物数量。

6. 根据彻底查验结果，编制一式两份的记录。记录中应当注明：

（1）实施彻底查验的海关工作人员和查验时在场人员的信息；

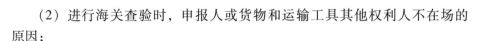

（2）进行海关查验时，申报人或货物和运输工具其他权利人不在场的原因；

（3）海关彻底查验的结果。

记录的第2联应交付货物和运输工具权利人或其代理人。

（八）人身检查

1. 人身检查是一种特殊的海关监管形式。有依据认为，通过塔吉克斯坦关境并处于海关监管区内或开放国际航线的空港过境区内的自然人，利用身体藏匿禁止进出境物品，或违反《塔吉克斯坦海关法典》规定程序携运物品且不自愿交出，根据海关负责人或其代理人的书面决定，可以对其进行人身检查。

实施人身检查的决定，由海关负责人或其代理人作出。

2. 在开始人身检查前，海关工作人员应当向自然人宣布实施人身检查的决定，使自然人了解其在检查过程中的权利和义务，并建议其自愿交出藏匿物品。

自然人应当在实施人身检查决定书上签字，以证明本人知悉该决定。如其拒绝签字，则在检查决定书上做出标注，并由宣布实施人身检查决定的海关工作人员签字证明。

3. 与被检查人同性别的海关工作人员，在符合卫生要求的隔离室内，在两名同性见证人在场时进行人身检查。

只能由医务人员对被检查人员进行身体检查。

严禁其他自然人进入隔离室，并排除无关人员从其所处位置观察人身检查的可能性。

4. 实施人身检查的具体方式不得侮辱人格尊严，不得对被检查人的健康和财产造成非法损害，并应控制在发现被检查人员利用身体藏匿物品所需的程度之内。

5. 在人身检查过程中，被检查人（其法定代理人）应当服从海关检查人员的合法要求，并有以下权利：

（1）要求向其宣布海关负责人或其代理人关于实施人身检查的决定；

（2）知悉自身权利和义务；

（3）作出解释，提出请求；

（4）在人身检查记录编制完成后，知悉记录内容，作出声明并记入检查记录；

（5）使用母语及翻译服务；

（6）依照塔吉克斯坦法律，在人身检查结束后对海关工作人员的行为提出申诉，如被检查人认为，实施人身检查过程中其权利和合法利益受到侵犯。

6. 按照塔吉克斯坦政府国家海关署规定的格式，编制一式两份的人身检查记录。

实施人身检查的海关工作人员、被检查的自然人（其法定代理人）、见证人应当在记录上签字，如进行身体检查则由实施身体检查的医务人员签字。记录第 2 联应当交付被检查人（其法定代理人）。

（九）检查货物标记及是否存在识别标志

1. 海关对货物或其包装上是否存在特殊标识、识别标志，或用于证明货物合法进口的其他货物标记进行核查。

2. 进口货物无特殊标识、识别标志或其他方式的货物标记，视为货物进入塔吉克斯坦关境未办理通关和放行手续，前提是该货物所有人不能反向证明。

（十）场所和区域巡查

1. 海关对场所和区域进行巡查，以确认在临时存储仓库、海关仓库、免税商店是否存放海关监管货物和运输工具，包括有条件放行的货物和运输工具。

如有关于货物和运输工具丢失、转让，或者以其他方式对货物进行处置或违反法律规定使用货物的信息，应对场所和区域进行检查或抽查，以对此信息进行核实。

2. 对塔吉克斯坦边境口岸和关境沿线设立的海关监管区内的场所和区域，以及进口货物批发或零售贸易企业，海关可以进行检查，以核实相关违法信息。

3. 不得对住所进行检查。

4. 对场所和区域进行巡查，需出示由海关负责人或其代理人签署的命令及工作证件。

5. 如海关工作人员被拒绝进入场所和区域，其有权在两名见证人在场时进入场所和区域，制止抵抗并打开封闭场所。

海关应当在 24 小时之内进入该场所和区域，将制止抵抗和打开封闭场所的所有情况通知检察院。

6. 对场所和区域的巡查，应当在其实施所需最短时间内完成，且不得超过 24 小时。

7. 根据巡查结果编制一式两份的记录。该记录第 2 联应当交付其场所和区域接受检查的人。

（十一）海关稽查

1. 海关稽查，是指对报关单信息及通关过程中提交的其他文件信息，与会计核算文件、会计报表数据、账户及其他信息进行比对，对货物适用某种监管方式或海关程序的事实，是否符合相关监管方式或海关程序对货物使用的要求和条件，以及报关单信息和通关过程中提交其他文件中信息的准确性进行核查。必要时，海关可以邀请其他政府部门参与海关稽查。

2. 海关对申报人、其业务由海关负责监管的其他经营者实施海关稽查，前提是有充分依据认为其未遵守海关法律。

3. 海关可以对以下人实施稽查：

（1）申报人和有权占有、使用货物的其他人，如实施其他形式的海关监管过程中，发现其通关过程中提交的信息不准确或违反规定使用和处置货物；

（2）报关代理人、临时存储仓库和海关仓库及自由仓库所有人、免税商店所有人、经认证的经营者和海关承运人，如发现其进出境货物的会计核算报表存在违规行为，或者开展相关活动时未遵守《塔吉克斯坦海关法典》规定；

（3）进口货物批发或零售贸易商，如发现其违反《塔吉克斯坦海关法典》规定进口货物，导致违反关税、进口环节税的缴纳程序或违反禁止和限制规定。

4. 海关稽查可以分为计划内稽查和计划外稽查。计划内稽查是列入海关定期工作计划中的一项检查。计划外稽查，根据其实施目的和实施地点不同，可以分为综合、专项、调账和现场稽查。

5. 根据海关负责人或其授权副职的命令，实施海关稽查。命令中应当注明实施稽查的海关名称、法人名称或被稽查人的姓名和父称、稽查人姓氏、名和父称的首字母及其职务、需核查的问题，以及开展稽查的时间。

6. 海关应当在开始稽查前 5 个工作日书面通知被稽查人。开始稽查之前，海关稽查人员应当向被稽查法人的负责人出示实施海关稽查的命令。

7. 海关稽查期限不得超过 30 个自然日，特殊情况下，海关负责人或其授权副职可将稽查期限再延长 30 日。上述期限不包括从要求被稽查人提交文件和信息到实际提交之间的时间段。

8. 实施海关稽查时，海关有以下权力：

（1）要求无偿提供与进出境货物生产、经营或其他业务有关的文件和信息（包括银行信息及电子文件）；

（2）访问被稽查人的自动化信息系统数据库和网银；

（3）检查被稽查人的场所和区域，在其授权代理人在场时，对货物进行外形查验和彻底查验；

（4）要求对货物进行清点，并核查其准确性；

（5）要求被稽查人提供加盖法人或个体经营者印章，并经授权人员签名核证的文件及其摘录；

（6）要求被稽查法人、个体经营者、其他被稽查人，就海关稽查过程中发现的问题作出书面解释；

（7）查封场所；

（8）按照法律规定的程序，对证明实施违法行为的文件予以收缴，被稽查人有权复制被收缴的文件；

（9）依法收缴或查封货物。

9. 查封场所和收缴文件的前提是，如不采取上述措施可能导致其掩盖违法行为。

10. 为实施海关稽查，海关可以使用货物权利人、货物存储人或监管部门盘点的结果、审计报告，以及国家机构的报告和结论。

11. 在完成海关稽查后 10 日内，按照塔吉克斯坦政府国家海关署规定的格式，形成至少一式两份的海关稽查报告。

12. 海关稽查报告需经海关稽查人员、法人负责人或个体经营者，以及被稽查法人、个体经营者的总会计签字。如其拒绝签字，则在报告中予以记录。第二份报告应当交付被稽查人。

13. 如签字人对海关稽查报告有异议，应当在签字前进行记录，并自其签字之日起 30 个自然日内，就报告内容向指定实施稽查的海关以书面形式提出复议。对此期限届满后提出的复议不予审核。

14. 海关稽查人员对所提出的复议进行审核并就此作出书面结论，按规定程序就海关稽查报告提出复议的人应当知悉此结论。

15. 如海关稽查人员发现行政违法或犯罪证据，应当在海关稽查结束前单独编制临时报告。海关基于该报告，依照塔吉克斯坦刑事诉讼法或塔吉克斯坦行政处罚法采取进一步行动。临时报告中所述事实应当列入海关稽查报告。

16. 自收到海关稽查材料之日起 30 个自然日内，海关负责人或其授权副职就海关稽查报告作出决定。

17. 实施海关稽查时可以对货物进行查封的情形如下：

（1）发现货物无特殊标识、识别标志或其他方式的货物标记，如《塔吉克斯坦海关法典》或塔吉克斯坦规范性法律文件规定该货物应予标记以证明其进口合法性，或者发现货物带有假冒标识或标志；

（2）被稽查人商业单据中缺少海关放行货物的信息，如依照塔吉克斯坦的规范性法律文件，货物在塔吉克斯坦境内流通时其商业单据中应当注明此类信息，或者发现此类信息不准确或缺少应当注明此类信息的商业单据；

（3）发现未按照减免进口关税和环节税规定的用途使用和/或处置有条件放行的货物。

18. 被查封货物应由其所有人或货物其他权利人保管，其存放地点视为海关监管区。

19. 如塔吉克斯坦法律禁止货物进口或流通，并有充分理由认为，仅查封货物不足以确保货物安全，则海关应对货物予以收缴。

被收缴货物应当存放在临时存储仓库或海关监管区内的其他地点。

20. 如提供可以追征的关税担保，可不查封或收缴货物，但塔吉克斯坦法律禁止进口或禁止境内流通的货物，或者规定进口数量限制的货物除外。

21. 根据海关稽查人员决定，在被发现货物的人或其代理人，以及至少2名见证人在场时，对货物予以收缴或查封。

在收缴或查封货物前，海关工作人员应当出示收缴或查封货物的命令。

22. 收缴或查封货物应当制作记录。在记录或附随清单中，对被收缴或被查封货物应当进行详细描述，标明其名称、数量和个体特征。该记录应由执行收缴或查封货物的海关工作人员、被收缴或被查封货物的人或其代理人，以及见证人签字确认。记录副本交付被收缴（查封）货物的人或其代理人。

23. 如稽查过程中未确定违法事实，应当在不晚于结束海关稽查当日，返还被收缴货物或对货物解除查封，但货物作为可没收的物证，或可用于追征海关税费的情形除外。

被收缴货物的临时存储费用由国家预算承担。

24. 对被收缴和被查封货物的处置，应当在海关稽查报告中注明。

25. 对海关稽查结束之日起2个月内无人认领的被收缴货物，按《塔吉克斯坦海关法典》规定的程序进行处置。

三、海关监管过程中的鉴定和检验

（一）指定鉴定

1. 实施海关监管过程中，如需专业知识对出现的问题予以澄清，则指定对货物、运输工具，或包含有关货物和运输工具信息的文件，或者有关作业信息的文件进行鉴定。

2. 鉴定由海关实验室及其他相关机构的专家，或者海关指定的其他专家负责实施。凡具备作出结论所需专门知识的人员均可被指定为专家。邀请专家开展鉴定需签订合同。如申报人或其他利害关系人主动要求进行鉴定，其有权向海关提出专家建议人选。

3. 经海关负责人或其副职同意，该海关的工作人员作出实施指定鉴定的决定，其中应当注明鉴定理由、专家姓名和父称、鉴定机构名称、对专家提出的鉴定要求、提交专家处置的材料和文件清单，以及开展鉴定的日期和向海关提交结论的期限。

决定中还需注明提供虚假结论应当承担的行政责任。

4. 实施鉴定的期限如下：

（1）如收到鉴定结果前未放行货物，不得超出临时存储期限；

（2）如对运输工具进行鉴定，不得超出 6 个月；

（3）在其他情形下不得超出 1 年。

5. 海关工作人员应当向申报人说明其在鉴定过程中拥有的权利，并在决定书中注明，并由申报人或其代理人认定。

6. 海关、海关实验室、专家及鉴定机构实施鉴定的费用由国家预算承担，但非海关指定实施的鉴定除外。

（二）专家结论

1. 专家依据检测结果以本人名义提交书面结论。

2. 专家结论中应当注明检测时间和地点、检测人员、检测依据、对专家提出的鉴定要求（问题）、鉴定对象、向专家提供的材料和文件、检测内容及检测方法、检测结果及评估、鉴定结论及其根据。

作为鉴定的组成部分，鉴定结论应当随附 1 名或多名专家的说明材料和相关文件。

如专家在鉴定过程中确定存在重要事项，而向专家提交的鉴定要求中并未包括此问题，专家有权在其结论中列入包括关于此事项的结论。

3. 如多名专家参与鉴定，所有专家均应在结论上签字。当专家之间存在分歧时，则每位专家分别作出自己的结论。

4. 开展指定鉴定的海关，应当向申报人或其他利害关系人交付专家结论的副本。

5. 海关通过相关决定时，应当参考专家根据鉴定结果作出的结论，包括根据申报人或其他利害关系人的建议开展的鉴定。

（三）补充鉴定和重复鉴定

1. 如鉴定结论不明确或不完整，可以指定同一专家，或者其他专家、机构进行补充鉴定。

2. 如申报人、货物和/或运输工具权力人及其代理人，或者指定实施鉴定的海关不同意专家根据初步和/或补充鉴定结果作出的结论，则应当重新进行鉴定。重复鉴定由 2 名或 2 名以上专家组成的鉴定委员会负责实施，但不得包括参与初步和/或补充鉴定的专家。开展重复鉴定时，参加初步和/或补充鉴定的专家可在场并向委员会作出解释，但不参与实际检测和起草专家结论。

（四）专家的权利和责任

1. 专家有以下权利：

（1）了解与鉴定对象有关的材料；

（2）经海关同意，邀请其他专家参与鉴定；

（3）要求提供开展鉴定所需的补充材料；

（4）拒绝作出鉴定结论，前提是向其提交的材料不真实或其不掌握开展鉴定所需的专业知识；

（5）经海关许可，参与实施海关监管的具体行动。

2. 在实施鉴定或准备实施鉴定的过程中，专家所获取构成商业秘密、银行秘密或其他受法律保护秘密的信息，以及其他机密信息，不得泄露、用于其他目的或转让给第三方，但塔吉克斯坦法律有不同规定的情形除外。

（五）申报人、货物和/运输工具权利人及其代理人的权利

1. 在指定和实施鉴定时，申报人、货物和/运输工具权利人及其代理人有以下权利：

（1）如有充分依据，可以对专家提出质疑；

（2）申请指定具体专家；

（3）向专家申请提出补充问题，并得到相关结论；

（4）经指定专家的海关批准，开展鉴定时到场并向专家作出解释；

（5）提取试样和样品；

（6）知悉专家结论并取得结论副本；

（7）申请实施补充鉴定或重复鉴定。

2. 如同意申报人、货物和/运输工具权利人或其代理人的请求，则由指定鉴定的海关出具相关决议。

如拒绝该请求，则海关应当书面通知申请人并说明理由。

（六）试样和样品

1. 海关工作人员在实施海关监管时，有权提取检测所需的货物试样和样品，但应制作试样或样品的提取记录，其副本应当交付货物权利人或其代理人。

必要时，应在专家参与下提取试样或样品。

2. 经海关书面许可，申报人、货物权利人及其代理人、知识产权权利人，以及其他国家机构的工作人员也可以提取海关监管货物的试样或样品。

3. 试样或样品应以能够保障对其检测的最小数量提取。此类提取的前提条件如下：

（1）不影响实施海关监管；

（2）不改变货物特性；

（3）不会引发逃避缴纳关税、进口环节税，或者违反禁止和限制规定。

4. 申报人提取试样或样品时，无须提交试样和样品的单独报关单，但需在货物报关单上予以注明。

如试样或样品由海关提取，且在规定期限内未退回，申报人有权从申报货物的完税价格中扣减试样或样品的完税价格。

5. 海关和其他国家机构的工作人员提取货物试样或样品时，申报人、货物权利人及其代理人有权在场。

6. 其他国家机构的工作人员，以及第2款指定的人提取货物试样或样品时，海关工作人员有权在场。

7. 海关工作人员提取货物试样或样品时，申报人及其代理人有义务给予协助，包括自费实施货运作业和其他必要的货物作业。

8. 如申报人或其代理人不在场，但有2名见证人在场时，海关工作人员有权提取货物试样或样品。

9. 海关应当知悉其他国家机构所提取货物试样或样品的检测结果，并通知第2款指定的人。

10. 货物试样或样品的提取及检测程序，由塔吉克斯坦政府国家海关署依照《塔吉克斯坦海关法典》和塔吉克斯坦的其他规范性法律文件制定。

11. 检测完成后，货物试样或样品应当返还其所有者，但依照塔吉克斯坦法律此类试样或样品应予销毁或再利用，以及返还费用超过其本身价值的情形除外。

四、海关监管的补充条款

（一）对货物和运输工具的货运和其他作业

1. 根据海关要求，申报人、临时存储仓库和海关仓库及自由仓库所有人、报关代理人或其他货物权利人，有义务对货物进行称重，或者以其他方式确定货物数量，运输、装载、卸载、换装、修复破损包装、拆启包装、包装或重新包装海关监管货物，以及开启放置或可能放置货物的场所、容器和其他处所。

2. 对进出塔吉克斯坦关境的货物和运输工具实施货运和其他作业时，其承运人应当提供协助。

（二）货物和运输工具的识别

1. 为识别海关监管货物和运输工具，可以使用运输和商业单据及其他文件、海关封志、印章、戳记、字母及其他识别标志，提取货物试样和样品，对货物和运输工具进行详细说明、绘制图纸，制作比例图像、照片、图解。

2. 销毁或更改（更换）识别标志，只能由海关或经海关许可，但存在货物和运输工具被损毁、丢失或严重损坏等实际威胁的情形除外。在此情形下，应当立即通知海关有关识别标志更改、移除、销毁或损坏的情况，并提供存在上述威胁的证据。海关应当按照塔吉克斯坦政府国家海关署规定的格式编制更改、移除、销毁或更换识别标志的记录。

3. 外国海关施加（加盖）的封志、印章或其他识别标志作为海关识别标志时，适用第2款规定。

4. 根据申报人请求，对于从关境出口的塔吉克斯坦货物，海关在其申报地进行货物识别。

（三）发现非法进口货物时海关的附加权力

1. 如海关发现，因从事经营活动而在塔吉克斯坦关境内购买非法进入塔吉克斯坦关境的货物，导致偷逃关税、进口环节税或违反禁止和限制规定，则禁止对此货物进行处置，或依照《塔吉克斯坦海关法典》规定的实施海关稽查时收缴货物的程序，对货物予以收缴并临时存储。该货物被视为海关监管货物。

2. 在第1款规定的情况下，该货物购买人有权缴纳关税和进口环节税，并按照塔吉克斯坦国家海关署规定的简化程序，办理货物的通关手续。如其在货物被发现之日起5日内缴纳关税和进口环节税，或按照《塔吉克斯坦海关法典》规定提供税款缴纳担保，则货物不予收缴，关税和进口环节税的滞纳金也不予计征。

3. 对非法进入塔吉克斯坦关境的货物，第2款中关于办理通关手续并缴纳关税、进口环节税权利的规定，不适用于塔吉克斯坦法律禁止进口及禁止在境内流通的货物，以及对其进出塔吉克斯坦关境规定了数量限制的货物。

经海关申请，根据法院判决，上述货物将收归国有。

4. 办理货物通关手续并缴纳关税、进口环节税后，货物被视为放行进入自由流通，但不妨碍海关采取必要行动以查明参与非法运输货物进出关境的人。

5. 如非法进口货物的购买人拒绝缴纳关税、进口环节税和实施海关作业，则依照《塔吉克斯坦海关法典》规定对该货物进行处置。

（四）行政违法、民事和刑事案件审理过程中使用海关监管结果

海关监管结果可以作为刑事、民事和行政违法案件证据，并在上述案件及经济纠纷案件审理过程中，对决定和海关及其工作人员的行为（不作为）的申诉过程中，与其他证据一同接受法庭或海关工作人员的评估。

第八节 知识产权海关保护

塔吉克斯坦在知识产权保护领域的法制建设较为完善，塔吉克斯坦共和国《宪法》《民法典》《投资法》《税法典》《发明法》《商标法》《发明专利法》《反不正当竞争法》等多部法律从不同侧重方面对知识产权保护作出规定。

塔吉克斯坦批准了独联体框架内的一系列知识产权保护协议，具体包括《关于保护工业产权措施和建立国家间保护工业产权委员会的协议》《关于预防和禁止假冒商标和产地证明规定的协议》《关于禁止知识产权领域违法行为的合作协议》《关于相互保守国家间发明领域的秘密的协议》《关于共同发行专利信息产品光盘的协议》《关于知识产权商品跨境海关监管的协议》。

同时，塔吉克斯坦加入了以下国际公约和协议：《伯尔尼保护文学和艺术作品公约》、《国际承认用于专利程序的微生物保存布达佩斯条约》及其细则，《保护工业产权巴黎公约》、《专利合作条约》及其细则，《欧亚专利公约》、《工业品外观设计国际注册海牙协定（日内瓦文本）》、《建立世界知识产权组织公约》、《建立工业品外观设计国际分类洛迦诺协定》、《国际商标注册马德里协定》及其细则，《商标注册用商品和服务国际分类尼斯协定》《国际专利分类斯特拉斯堡协定》。

塔吉克斯坦海关在其职权范围内，依照《塔吉克斯坦海关法典》及上述国际条约规定，实施知识产权海关边境保护。

一、中止货物放行的依据

1. 根据著作权及邻接权、商标、服务标记（知识产权）的专有权利人和使用货物原产地名称的权利人（以下简称"权利人"）的申请，海关按照规定程序采取措施中止货物放行。

2. 海关依法采取的知识产权保护措施，不妨碍权利人依照塔吉克斯坦法律规定采取其他任何方式保护其自身权利。

二、申请的提交与审核

（一）权利人提交申请

1. 如权利人有充分依据认为，其依照塔吉克斯坦知识产权法享有的权利，可能因其认定为侵权商品的货物进出塔吉克斯坦关境，或在海关监管下对该货物实施其他作业而受到侵犯，则权利人或其代理人有权向塔吉克斯坦政府国家海关署提出申请，要求采取措施中止货物放行。

2. 申请中应当包含以下信息：

（1）权利人，如申请由其代理人提交，还应包括代理人；

（2）知识产权客体；

（3）权利人认定侵权的货物，货物信息应足够详细，确保海关能够查明此货物；

（4）请求海关采取规定措施的期限。

3. 采取中止货物放行措施的申请，应当随附知识产权客体权利的证明文件（证书、协议，包括许可协议和专有权转让协议，以及权利人可以提交其拥有知识产权客体权利的其他证明文件），如申请由代理人提交，应当随附权利人向代理人出具的委托书。

4. 权利人或其代理人提交申请时可以附带货物样品，以作为存在侵犯自身权利事实的证明。

5. 申请应当随附权利人因中止货物放行可能对货物申报人、所有人、收货人等造成财产损失进行赔偿的书面保证。

（二）对申请的审核

1. 自收到申请之日起，塔吉克斯坦政府国家海关署应在1个月内对其进行审核，并依照《塔吉克斯坦海关法典》规定作出同意或拒绝采取措施的决定。

2. 为核实权利人或其代理人所提供信息的准确性，塔吉克斯坦政府国家海关署有权请求第三方及其他国家机构提供申报信息的证明文件。各方应在收到请求之日起 10 日内提交相关文件。同时，塔吉克斯坦政府国家海关署有权延长申请的审核期限，但不得超过 1 个月。

3. 如权利人或其代理人提供虚假信息，或违反《塔吉克斯坦海关法典》规定的要求，海关将作出拒绝采取规定措施的决定。自该决定作出之日起 3 日内，应以书面形式通知权利人或其代理人。

4. 如申请或其随附文件中的信息发生变化，权利人或其代理人应立即将此信息变化情况向塔吉克斯坦政府国家海关署进行通报。

三、知识产权海关名录

（一）知识产权海关名录的范围

1. 海关决定对其采取规定保护措施的知识产权客体，应当列入由塔吉克斯坦政府国家海关署编制的知识产权海关名录（以下简称"名录"）。

2. 塔吉克斯坦政府国家海关署负责编制和维护名录，并在其正式出版物和官方网站上公布列入名录的知识产权客体清单。

3. 对知识产权客体列入名录不收取费用。

（二）列入名录的条件

依照《塔吉克斯坦共和国民法典》规定，知识产权客体列入名录的前提条件是，权利人确保履行因中止货物放行可能对货物申报人、所有人、收货人所造成财产损失进行赔偿的义务。

（三）从名录中删除知识产权客体

在以下情形下，将知识产权客体从名录中删除：
1. 应权利人或其代理人要求；
2. 权利人不符合列入名录的条件；
3. 知识产权客体的法律保护期限届满；
4. 货物中止放行期间权利人未向法律授权机构申请权利保护。

四、申请知识产权保护的期限

自知识产权客体列入名录之日起 5 年内，权利人或其代理人可以向海关申请采取包括中止货物放行在内的知识产权保护措施。如符合《塔吉克斯坦海关法典》相关规定，根据权利人或其代理人的申请，可以延长此期限，但海关可以采取中止货物放行措施的期限不得超过知识产权客体的法律保护期限。

五、中止货物放行

（一）中止放行程序

1. 在通关监管过程中，如海关发现权利人或其代理人指定的货物为侵权货物，则中止该货物放行，中止期限为 10 日。如权利人或其代理人向塔吉克斯坦法律授权机构申请权利保护，并提出理由充分的书面请求，则可以延长此期限，但所延长期限不得超过 10 日。

由海关负责人或其代理人作出中止货物放行和延长中止货物放行期限的书面决定。

2. 海关应在不晚于中止货物放行之日的次日，将中止货物放行的事实，以及中止放行的原因和期限通知申报人、权利人或其代理人，并向申报人通报权利人或其代理人的名称（姓名、父称）和地址；向权利人或其代理人通报申报人的名称（姓名、父称）和地址。

3. 经海关书面许可，权利人、申报人或其代理人可以在海关监管下对已作出中止放行决定的货物提取试样和样品，进行检测、观察、拍照或以其他方式对货物进行记录。

（二）赔偿责任

依照塔吉克斯坦法律规定的程序，如无法确定货物（包括其包装和标签）侵权，则权利人应当依照《塔吉克斯坦共和国民法典》规定，对因中止货物放行给货物申报人、所有人、收货人造成的财产损失承担赔偿责任。

（三）非适用规定

本节规定的中止货物放行措施，不适用于自然人携运进出关境的，或者通过国际邮件寄送的包含知识产权客体的少量物品，如该物品用于满足个人、家庭，以及其他与商业活动无关的需求。

（四）海关的附加权力

海关发现侵犯知识产权的迹象时，对包含未列入名录的知识产权客体的货物，无须权利人按规定程序提出申请，海关有权采取中止放行措施。

中止放行上述货物的决定，以及撤销中止放行货物的决定，由海关负责人或其代理人作出。

六、信息提供

根据权利人或其代理人请求，海关可以提供权利人需要证明其被侵权的补充信息，但塔吉克斯坦法律有不同规定的情形除外。

权利人或其代理人及申报人根据上述规定所获取的信息属秘密信息，不得泄露、转交第三方以及其他国家机构，但塔吉克斯坦法律有不同规定的情形除外。

七、撤销中止货物放行决定

（一）中止货物放行期限届满后撤销中止放行决定

在货物中止放行期限内，如未收到塔吉克斯坦法律授权机构关于收缴、扣押或没收货物的决定，则在货物中止放行期限届满之日的次日，撤销中止货物放行的决定。

（二）中止货物放行期限届满前撤销中止放行决定

1. 在以下情形下，在货物中止放行期限届满前撤销中止货物放行的决定：
（1）权利人或其代理人请求海关撤销中止货物放行的决定；
（2）知识产权客体从名录中被删除。
2. 应当在知悉权利人或其代理人请求撤销中止货物放行决定当日，或知悉知识产权客体从名录中被删除当日，撤销中止货物放行的决定。
3. 撤销中止货物放行的决定，由作出该决定的海关负责人或其代理人以书面形式作出。该决定撤销后，按照《塔吉克斯坦海关法典》规定的程序对货物予以放行。

第五章　塔吉克斯坦通关便利措施

第一节　自由经济区

一、概述

自由经济区，是指塔吉克斯坦政府为吸引外国投资，创造有利的投资和经营环境，专门划定具有明确边界的特定区域。在自由经济区内实行特殊的法律制度并提供优惠的经营条件。

2004 年 5 月，塔吉克斯坦政府出台《塔吉克斯坦共和国自由经济区法》，并获得议会通过。根据该法律规定，自由经济区作为国家独立区域，享受特殊关税和税收制度，以及简化注册程序等优惠政策。

二、自由经济区类型及企业入驻程序

（一）自由经济区类型

《塔吉克斯坦共和国自由经济区法》规定了 4 种类型的自由经济区：
1. 工业生产型；
2. 商业贸易型；
3. 服务型；
4. 科技创新和科研应用型。

（二）自由经济区企业入驻程序

1. 法人在自由经济区所在地税务机关注册。
2. 提交经营证书申请表、商业计划书、投资方案和其他必要的文件。
3. 在经济发展和贸易部直属委员会举行投资项目听证。
4. 与自由经济区管委会签订协议。
5. 取得证书。

三、自由经济区优惠政策

（一）海关优惠政策

自由经济区内货物被视为处于塔吉克斯坦关境外，对其适用以下海关税收政策：

1. 从国外运入自由经济区的货物，无须缴纳进口关税和增值税；

2. 外国和国内货物、生产设备、建筑设备进入自由经济区不征收关税和进口环节税；

3. 货物从自由贸易区运往塔吉克斯坦境外，除海关通关费用外，不征收关税和环节税，也不适用经济性质的禁止和限制规定；

4. 货物从自由经济区运往塔吉克斯坦境内不征收关税，增值税由买方缴纳。

（二）其他税收及优惠政策

1. 对自由经济区入驻企业的经营活动，无论其所有制形式，对《塔吉克斯坦共和国税法典》规定的利润税、增值税、消费税、自然资源使用税、道路使用税、棉花和生铝销售税、运输工具税和不动产税均不予征收，只需缴纳社会税和个人所得税；

2. 外国投资者获得的利润，以及外国员工的外币工资收入，可以免税汇往境外；

3. 土地租金优惠（1 美元/平方米/年）；

4. 对区内给排水和供电等业务不征收增值税和其他税；

5. 按照简化程序办理自由经济区外籍员工的劳动许可；

6. 按照简化程序办理自由经济区外籍员工的入境签证。

四、经营证书期限及办理费用

自由经济区不同类型的入驻企业，其经营证书的期限不同：商业贸易型企业为 10 年；工业生产型企业为 15 ~ 25 年；服务型企业为 10 年。

经营证书的办理费用为 5000 美元，不分其经营形式、生产能力和贸易额。

五、自由经济区的发展现状

目前，塔吉克斯坦共有 5 个自由经济区。主要情况如下：

（一）"索格特"自由经济区

该经济区于2009年开始建设，位于塔吉克斯坦北部索格特州首府胡占德市西南老工业区，靠近工业和交通基础设施，规划占地面积3.2平方千米，定位为工业生产型自由经济区，计划建设入区铁路。由于地理位置优越，交通网络发达，适合定向出口的企业入驻。欧洲安全与合作组织曾给该区建设提供过技术援助。

目前，"索格特"自由经济区已建设成为塔吉克斯坦重点发展项目。目前，该区有30家企业注册，包括5家合资企业，主要从事太阳能电池板和热水器、塑料管材和容器、电缆、涂料、塑料门窗、铝型材、PVC型材、建筑材料、节能灯、深水泵、肉制品生产和农产品、废旧金属加工等。

2020年，该区有11家工业企业运营，工业产值为1.65亿索莫尼（合1598.8万美元），同比增长1.2%（按本币计算）。

（二）"喷赤"自由经济区

该区2008年获批、2009年开始建设，位于南部哈特隆州库姆桑吉尔区，靠近阿富汗边境，规划面积约为4.02平方千米，包括面积约为1.86平方千米的商贸与创新区和面积约为2.16平方千米的工业区。由于地处边境地带，交通便利，适合定向出口企业投资兴业。该区拥有石英砂、籽棉和其他农产品等丰富的原材料资源，基础设施完备，海关监管、供水、供电条件较好。该区主要经营目标如下：

1. 吸引国内外投资和技术，采用现代管理模式，合理利用劳动力资源和自然资源，提高在国际市场上有竞争力产品的生产效率，增强国家经济潜力；

2. 将塔吉克斯坦南部种植的蔬菜、水果等农产品进行深加工，出口到阿富汗等南亚国家市场，并发展同南亚国家的过境贸易，增强出口潜力，促进国际和地区经济联系；

3. 促进当地城市化建设，建立现代化交通、通信和生产体系；

4. 发展现代物流。

目前，该区共有2家小规模工业企业入驻运营。

（三）"伊什卡石姆"自由经济区

该区始建于2011年，位于东部戈尔诺—巴达赫尚自治州伊什卡什姆区，距首都杜尚别市714千米，距中塔边境阔勒买口岸440千米，规划占地面积2

平方千米，定位为"生产商业区"，区内有可以起降小型飞机和直升机的伊什卡什姆机场。丰富的旅游和水电资源、独特的地理位置（同吉尔吉斯斯坦、中国、阿富汗接壤）是该经济区的发展优势。

目前，该区还处于建设阶段，尚无企业投入生产。

（四）"丹加拉"自由经济区

该区始建于2011年，位于塔南部哈特隆州丹加拉区，规划占地面积约5.21平方千米，定位为"生产创新区"。该区的建设目标是引进国内外投资和先进技术并采用现代管理模式，提高国家出口潜力，创造工作岗位，参与国际劳动分工，解决当地的社会经济问题并提高居民生活水平。当地交通路网发达，有国际公路通过，具备商品出口贸易的良好条件。

目前，"丹加拉"自由经济区发展较好，入驻企业主要是石油加工、金属构件加工、塑料管材生产、干果加工等企业。2020年，该区共有9家工业企业运营，产值达3448.37万索莫尼（合334万美元）。

（五）"库利亚布"自由经济区

该区于2019年开始建设，位于南部哈特隆州库里亚布市以北14千米处，靠近库里亚布国际机场，距阿富汗边界仅70千米，占地约3.09平方千米，定位为"生产创新区"。该区建设目标为吸引国内外投资，发展进口替代产业并增强出口能力。计划布局的产业包括：纺织、皮革加工、棉花加工、果蔬加工、饲料加工、建材生产、车辆设备和农机组装、制药、照明设备及配件制造、石油开采及加工等。该区仍在规划建设和招商阶段，2020年9月第一家汽车配件制造企业入驻，尚未投产。

第二节　简化申报

一、塔吉克斯坦货物出口时的简化申报

（一）适用条件

1. 塔吉克斯坦货物从塔吉克斯坦关境出口时，根据申报人意愿，可以适用简化申报流程，使用不完整报关单、定期报关单和临时报关单向海关申报。

2. 适用简化申报流程的前提条件是不妨碍实施海关监管，也不免除申报

人遵守相关法律规定的义务，包括及时足额缴纳关税和进口环节税，遵守禁止和限制规定及所适用监管方式的要求。

（二）海关拒绝应用简化申报

如海关拒绝应用简化申报流程，海关应当在不晚于报关单提交之日的次日通知申报人，并说明应用简化申报流程需满足的条件。

二、不完整申报

（一）不完整报关单的适用条件

1. 如申报人因自身无法控制的原因，不掌握填制报关单所需的全部信息，海关可允许提交不完整报关单，但其中应当申报货物放行、海关税费计征、确认符合限制性规定的必要信息，以及根据其数量和质量特征可进行货物识别的信息。

2. 如海关受理不完整报关单，则适用提交完整报关单时同样的要求和条件，包括关税和进口环节税的计征程序。

（二）申报人的义务

提交不完整报关单时，申报人应以书面形式保证在海关规定期限内提交缺失的信息。对于外国货物，该期限自海关受理不完整报关单之日起不得超过45日。

三、定期申报

（一）定期报关单的适用条件

同一人定期通过塔吉克斯坦海关边界运输同一种货物，海关允许对一定期间内通过塔吉克斯坦海关边界的所有货物提交1份报关单。

（二）判定标准

1. 同种货物的判定标准：所有货物的商品编码相同。

2. 同一人定期运输货物的判定标准：同一人在30个自然日内发运3批次或以上的同种货物。

3. 按照同一外贸合同，在30个自然日内，通过同一口岸在同一海关办理通关手续的同种货物可以视为统一批次，不受单次供货数量限制。

（三）适用规定

1. 按照定期申报程序办理货物通关手续时，适用海关受理定期报关单之日生效的塔吉克斯坦规范性法律文件。

2. 在进出口交货期开始之前，通过提交定期报关单以完成定期申报。在此情形下，按统一批次货物填制定期报关单。

3. 按照定期申报程序发运货物的交货期结束后 10 个自然日内，应当提交根据实际进出口货物数量填制的完整报关单。

4. 受理定期报关单当日或之前应当缴纳海关税费。

四、临时申报

（一）临时报关单的适用条件

塔吉克斯坦货物出口时，如无法按常规提交办理通关手续所需的准确信息，则允许通过提交临时报关单进行定期临时申报。

（二）对临时申报的要求

1. 塔吉克斯坦货物被运离塔吉克斯坦关境后，在海关规定期限内，申报人应当对一定期限内所有出口的塔吉克斯坦货物提交 1 份完整报关单。海关设定报关单提交期限时，应当考虑申报人获取充足信息所需的时间。完整报关单提交的最长期限为申报货物出口期限届满之日的次日起 90 天。

2. 对使用临时报关单申报的国内货物，其预计出口时间由申报人确定。对应当征收出口关税或适用禁止和限制规定的塔吉克斯坦货物，该期限不得超过 1 个自然月，海关不得早于此期限开始前 15 日受理临时报关单。

3. 在临时报关单中，允许依据一定期限内国内货物出口数量的意向进行申报，按预计出口货物数量，以及对外经济合同条款规定的货物消费特性和货物估价程序，确定临时报关单提交之日的预申报完税价格。

4. 从塔吉克斯坦关境运出的货物不得超过临时报关单中申报的数量，但由于自然磨损或损耗，或者正常运输和存储条件下货物自然属性改变导致货物数量发生变化，以及由于运输工具中存在非排放残留物而导致货物数量变化的情形除外。

5. 使用临时报关单时，适用海关受理该报关单之日实施的经济性质的禁止和限制规定及出口关税税率。

6. 向海关提交临时报关单的同时缴纳出口关税。如果由于申报信息更新而导致应缴纳出口关税税额增加，应当在提交完整报关单的同时补缴出口关税税款。在此情形下，不计滞纳金；如信息更新导致应缴纳出口关税税额减少，则依照《塔吉克斯坦海关法典》规定对多缴纳或多追征的出口关税予以返还。

7. 自临时报关单受理之日起 4 个月内，如国内货物未从塔吉克斯坦关境出口，则申报该货物出口的报关单视为未提交。

根据利害关系人的合理请求，海关应当延长上述期限，但所延长期限不得超过 4 个月。

第三节　简化通关和特殊放行

一、特定货物的简化通关程序

（一）适用简化通关的部分类别货物

消除自然灾害、事故和灾难后果所需的货物，易腐类货物，活体动物，放射性材料，国际邮件和快件，最高权力机构的信息和大众媒体材料及其他类似货物，以及经认证的经营者运输进出关境的货物，在进出塔吉克斯坦关境时，按照简化程序优先办理通关手续。

（二）适用简化通关的转运货物

1. 如海关转运货物运抵塔吉克斯坦关境的地点与运离该关境的地点重合，则允许按照简化程序进行海关转运。承运人或货运代理人只需提供货物和运输工具抵达时所需的文件和信息，向海关呈验货物并提交文件和信息当日即签发转运许可。

2. 如货物运抵关境时已提交规定的文件和信息，则海关向承运人或货运代理人签发许可，允许在进境地点将转运货物由进境运输工具换装至出境运输工具。

3. 只有对转运货物实施作业将引发货物灭失或其消费特性发生改变的情形下，海关方可拒绝签发过境货物作业许可。

二、特殊放行

（一）提交报关单前放行货物

1. 适用范围。

提交报关单之前可以放行的货物包括：消除自然灾害、事故和灾难后果所需的货物；易变质腐烂的货物；活体动物；放射性材料；国际邮件和快件；最高权力机构的信息和大众媒体材料及其他类似货物；经认证的经营者的进出口货物。

2. 适用条件。

当上述货物进出境时，如申报人符合以下条件，即可在报关单提交之前或通关作业完成之前放行货物：

（1）已提交商业单据和其他文件，其中包含识别货物所需的信息；

（2）已提交符合限制规定的证明文件和信息；

（3）已缴纳海关税费或已提供海关税费缴纳担保；

（4）已提交书面保证，在货物放行后45个自然日内提交报关单和其他必要的文件。

（二）无法确定货物完税价格时的有条件放行

1. 如必须确认所申报的完税价格，但因缺乏完税价格证明文件，无法按进口货物成交价格方法确定货物完税价格时，海关可以依据所掌握的价格信息，对货物进行海关估价。在按照海关估价提交关税和进口环节税缴纳担保的前提下，海关有权对货物实施有条件放行。

2. 关税和进口环节税担保的有效期为自货物放行之日起60个自然日。

3. 在申报人提交完税价格证明文件后，应当依照《塔吉克斯坦海关法典》的规定返还或抵消关税和进口环节税的缴纳担保，并填制完税价格调整表。

4. 如规定期限内未提交所申报完税价格的证明文件，则由海关工作人员填制完税价格调整表，并据此计征关税和进口环节税。

三、对部分外国机构/个人货物进出境的优惠规定

（一）适用范围

外国外交机构、领事机构和其他官方机构、国际组织，上述机构和组织的人员通过关境运输的货物，以及依照塔吉克斯坦加入的国际条约在其境内

享受特权和/或豁免权的外国人用于家庭和个人自用的货物，办理通关手续时适用简易程序。

（二）货物和行李运输

1. 外国外交机构和领事机构的货物运输。

位于塔吉克斯坦境内的外国外交机构、领事机构可以进出口本机构的公用货物，免缴关税和进口环节税，且不适用经济性质的禁止和限制规定。

2. 外交人员和领事官员及其家庭成员的货物运输。

（1）外交人员、领事官员，以及与其共同居住的家庭成员，可以进出口家庭和个人自用物品（包括家庭安置所需物品），免缴关税和进口环节税，且不适用经济性质的禁止和限制规定。

（2）外交人员、领事官员，以及与其共同居住的家庭成员的个人行李免于海关查验，除非有重大理由认为其中可能包含非家庭和个人自用物品，或者有塔吉克斯坦法律、塔吉克斯坦加入的国际条约或检疫法规禁止进出境的物品。

必须在上述人员或其授权代表在场时进行海关查验。

3. 外国外交机构、领事机构行政技术人员的货物运输。

外国外交机构、领事机构的行政技术人员，以及与其共同居住的家庭成员（如上述人员非塔吉克斯坦公民且不在塔吉克斯坦境内长期居住），可将家庭安置物品运入塔吉克斯坦关境，免缴关税和进口环节税，且不适用经济性质的禁止和限制规定。

4. 通过塔吉克斯坦领土过境的外国外交人员、领事官员及其家庭成员享受同等海关优惠。

5. 根据与外国签署的专门协定，并基于互惠原则，给予外国外交人员、领事官员的海关优惠可以扩大至该机构的行政技术人员和服务人员及其家庭成员，如其非塔吉克斯坦公民，且不在塔吉克斯坦长期居住。

（三）外国外交邮件和领事邮袋进出境规定

1. 对通过塔吉克斯坦关境的外国外交邮件和领事邮袋，不得开启或扣留。如有重大理由认为领事邮袋内可能装有外交文件、公务函件和供官方使用物品之外的其他物品，海关有权要求外国授权代表在海关工作人员在场时开启领事邮袋。如拒绝开启，领事邮袋将被退回始发地。

2. 外交邮袋和领事邮袋需有明显外部标志，以标明其性质。

3. 外交邮袋中只能装有外交文件和供公务使用的物品，而领事邮袋仅限于公务函件、文件或仅供公务使用的物品。

4. 依据与单独国家的互惠原则，外国外交和领事信使可以携运家庭和个人自用物品进出塔吉克斯坦关境，免于海关查验、免缴关税和进口环节税，且不适用经济性质的禁止和限制规定。

（四）对外国代表团成员的海关优惠

对外国外交人员提供的海关优惠，可以扩大至外国国家代表、议员和政府代表团成员，以及在互惠基础上前往塔吉克斯坦参加国际会谈、国际会议或承担其他官方任务的外国代表团成员。陪同上述成员的家庭成员也享受同等优惠。

第四节　纳税期限变更

一、关税和进口环节税缴纳期限的变更

（一）缴纳期限变更的一般条件

1. 依照《塔吉克斯坦海关法典》规定，在保证缴纳关税和进口环节税的前提下，塔吉克斯坦政府国家海关署可以变更关税和进口环节税的缴纳期限，准予延期或分期缴纳关税和进口环节税。

2. 准予延期或分期缴纳关税和进口环节税的期限为 14 天至 6 个月。

3. 准予或拒绝延期、分期缴纳关税和进口环节税的决定，应以书面形式通知申请人。决定中应当注明准予延期或分期缴纳关税和进口环节税的期限。如拒绝延期或分期缴纳关税和进口环节税，需说明拒绝的理由。

（二）适用条件

符合以下条件之一的，准予延期或分期缴纳关税和环节税：

1. 因自然灾害、技术事故或其他不可抗力情况给缴纳人造成损失；

2. 缴纳人根据政府间协议实施供货；

3. 国家预算拨款延迟，或执行政府采购订单时出现付款延迟；

4. 进口易腐类货物；

5. 农业经营企业自身进口或为该企业供应用于播种和种植的生产资料，植物保护制剂，除猫、狗和观赏鸟类以外的动物饲料；

6. 塔吉克斯坦政府规定的其他特殊情况。

（三）不予延期或分期的情形

1. 不予延期或分期缴纳关税和进口环节税，如其缴纳人有以下情形：

（1）因违反塔吉克斯坦海关法律的行为被行政或刑事立案调查；

（2）启动破产程序。

2. 在上述情形下，不得作出延期或分期缴纳关税和进口环节税的决定，对已作出的决定应予撤销，并在 3 个工作日内以书面形式通知申请人。

第五节　经认证的经营者

经认证的经营者在世界海关组织制定的《全球贸易安全与便利标准框架》中被定义为："以任何一种方式参与货物国际流通，并被海关当局认定符合世界海关组织或相应供应链安全标准的一方，包括生产商、进口商、出口商、报关行、承运商、理货人、中间商、口岸和机场、货站经营者、综合经营者、仓储业经营者和分销商。"

依照《塔吉克斯坦海关法典》规定，经认证的经营者是指符合规定条件而列入经认证的经营者名录，并有权享受《塔吉克斯坦海关法典》规定的特别简化程序的国内法人。

一、取得经认证的经营者资质的条件

法人取得经认证的经营者资质的条件为：

1. 依照《塔吉克斯坦海关法典》相关规定，提供海关税费的缴纳担保；

2. 向海关提交申请之日，从事对外贸易业务不少于 3 年；

3. 向海关提交申请之日，不存在欠缴海关税费和滞纳金，以及已生效海关行政违法案件决议规定的罚款；

4. 向海关提交申请之日的前 1 年内，未因海关领域的违法行为被追究行政责任；

5. 具有货物统计系统，可以对办理货物通关手续时向海关提交的信息与业务经营信息进行比对。

二、经认证的经营者适用的便利措施

（一）适用的便利措施

经认证的经营者可以享有以下便利措施：

1. 优先办理与货物抵离关境、通关及放行相关的海关手续；

2. 优先查验；

3. 在其自有场所、露天场地和其他区域临时存储货物；

4. 在提交报关单之前放行货物；

5. 在其自有场所、露天场地和其他区域，进行货物放行作业；

6. 在规定的情形下，免于提供海关税费缴纳担保。

（二）适用条件

1. 经认证的经营者作为货物申报人，且货物能适用上述便利措施。

2. 无法适用上述便利措施的货物清单，由塔吉克斯坦政府确定。

第六章　个人进出境通关指南

一、一般规定

如自然人进境时携运货物的数量或性质表明，货物可能用于商业目的，则必须缴纳关税和进口环节税。这也适用于以营利为目的进口的任何其他货物。如旅客进境时在随身行李中携带个人和家庭自用物品或礼品，则不视为商业行为，无须缴纳进口关税。

二、强制申报

（一）概述

1. 对于限制进口或应当征收关税、消费税或其他费用的货物，必须以书面形式进行申报。对于非生产或商业用途的货物，由自然人按简化程序申报，无须填写旅客报关单。

2. 海关依据旅客对进出境货物的申报，并参考以下因素，确定货物的用途：

（1）货物的性质和数量；

（2）货物进出境频率。

（二）强制申报的范围

自然人携运以下货物进出塔吉克斯坦关境时，应以书面形式向海关申报：

1. 有价证券、外币和其他货币资产；

2. 任何形式状态的贵金属（金、银、铂金、铱、铑、钌、锇）；

3. 宝石（天然钻石、红宝石、祖母绿、蓝宝石和翠绿石，以及原始状态或加工后的天然珍珠）；

4. 麻醉品、精神药物及其前体；

5. 文物；

6. 可能危害人体健康并超过推荐剂量的药物（安眠药、止痛药和其他药物）；

7. 无线电电子装置和高频接收设备；

8. 构成国家秘密的印刷品、电影、照片和视频材料；宣传法西斯主义、煽动种族、民族和宗教仇恨的印刷品、电影、照片和视频材料；淫秽印刷品、电影、照片和视频材料；

9. 超出免税重量或价值限额的进出境货物；

10. 有毒物质；

11. 放射性物质；

12. 濒危动植物及其部分和衍生物；

13. 用于生产或经营目的的货物；

14. 任何武器、弹药、爆炸物。

（三）报关单填制

自然人携运强制申报货物进出塔吉克斯坦关境时，应填制一式两份的旅客报关单。办结通关手续后，一份由海关留存，一份由海关签注后交由申报人保存。

三、通道选择

为方便进出境旅客通关及随身物品申报，塔吉克斯坦国境口岸设置了绿色通道和红色通道：

进出境携带需申报或强制申报的物品，应当选择红色通道；

随身行李中没有需强制申报的物品（非随身行李中的物品和国际邮递物品除外），可以选择绿色通道，并向海关口头申报随身物品。

海关有权对选择绿色通道的旅客进行查验。选择绿色通道的旅客如携带需缴纳关税或限制进出境物品，应当承担相关法律责任。

四、对旅客携运货物（物品、现钞）进出境的规定

（一）现钞

1. 对个人携带外汇现钞进入塔吉克斯坦无数额限制，但携带等值 3000 美元及以上现钞进境时必须向海关书面申报。

2. 携带等值 3000 美元以下的现钞出境，无须向海关申报。

3. 塔吉克斯坦公民携带超过 3000 美元，但低于 10000 美元的现钞出境，必须向海关书面申报，但无须提供外汇出境许可。超过 10000 美元的，应提供外汇出境许可。

4. 非本国公民携带超过 3000 美元，但低于 10000 美元的现钞出境，必须向海关书面申报，并提供外汇出境许可。

（二）宠物和植物

宠物和植物进出境应当接受兽医和植物检疫部门的监管，取得检疫部门许可后办理海关通关手续。

（三）药品

旅客进境时可以随身携带按处方购买并用于个人治疗的药品。旅客通过向海关出示处方以证明药物用于本人治疗。如符合上述规定，携带药品进境无须申报。

第四篇　阿塞拜疆

DI – SI PIAN ASAIBAIJIANG

第一章　阿塞拜疆国家概况

一、国情概述

阿塞拜疆共和国（俄文：Азербайджанская Республика；英文：The Republic of Azerbaijan），简称阿塞拜疆。

阿塞拜疆位于欧亚大陆交界处的外高加索地区东南部，陆地边境线总长2657千米，海岸线长456千米，面积8.66万平方千米。阿塞拜疆东濒里海，南接伊朗和土耳其，北与俄罗斯相邻，西傍格鲁吉亚和亚美尼亚，大、小高加索山自西向东穿越全境，余脉没入里海。

阿塞拜疆石油、天然气资源极为丰富，其在里海区域的石油探明储量约20亿吨，地质储量约40亿吨，天然气探明储量2.55万亿立方米，远景储量6万亿立方米。此外，阿塞拜疆境内还有铁、钼、铜、黄金等金属矿藏，以及丰富的非金属矿产和矿泉水资源。

截至2023年8月，阿塞拜疆总人口数为1041万人，全国下设1个自治共和国（纳西切万自治共和国）、63个行政区和78个城市，其中14个为市级区。首都巴库市常住人口约300万，是阿塞拜疆第一大城市和经济中心，素有"石油城"美誉，是里海沿岸最大的港口。

二、经济概述

2003—2013年，阿塞拜疆经济年均增速达11.5%，人均国内生产总值居独联体第三，被称为"外高加索发展的火车头"。2014年以来，受全球经济低迷、油价低位运行、独联体国家经济衰退等因素影响，其经济增速放缓。到2016年，阿塞拜疆经济运行遭受了近年来相对复杂、严峻的挑战，国内生产总值（GDP）首现下降。2017年，阿塞拜疆经济触底反弹，全年GDP同比增长0.1%。2018年，阿塞拜疆经济企稳回暖，全年GDP同比增长1.4%。2019年，阿塞拜疆经济延续稳步增长势头，GDP同比增长2.2%。

2020年，阿塞拜疆经济发展再现下行趋势，国内生产总值为426亿美元，同比下降4.3%；2021年，阿塞拜疆经济得以恢复，国内生产总值达546亿美元。

三、对外贸易概述

阿塞拜疆早在 1997 年即提交了加入世界贸易组织的申请，但至今尚未成为世界贸易组织成员方。

阿塞拜疆是独联体框架内自由贸易协议、海关合作协议、相互征收增值税原则协议、共同农业市场协议及投资保护协议等多个经济合作协议的缔约方。同时，阿塞拜疆还是"TRACECA"（欧洲—高加索—亚洲运输走廊）、"ECO"（经济合作组织）、古阿姆民主与发展组织（又称古阿姆集团，成员为格鲁吉亚、乌克兰、阿塞拜疆、摩尔多瓦）、黑海经济合作组织等数个区域经济合作组织的重要成员和积极参与者。

2015 年 7 月，阿塞拜疆成为上海合作组织对话伙伴国。2016 年 2 月，阿塞拜疆加入联合国国际货物销售合同公约。2017 年，阿塞拜疆与土耳其签署优惠贸易协定。阿塞拜疆与 189 个国家（地区）有贸易往来，对与其接壤的格鲁吉亚、俄罗斯南部的北高加索地区以及伊朗有一定的贸易辐射能力。

据阿塞拜疆国家海关委员会统计数据，2020 年阿塞拜疆对外贸易额为244.7 亿美元，同比下降 26.5%。其中，出口 137.4 亿美元，同比下降 30%；进口 107.3 亿美元，同比下降 21.6%。2021 年对外贸易额 339 亿美元，同比增长 38.5%。其中，出口 222 亿美元，同比增长 61.6%；进口 117 亿美元，同比增长 9.1%。2022 年，阿塞拜疆对外贸易额达 526.9 亿美元，同比增长55.4%。其中出口 381.5 亿美元，同比增长 71.8%；进口 145.4 亿美元，同比增长 24.2%。2022 年，阿塞拜疆外贸顺差达 236.1 亿美元。阿塞拜疆主要贸易伙伴国为意大利、土耳其、俄罗斯、中国、印度。

阿塞拜疆出口以石油、石油产品和天然气等资源型产品为主。进口几乎涵盖了各大类商品，主要有机电产品、食品、运输工具及其配件、黑色金属及其制品、医药产品、塑料及其制品、原木及其制品、服装、烟草、家具等。

据不完全统计，阿塞拜疆自独立后累计吸收外国直接投资超过 1000 亿美元。联合国贸易和发展会议发布的 2022 年《世界投资报告》显示，2021 年阿塞拜疆吸收外资流量为 −17.08 亿美元（由外国石油公司资金汇返导致），吸收外资存量为 316.07 亿美元。据阿塞拜疆国家统计委员会数据，2021 年，阿塞拜疆吸引外来直接投资 47.95 亿美元，其中油气领域占比 83.5%，非油气领域占比 16.5%。

四、中阿经贸合作

中国和阿塞拜疆自 1992 年 4 月建交以来，双边经贸合作从无到有，合作规模持续扩大。

据阿塞拜疆国家统计委员会所统计的数据，2020 年，阿中双边贸易额为 18.47 亿美元，同比下降 15.4%，其中对华出口 4.33 亿美元，同比下降 42.4%，自华进口 14.14 亿美元，同比下降 1.3%。2021 年双边贸易额为 17.8 亿美元，同比下降 3.6%，占阿塞拜疆对外贸易总额的 5.25%。其中，对华出口 1.41 亿美元，同比下降 67.4%；自华进口 16.39 亿美元，同比增长 15.9%。2022 年中阿双边贸易额为 21.6 亿美元，占阿塞拜疆对外贸易总额的 4.1%。其中，对中国出口 7276 万美元；自中国进口 20.9 亿美元。2022 年，中国保持阿塞拜疆第四大贸易伙伴国和第三大进口来源国地位。

从进出口商品结构上看，中国对阿塞拜疆出口商品的主要类别为：锅炉、机械器具及零件；电机、电气、音像设备；光学、照相、医疗设备；车辆及其零部件；钢铁制品；纺织制品；橡胶、塑料及其制品等。从阿塞拜疆进口商品的主要类别包括：矿物燃料、矿物油及其产品；沥青；塑料及其制品；有机、无机化学品；贵金属；饮料、酒及醋；铜及其制品。

据中国商务部统计，截至 2021 年年末，中国对阿塞拜疆直接投资存量达 2103 万美元。投资项目从传统油气领域已经扩大到基础设施建设投标项目。

第二章　阿塞拜疆海关概况

一、海关的职责任务

海关执行以下工作任务：

1. 参与制定阿塞拜疆共和国海关政策，并确保其实施；

2. 确保遵守海关负责监督执行的立法规定；

3. 防范、调查违反《阿塞拜疆共和国海关法典》（以下简称《阿塞拜疆海关法典》）和海关领域其他立法规定的行为；

4. 按照法律规定程序，保障阿塞拜疆共和国国家安全和经济安全；

5. 实施海关监管，办理通关手续；

6. 确保货物和运输工具进出境时遵守海关通关监管规定；

7. 征收关税、相关环节税和海关税费；

8. 为加快货物和运输工具进出境创造便利条件；

9. 参与制定和实施涉及进出境货物的贸易政策措施；

10. 打击海关领域犯罪及行政违法行为，制止麻醉药品，精神药物及其前体，武器，破坏臭氧层物质，民族文化、历史和考古遗产、知识产权客体、濒危动植物物种及其他货物非法进出关境；

11. 协助其他执法部门打击国际恐怖主义，制止在阿塞拜疆铁路车站、海港、河港及其他地点非法干预国际运输工具的正常运行；

12. 协助相关国家机构采取措施，维护国家安全、公共秩序、居民道德、人民生命和健康，保护动植物、环境，保护艺术、历史和考古遗产；

13. 参与执行关于合理利用和保护阿塞拜疆里海区域生物资源的国家政策，对其进出关境的合法性进行监管；

14. 按照法律规定程序，制止人口贩运者的越境企图及其受害者通过关境；

15. 依照国际标准和惯例，编制和完善海关外贸统计和阿塞拜疆海关专门统计；

16. 协助相关国家机构执行进口商品消费者权益保护措施；

17. 采取措施保护相对人在海关事务中的权利和利益；

18. 依照相关法律，对本国货币和外汇的进出境实施货币监管；

19. 参与制定涉及海关事务的国际条约，确保履行条约规定的国际义务；

20. 按照法律规定程序实施出口监管；

21. 依法对通过国境口岸的进出境货物实施动植物和卫生检疫监管；

22. 在国境口岸依法向国际公路运输工具发放许可证；

23. 确保开发和应用新的海关信息系统和新技术项目；

24. 基于海关风险管理系统，应用现代科技和设备完善海关监管；

25. 编制《对外经济活动商品目录》；

26. 开展海关领域的科研工作和咨询；

27. 按照阿塞拜疆国家海关委员会规定的程序，向国家机构、法人和自然人通报海关事务；

28. 与国家机构、企业和经认证的经营者开展电子数据交换；

29. 按照法律规定程序，与其他国家海关开展进出口数据电子交换，最大限度地缩短海关通关监管时间，通过参与国际贸易供应链综合管理，为简化国际贸易创造条件；

30. 与企业和经认证的经营者建立伙伴关系，以保障国际贸易供应链安全；

31. 与其他国家机构合作，协助其开展工作以实现相关目标；

32. 履行法律规定的其他职责。

二、海关的权力

为履行法律赋予的职责，海关享有以下权力：

1. 为遵守海关法律采取相应措施；

2. 要求提供法律规定的文件和信息；

3. 对向海关提交的信息、文件和申报单的准确性进行核查；

4. 对外贸从业人员进行海关审计；

5. 依照法律规定，对通过国家边境口岸的货物和运输工具单证，包括兽医、植物、卫生检疫和其他货物证书进行核查；

6. 组建海关机动小组，开展业务侦察活动，以核查是否遵守对货物和运输工具放行后处置的限制、要求和条件，有效预防违法行为；

7. 按照法律规定程序，开展业务侦察活动，以发现、查明和制止犯罪活动，在海关职责内开展调查和侦查行动，确定准备实施、正在实施或已实施犯罪活动的人；

8. 按照《阿塞拜疆共和国刑事诉讼法》规定的方式进行初步调查；

9. 办理行政违法案件，并根据关于行政违法行为的法律规定，追究行政违法者的责任；

10. 在紧急情况下，使用机构、企业或组织的通信工具或运输工具（外国外交机构、领事机构、其他代表机构，以及国际组织专用的通信工具和运输工具除外），以预防海关领域的犯罪活动，追捕和扣留实施犯罪的人或犯罪嫌疑人；

11. 独立或在其他执法部门的参与下对海关监管区制度规则的遵守情况进行监督，建立海关基础设施保护制度并采取其他关境保护措施；

12. 对涉及货物和运输工具进出境，海关监管货物的运输、存储及对其进行货运作业的事实和事件进行记录、录像、录音、摄像和摄影；

13. 在《阿塞拜疆海关法典》规定的情形下，并按照法律规定程序使用体力、专用设备（包括技术设备）和枪支；

14. 为履行职能，通过书面形式发出警告，要求消除违反海关法律的行为，并监督其执行情况；

15. 与其他国家海关及国际组织开展合作；

16. 与外贸企业建立官方关系，并就合作推行现代海关通关监管方式进行磋商；

17. 享有《阿塞拜疆海关法典》和海关领域的其他法律规定的其他权利。

三、海关法律基础

阿塞拜疆海关立法以《阿塞拜疆共和国宪法》为基础，由《阿塞拜疆海关法典》《阿塞拜疆共和国税则》《阿塞拜疆共和国反倾销税、反补贴税和保障措施关税法》，以及依据上述法律和阿塞拜疆加入的国际条约制定的其他规范性法律文件组成。

如阿塞拜疆加入的国际条约与上述法律有不同规定，则适用国际条约的规定。

四、海关机构设置

阿塞拜疆海关实行垂直管理体制，由国家海关委员会统一管理全国海关机构，在组织机构上可分为国家海关委员会、地区/专业海关管理局、海关办事处3个层级。

第三章 阿塞拜疆海关管理

第一节 概 述

阿塞拜疆国家海关委员会是独立的执法机构，主管国家海关事务。海关工作的基础是法律至上，保护人权和自由，法律面前人人平等。海关业务工作的要求是公开化、专业化、纪律化。

海关执法具有独立性，除法律规定的情形外，任何国家机构均无权作出影响或改变海关权限的决定、履行海关职能或以其他方式干预海关事务。

一、基本概念

1. 国内货物，是指完全在阿塞拜疆生产，或者依照充分加工标准在阿塞拜疆进行充分加工或放行进入自由流通的货物；

2. 承运人，是指实际运输货物进出关境的人，以及海关监管货物运输工具的使用责任人；

3. 海关稽查，是指在货物和运输工具放行后，海关为核查报关单信息的准确性，以及确定是否遵守对货物和运输工具使用和处置的限制、要求和条件而采取的措施；

4. 海关税费，是指在《阿塞拜疆海关法典》规定的情形下，由海关征收的关税、环节税，以及收取的海关费用、国家规费和海关拍卖费用；

5. 海关监管方式，是指依照《阿塞拜疆海关法典》规定，货物和运输工具所适用的出口、复出口、暂时出口、放行进入自由流通、复进口监管方式，以及其他特殊监管方式。

6. 海关现场，是指边境口岸、海关作业区、海关实验室和海关办事处；

7. 外国货物，是指非国内货物，或已失去国内货物地位的其他货物；

8. 货物所有人，是指被授权以自身名义处置货物的人；

9. 货物海关地位，是指将货物划分为外国货物或国内货物；

10. 人，是指自然人和法人；

11. 贸易政策措施，是指对进出口货物采取的非关税调节措施；

12. 转运，是指将海关监管货物从一个海关运输到另一个海关的特殊监管方式；

13. 环节税，是指货物和运输工具进出关境时，海关负责征收的增值税、道路税和消费税。

二、货物和运输工具进出境的基本原则

（一）平等权利

所有人平等享有按照《阿塞拜疆海关法典》规定程序通过关境进出口货物的权利，任何人不得剥夺或限制这一权利，但《阿塞拜疆海关法典》有不同规定的情形除外。

（二）遵守禁止和限制规定

1. 禁止进出关境的货物

（1）为保障国家安全、公共秩序、居民道德、人民生命健康，保护财产权（包括知识产权客体权利）、动植物、自然环境、人类艺术、历史和考古遗产，以及阿塞拜疆基于法律文件和国际条约的其他利益，禁止以下货物进出关境：

① 伪造的纸币和金属货币；

② 禁止进出关境的麻醉品、精神药物及其前体；

③ 淫秽材料或物品；

④ 阿塞拜疆国家海关委员会规定禁止进出关境的其他货物。

（2）当进出口上述货物时，如法律未规定对其予以没收，则应立即退运出境或返回关境。货物退运或返回关境由运输货物进出关境的人负责并承担相关费用。

（3）如无法立即退运或返回关境，货物应转交海关临时存储，存储期限不得超过 3 天。

2. 对进出关境货物的限制措施

（1）基于履行国际条约义务、保护国家经济利益及国内市场，以及作为对外国及其联盟歧视性经济政策或其他侵犯国家利益行为的反制措施，阿塞拜疆国家海关委员会可以制定货物进出关境的限制规定。

（2）当适用上述限制规定时，海关仅在符合法律和国际条约规定的前提下，对限制进出境货物予以放行。

（3）对阿塞拜疆限制民间流通物品清单中所列货物，其进出关境需专门

许可。

（三）海关通关和海关监管

所有进出阿塞拜疆关境的货物和运输工具，无论其是否需要缴纳关税和环节税，均应办理通关手续并接受海关监管，但《阿塞拜疆海关法典》有不同规定的情形除外。

（四）对货物和运输工具的使用和处置

1. 未办结通关手续的货物和运输工具，不得使用和处置，但法律有不同规定的除外。

2. 对未办结通关手续的货物和运输工具，阿塞拜疆国家海关委员会制定其处置和使用条件及限制性规定。

（五）提供担保

海关有权要求法人或自然人对进出境货物提供履行《阿塞拜疆海关法典》所规定义务的担保，包括海关税费的缴纳担保。

三、信息管理

（一）信息交换

为降低风险，保证国际贸易供应链安全，简化对外贸易，按照阿塞拜疆国家海关委员会规定的程序，海关和其他国内部门之间，以及与外国海关及其他国家主管部门之间交换货物和运输工具进境、离境和转运的信息。

（二）信息公开

1. 除受法律保护的秘密信息外，任何人均有权向海关提出申请，要求提供适用海关法律的任何信息。

2. 海关通过互联网发布等方式，确保法人和自然人无偿获取海关法律信息、申请格式及其他对外贸易文件。

3. 海关工作人员对所提供信息的准确性负责。

4. 海关在其职权范围内，就海关事务和其他问题提供咨询。

（三）信息保护

1. 海关有权使用从国家机构、法人和自然人，以及外国海关获取的信息，但仅用于履行公务目的。

2. 海关应对其获取或向其提交的秘密和机密信息提供保护。除法律规定的情形外，未经提交人或提交部门直接许可，海关无权公开此信息。

3. 非法使用包含国家秘密或商业秘密的信息及其他机密信息，或者泄露上述信息的海关工作人员，将被追究法律责任。

4. 按照《阿塞拜疆共和国国家秘密法》规定的程序，构成国家秘密的信息可以转交他人和国际组织。

5. 采取特殊程序和技术手段进行信息保护，并保障信息交换参与主体的权利。

6. 信息保护级别应与信息类别相对应。掌握信息资源的海关应确保信息保护级别符合信息类别。

7. 阿塞拜疆国家海关委员会对信息保护进行监管。

8. 阿塞拜疆国家海关委员会应就推行信息技术与所有利害关系人进行广泛磋商。

四、办理通关业务的基本规定

为简化国际贸易，海关推行"单一窗口"原则，在国境口岸对货物进行海关监管、动植物检疫和其他类型监管。

（一）通关程序的适用

1. 通关程序适用于对进出境货物和运输工具实施的所有海关作业。

2. 通关业务的办理程序和流程，取决于进出境货物和运输工具种类及运输主体的类别。

3. 通关业务平等适用于所有货物，不论其原产地、起运国和指运国。

（二）通关程序的开始与结束

1. 通关程序自申报人向海关提交具体货物和运输工具通关所需的报关单或相关文件之时，或在《阿塞拜疆海关法典》规定的情形下，采取口头声明方式证明其办理通关手续意向之时起开始。

2. 在完成货物所适用监管方式规定的海关作业，并缴纳法律规定的海关税费后，通关程序终止。

（三）办理通关业务的时间和地点

1. 应在发货人或收货人或其分支机构所在地的海关办理通关业务。

2. 阿塞拜疆国家海关委员规定海关办理通关业务的时间。

3. 经海关同意，可在其他地点和非海关工作时间办理通关业务。

4. 海关可直接在利害关系人的区域或场所内办理通关业务并实施海关监管，利害关系人应确保在海关正常开展工作的范围内，提供办公和生活场所、设备及通信工具供海关免费使用。

5. 阿塞拜疆国家海关委员会可指定具体海关，以办理特定类别货物和运输工具的通关手续。

6. 为提高通关业务的办理效率和透明度，使用电子排序系统确定申请受理的顺序。

（四）通关业务所需的文件和信息

1. 办理通关业务时，应在规定期限内向海关提供所有文件和信息，并在海关提出要求时予以协助。

2. 报关单、复出口通知书、进（出）口简要申报单、简化报关单，以及其他文件的提交人或其代理人，对文件所列信息的准确性和完整性承担责任。

3. 海关工作人员应协助申报人及货物其他权利人填制报关单、复出口通知书、进（出）口简要申报单、简化报关单，并协助办理货物通关等其他业务。

4. 包括报关单在内的通关所需文件，可以电子形式提交。

5. 依照阿塞拜疆加入的国际条约，可使用其他国家用于办理通关手续的海关文件，以简化和加快办理通关手续。

（五）办理通关业务时权利人或其代理人应在场

1. 办理通关业务时，货物和运输工具权利人或其代理人有权主动到场。

2. 应海关要求，办理通关手续时权利人或其代理人应到场并提供必要的协助。

（六）办理通关业务使用的语言

办理通关业务，应使用阿塞拜疆本国语言。

第二节　海关领域从业者

一、海关代理

（一）海关代理人

1. 在开展《阿塞拜疆海关法典》和其他海关事务法律文件规定的活动

时，可指定海关代理人负责与海关联系。

2. 海关代理分为直接代理和间接代理：

（1）直接代理，是指代理人受被代理人委托，并以被代理人的名义开展业务；

（2）间接代理，是指代理人受被代理人委托，但以本人名义开展业务。

3. 海关代理人应向海关通报其代表被代理人行使代理权，并说明是直接或间接代理。

4. 如未声明其作为海关代理人行使代理权，或已声明但未获得相关授权，视为其代表自身利益并以自身名义开展活动。

5. 海关要求直接或间接行使代理权的海关代理人，出示其获得相关授权的证明文件。

（二）报关代理人

1. 报关代理人，是指对货物和运输工具抵离关境或通过关境转运行使间接海关代理权的法人。

2. 在海关通关监管过程中，报关代理人履行被代理人的所有义务并承担其全部责任。

3. 报关代理人与被代理人之间的关系，受双方签订的合同调节。

4. 阿塞拜疆国家海关委员会负责维护报关代理人国家名录，在其官方网站上予以公布，并定期更新相关数据。

5. 阿塞拜疆国家海关委员会对开展报关代理业务的申请进行审核，对符合条件的报关代理人发放从业许可证。

6. 在每一个口岸，应至少发放 2 份报关代理许可证。

7. 按照阿塞拜疆国家海关委员会规定的数额，对发放报关代理许可证收取费用。

8. 按照阿塞拜疆国家海关委员会规定的程序，可注销报关代理许可证或中止其效力，但发放许可证时收取的国家规费及其他费用不予返还。

（三）报关员

1. 报关员，是指获得阿塞拜疆国家海关委员会颁发的资格证书，有权以报关代理人名义办理通关手续的专家。

2. 报关员代表报关代理人办理通关手续时，视为该报关员已获得报关代理人授权。

3. 报关代理人不得限制报关员对海关的义务。

4. 按照阿塞拜疆国家海关委员会规定的数额，对发放报关员资格证书收取费用。

5. 按照阿塞拜疆国家海关委员会规定的程序，可注销报关员资格证书或中止其效力，但发放资格证书时收取的国家规费及其他费用不予返还。

二、海关承运人

（一）概述

1. 海关承运人，是指依法设立，并获得阿塞拜疆国家海关委员会发放的海关承运人经营许可证的法人。

2. 海关承运人与发货人的关系以合同为基础。

（二）海关承运人经营许可证

1. 海关承运人经营许可证的发放、中止效力和注销程序，由阿塞拜疆国家海关委员会规定。

2. 按法律规定的金额，对发放海关承运人经营许可证收取国家规费。

3. 如许可证被注销或其效力被中止，其发放时收取的国家规费不予返还。

三、经认证的经营者

（一）概述

1. 经认证的经营者，是指符合世界海关组织制定的标准，适用简化海关监管形式以便利对外贸易，并能够确保货物安全运抵指运地的法人。

2. 在关境内设立并符合《阿塞拜疆海关法典》规定条件的法人，有权向阿塞拜疆国家海关委员会申请获得经认证的经营者身份。

3. 对经认证的经营者活动的管理要求，以及经认证的经营者身份的认证、暂时中止和注销程序，由阿塞拜疆国家海关委员会制定。

4. 阿塞拜疆国家海关委员会，准予经认证的经营者享有简化海关监管的特定权利。

5. 经其他国家海关认证的经营者身份，可依据国际条约予以承认，但不得影响海关监管。已取得经认证的经营者身份的法人，在其后续经营活动期间，应向海关通报影响其遵守规定并对其经营产生负面影响的因素。

（二）取得经认证的经营者的条件

1. 根据世界海关组织制定的标准，具备将货物送达指运地的能力；

2. 符合海关和税务立法规定的要求；

3. 具有商业和运输单据管理系统；

4. 具备缴纳海关税费和其他费用的能力；

5. 该领域的从业经验不少于 2 年；

6. 具备采用相关安防标准的可行性；

7. 具备保障各层面信息交换的技术基础。

第三节　海关监管方式

一、海关监管方式的种类

海关监管方式包括以下几种：

（一）普通监管方式

1. 出口；

2. 复出口；

3. 暂时出口；

4. 放行供自由流通；

5. 复进口。

（二）特殊监管方式

1. 转运：

（1）国际转运；

（2）境内转运。

2. 存储：

（1）临时存储；

（2）海关仓库。

3. 自由区。

4. 特殊用途：

（1）暂时进口；

（2）最终消费。

5. 加工：

（1）境内加工；

（2）境外加工。

二、放行供自由流通

（一）适用范围

放行后进入国内市场销售、消费或使用的外国货物，适用放行供自由流通监管方式。

（二）监管条件

放行供自由流通监管方式要求：

1. 征收法定关税；
2. 应用贸易政策措施；
3. 完成货物进口的其他程序。

（三）货物地位

适用放行供自由流通监管方式的外国货物，享有国内货物地位。

三、复进口

（一）概述

1. 复进口，是指货物自出口之日起 3 年内以相同状态（未在国外进行任何加工）全部或部分重新进口到关境，并放行进入自由流通，完全免缴进口关税和环节税，且不适用经济政策措施的一种监管方式。
2. 自由流通货物或境内加工货物，也可适用复进口监管方式。

（二）相关规定

1. 货物适用复进口监管方式，不受货物出口时是否声明拟复运进口的限制。
2. 为确保对适用复进口监管方式的货物进行监管，海关有权要求申报人向其办理出口手续的海关提交复进口货物。

四、转运

（一）国际转运

1. 国际海关转运，是指在海关监管下，国外货物在关境两点间运输，无须缴纳关税、增值税和消费税，且不适用贸易政策措施的一种特殊监管方式。

2. 国际转运的条件：

（1）在关境外开始或结束货物运输；

（2）货物通过关境外区域在关境内两点之间运输。

3. 国内货物适用国际转运监管方式的情形和条件，由阿塞拜疆国家海关委员会确定。

4. 适用国际转运监管方式的货物运输，需经海关许可。

（二）境内转运

1. 境内转运，是指国内货物不改变其地位，可在位于关境内两点间运输（包括通过外国关境）的一种特殊监管方式。

2. 境内转运适用于邮政运输货物。

3. 适用境内转运监管方式的货物运输，需经海关许可。

五、存储

（一）适用范围

1. 存储是一种特殊监管方式，分为临时存储监管方式和海关仓库监管方式。该监管方式的适用规则，由阿塞拜疆国家海关委员会制定。

2. 适用存储监管方式的国外货物，存放在海关仓库和临时存储仓库，对其不征收进口关税、进口增值税、消费税，且不适用贸易政策措施。

3. 根据海关立法规定，国内货物也可适用海关仓库监管方式。

（二）临时存储

1. 货物持有人向海关呈验以下外国货物，视为其申请适用临时存储监管方式，但申请适用其他监管方式的除外：

（1）进入关境的货物，但直接进入自由区的货物除外；

（2）从自由区进入关境其他区域的货物；

（3）已完成国际转运的货物。

2. 海关接收简要进口申报单，或替代简要进口申报单的转关文件，作为货物适用临时存储监管方式的报关单。

3. 海关有权要求临时存储监管方式的适用人提供担保，以缴纳可能产生的海关税费。

4. 货物临时存储的期限。

（1）根据提交报关单所需的时间、货物性质和所使用的运输工具，海关

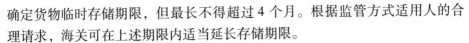

确定货物临时存储期限，但最长不得超过 4 个月。根据监管方式适用人的合理请求，海关可在上述期限内适当延长存储期限。

（2）在货物临时存储期限内，为适用其他监管方式，应对货物进行申报，或者在临时存储期限届满前将货物存放在海关仓库。

5. 对临时存储货物可进行常规作业，以确保货物保持状态不变，但不得改变其外观和技术特性。

（三）海关仓库

1. 适用海关仓库监管方式的外国货物，可存放在海关仓库中。

2. 海关仓库分为：

（1）开放型海关仓库：可存放任何人的货物；

（2）封闭型海关仓库：用于存放特定货物。

3. 可能对其他货物造成损害，或者需要特殊存储条件的货物，应存放在配有专用设备的仓库区域。

4. 将存放在海关仓库的货物暂时运出需经海关许可，但出现不可抗力的情形除外。

5. 按照阿塞拜疆国家海关委员会规定的程序，海关可允许在海关仓库中存放外国货物，以及在符合规定的前提下，对适用境内加工和最终消费监管方式的货物进行加工。

6. 适用海关仓库监管方式的货物，可在海关仓库中存放 3 年。阿塞拜疆国家海关委员会有权对部分类别货物的存储期限予以限制。

7. 货物 3 年存储期满后，应申请适用其他监管方式。如规定期限届满后未适用其他监管方式，则按照《阿塞拜疆海关法典》规定的程序对该货物进行处置。

8. 对于依法销售海关仓库内存储期限届满的货物和运输工具的所得收入，按照阿塞拜疆国家海关委员会规定的程序，扣除其运输、存储和销售费用及应缴纳的关税后，转交给货物所有人。

六、自由区

（一）概述

1. 阿塞拜疆国家海关委员会，可以在关境内设立和取消自由区，划定自由区的区域和边界，确定进出自由区的专用通道。

2. 自由区应使用围栏封闭。海关对自由区边界及出入通道实施监管。

3. 人员、货物和运输工具进出自由区，应接受海关监管。

4. 经海关允许，对自由区内货物可以进行常规作业，包括对其进行保护、包装、分类、标记和重新包装。

（二）自由区内的建设和经营活动

1. 自由区内建设需经海关许可。

2. 经海关同意，允许在自由区内从事商业和其他经营活动。

3. 根据货物性质、海关监管要求及安防规定，阿塞拜疆国家海关委员会可以对自由区内的经营活动制定禁止或限制措施。

（三）呈验货物

在以下情形下，进入自由区的货物，应向海关呈验并办理相关海关手续：

1. 如货物直接从关境外进入自由区；

2. 如货物适用自由区监管方式时，已终止其他监管方式；

3. 如货物适用自由区监管方式，以返还或免缴进口关税。

（四）监管方式的适用

1. 对于进入自由区的货物，自其进入自由区或终止转关运输之时起（如未适用其他监管方式），视为适用自由区监管方式，但自由区内的国内货物除外。

2. 货物适用自由区监管方式的期限不受限制。

3. 国内货物可进入自由区，在自由区内存储、移动、使用、加工或消费。在此情形下，不视为该货物适用自由区监管方式。

4. 自由区内的国外货物可适用放行供自由流通、境内加工、暂时进口或最终消费等监管方式。在此情形下，不视为其适用自由区监管方式。

5. 对于自由区内放行供自由流通或暂时进口的国外货物，其使用和消费不受限制，无须向海关提交报关单，且不征收进口关税和环节税。

（五）货物从自由区出口

1. 自由区内货物可从关境出口或复出口，或者进入关境其他区域。

2. 从自由区进入关境其他区域的货物，视为从关境外进口，适用关境外进口货物的所有规定。

3. 从自由区进入关境其他区域，或者适用其他监管方式的货物，在依照法律规定确认其取得国内货物地位之前，应视为国外货物。

4. 为征收出口关税或实施与货物出口有关的贸易政策措施，在未确认货物海关地位前视其为国内货物。

（六）自由区的撤销

如撤销自由区，应给予充足时间以将货物运至关境内其他自由区或适用其他监管方式。

七、特殊用途

（一）暂时进口及其适用范围

1. 适用暂时进口监管方式的外国货物需复运出境。依照《阿塞拜疆海关法典》规定，暂时进口货物可以在关境内使用，完全或部分免缴关税和进口环节税，且不适用贸易政策措施。

2. 如对暂时进口货物完全免征关税，则同时免除其增值税和消费税。

3. 暂时进口监管方式的适用条件：

（1）对于暂时进口货物，不得改变其状态，但因正常使用发生的变化除外；

（2）在暂时进口货物复运出境时，可对其进行识别；

（3）暂时进口监管方式的适用人应在关境外注册，但海关法律有不同规定的情形除外。

4. 阿塞拜疆国家海关委员会参照国际条约规定、货物性质及其使用条件，制定暂时进口监管方式的适用规则。

（二）暂时进口期限

1. 同一人为同一目的暂时进口货物的最长期限为24个月。对部分类别货物，阿塞拜疆国家海关委员会可以规定更短或更长的暂时进口期限。

2. 如上述期限内无法实现货物暂时进口的目的，海关可将暂时进口期限延长12个月。

3. 暂时进口货物应在其暂时进口期限届满前复运出境，或适用其他监管方式。

（三）部分免除关税和增值税

1. 对于部分免缴关税和增值税的暂时进口货物，每月缴纳的关税和增值税金额，为该货物在适用暂时进口监管方式当日如放行供自由流通应缴关税和增值税数额的3%。

2. 对于部分免缴关税和增值税的暂时进口货物，所缴纳关税和增值税的总额，不应超过货物在适用暂时进口监管方式当日如放行供自由流通应缴纳的关税和增值税数额。

（四）最终消费

1. 对适用最终消费监管方式的货物，可免缴关税和环节税放行供自由流通，但货物仍处于海关监管之下。

2. 在以下情形下，对适用最终消费监管方式的货物终止海关监管：

（1）如货物用于法律限定的免税目的；

（2）如货物出口、被销毁或收归国有；

（3）如货物用于法律限定免税目的以外的其他目的，但已足额缴纳关税和环节税；

（4）在关境内设立的免税商店销售海关监管货物时，不征收进口关税、增值税且不适用贸易政策措施。

八、加工

（一）产出率

1. 按照阿塞拜疆国家海关委员会规定的程序，由海关确定加工作业的产出率或平均产出率。

2. 根据加工作业或即将进行加工作业的实际情况，确定产出率或平均产出率。

（二）境内加工及其适用范围

1. 对适用境内加工监管方式的外国货物，可在关境内用于一项或多项加工作业，且不适用以下措施：

（1）进口关税措施；

（2）法律规定的进口增值税和消费税；

（3）贸易政策措施。

2. 境内加工监管方式可用于维修或销毁以外的其他情形，前提是尽管使用生产材料，但适用境内加工监管方式的货物可在加工产品中被识别。

3. 以下货物可适用境内加工监管方式：

（1）应对其进行加工作业，以确保符合放行供自由流通监管方式技术要求的货物；

（2）为保存货物，提高货物质量，改善货物外观形象，准备货物以供分销和转售而采取普通加工方式的货物。

（三）境内加工的期限

1. 货物在境内加工的期限不得超过 2 年。

2. 境内加工的期限，自货物适用境内加工监管方式之日起开始计算，包括进行加工作业及终止该监管方式所需的时间。

3. 如确有充分理由，经申请海关可延长境内加工期限。

4. 海关出具的境内加工许可中应注明起止时间。

（三）境外加工及其适用范围

1. 适用境外加工监管方式的国内货物，可暂时运出关境进行加工。从该货物中获得的加工产品，可全部或部分免缴进口关税和环节税，放行进入自由流通。

2. 对以下国内货物不得进行境外加工：

（1）货物出口可能导致返还进口关税和环节税，或在法律规定的情形下免缴上述税款；

（2）出口前已放行供自由流通，并因最终消费全部或部分免缴关税和环节税的货物，但该货物必须进行维修作业的情形除外；

（3）出口时应返还海关出口税费的货物。

3. 如有相关文件证明，在关境外加工后并复运进境的货物，因合同保修条款、制造或材料缺陷在关境外进行免费维修的，应完全免缴进口关税和环节税。

（四）境外加工期限

暂时出口货物加工后复运进境并放行供自由流通的期限不得超过 2 年。当货物在此期限内复进口时，海关全部或部分免征进口关税和增值税。根据申请该期限可顺延 1 年。

第四节 通关流程

一、货物抵达前提交简要进口申报单

（一）提交简要进口申报单的义务

1. 货物进入关境前，应向海关提交电子形式的简要进口申报单，但自然人携运非商业用途货物进境的情形除外。对未按规定提交简要进口申报单的申请人，应追究其行政责任，但不影响货物进境及办理通关手续。简要进口申报单的格式，由阿塞拜疆国家海关委员会参照国际标准和贸易惯例制定。

2. 简要进口申报单，应包含开展风险分析及实施海关监管所需的信息。

（二）提交简要进口申报单的相关规定

1. 应使用电子信息处理工具，以电子文件形式提交简要进口申报单。

2. 简要进口申报单，由携运货物进入关境的自然人、承运人或其代理人、进口商、货物购买人，或者向海关提交货物以办理通关手续的其他人提交。

（三）修改简要进口申报单

1. 根据简要进口申报单提交人的申请，海关可允许其在申报单提交后进行修改。

2. 出现以下情况之一的，不得对简要进口申报单进行修改：

（1）海关已通知简要进口申报单的提交人拟对货物进行检查；

（2）海关已认定简要进口申报单信息不准确；

（3）海关已签发货物从其提交地出口的许可。

（四）报关单替代简要进口申报单

1. 如在提交简要进口申报单截止日期之前提交报关单，则无须向海关提交简要进口申报单。在此情形下，替代简要进口申报单的报关单应包括所需的详细信息。

2. 海关受理报关单后，该报关单替代简要进口申报单。

二、货物抵达关境

（一）货物抵达地

1. 负责将货物运入（包括从自由区运入）关境的承运人通知相关海关货物进境。

2. 货物和运输工具应在海关工作时间内抵达海关指定的进境地点。

3. 未经海关允许，不得使用抵达关境的货物。

4. 依照相关法律和国际条约规定，经海关允许，货物可通过其他地点抵达关境。

（二）对进境货物的海关监管

1. 货物和运输工具进境后即接受海关监管。

2. 经海关许可，海关监管货物的权利人或其代理人，可随时提取货物试样和样品，以确定货物完税价格、海关地位及商品编码。

（三）将货物运输到适当地点

1. 按照海关与发货人指定的路线和时间，承运人将货物运送到指运地海关，或者与海关及发货人协商确定的其他地点。

2. 如受不可抗力影响，承运人无法将货物运输到指运地海关或其他指定地点，应立即将此情况通知海关，并通报货物的准确位置。

3. 如受不可抗力影响，通过关境领水、领空但不在关境内停留的运输工具被迫在关境内停留，运输工具责任人应立即通知其所在地海关和指运地海关。

4. 如出现第2款、第3款所述情况，海关应确定应急措施，确保将货物运往另一个海关或商定的其他地点。

（四）向海关呈验货物

1. 货物抵达关境后，应立即向海关提交货物及其随附单证，以实施海关监管。

2. 货物抵达关境后1小时内应通知海关，如货物在海关规定工作时间之外抵达，则在开始工作后1小时内通知海关。

3. 提交货物之后，经海关允许，货物权利人或其代理人可以提取货物试样和样品。

4. 在海关工作时间之外抵达指运地的货物，应存放在海关监管区。

5. 经海关允许，可变更原定地点、装载、换装、卸载货物、拆启包装或重新包装、变更、移除或销毁海关监管货物的识别标志。

6. 如承运人不能及时向海关提交货物及其随附单证，应提前将原因告知海关，否则将承担相关的法律责任。

7. 对承运人因向海关呈验货物所产生的额外费用，海关不予补偿。

（五）货物的卸载、换装及查验

1. 经海关允许并在其监管之下，可将货物在海关指定地点从进境运输工具换装至出境运输工具。

2. 如出现危险需立即卸载全部或部分货物，无须海关许可，但应立即通知海关。

3. 海关有权要求卸载换装货物，并拆启其包装，以进行彻底查验、提取样品和试样，或者对运载换装货物的运输工具进行外形查验。

4. 未经海关允许，向海关呈验的货物不得从其呈验地点运离。

（六）货物适用相关监管方式

1. 进口到关境并向海关呈验的货物，应适用相应的监管方式。

2. 申报人有权选择监管方式，不受货物原产地、性质及数量的限制，但禁止或限制进出境的货物除外。

3. 外国货物应适用临时存储特殊监管方式，但货物进境后立刻适用其他监管方式或存放在自由区的情形除外。

4. 如发现简要申报单中未注明向海关呈验的外国货物，货物所有人应立即向海关提交该货物的报关单。

三、货物运离关境

（一）提交申报单

1. 对拟从关境出口的货物，应在其出口前，通过提交以下形式的申报单进行海关申报：

（1）报关单，前提是出口货物所适用的监管方式需提交报关单；

（2）复出口通知书；

（3）简要出口申报单，前提是无须提交报关单和复出口通知书。

2. 在货物出口前提交的申报单，应至少包括简要出口申报单所列信息。

3. 对于拟从关境出口的货物，在其抵达关境前，可以书面或电子形式向海关提交报关单、复出口通知书或简要出口申报单。

（二）出口货物的海关监管和通关手续

1. 出口货物自海关确认出口报关单之日起，至其从关境实际出口期间接受海关监管。

2. 拟从关境出口货物的通关手续包括：

（1）征收出口关税；

（2）确定其是否为禁止出口货物；

（3）如货物出口时与海关受理报关单、复出口通知书或简要出口申报单时状态一致，海关允许货物运离关境。

（三）国内货物出口

1. 对于出口到关境外并将长期处于境外的国内货物，应适用出口监管方式。

2. 以下出口货物不适用出口监管方式：

（1）最终消费货物；

（2）境外加工货物；

（3）境内转运货物；

（4）暂时出口货物。

（四）外国货物复出口

1. 为办理外国货物的出口通关手续，应向具有权限的海关提交复出口通知书。

2. 以下货物不适用第 1 款规定：

（1）适用国际转运特殊监管方式的进出境货物；

（2）在自由区内完成运输工具换装，或者直接从自由区复运出口的货物；

（3）适用临时存储特殊监管方式，并直接从临时存储地点复运出口的货物。

3. 对于自放行供自由流通之日起 1 年内从关境复出口的货物，如符合阿塞拜疆国家海关委员会规定的条件，应退还已缴纳的进口关税和环节税。

（五）简要出口申报单

1. 对于无须提交报关单或复出口通知书的出口货物，应向海关提交简要出口申报单。

2. 简要出口申报单，应包含实施海关监管所需的风险分析信息。

3. 应用电子信息处理工具生成简要出口申报单，并以电子文件形式提交。

4. 可以纸质书面形式，向海关提交符合规定的简要出口申报单。

5. 简要出口报关单的提交人包括以下几类：

（1）从关境出口货物的人、货物运输责任人或其代理人；

（2）出口商或发货人；

（3）应向主管海关呈验或已向其呈验货物的任何人。

6. 简要出口申报单提交后，根据提交人请求，海关允许对简要出口申报单进行修改。

7. 存在以下情形之一的，不得对简要出口申报单进行修改：

（1）海关已通知简要出口申报单的提交人，拟对货物进行彻底查验；

（2）海关已确认简要出口申报单中所申报信息不准确；

（3）海关已允许放行货物。

（六）暂时出口

1. 拟复运进口的国内货物适用暂时出口监管方式。该货物在关境外使用完全或部分免缴关税和环节税，且不适用贸易政策措施。

2. 暂时出口监管方式的适用规则，包括其适用条件和暂时出口期限，由阿塞拜疆国家海关委员会参照《阿塞拜疆海关法典》制定。

四、海关申报

（一）基本规定

1. 所有进出境货物和运输工具，均应向海关申报并办理通关手续。

2. 按照规定形式（口头、书面、电子）向海关申报货物和运输工具所适用监管方式规定应提交的信息，以及海关所需的其他信息。

3. 阿塞拜疆国家海关委员会制定申报方式、申报规则，以及海关所需信息的清单，并在其正式出版物或官方网站上予以公布。

4. 除自由区特殊监管方式外，对拟适用其他监管方式的国内货物，均应按照其监管方式的要求提交报关单。

（二）申报人

1. 申报人可以是进出境货物和运输工具的所有人，也可以是与其签订合同的报关代理人。

2. 如明确报关单核证的特殊义务，则报关单只能由承担此义务的人或其代理人提交。

3. 向海关申报货物和运输工具时，申报人应注意以下几点：

（1）按照《阿塞拜疆海关法典》规定的程序，进行货物和运输工具申报；

（2）按照海关要求呈验货物和运输工具；

（3）向海关提交所需文件和信息；

（4）缴纳海关税费；

（5）协助海关办理通关业务。

4. 申报人向海关提交报关单之前，有权在海关监管下对货物和运输工具进行检查和测量，并经海关允许提取货物试样和样品。

（三）报关单提交规则和期限

1. 使用电子信息处理工具向海关提交报关单。货物适用监管方式规定的相关文件，也可通过类似方式提交。

2. 在法律规定的情形下，海关可接受口头申报和纸质报关单。

3. 进口货物报关单，应在其进境地向海关呈验货物之日起 15 日内提交，在适用境内转运特殊监管方式时，自向指运地海关呈验货物之日起 15 日内提交。如该期限不足以使申报人收集相关文件和信息，根据申报人的合理请求，海关可延长报关单提交期限。在货物适用临时存储特殊监管方式的情况下，可以延长报关单提交期限。

4. 如报关单提交的截止日期为非工作日，则此后的下一个工作日视为该期限的截止日期。

5. 出口货物报关单应在货物离境前提交。

6. 运载货物的运输工具应与所运输货物同时申报，法律有特殊规定的情形除外。

7. 空驶和无乘客的运输工具，进出境时需向海关申报。

（四）报关单及随附文件内容

1. 报关单应包含货物适用所申报监管方式规定的全部数据。

2. 以电子形式提交的报关单，应包含电子签名或其他申报人的识别标志。如申报人为法人，以书面形式提交的纸质报关单应由申报人签字并加盖印章。

3. 阿塞拜疆国家海关委员会规定报关单格式，以及货物按照所申报监管方式应提交的随附单证清单，并在其正式出版物或官方网站上予以公布。

4. 在提交报关单同时，应向海关呈验货物适用所申报监管方式所需的电子文件或纸质书面文件。

5. 如部分文件确有正当理由无法与报关单同时提交，根据申报人书面请求，海关准予在受理报关单之后提交上述文件。如《阿塞拜疆海关法典》未规定更短的文件提交期限，则在报关单受理之日起 45 日内向海关提交上述文件。申报人应向海关作出在规定期限内提交文件的书面/电子保证。

（五）报关单审核

1. 海关受理报关单时审核是否符合以下条件：

（1）货物适用监管方式并办理通关业务符合海关权限；

（2）报关单的提交期限和地点符合海关法律规定的要求；

（3）所申报货物非禁止和限制进出境货物；

（4）报关单符合阿塞拜疆国家海关委员会规定的要求；

（5）与报关单同时提交随附文件（受理报关之后提交文件的情形除外），且该文件符合法律规定的要求。

2. 如报关单不符合上述条件，且申报人无法通过修改报关单达到要求，则海关不予受理，并在报关单上作出标记，注明拒绝受理的原因。

3. 如拒绝受理报关单，报关单及同时提交的文件应在其提交之日起 1 日内退还给申报人。

（六）报关单受理

1. 对符合规定条件的报关单，海关应在其提交当日受理。

2. 在海关工作时间内，按照阿塞拜疆国家海关委员会规定的方式和期限，提交和受理报关单。

3. 报关单自受理之时起，即视为法律意义上的事实证明文件。

4. 海关不得无故拒绝受理报关单。因无故拒绝受理报关单而对货物权利人造成的损失，应由无故拒绝受理报关单的海关工作人员承担，并应追究其纪律责任。

5. 如向呈验货物以外的海关提交报关单，当向其呈验货物的海关确认可对货物实施海关监管时，视为该报关单被受理。

6. 海关受理报关单的日期，视为货物适用所申报监管方式的日期。

（七）报关单的修改和撤销

1. 在报关单受理之后，经申报人请求，海关允许修改或撤销报关单，但报关单提交后出现以下情形之一的，不得对其进行修改或撤销：

（1）海关已通知申报人拟对货物进行彻底查验；

（2）海关确定报关单信息不准确；

（3）海关放行货物后。

2. 修改报关单不得扩大或缩小其效力范围。

3. 海关工作人员无权填制报关单、更改或补充报关单信息，但在海关权限范围内填写信息的情形除外。

（八）报关单撤销

1. 在以下情形下，根据申报人请求，海关撤销已受理的报关单：

（1）如货物应立即适用其他监管方式；

（2）如因不可抗力影响，货物无法适用此前申报的监管方式。

2. 如海关已通知申报人拟对货物进行彻底查验，只有在相关查验完成后，方可对报关单撤销申请进行研究。

3. 货物放行后不得撤销报关单。

4. 撤销报关单不排除采取措施依法追究申报人的行政或刑事责任。

五、放行

（一）基本规定

1. 如不存在应缴纳的海关税费，或者货物权利人或其代理人已缴纳海关税费或已提供税费缴纳担保，且已完成报关单信息审核，确定对申报货物没有禁止和限制规定，则海关对货物予以放行。

2. 如发现报关单信息申报不实，海关要求申报人作出相应修改。在满足上述要求并缴纳相关海关税费后立即放行货物。

3. 一份报关单中的所有货物由海关同时放行。

4. 如向其呈验货物的海关并非向其提交报关单的海关，上述海关应交换货物放行所需的信息。

（二）需缴纳海关税费时的货物放行

1. 如受理报关单导致应缴纳海关税费，在缴纳该税费或提供海关税费缴纳担保的情形下，对货物予以放行。

2. 第 1 款规定不适用于全部或部分免缴进口关税和环节税的暂时进口货物。

3. 如根据所申报的货物监管方式和《阿塞拜疆海关法典》规定，海关要求提供海关税费缴纳担保，在未满足此要求前，为适用上述监管方式该货物不得放行。

4. 享受海关税费优惠的有条件放行货物，只能用于给予相应优惠所限定的目的。只有经海关允许，全额缴纳海关税费并满足《阿塞拜疆海关法典》及其他法律规定的要求，货物方可用于其他目的。

第五节　货物原产地、商品归类和完税价格

一、货物原产地

（一）货物原产地确认

1. 如货物完全在一个国家或地区生产，则该国家或地区视为货物的原

产地。

2. 如多个国家或地区参与货物生产过程，则对其进行充分加工的国家或地区视为货物原产地。

（二）非特惠原产地

1. 确定货物的非特惠原产地，以对其适用关税税率、货物贸易领域的特殊调控措施，以及法律规定有关非特惠原产地的其他措施。

2. 为确定货物原产地，海关有权要求申报人提交所申报货物的原产地证明文件。

3. 非特惠原产地的认定规则，由阿塞拜疆国家海关委员会制定。

（三）特惠原产地

为实施与特定国家或国际组织所签署协定规定的税率特惠措施，以及对特定国家或国际组织成员方单方面采取的税率特惠措施，货物应符合以下特惠原产地规则：

1. 如货物适用阿塞拜疆与特定国家或国际组织所签署协定规定的特惠措施，则适用此该协定规定的特惠原产地规则；

2. 如货物适用阿塞拜疆单方面对外国或国际组织成员方采取的特惠措施，则海关适用阿塞拜疆国家海关委员会制定的特惠原产地规则。

二、商品归类

（一）《对外经济活动商品目录》

1. 概述

（1）《对外经济活动商品目录》，是指包括数字符号或一组数字符号形式的章、目、子目、增设子目的商品归类表。

（2）对归类编码的注释，以及对《对外经济活动商品目录》的解释规则，是《对外经济活动商品目录》不可分割的部分。

（3）《对外经济活动商品目录》用于实施关税和非关税措施，编制对外贸易海关统计。

（4）阿塞拜疆使用的《对外经济活动商品目录》，应符合世界海关组织《商品名称及编码协调制度》、欧盟《欧盟税则目录》和独立国家联合体《对外经济活动统一商品目录》。

（5）《对外经济活动商品目录》由阿塞拜疆国家海关委员会批准，并在

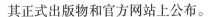

其正式出版物和官方网站上公布。

2. 《对外经济活动商品目录》的管理维护

《对外经济活动商品目录》，由阿塞拜疆国家海关委员会负责管理和维护，其具体职能为：

（1）跟踪《对外经济活动商品目录》在海关事务中的有效应用，关注对《对外经济活动商品目录》国际基础的注释、修订和补充，以及相关的解释决定；

（2）制定相关建议，确保《对外经济活动商品目录》与其国际基础保持一致；

（3）提出对《对外经济活动商品目录》进行修订和补充的建议；

（4）在国际组织中，代表阿塞拜疆制定、修改、补充、解释和应用《对外经济活动商品目录》的国际基础；

（5）公布《对外经济活动商品目录》；

（6）在《对外经济活动商品目录》中按商品类型进行详细描述。

（二）商品归类的相关规定

1. 在货物申报时应对其进行归类，即根据《对外经济活动商品目录》确定货物的商品编码。

2. 应利害关系人的请求，海关对商品归类作出具有强制性的预裁定。

3. 如申报货物的商品编码不准确，海关有权自主对货物进行归类。

4. 海关依据《对外经济活动商品目录》，并参照货物随附单证信息，以及专业鉴定机构所出具具有辅助信息性质的结论、证书和鉴定报告进行商品归类。

5. 海关作出的商品归类决定具有强制性。申报人及其他授权人有权对此决定提出申诉。

三、货物的完税价格

（一）完税价格的确定

1. 依照《阿塞拜疆海关法典》和《阿塞拜疆共和国税则》规定的程序，由申报人确定货物的完税价格。

2. 为确定货物的完税价格，申报人应注意以下几点：

（1）在《阿塞拜疆海关法典》规定的期限内，保存与货物申报相关的文件和信息；

（2）为审核完税价格的准确性，根据海关要求，提交与货物申报相关的文件和信息。

（二）完税价格的调整

1. 如根据审核、稽查或调查结果，海关工作人员得出结论认为货物估价不符合《阿塞拜疆共和国税则》规定，或因其他原因导致完税价格不准确，应书面通知申报人参照税则规定对完税价格进行相应调整并说明理由。

2. 完税价格的调整，不受货物是否接受海关监管或缴纳海关税费的限制。

3. 如申报人不同意对完税价格进行调整，其有权向上级海关或法院提出申诉。上级海关或法院应在 10 日内进行审理。审理期间不计征滞纳金。

第六节 海关税费

一、一般规定

海关税费应以阿塞拜疆本国货币缴纳。

海关征收的关税、国家规费、增值税、道路税和消费税税款上缴国家预算。

（一）海关税费的种类

1. 关税；
2. 增值税；
3. 消费税；
4. 道路税；
5. 海关费用；
6. 海关拍卖费用；
7. 国家规费。

（二）特殊关税

1. 依照《阿塞拜疆共和国税则》及相关规范性法律文件，可对部分货物临时征收季节性关税。

2. 为保护阿塞拜疆经济利益，阿塞拜疆国家海关委员会可对进口货物征收保障措施关税、反倾销税和反补贴税。

（三）对自然人征税的简化程序及便利措施

1. 对自然人携运非商业用途的进出境货物，按照阿塞拜疆国家海关委员会规定的简化程序征收海关税费。

2. 在进出境口岸的明显位置，应安放供携运货物的进出境人员使用的电子设备，可通过货物名称、商品编码查询关税税率，或者通过商品编码查询法律规定的其他海关税费税额。

（四）关税

1. 依据货物所申报适用的监管方式和规范性法律文件的要求，以关税税率为基础征收进出口关税。

2. 具体货物的关税税率的依据如下：

（1）《对外经济活动商品目录》；

（2）完全或部分基于《对外经济活动商品目录》的其他目录，该目录根据特定领域的法律文件制定，以适用与货物贸易有关的税率措施；

（3）《对外经济活动商品目录》中货物适用的自主进口税率（国家单方面规定的进口关税税率）和协定进口税率（已加入的国际条约规定的进口关税税率）；

（4）与特定国家或国际组织所签署协定规定的税率特惠措施；

（5）对特定国家或国际组织成员方单方面采取的税率特惠措施；

（6）对部分类别货物的关税减免措施；

（7）依据特定货物的性质及其最终消费用途，由《阿塞拜疆海关法典》和相关法律规定的税率优惠制度；

（8）农业和贸易领域的相关法律规定的其他税率措施。

3. 上述税率措施中涉及特定数量关税配额的，在达到规定进出口数量后即终止该减免税措施。

4. 关税种类：

（1）从价关税，是指按照货物完税价格的百分比计征的关税；

（2）从量关税，是指按照货物计量单位计征的关税；

（3）混合关税，是指综合上述两种方式计征的关税。

（五）增值税

依照《阿塞拜疆海关法典》和《阿塞拜疆共和国税法典》规定，对进出关境的货物征收增值税。

（六）消费税

依照《阿塞拜疆海关法典》和《阿塞拜疆共和国税法典》规定，海关对进出关境的货物征收增值税。

（七）道路税

1. 依照《阿塞拜疆海关法典》和《阿塞拜疆共和国税法典》规定，海关对进入关境的机动车辆征收道路税。

2. 海关在边境口岸或办理通关手续的地点，对进入关境的外国机动车辆征收道路税。如机动车辆应在离开关境时缴纳道路税，则海关在边境口岸征收，并在1个银行工作日内转入国家预算。

（八）海关费用

海关费用包括：

1. 海关监管费用。

（1）通关费用；

（2）申报人、货物所有人及其代理人主动要求开展涉及通关监管的鉴定费用；

（3）海关监管货物的销毁费用。

在海关工作时间和工作地点以外，对货物和运输工具实施海关监管，收取双倍费用。

2. 海关押运费用。

3. 货物存储费用。

4. 颁发报关员资格证书的费用。

5. 列入阿塞拜疆国家海关委员会银行和非银行信贷组织名录的费用。

（九）参与海关拍卖的费用

按照阿塞拜疆国家海关委员会规定的数额，对海关拍卖的参与者收取费用。

（十）国家规费

1. 对阿塞拜疆国家海关委员会发放的经营许可证，应当按照法律规定的数额收取国家规费。

2. 对于在边境向国际公路运输工具发放运输许可证（表格），应当按照《阿塞拜疆共和国国家规费法》规定的数额收取国家规费。

二、海关税费的产生

（一）货物进口

1. 外国货物适用放行供自由流通监管方式，或者适用全部或部分免缴关税和环节税的暂时进口监管方式时，产生进口海关税费。

2. 受理报关单时即产生海关税费。

3. 申报人或其代理人为海关税费缴纳人。

（二）货物出口

1. 国内货物适用出口或境外加工监管方式时，产生货物出口海关税费。

2. 受理报关单时即产生海关税费。

3. 申报人或其代理人为海关税费缴纳人。

三、海关税费的计算和缴纳

（一）海关税费的计算基础

1. 环节税的计算基础，是依据《阿塞拜疆海关法典》和《阿塞拜疆共和国税则》确定的货物完税价格。

2. 计算关税时，以阿塞拜疆《对外经济活动商品目录》规定的计量单位和完税价格为基础。

3. 海关负责关税和环节税的计算和征收。自进口货物进入关境，出口货物申报时，海关根据报关单受理之日实施的关税和环节税税率，计算和征收海关税费。

（二）海关税费的缴纳期限

1. 应在受理报关单之前或同时缴纳海关税费。

2. 非商业用途的货物进出关境时，受理简化报关单的同时缴纳海关税费。

3. 如未在规定期限内提交报关单，则海关税费的缴纳期限自报关单提交的截止日期起开始计算。

4. 如提交《阿塞拜疆海关法典》规定的定期报关单，应在向海关呈验货物之日起 15 日内缴纳海关税费。

（三）海关税费的缴纳规定

1. 只能通过银行、邮局或银行卡向海关缴纳海关税费。对于国际邮递物品，应当按照法律规定的支付方式向邮政运营商缴纳海关税费。

2. 为方便缴纳海关税费，应在边境口岸设立银行或邮局。

3. 任何利害关系人均可缴纳海关税费。

4. 邮政运营商按照与海关共同确定的程序，将海关税费转入海关账户。

5. 海关征收的道路税，以及在边境口岸对国外运输工具收取的国家规费，应在 1 个银行工作日内上缴国家预算。

（四）海关税费的缴纳责任人

1. 申报人是缴纳海关税费的责任人。

2. 如违反货物使用和处置的规定，包括非法使用依据相关监管方式减免海关税费的货物，则违反相关海关监管规定的人也是海关税费的缴纳责任人。

（五）滞纳金

1. 如违反海关税费的缴纳期限，海关将向缴纳人收取滞纳金。

2. 自海关税费缴纳期限届满之日的次日起，至实际缴纳税款或通过延期缴纳决定之日，应当计征滞纳金。

3. 如在规定期限内未缴纳海关税费，逾期每天按海关税费税额的 0.1% 收取滞纳金。逾期不超过 1 年的，按整个逾期期限收取滞纳金。

4. 滞纳金应与海关税费同时缴纳。

5. 依照海关税费的缴纳、追征及返还规定，缴纳、追征及返还滞纳金。

（六）非法进出境货物或有条件放行货物海关税费的计算

1. 对于非法进境货物，如无法确定其非法进入关境的日期，海关依据发现该货物当日实施的关税和环节税税率计征海关税费。

2. 对按照转运或存储监管方式进行运输或存储的货物，如货物丢失或未送达指运地，依据海关作出货物适用相关监管方式的决定之日实施的关税和环节税税率计征海关税费。

3. 当有条件放行货物用于减免海关税费所限定用途以外的其他目的时，按照该货物有条件放行当日计算的税额征收海关税费。

4. 应缴纳关税的货物在进出口过程中出现违法行为，并不免除货物所有人缴纳海关税费的义务，但依照《阿塞拜疆海关法典》规定取消海关税费的情形除外。

（七）海关税费的追征及责任措施

1. 自海关税费缴纳义务产生之日起 3 年内，海关有权依照法定程序，对未缴纳的海关税费进行强制追征。

2. 自海关税费缴纳义务产生之日起 3 年内，如发现因报关单错误导致未缴纳海关税费，或者已征收的海关税费数额低于法律规定的数额，则海关向缴纳人补征未缴纳的税款。

3. 按照法律规定的国家预算税费征收规则，根据海关支付执行文件，从缴纳人银行账户中扣除未及时缴纳的海关税费。

4. 在法律规定的情形下，海关可向法院申请查封缴纳人的银行结算、外汇或其他账户。

5. 非法运输货物进出关境的人以及参与非法运输行动的人和获得该货物所有权或处置权的人，如其知悉或理应知悉非法运输此货物，则与申报人共同承担缴纳海关税费的连带责任。

四、海关税费缴纳担保

（一）基本规定

1. 海关可以要求提供海关税费缴纳担保，以确保缴纳已经产生或可能产生的海关税费。

2. 海关税费缴纳人以外的其他人，也可以提供海关税费缴纳担保。

3. 担保金额由海关确定。

4. 除补充担保和替代担保以外，海关有权要求对相关货物或相关申报单仅提供一项担保。

5. 对相关申报单提供的担保，适用于构成海关税费的进出口关税和环节税，以及所申报货物产生的其他费用。

6. 根据海关税费缴纳人的请求，对 2 次及 2 次以上的货物作业、2 份或以上的报关单、2 种及以上的监管方式所产生或可能产生的海关税费，海关可允许提供全面担保。

7. 海关接受的担保在关境内有效，《阿塞拜疆海关法典》有不同规定的情形除外。

8. 提供强制性担保和选择性（非强制性）担保的情形，由阿塞拜疆国家海关委员会规定。

（二）强制性担保

1. 如要求强制担保时能够准确确定海关税费税额，海关应当按照与海关税费税额相同的水平确定担保金额。

2. 如无法确定海关税费的准确数额，则依据海关核算结果，按照已经产生或可能产生海关税费的最高水平确定担保金额。

3. 为确保缴纳进出口关税和环节税而提供全面担保的，其担保金额应随时间变化进行调整，以保证随时能够缴纳关税和环节税。

（三）选择性（非强制性）担保

适用选择性（非强制性）担保时，如海关对规定期限内缴纳海关税费存在质疑，可要求提供担保，担保金额不得超过强制性担保的金额。

（四）担保人

1. 在关境内确定的第三方可作为担保人。

2. 担保人应当提交缴纳海关税费的书面保证。

3. 如果对规定期限内缴纳海关税费存在质疑，海关可拒绝接受第三方担保。

（五）全面担保

1. 对遵守海关和税务法律，经常性从事对外贸易活动，并能够及时、完整履行法律规定义务的常居纳税人，可适用全面担保。

2. 根据符合第 1 款规定的常居纳税人提出的书面请求（包括电子形式），接受其提交全面担保，以涵盖对 2 次及以上的货物作业、2 份或以上的报关单、2 种及以上的监管方式应缴纳的海关税费。

（六）补充担保或替代担保

如海关确定所提供的担保无法保障在规定期限内缴纳海关税费，或者不确信或不足以确保缴纳海关税费，海关有权要求缴纳人提供补充担保，或者选择提供新的担保以替代最初的担保。

（七）结束担保

当海关确认已足额缴纳海关税费后，视为担保终止。

（八）担保形式

1. 通过以下担保形式，确保缴纳海关税费：

（1）抵押。

① 海关接受货物作为确保缴纳海关税费的抵押物。

② 办理抵押、保存抵押物、通过抵押物进行税款追偿及相关问题，适用《阿塞拜疆共和国民法典》规定。

（2）票据担保。

只有在具有开展银行业务许可的银行或非银行信贷机构作为票据保付人时，方可接受票据作为海关税费的缴纳担保。

（3）银行保函。

① 列入阿塞拜疆国家海关委员会相关名录中的银行和非银行信贷机构所出具的保函，可作为海关税费缴纳担保。

② 为列入①指定的名录，银行和非银行信贷机构应向阿塞拜疆国家海关委员会提出申请。

③ 银行和非银行信贷机构列入上述名录，应当按照阿塞拜疆国家海关委员会规定的数额缴纳费用。

④ 如银行和非银行信贷机构发生清算、重组、被吊销许可证，或未履行银行担保义务，阿塞拜疆国家海关委员会可以决定将其从名录中删除。

⑤ 银行或非银行信贷机构从名录中被删除时，为列入名录所缴纳的费用不予返还。

（4）将资金存入海关存款账户。

可以通过将资金存入海关存款账户，作为海关税费的缴纳担保。该款项存入账户期间不计利息。

（5）保险合同。

依照《阿塞拜疆共和国民法典》和保险领域的立法规定，可以使用保险合同作为海关税费的缴纳担保。

（6）第三方担保。

依照《阿塞拜疆共和国民法典》规定的程序，可以通过第三方担保作为海关税费的缴纳担保。

（7）预付款。

作为对未来可能产生海关税费的缴纳担保，缴纳人可以预付款形式将资金提前存入海关账户，并有权使用该资金缴纳海关税费。

2. 海关税费缴纳人有权选择上述任意形式的担保，《阿塞拜疆海关法典》有不同规定的情形除外。

3. 如选择的担保形式不符合相关监管方式的规定，海关有权拒绝接受担保。

4. 海关可对所选定担保形式的担保期限提出要求。

五、已缴纳海关税费的返还

按照《阿塞拜疆共和国税法典》和《阿塞拜疆共和国国家规费法》规定的程序，对海关征收的环节税和国家规费进行返还。

（一）返还海关税费的情形

1. 依照《阿塞拜疆海关法典》规定，在以下情形下应返还已缴纳的海关税费：

（1）货物存在缺陷；

（2）海关税费计算出现错误；

（3）符合《阿塞拜疆共和国反倾销、反补贴和保护措施法》关于返还海关税费的相关规定。

2. 缴纳海关税费后 1 年内，如海关发现该税款应予返还，按照阿塞拜疆国家海关委员会规定的程序进行返还。

3. 如作出海关税费返还决定之日起 3 个月内未返还，且因海关及其工作人员的行为（不作为）而导致违反上述期限，则海关应当依据国家银行规定的贴现利率，按照 3 个月期限届满之日到实际返还之日的期限计算并支付利息。

4. 除第 3 款规定的情形以外，返还税费不得成为由海关支付利息的理由。

（二）因货物缺陷返还已缴纳的海关税费

1. 有缺陷货物，是指在放行供自由流通前已损坏的货物。

2. 如有缺陷货物尚未被使用（必须通过使用以确定其缺陷的情形除外），且该货物已复运出境，则应当返还已缴纳的海关税费。

3. 经申请，海关允许有缺陷货物适用境内加工（包括销毁）、国际转运、海关仓库或自由区等特殊监管方式，以替代其复运出境。

（三）因计算错误返还海关税费

如缴纳人或海关发现海关税费计算存在错误，应将多缴纳的款项返还给缴纳人。

（四）申请返还海关税费

1. 如海关税费的缴纳人或其代理人，认为依照《阿塞拜疆海关法典》规定应返还其缴纳的海关税费，有权在缴纳海关税费之日起 1 年内向海关提出相关申请。

2. 如缴纳人或其代理人能够提供证据，证明其因不可抗力无法在规定期限内提交海关税费返还申请，海关可将第 1 款规定的期限最多再延长 1 年。

3. 在收到返还申请之日起 15 日内，海关应当以书面形式作出返还或拒绝返还海关税费的决定，并予以公布。按照《阿塞拜疆海关法典》规定的程序，可对该决定提出申诉。

六、取消海关税费

（一）取消海关税费的方式

海关税费的缴纳人，因依法被宣告破产而丧失债务偿还能力时，可通过以下方式取消其应缴纳的海关税费：

1. 在法律规定的情形下，免除海关税费；

2. 在法律规定的情形下，按照法定程序对应缴纳进出口关税和环节税的货物予以收缴；

3. 在海关监管下，对应缴纳进出口关税和环节税的货物予以销毁；

4. 将应缴纳进出口关税和环节税的货物收归国有。

（二）特殊规定

如果由多人承担海关税费的缴纳责任，则仅对被免除缴纳义务的人取消其应当缴纳的海关税费。

第七节　海关监管制度

一、一般规定

（一）海关对货物和运输工具实施监管的时间

1. 进入关境的货物和运输工具自进境之时起，至以下情形出现之前，均处于海关监管之下：

（1）放行供自由流通；

（2）销毁；

（3）放弃收归国有；

（4）依照《阿塞拜疆海关法典》转为国有或转交国家处置；

（5）货物和运输工具实际离境。

2. 申报出口、境内转运、境外加工监管方式的国内货物和运输工具，自海关确认报关单之日起至其离境、放弃收归国有、销毁或撤销报关单之前处于海关监管之下。

3. 适用最终消费监管方式的货物，在《阿塞拜疆海关法典》规定的期限内处于海关监管之下。

4. 按照《阿塞拜疆海关法典》规定的程序和条件，允许使用和处置海关监管货物和运输工具。

5. 海关、申报人，以及与货物相关的其他权利人，应遵循在最短时间内实施海关监管的基本原则。

（二）海关监管形式

海关工作人员通过以下形式实施海关监管：

1. 对货物和运输工具进行海关查验；

2. 人身检查；

3. 对海关所需信息、电子载体或纸质载体的书面文件，包括货物随附的动植物检疫证书、卫生证书和其他证明进行核查；

4. 海关稽查；

5. 问询；

6. 对海关监管货物和运输工具、区域和场所、临时存储仓库和海关仓库、自由区内的区域和场所，以及其他由海关负责监管的经营活动地点进行检查；

7. 开展海关巡察和海关监视。

（三）海关监管区

1. 阿塞拜疆国家海关委员会在关境沿线的海关现场和通关地点、办理通关手续的地点、自由区、海关仓库、海关作业区、货物装卸和临时存储地点、运输工具停放地点、海关所在地，以及国家海关委员会确定的其他地点，设立海关监管区并制定管理制度。

2. 在海关监管区内从事生产和经营活动，货物、运输工具和人员（包括国家工作人员）进出海关监管区，以及在该区域内活动，需经海关允许并接受海关监管，法律有不同规定的情形除外。

（四）海关监管文件和信息

1. 货物和运输工具进出境，或从事由海关负责监管的生产经营活动，应向海关提交海关监管文件和信息。

2. 阿塞拜疆国家海关委员会制定文件和信息清单及其提交程序，并通过其官方网站和正式出版物予以公布。

3. 执法机构、税务机构和其他国家监管部门主动或应海关请求提供海关监管信息。

（五）实施海关监管时不得造成非法损害

1. 实施海关监管时，不得对自然人、法人及其货物和运输工具造成非法损害。

2. 海关及其工作人员在海关监管过程中造成非法损害的，应依法承担责任。

（六）海关查验时有权在场

对货物和运输工具进行彻底查验时，申报人、货物所有人、货物和运输工具的其他权利人及其代理人应到场。

1. 根据海关要求，在对货物和运输工具进行彻底查验时，申报人、货物所有人、货物和运输工具的其他权利人及其代理人应到场并提供必要的协助。

2. 对货物和运输工具进行彻底查验时，申报人、货物所有人、货物和运输工具的其他权利人及其代理人有权主动到场。

二、海关工作人员的权利

（一）进行海关巡查和海关监视

（二）进入运输工具

在以下情形下，海关工作人员有权进入位于关境内的运输工具：

1. 运输工具抵达关境时；

2. 运输工具驶离关境时；

3. 运输工具经关境运载转运货物时；

4. 海关工作人员认为运输工具所载货物未缴纳关税，或者运载禁止进出境的货物时；

5. 具有违反海关立法规定的行动性信息。

（三）截停和检查运输工具

如出现以下一种或多种情形时，海关工作人员可截停运输工具进行查验，但运输工具停留时间不得超过其海关监管期限：

1. 运载未缴纳关税的货物，以及法律禁止进出境的货物；

2. 运载危险品；

3. 运载非法进出口货物；

4. 具有违反《阿塞拜疆海关法典》和其他海关法律的信息；

5. 掌握违法进出口货物的证据。

如查验后未发现违法事实，海关应确保运输工具按照原定路线继续行驶。

（四）要求提供担保

海关有权按照法律规定的程序，要求提供海关税费缴纳担保。

（五）要求提交文件

1. 海关工作人员有权向在关境内开展许可业务的法人发送通知，要求其以纸质或电子形式提供以下文件：

（1）进口货物报表；

（2）货物进出境所需文件；

（3）与代理权相关的文件。

2. 外文文件应当翻译成阿塞拜疆语，翻译费用由文件提交人承担。

3. 如海关需暂时留存所提交的文件，应文件提交人申请，海关向其提供经核证的文件副本。

4. 按规定程序核证的文件副本，可作为原件使用。

三、实施海关监管

（一）信息审核

1. 海关受理报关单及货物随附单证，并对报关单和单证信息的准确性进行审核。

2. 海关对报关单信息的审核结果在关境内具有同等法律效力。

3. 信息审核结果用于货物适用所申报的监管方式。

（二）人员问询

1. 海关工作人员有权就以下问题对相关人员进行询问：

（1）是否已缴纳海关税费，是否存在法律禁止进出境的货物；

（2）货物性质、属性、原产地、价格、所有权和指运地；

（3）是否存在欠缴的海关税费；

（4）如存在欠缴税费，其性质和数额。

2. 海关工作人员有权就以下问题对自然人进行询问：

（1）个人身份证件；

（2）出行目的和路线；

（3）车、船、机票的相关信息。

3. 海关工作人员可以要求提供询问过程中涉及的相关证明文件，对其核查后应予返还。

（三）人身检查

1. 在对进出境人员进行初步检查后，如有充分理由认为其藏匿法律禁止或限制进出境的物品，以及未缴纳关税的物品，则海关工作人员可以对其进行人身检查。

2. 海关工作人员在符合卫生要求的封闭场所进行人身检查。该场所如未安装视频监控装置，进行人身检查时应至少有 2 名见证人在场。人身检查过程中如需脱掉衣服，则不得进行视频拍摄。

3. 身体检查需由专业医务人员进行。

4. 进行人身检查的海关工作人员、见证人、医务人员必须与被检查人性别相同。

5. 根据人身检查结果制作检查记录，并由进行人身检查的海关工作人员、被检查人、见证人和医务人员签字。

（四）货物查验

1. 为进行海关查验，海关工作人员有权打开或要求打开运输工具货舱、集装箱，并拆启货物包装。

2. 海关工作人员有权指定查验地点，并要求将货物运送至该地点，运输费用由进出口人承担。

3. 海关工作人员可自由进入存放或可能存放海关监管货物的任何场所、区域和地点实施海关查验。

4. 海关进行彻底查验时，申报人、货物所有人、货物权利人及其代理人应当在场。

5. 在以下情形下，海关有权在第 4 款规定的人员不在场时，对货物和运输工具进行彻底查验：

（1）向海关提交货物和运输工具后 10 天内，上述人员未出现；

（2）当国家安全、公共秩序、居民生命健康、动植物、自然环境，以及人类艺术、历史和考古遗产遭受威胁时；

（3）当通过国际邮件寄送货物时；

（4）货物和运输工具违反相关监管方式滞留在关境内。

6. 如申报人、货物所有人、货物和运输工具的其他权利人及其代理人无法到场，应在与查验结果无利害关系的人在场时，对货物和运输工具进行彻底查验。

7. 如仅对部分货物进行彻底查验，其查验结果适用于所有申报货物。如申报人认为查验结果不适用于其余货物，可向海关申请重新查验。如货物未放行，或申报人能够证明货物放行后未发生任何改变，则海关重新对货物进行查验。

（五）提取货物试样和样品

1. 海关有权提取货物试样和样品，并对其进行检测。

2. 为提取货物试样和样品进行检测，申报人负责完成必要的装卸作业和其他货物作业，并承担相关费用。

3. 海关提取货物试样和样品时，申报人、货物权利人或其代理人应在场，并提供必要的协助。

4. 在《阿塞拜疆海关法典》规定的情形下，海关有权在申报人、货物权利人或其代理人不在场时独立提取货物试样和样品。

5. 试样或样品应以能够保障对其检测的最小数量提取。

6. 经海关允许，其他国家机构、申报人、货物权利人或其代理人有权提取货物试样和样品。

7. 申报人、货物权利人或其代理人有权知悉试样和样品的检测结果。其他国家监管部门对货物试样和样品进行检测的结果应告知海关。

8. 如仅提取部分货物的试样和样品，其检测结果适用于所有申报货物。如申报人认为检测结果不适用于其余货物，可以向海关申请重新提取试样和样品进行检测。如货物未放行，或申报人能够证明货物放行后未发生任何改变，则海关重新提取试样和样品进行检测。

9. 海关和海关实验室承担货物试样和样品的检测费用，但申报人、货物权利人或其代理人主动要求对货物试样和样品进行鉴定时，海关可向其收取相关检测费用。

（六）审核期限

1. 为确定报关单及其他文件中信息与货物名称、原产地、数量和价格是否相符，自海关受理报关单、提交文件和呈验货物之日起2日内应当完成货物检查。

2. 依照海关立法规定，可以缩短文件审核和货物检查时间。

3. 如果货物未按其种类和名称进行单独包装，导致海关无法确定报关单信息的准确性，海关可以自行决定延长上述期限，以确保货物权利人或其代理人按照货物种类和名称进行区分，但此期限不得超过7天。

（七）识别措施

1. 海关或经海关认证的经营者，可以采取必要措施对货物进行识别，以确保货物符合所申报监管方式的规定。

2. 此类识别措施在关境内具有同等法律效力。

3. 货物和运输工具识别标志，只能由海关或经海关认证的经营者移除或销毁，出现不可抗力时为保障货物和运输工具安全被迫采取相应措施的情形除外。

4. 如因不可抗力影响移除或销毁识别标志，应立即通知海关，并提供出现此类情况的证明。

（八）海关稽查

1. 定义

实施海关稽查，是指在货物和运输工具放行后（包括有条件放行）对报关单信息的准确性进行核查，并确定是否遵守对货物和运输工具的处置限制、要求和条件。

2. 基本规定

（1）对法人和从事经营活动但不构成法人的自然人，在其申报货物解除海关监管之日起 3 年内，可以进行海关稽查。

（2）可以在进出口商、货物所有人、申报人、货物其他权利人或其代理人的相关建筑、区域、场所，或者在其货物使用地点开展海关稽查。

（3）在海关稽查过程中，如果发现行政违法行为或犯罪证据，则终止对违法直接客体的海关稽查，立即形成海关稽查报告，并依照行政诉讼或刑事诉讼法律采取相关措施。

（4）海关和税务机关有权按照法律规定的程序交换所获取的信息，并开展联合稽查。

（5）海关稽查分为一般稽查和专项稽查。实施稽查不得干扰被稽查人的生产经营活动。不得对同一货物重复进行一般稽查；不得对同一人针对同一货物重复进行专项稽查。

3. 实施海关专项稽查的条件

在以下情形下，可实施海关专项稽查：

（1）如根据一般稽查结果或采取其他形式实施海关监管时，所发现的数据证明对外贸易活动参与者在办理通关手续时提供的信息不准确或违反货物使用、处置规定，导致违反关税和环节税的缴纳程序或违反禁止和限制规定。

（2）如发现数据证明报关代理人、临时存储仓库和海关仓库所有人及海关承运人违反进出境货物统计和报表规定，或者违反《阿塞拜疆海关法典》

对开展相关业务规定的要求和条件。

4. 海关的权力

实施海关专项稽查的海关，有权对被稽查人采取以下行动：

（1）要求提供与进口货物作业相关的文件和信息（包括电子文件和信息）；

（2）对被稽查人支配或使用的场所和区域进行检查，以及在其授权代理人在场时对货物进行外形查验和彻底查验；

（3）在法律规定的情形下收缴货物。

四、海关鉴定

（一）实施海关鉴定的目的

1. 确定货物成分（组成）和技术指标；

2. 确定商品归类编码并对货物进行识别；

3. 确定货物原产地、加工过程中的产出率、生产日期和质量；

4. 对接受出口监管的货物进行双重用途审核；

5. 确定货物的化学成分和矿物成分；

6. 识别危害环境的货物，以及含有消耗臭氧层物质的货物和废碎料；

7. 确定具有辐射风险的货物；

8. 确定货物的完税价格；

9. 确定货物的历史价值和艺术价值。

（二）实施海关鉴定的相关规定

1. 在办理货物通关手续、对货物实施海关监管及作出货物强制性归类决定的过程中，如需专业知识确定货物成分、原产地、完税价格等各项指标，应进行海关鉴定。

2. 根据申请人要求，进行海关鉴定。

3. 由海关实验室专家，或签订合同聘请其他专家进行海关鉴定。

4. 海关送交货物进行鉴定的文件，以及申请人提交的鉴定申请，是实施海关鉴定的依据。

5. 如需进行复杂的专业检测，根据海关实验室负责人的决定，应当委托同一专业的多名专家开展联合鉴定。

6. 如需借助不同知识或学科领域，或基于同一知识领域不同方法体系进行多项检测，应当指定进行综合鉴定。

7. 海关送交货物进行鉴定的文件中应当注明：

（1）海关鉴定的目的；

（2）进行海关鉴定的海关实验室名称；

（3）向专家提出的问题；

（4）提交专家审核的材料和文件（单证）清单；

（5）专家故意作出虚假结论所应承担的责任。

8. 如需对货物进行海关鉴定，海关应当书面通知申报人、货物其他权利人或其代理人，并在通知中注明其在鉴定过程中的权利和义务。

9. 因办理货物通关手续及海关监管需要，申报人、货物其他权利人或其代理人主动要求进行海关鉴定的，应当按照阿塞拜疆国家海关委员会规定的数额缴纳海关费用。

10. 海关主动实施鉴定的费用由国家预算承担。

11. 应当在海关实验室所在地进行海关鉴定，无法将鉴定对象送至海关实验室的情形除外。专家仅根据海关实验室负责人的书面指令开展海关鉴定。

12. 根据海关鉴定结果出具专家结论。

13. 进行海关鉴定时，依照《阿塞拜疆海关法典》规定的程序提取货物试样和样品。

（三）专家的权利和义务

1. 专家的权利如下：

（1）熟悉与检测对象有关的材料和文件；

（2）要求提供海关鉴定所需的补充材料和文件；

（3）为确定与检测对象有关的信息，向申报人、货物其他权利人或其代理人提出问题；

（4）除向专家提出的问题外，专家在结论中有权说明其认为与检测对象有关且对检测结果有意义的其他情况；

（5）如果向专家提出的问题超出其专业知识范围，或者向其提供的材料和文件不适合或不足以得出结论，专家有权拒绝提供结论；

（6）经海关允许，参与实施海关监管。

2. 专家的义务如下：

（1）就海关鉴定问题提供咨询；

（2）对提交鉴定的货物试样和样品进行检测，并在对检测结果进行完整、全面和客观评估的基础上提交鉴定结论；

（3）如无法对提交的材料和文件作出结论，应当书面通知指定进行鉴定的海关或鉴定申请人，并说明理由；

（4）不得泄露从海关和其他人处获取的海关鉴定信息，以及通过海关鉴定结果获取的信息。

（5）如不当履职或故意作出虚假结论，专家应依法承担责任。

（四）申报人、货物权利人及其代理人的权利

1. 在进行海关鉴定时，申报人、货物权利人及其代理人有以下权利：

（1）对专家提出合理质疑；

（2）申请指定具体专家；

（3）申请向专家提出补充问题，以获得相关结论；

（4）在进行鉴定时到场并向专家作出解释；

（5）提取货物试样和样品；

（6）知悉专家结论，或者收到其无法作出结论的通知；

（7）申请进行补充鉴定或重新鉴定。

2. 如同意申报人、货物权利人或其代理人的申请，指定海关鉴定的工作人员应当出具相关决议。如拒绝其申请，应以书面形式告知申请人并说明理由。

（五）专家结论

1. 根据检测结果，专家以本人名义作出书面结论。

2. 专家结论中应注明检测时间和地点、检测对象、检测依据、向专家提出的问题、提供给专家的材料和文件清单、检测内容、检测结果及检测方法、检测结果评估，以及对所提出问题的结论及其理由。

3. 如联合鉴定过程中专家之间出现分歧，每名专家有权作出单独结论。

4. 在进行综合鉴定时，每名专家应在其负责实施海关鉴定的结论部分签字。

（六）补充鉴定和重复海关鉴定

1. 如专家未就向其提出的所有问题作出结论，或者出现关于检测对象的补充问题，可以委托同一名专家或其他专家指定实施补充鉴定。

2. 如专家结论缺乏根据或海关对其结论的正确性存在质疑，或者根据申报人、货物权利人或其代理人的申诉，可以指定其他专家进行重复鉴定。

五、对货物和运输工具的处置

（一）货物和运输工具收归国有

1. 根据法院对海关领域刑事案件和其他违法行为所作出生效判决予以没收的货物和运输工具，以及主动放弃的货物和运输工具，将收归国有。

2. 对于收归国有的货物和运输工具，应当通过海关公开拍卖出售。

3. 参加海关拍卖时，应当按照阿塞拜疆国家海关委员会规定的数额缴纳费用。依据市场价格确定海关拍卖货物和运输工具的初始价格。

4. 收归国有的货物和运输工具的运输、存储和销售费用，从其销售所得收入中扣除。

5. 海关工作人员及其家庭成员，不得直接或间接（通过他人）购买已收归国有的货物和运输工具。

6. 如收归国有的货物和运输工具的销售所得不足以补偿海关支出的费用，不足部分应向海关税费缴纳人追缴。

（二）货物销毁

1. 在阿塞拜疆国家海关委员会规定的情形下，并按照其规定的方式对货物进行销毁。

2. 应在海关监管下销毁货物，并对产生的废碎料进行无害化处理，所需费用由货物所有人承担。

3. 对销毁的外国货物免征关税和进口环节税，且不适用贸易政策措施。

4. 对货物销毁所产生的废碎料或残留物，在国内市场使用或后续出口时应征收关税和增值税。

第八节　知识产权海关保护

一、一般规定

阿塞拜疆海关在其职权范围内，按照《阿塞拜疆海关法典》及海关领域其他规范性法律文件规定的程序，实施知识产权海关边境保护。

海关对含有知识产权客体的进出境货物实施知识产权边境保护，不妨碍依照其他法律文件采取措施保护知识产权。

《阿塞拜疆海关法典》规定的知识产权保护措施，不适用于自然人携运的少量进出境物品，以及通过国际邮寄渠道寄送非用于生产或其他商业活动的货物。

二、知识产权海关名录

（一）编制知识产权海关名录

为保障海关监管，阿塞拜疆国家海关委员会负责编制和维护纸质和电子版的知识产权海关名录（以下简称"名录"）。

（二）知识产权客体列入名录

1. 包含知识产权客体的货物进出关境时，如权利人或其利益代理人（申请人）有充分理由认为，其知识产权受到或可能受到侵犯，为阻止盗版和侵权商品进出境，其有权向阿塞拜疆国家海关委员会申请知识产权保护，并将知识产权客体列入名录。

2. 知识产权保护申请中应注明以下信息：

（1）权利人；

（2）知识产权客体权利；

（3）对包含知识产权客体的货物的描述；

（4）权利人认定为盗版和侵权货物的信息；

（5）申请人对申报人、货物所有人或其他利害关系人因货物中止放行遭受的损失，以及海关为此支出的费用进行补偿的义务，前提是确定货物并非盗版和侵权商品。

3. 申请应当随附申请人拥有知识产权的证明文件（作品、邻接权客体、集成电路布局和信息集合的登记证书，商标和地理标志证书，专利和许可协议，以及知识产权法规定的其他文件）。

4. 为确保履行《阿塞拜疆海关法典》规定的赔偿义务，申请人应向海关提供担保。担保金额由海关在阿塞拜疆国家海关委员会规定的最低和最高数额之间确定。

5. 可以与申请同时提交包含知识产权客体的货物样品，以及盗版或侵权货物样品。

6. 在收到申请之日起1个月内，阿塞拜疆国家海关委员会对其进行审核，并作出将知识产权客体列入名录或拒绝将其列入名录的决定。

7. 如申请人不符合《阿塞拜疆海关法典》相关规定，阿塞拜疆国家海关委员会作出拒绝列入名录的决定，并书面通知申请人。当消除拒绝列入名录的原因后，申请人有权再次申请将知识产权客体列入名录。

8. 如申请或其随附文件发生变化，申请人应当立即通知阿塞拜疆国家海关委员会。

（三）将知识产权客体从名录中删除

如知识产权客体被列入名录是基于申请人提供的不完整信息或错误信息，阿塞拜疆国家海关委员会应当从名录中删除该客体，并书面通知申请人。

三、知识产权海关保护措施

（一）保护期限

1. 参照申请人提出的权利保护期限，自阿塞拜疆国家海关委员会作出将知识产权客体列入名录的决定之日起，规定权利保护期限最长为 5 年。根据申请人请求，阿塞拜疆国家海关委员会可以延长上述期限。

2. 海关对知识产权客体权利进行保护的总期限，不得超过权利人拥有知识产权客体权利的有效期限。

（二）中止放行包含知识产权客体的货物

1. 对于包含名录中知识产权客体的货物，如办理该货物通关手续和对其实施海关监管过程中，发现存在盗版和侵权货物的迹象，根据办理通关手续的海关机构负责人或其代理人的决定，中止放行此类货物，期限为 10 个工作日。根据申请人的合理请求，上述期限可再延长 10 个工作日。

2. 海关应当立即书面通知申报人和申请人关于中止放行包含知识产权客体货物的决定及中止放行原因。通知中应注明相关申报人和申请人的姓名、父称、居住地址和登记信息。

（三）赔偿损失和费用

1. 如确定该货物并非盗版和侵权货物，因执行中止放行措施而对货物所有人或其他利害关系人造成的损失，由申请人承担。

2. 如确定该货物为盗版或侵权货物，海关因中止放行货物而产生的费用由申报人承担，反之由申请人承担。

（四）提供信息及提取试样和样品

1. 海关应当向申请人和申报人提供必要的信息，以确定被中止放行的货物是否为盗版或侵权货物。

2. 向申请人和申报人提供的信息属于秘密信息，不得散布或提供给第三方，相关法律有不同规定的情形除外。

3. 经海关允许，申请人、申报人或其代理人有权在海关监管下对中止放行的货物提取试样和样品，并对其进行检测。

（五）取消暂停放行决定

1. 如海关通知申请人按照《阿塞拜疆海关法典》规定的期限中止放行货

物但中止放行期限满之前，未收到法院受理申请人提出诉讼的信息，则按照《阿塞拜疆海关法典》规定的程序办理该货物的通关手续并予以放行。

2. 自收到申请并通知海关之日起 20 个工作日内，法院对申请人提出的诉讼进行审理。

3. 如确定货物为盗版或侵权货物，将对其采取法律规定的措施。

4. 在以下情形下，海关在货物中止放行期限届满前，可取消中止放行货物的决定：

（1）申请人申请取消中止放行决定；

（2）相关知识产权客体被从名录中删除。

5. 作出中止放行决定的海关负责人或其代理人，有权取消该决定。

6. 取消中止放行货物的决定和放行货物，不影响权利人向其他国家主管部门主张保障其与知识产权客体保护相关的权利。

（六）海关对包含知识产权客体的货物实施监管的附加权力

1. 如果知识产权客体未列入名录，但海关发现有迹象表明包含该客体的货物为盗版或侵权货物，则海关有权在《阿塞拜疆海关法典》规定的期限内中止放行该货物。

2. 在第 1 款规定的情况下，海关应当立即通知权利人和申报人，要求其提供必要的信息，以准确判断货物是否为假冒侵权商品。

第四章 阿塞拜疆通关便利措施

一、简化申报

（一）简化报关

1. 适用条件

在以下情形下，可向海关提交简化报关单：

（1）经认证的经营者的货物适用相关监管方式时；

（2）办理灾害救援货物的通关手续时；

（3）自然人携运非生产或商业用途的货物进出关境，且应书面申报时。

2. 其他规定

（1）如海关可以从申报人电子信息系统中获取信息，并符合与其他海关进行数据交换的要求，申报人可使用货物和运输工具报表作为简化报关单。

（2）对经认证的经营者、携运非生产或商业用途货物的自然人和灾害救援货物使用的专用格式简化报关单，由阿塞拜疆国家海关委员会制定。

（二）定期申报

1. 当同一人定期运送同种货物和运输工具，海关可允许其在特定时间内对进出关境的货物和运输工具提交 1 份定期报关单。

2. 定期报关单的提交方式和规则，由阿塞拜疆国家海关委员会制定。

（三）不完整申报

1. 如申报人因正当理由无法提交完整报关单，按照阿塞拜疆国家海关委员会规定的程序，海关有权允许其提交不完整报关单。

2. 不完整报关单应包含海关所需的基本信息。缺失的信息应由申报人按照阿塞拜疆国家海关委员会规定的期限和方式提交。

3. 不完整报关单的提交方式和规则，由阿塞拜疆国家海关委员会制定。

二、特定货物的简化通关

1. 对消除自然灾害和其他紧急情况所需的货物和运输工具，以及活体动物，易腐类货物，放射性物质，大众传媒材料，发送至阿塞拜疆共和国立法、行政和司法机关的货物和其他类似货物，按照简化程序优先办理通关手续。

2. 为开展救灾工作发运的救援食品、货物和运输工具，以及为救灾人员使用的设备、专用运输工具、备件、个人物品和其他物品，被视为援助货物。

3. 办理援助货物的通关手续时，适用《阿塞拜疆海关法典》规定的简化申报。

4. 对援助货物不征收海关税费，且不适用贸易政策措施及禁止和限制规定。

三、对部分外国人进出境的优惠规定

（一）外国驻阿塞拜疆的外交机构及其人员

1. 在符合货物和运输工具进出境规定的情形下，外国驻阿塞拜疆外交机构可以进出口用于该机构公务用途的货物和运输工具，并免于缴纳关税、环节税和其他海关税费。

2. 第 1 款规定不适用于货物和运输工具的存储费用，以及海关对在其工作地点和工作时间以外办理通关手续所收取的费用。

3. 在符合货物和运输工具进出境规定的情形下，外国驻阿塞拜疆的外交人员及其共同居住的家庭成员，可以进出口个人自用货物和运输工具，并免于缴纳关税、环节税和其他海关税费。

4. 外国外交人员及其共同居住的家庭成员的随身行李免于海关查验。

5. 如有充分理由认为外国外交人员及其共同居住的家庭成员的行李中含有《阿塞拜疆海关法典》，相关法律和国际条约禁止、限制进出境的非自用物品，应当在上述人员或其授权代表在场时进行海关彻底查验。

（二）外国外交机构的行政技术人员和服务人员

1. 外国外交机构的行政技术人员及其共同居住的家庭成员（如上述人员及其家庭成员非阿塞拜疆公民且不在阿塞拜疆境内永久居住），可以免缴关税进口个人自用货物。

2. 第 1 款规定不适用于货物存储费用，以及海关对在其工作地点和工作时间以外办理通关手续所收取的费用。

3. 根据与外国签署的互惠条约，外国外交人员享受的优惠，可扩大至该机构非阿塞拜疆公民或不在阿塞拜疆境内永久居住的行政技术人员和服务人员及其家庭成员。

（三）外国领事机构及其工作人员

1. 外国领事机构及其负责人、领事官员，以及工作人员及其家庭成员（非阿塞拜疆公民且不在阿塞拜疆境内永久居住），与外国外交机构或该机构人员享受同等的海关税费优惠。

2. 根据与外国签署的互惠国际条约，外国外交人员享受的优惠，可扩大至非阿塞拜疆公民且不在阿塞拜疆境内永久居住的领事机构服务人员及其家庭成员。

（四）外国外交邮件和领事邮袋进出境规定

1. 对通过阿塞拜疆关境的外国外交邮件和领事邮袋，不得开启或扣留。如有充分理由认为领事邮袋内可能装有公务函件、文件和公务用品之外的其他物品，海关有权要求外国授权代表开启领事邮袋。如拒绝开启，领事邮袋将被原封退回始发地。

2. 每件外交邮袋和领事邮袋都必须有标明其性质的明显外部标志。

3. 外交邮袋中只能装有外交文件和供官方使用的物品，而领事邮袋仅限于公务函件、文件或仅供官方使用的物品。

4. 依据互惠原则，外国外交和领事信使可以携运个人自用物品进出阿塞拜疆关境，免于海关查验并免缴海关税费。

（五）外国代表团成员

对外国外交人员提供的海关优惠，可以扩大至外国国家代表、议员和政府代表团成员，以及在互惠基础上前往阿塞拜疆参加国际会谈、国际会议或承担其他官方任务的外国代表团成员。陪同上述成员的家庭成员也享受同等优惠。

（六）过境外交人员、领事官员及其家庭成员

通过阿塞拜疆领土国境的外国外交人员、领事官员及其家庭成员，享受与外国代表机构外交人员同等的海关优惠。

（七）国际组织及其工作人员

国际组织、政府间组织、组织的常驻外国代表机构，以及组织和机构人员及其家庭成员的海关优惠，由相关国际条约规定。

附件：

阿塞拜疆与邻国关境口岸清单

阿塞拜疆—伊朗关境口岸清单

公路口岸	阿塞拜疆		伊朗		口岸地位	工作制度
	口岸名称	地点	口岸名称	地点		
1	阿斯塔拉	阿斯塔拉区阿斯塔拉市	阿斯塔拉	吉兰省北区阿斯塔拉市	公路	日间
2	比利亚苏瓦尔	比利亚苏瓦尔区比利亚苏瓦尔市	阿尔达比勒	阿尔达比勒省	公路	全天
3	朱利法	纳希切万自治共和国朱利法区朱利法市	朱利法	东阿塞拜疆省朱利法市	公路	全天

阿塞拜疆—格鲁吉亚关境口岸清单

公路口岸	格鲁吉亚		亚美尼亚		口岸地位	工作制度
	口岸名称	地点	口岸名称	地点		
1	红桥	甘贾区希赫利村	红桥	克维莫—卡尔特里大区穆格汗洛村	公路一类	全天
2	萨达赫雷	甘贾区萨达赫雷村	瓦赫坦吉西	克维莫—卡尔特里大区瓦赫坦吉西村	公路一类	日间
3	别洛坎	舍基区	措德纳	卡赫季大区拉戈杰希村	公路一类	全天
4	穆甘洛	赞格兰区	萨姆塔茨卡罗	卡赫季大区萨姆塔茨卡罗村	公路一类	日间
5	伊佩克 尤卢	甘贾区	阿布列舒米茨—格扎	第比利斯市	公路	全天
6	别 尤 克—克西克	阿科斯塔法区	加尔达巴尼	克维莫—卡尔特里大区加尔达巴尼市	铁路	全天

附件 续 1

阿塞拜疆—俄罗斯联邦关境口岸清单

公路口岸	阿塞拜疆		俄罗斯联邦		口岸地位	工作制度
	口岸名称	地点	口岸名称	地点		
1	萨穆尔	库萨雷区萨穆尔村	雅拉格—卡兹玛拉尔	达吉斯坦共和国马加拉姆肯特区雅拉格—卡兹玛拉尔村	公路	全天
2	哈诺巴	哈奇马斯区哈诺巴村	塔吉尔肯特—卡兹玛拉尔	达吉斯坦共和国马加拉姆肯特区塔吉尔肯特—卡兹玛拉尔村	公路	全天
3	希尔万诺夫卡	库萨雷区希尔万诺夫卡村	新—菲利亚	达吉斯坦共和国马加拉姆肯特区新—菲利亚村	公路	日间
4	祖胡尔	库萨雷区祖胡尔村	恰赫恰赫	达吉斯坦共和国马加拉姆肯特区恰赫恰赫村	公路	日间
5	祖胡尔	库萨雷区祖胡尔村	加拉赫	达吉斯坦共和国马加拉姆肯特区加拉赫村	公路	日间
6	雅拉玛	哈奇马斯区雅拉玛村	杰尔宾特	达吉斯坦共和国杰尔宾特市	铁路	全天

阿塞拜疆—土耳其关境口岸清单

公路口岸	阿塞拜疆		土耳其		口岸地位	工作制度
	口岸名称	地点	口岸名称	地点		
1	萨达拉克	纳希切万自治共和国萨达拉克村	吉鲁珠	北安纳托利亚厄德尔市	公路	全天

第五篇　格鲁吉亚

DI – WU PIAN GELUJIYA

第一章　格鲁吉亚国家概况

一、国家概述

格鲁吉亚（俄文：Грузия；英文：Georgia；格鲁吉亚文：საქართველო）位于南高加索中西部，面积 6.97 万平方千米。北接俄罗斯，东南和南部分别与阿塞拜疆和亚美尼亚相邻，西南与土耳其接壤，西邻黑海。海岸线长 309 千米。格鲁吉亚全国划分为 9 个大区（古利亚、拉恰—列其呼米和下斯瓦涅季亚、萨梅格列罗—上斯瓦涅季亚、伊梅列季、卡赫季、姆茨赫塔—姆季阿涅季、萨姆茨赫—扎瓦赫季、克维莫—卡尔特里、什达—卡尔特里）、1 个自治州（南奥塞梯）、2 个自治共和国（阿布哈兹、阿扎尔）和具有独立行政区地位的首都第比利斯。截至 2022 年 1 月，格鲁吉亚人数为 389.66 万人，首都第比利斯人数为 120.27 万人。格鲁吉亚民族主要为格鲁吉亚族（占 86.8%），其他民族有亚美尼亚族、俄罗斯族及奥塞梯族、阿布哈兹族、希腊族等。官方语言为格鲁吉亚语，居民多通晓俄语。货币名称为拉里。

二、经济概述

格鲁吉亚地处欧亚之间，战略地理位置优越，拥有黑海波季、巴统两个港口。近年来，格鲁吉亚致力于建立自由市场经济，大力推进经济改革，进一步降低各种税率及关税，加快结构调整和私有化步伐，积极吸引外资，努力打造连接欧亚的商贸、物流枢纽和交通运输中转中心。

受新冠疫情影响，2020 年格鲁吉亚 GDP 为 159 亿美元，同比下降 6.2%；2021 年，格鲁吉亚 GDP 为 187 亿美元，同比上升 10.4%。世界经济论坛《2019 年全球竞争力报告》显示，在全球最具竞争力的 141 个国家和地区中，格鲁吉亚排名第 74 位。世界知识产权组织发布的《2022 年度全球创新指数》显示，在 132 个国家和地区中，格鲁吉亚综合指数排名第 74 位。格鲁吉亚被世界银行连续评为经济改革先锋，在其发布的《2020 年营商环境报告》中，格鲁吉亚在 190 个国家和地区中排名第 7 位。

三、对外贸易概述

2000 年，格鲁吉亚加入世界贸易组织，与格鲁吉亚有贸易往来的 128 个国家（地区）大部分是世界贸易组织成员，与世界贸易组织成员的贸易遵循最惠国待遇原则。格鲁吉亚与欧盟、美国、日本、加拿大和瑞士贸易实行普惠制（GSP）。在《独联体国家间建立自由贸易区的多边协定》（1994 年）框架下，格鲁吉亚与独联体国家（包括乌克兰、白俄罗斯、摩尔多瓦、哈萨克斯坦、吉尔吉斯斯坦、塔吉克斯坦、乌兹别克斯坦、土库曼斯坦）签署了双边自由贸易协议。格鲁吉亚还与其邻国俄罗斯、亚美尼亚和土耳其签署了自由贸易双边国际协议。2014 年格鲁吉亚与欧盟签署《深入全面自由贸易协定》（DCFTA）。2016 年 6 月，格鲁吉亚与欧洲自由贸易联盟（EFTA）签署自由贸易协定，对出口到冰岛、列支敦士登、挪威和瑞士的货物免征关税。

2020 年，格鲁吉亚进出口贸易额 113.74 亿美元，同比下降 11.6%。其中，出口 33.42 亿美元，同比下降 11.2%；进口 80.32 亿美元，同比下降 11.7%；贸易逆差为 46.9 亿美元，占进出口贸易额的 41.2%。2021 年，格鲁吉亚进出口贸易额 143.43 亿美元，同比增长 26.1%。其中，出口 42.43 亿美元，同比增长 27%；进口 101 亿美元，同比增长 25.75%；贸易逆差 58.57 亿美元。格鲁吉亚国家统计局数据显示，2021 年，格鲁吉亚出口十大贸易伙伴国分别为中国、俄罗斯、阿塞拜疆、土耳其、乌克兰、亚美尼亚、保加利亚、美国、哈萨克斯坦和西班牙；进口十大贸易伙伴分别为土耳其、俄罗斯、中国、美国、阿塞拜疆、德国、乌克兰、亚美尼亚、意大利和土库曼斯坦。2021 年，土耳其为格鲁吉亚第一大贸易伙伴（贸易额 21.52 亿美元），俄罗斯是格鲁吉亚第二大贸易伙伴（贸易额 16.33 亿美元），中国是格鲁吉亚第三大贸易伙伴（贸易额 14.81 亿美元。其中，对华出口 6.16 亿美元，中国成为格鲁吉亚第一大出口市场；进口额 8.65 亿美元，中国是格鲁吉亚第三大进口来源地）。

从经济集团看，格鲁吉亚与欧盟货物贸易额为 30.25 亿美元，同比增长 0.73%，占格鲁吉亚货物贸易总额的 21.09%；与独联体国家贸易额为 48.36 亿美元，同比增长 22.43%，占格鲁吉亚货物贸易总额的 33.72%。

铜矿及其精矿是格鲁吉亚第一大出口产品，出口额 8.15 亿美元，占出口总额的 19.2%。其次是汽车、铁合金、葡萄酒、烈酒及其他含酒精的饮料、天然/人工矿泉水和汽水（不含糖）等。格鲁吉亚进口商品主要是汽车（8.99 亿美元，占进口总额的 8.9%）、铜矿及其精矿、石油产品、药物、油气和其他气态碳氢化合物、手机、小麦等。

四、中格经贸合作

近年来，中格两国经贸关系稳步发展，两国务实经贸合作不断取得新进展。2015 年，格鲁吉亚申请成为中国倡导成立的亚洲基础设施投资银行（简称"亚投行"）创始成员国，并且是第一个在本国议会通过亚投行章程的国家。2017 年 5 月，中格两国政府签署《中华人民共和国政府和格鲁吉亚政府自由贸易协定》，2018 年 1 月 1 日，该协定正式生效，格鲁吉亚是目前欧亚地区唯一与欧盟和中国均签署并实施自贸协定的国家，对推动中格两国投资和贸易合作发挥了重要的作用。2018 年 6 月，中格两国在中国香港签署了《中国香港与格鲁吉亚自由贸易协定》，该协定于 2019 年 2 月 13 日生效。2019年，中国海关总署发起设立"一带一路"海关信息交换和共享平台，与格鲁吉亚等国家共建原产地电子联网，共享项目信息数据。

据中国海关统计，2020 年中格货物进出口贸易额 13.73 亿美元，同比下降 7.4%。其中，中国对格鲁吉亚出口 12.76 亿美元，同比下降 9%；中国自格鲁吉亚进口 0.97 亿美元，同比增长 20.1%。2021 年，中国与格鲁吉亚货物进出口贸易额为 12.04 亿美元，同比下降 12.5%。其中，中国对格鲁吉亚出口 10.29 亿美元，同比下降 19.3%；中国自格鲁吉亚进口额 1.75 亿美元，同比增长 73.7%。中国对格鲁吉亚出口商品主要类别包括非合金钢平板轧材、机械设备、疫苗等免疫产品、橡胶轮胎、自动数据处理机。中国自格鲁吉亚进口商品主要类别包括铜矿砂及其精矿、贵金属矿砂及其精矿、医疗仪器和器具、葡萄酒、未锻造铝。

根据中国商务部统计，2020 年中国对格鲁吉亚直接投资 4136 万美元。2021 年，中国对格鲁吉亚直接投资流量为 7654 万美元，截至 2021 年年末，中国对格鲁吉亚直接投资存量为 7.92 亿美元。双方共同建设华凌国际经济特区和华凌自由工业园区。其中，华凌国际经济特区占地面积 4.2 平方千米，功能包括生产加工、保税、商业、国际物流、酒店、住宅等；华凌自由工业园区计划总建筑面积约 0.53 平方千米，功能包括免税工业区（海关、厂房、库房）、配套服务区、办公生活区、贸易物流区等。

第二章 格鲁吉亚海关概况

一、机构沿革

格鲁吉亚于 1993 年成为世界海关组织成员。独立初期，格鲁吉亚海关事务由格鲁吉亚财政部海关署、内务部边防警察、农业部植物检疫局和兽医局、交通运输部运输管理局以及货运公司报关行和保险公司分别负责。2004 年以来，为遏制海关领域的腐败行为，格鲁吉亚采用一系列创新手段，对海关进行了全面改革，力求使其海关立法与欧洲接轨，并符合与世界贸易组织和欧盟所签署的协定要求。通过完善海关监管、简化通关程序，以增加关税收入。

2007 年，格鲁吉亚财政部下属的税务监察局、海关署和金融警察局合并成立格鲁吉亚公共法务实体税务总局，在格鲁吉亚全国范围内行使法定职权。2010 年 2 月，税务总局作为独立法人单位隶属于格鲁吉亚财政部。2007 年 3 月，为简化进出口商品检验检疫手续，农业部、环保资源部下设的农食品、动植物产品监管部门合并成立国家食品安全、兽医和植物卫生监督局，隶属于格鲁吉亚农业部。

在财政部与农业部的联合管理中，农业部下属的国家食品安全、兽医和植物卫生监督局专门负责对动植物产品、农产品和食品进行检验检疫，提供一站式服务。财政部下属的税务总局负责海关监管和通关证件监管，对鲜活动物产品、植物产品和农产品进出口凭证书办理海关通关手续；在财政部与内务部的联合管理中，税务总局负责对通过边境口岸的货物、运输工具及人员实施海关监管，内务部负责实施进出境口岸的边防检查。

二、机构体系

格鲁吉亚财政部内设税务及海关政策司，下设税务及海关杠杆模型处、税务政策规划处、海关政策规划处和国际税务处等 4 个部门，负责格鲁吉亚税收和海关领域的政策决策，改善外商和私企投资环境，创造稳定、可持续和有吸引力的税收环境，加强和简化税收立法，使格鲁吉亚税法与最佳国际税收惯例接轨，起草避免双重征税和防范逃税的协定，深化海关和税收领域的国际合作，组织国际谈判、协调缔结协定，以及行使国家法律所赋予的其他职能。

格鲁吉亚税务总局是财政部下属的副部级机构，在其职权范围内负责税收管理，实施税务监督和海关监管及非关税措施，执行植物检疫、兽医和边境卫生检疫，以及非动物源性/饲料食品安全的边境监管，对用于食品/饲料的转基因生物及转基因产品标签进行管制，对不符合法律规定的转基因产品进行销毁。此外，格鲁吉亚税务总局参与相关法律法规及国际协定的起草，受理投诉及参与司法案件审理，开展国际合作，依法发放、变更、撤销许可证，对违法违规行为进行监督和责任追究，为纳税人提供服务，以及行使法律规定的其他权利和义务。

格鲁吉亚税务总局在格鲁吉亚全境设有 35 个服务中心，9 个清关区，20 个海关边境口岸办事处。据世界海关组织统计数据，截至 2022 年，格鲁吉亚海关工作人员为 1683 人。

三、机构设置

格鲁吉亚税务总局对格鲁吉亚全境实施国家监管。其设置 1 名局长、1 名第一副局长和 3 名副局长。总部内设 12 个部门，下设 5 个执行机构。

（一）内设部门

1. 公共关系和市场司：负责政务公开、新闻宣传、信息发布工作；规划并组织开展以服务为目标的社会活动和市场调研、进行等级评估；在其职权范围内起草行政法规；处理纳税人及其代理人或其他相关人员信函等。

2. 国际司：负责与其他国家、国际组织、驻格鲁吉亚外交使团联络；开展税务和海关领域国际合作与交流；在其职权范围内参与起草、拟定、缔结税务和海关行政互助国际条约、协定、相关提案，并依法协调落实已签署的国际协定；参与欧洲税收管理组织（IOTA）和世界海关组织及其他国际组织相关工作；维护更新世界海关组织信息咨询系统（CEN、e-CEN）中涉及格鲁吉亚的相关信息。

3. 监察司：对机关内部遵守和履行劳动法、劳动纪律、内部规章制度和道德规范情况进行监督；调查违法及违反行政纪律的行为并给予行政处分；对违反国家法律、法规和政策的行为，向主管机关提出处理建议；对提高行政工作效能提出建议；受理纳税人及其代理人申诉等。

4. 信息技术中心：负责信息化系统建设、管理和应用推广；承担信息化基础设施的规划、建设、运维并提供技术保障；管理信息化工程项目；与格鲁吉亚财政部相关机构共同管理和维护数据库，制定信息系统和数据库的架构并进行开发设计等。

5. 财务司：拟定财务规划和预算，编制预算执行情况；管理总局经费、财务、基础设施装备和固定资产等。

6. 法律司：为执法行为提供法律支持和合法性审查；组织拟订立法草案；审核纳税人及其代理人的法律文书和信函等。

7. 争议解决司：负责处理解决争议；解决法务问题和纠纷；确保处理相关投诉符合法定程序等。

8. 分析司：监测、分析、研判和管理税收及海关制度执行中的风险，以保障相关税法和海关法的正常实施；拟订风险管理制度并组织实施；健全风险评估指标体系、完善风险评估及统计分析数据库等。

9. 人力资源管理和发展司：制定人力资源管理制度并组织实施；负责机构编制、劳动工资和教育培训工作。

10. 内部审计司：负责拟订督察审计和内控工作制度；组织、指导实施执法督察和内部财务审计；开展执法检查等。

11. 税务及海关业务司：制定统一的税收管理办法，组织起草税收相关法案（方法准则、行动指南等）；起草完善立法的建议和规范性文件；开展合规的质量控制；对纳税人行为进行监督，对服务质量和程序缺陷进行监控，并提出改进建议。

12. 顾问委员会：负责审查总局工作中的重大问题并提出建议。

（二）执行机构

审计局：在其职权范围内，组织实施针对纳税人的税收管理措施（包括由纳税人主动采取的措施）；就税务审计的相关工作和评估标准提出建议等。

服务局：发行印花税票；审批颁发博彩业许可证；审批特殊贸易区地位和特殊贸易资质；审批个体、小微企业资质；负责人道主义援助项目；负责职权范围内的纳税人税务登记，以及向纳税人提供咨询服务等。

税务监督局：在职权范围内对纳税人进行身份识别；监督纳税人活动；受理纳税申报；开展税收风险分析；处罚偷漏税行为，查处没收博彩业非法所得；对海关销毁货物进行监督；在职权范围内起草税法，或向税务及海关政策分析部门提供改进标准、程序及税收立法的建议。

海关局：在职权范围内执行贸易政策措施，实施海关监管，向税务及海关政策分析部门提交政策建议；开展知识产权保护；在税务总局职权范围内实施口岸动植物、食品和卫生检疫，对进出口商品实施检验，审核签发检疫检疫证书；审批签发许可证书；与有关机构、国际组织和外国授权机构开展海关领域国际合作。

欠缴税款管理局：制定实施税收追缴措施；监督纳税人全额及时缴纳税款，以及采取相关行动处理欠缴税款追征事务等。

四、职能和任务

（一）海关职能

《格鲁吉亚海关法典》明确规定格鲁吉亚海关机构在其职权范围内依法实施海关通关监管职能，其中包括：

1. 监管格鲁吉亚国际贸易，促进公平和自由贸易；
2. 维护格鲁吉亚的经济利益；
3. 支持合法经济活动，保护格鲁吉亚经济空间免受不正当和非法国际贸易的侵害；
4. 确保格鲁吉亚国家和人民安全，保护环境；
5. 实施进出境植物、兽医和卫生检疫监管；
6. 签发许可证书、许可单据和其他证明文件；
7. 建立海关实验室，开展检验/鉴定工作；
8. 实施贸易保护措施；
9. 开展格鲁吉亚法律规定的其他活动。

（二）工作任务

根据《格鲁吉亚税收服务法》，格鲁吉亚税务总局在其职权范围内开展税务和海关监管，对出入境动植物、食品实施检疫，对入境人员进行卫生检疫，监管进出境货物、运输工具；采取有效措施，打击毒品、精神药物的非法跨境流通。

作为格鲁吉亚税务总局下属机关，海关部门执行以下工作任务：

1. 监管进出境货物和运输工具；
2. 执行贸易政策和海关监管措施；
3. 监测、监督和分析通关流程；
4. 办理海关手续；
5. 处理、分析、核实从外国授权机构获取的海关信息，以进一步采取措施；
6. 对实施海关监管和/或货物申报的自动化风险管理系统进行维护、监测和分析；
7. 对高信用企业申请人进行资格审核；

8. 对授权出口商申请人进行资格审核;

9. 对经认证的经营者申请人进行资格审核, 授予、拒绝授予、暂停或撤销经认证的经营者资质, 对经认证的经营者的经营活动进行监管;

10. 对共同担保人授权申请进行审核, 授予或拒绝授予其共同担保人资格, 暂停或撤销其共同担保人授权;

11. 在进出境文件上进行相应标记, 将有关人员、运输工具和/或货物的信息录入格鲁吉亚内务部的自动化数据库;

12. 依照格鲁吉亚打击洗钱的相关法律, 对转移现金、支票和其他有价证券的违法行为开展调查;

13. 依据权利人申请, 将知识产权客体列入或拒绝列入知识产权名录, 并在其职权范围内实施知识产权边境保护;

14. 依法对辐射超标货物和运输工具采取相应措施;

15. 对出入境卫生检疫、兽医检疫、植物检疫和动物源性食品/饲料安全标签, 以及转基因食品/饲料及其制品标签实施监管, 并在上述领域与有关部门、国际组织和外国授权机构开展合作;

16. 签发兽医检疫产品进口和过境许可证、植物检疫产品进口许可证, 签发两用物项的进出口、过境、代理服务和技术援助许可证, 撤销许可证并维护许可证登记资料;

17. 签发动植物、动物源性产品兽医证书, 签发食品/饲料产品卫生证书, 签发、变更和撤销格鲁吉亚出口货物原产地证书;

18. 签发船舶卫生监管/免于监管证书;

19. 签发使用封志运输货物的运输工具许可证;

20. 签发、变更和撤销海关仓库和自由贸易区经营许可证, 保存海关仓库和自由贸易区经营许可证登记资料;

21. 编制并确认货物存储地点分类目录手册(海关仓库、自由贸易区、高信用企业及经认证的经营者仓库、邮政运营商仓库和其他临时存储货物的地点);

22. 采取措施, 对取得自由贸易区或海关仓库经营许可证的经营者履行规定的情况进行监管;

23. 对海关监管货物和/或运输工具使用特殊监管措施(X 射线、警犬等), 对获取的信息进行处理、分析并采取适当应对措施;

24. 统筹管理海关专用技术设备, 就海关基础设施、现代科技手段应用提出需求建议;

25. 对申请登录自动化信息系统 "ekitom" 和税务管理信息系统 "Oracle" 的申请人开通/取消访问权限;

26. 与执法机构合作开展控制下交付；

27. 应用出口管制"许可证证书统一电子系统"，整合各部门电子文件，以确保许可证一站式签发；

28. 实施商品检验，确定货物数量、成分和主要特性，确定货物完税价格、商品编码及原产地；

29. 提取海关监管货物样品/试样，开展实验室检验/鉴定；

30. 开展运输工具技术鉴定；

31. 根据利害关系人提出的商品编码或原产地裁定申请，起草初步裁定草案；

32. 在职权范围内发布公共信息；

33. 处理海关监管区域内发现的违规信息，并在世界海关组织信息咨询系统（CEN，e－CEN）上发布；

34. 必要时参与审计部门组织的税务审计；

35. 对货物实施后续监管。

五、海关法规体系

格鲁吉亚海关管理的基础性法律包括：《格鲁吉亚海关法典》《格鲁吉亚海关税则》《格鲁吉亚税法典》《格鲁吉亚税收服务法》《格鲁吉亚执照和许可证法》《格鲁吉亚工业保税区法》。

《格鲁吉亚海关法典》中明确了格鲁吉亚所加入国际协定和条约的法律效力优于《格鲁吉亚海关法典》。此外，格鲁吉亚总统、政府以及财政部颁布的涉及海关管理的命令和决议属于海关领域的规范性法律文件，同样成为海关管理的法律依据。

第三章　格鲁吉亚口岸管理

格鲁吉亚地处欧亚交界，西濒黑海，沿黑海海岸线长 325 千米，陆地国境边界总长 1839 千米，北接俄罗斯，东南与阿塞拜疆和亚美尼亚相邻，西南与土耳其接壤。

一、口岸管理体制

格鲁吉亚立法规定将边境区域定义为从格鲁吉亚境内国家边界线或海岸线，以及进出境国际机场（空港）、火车站、河流和国际海港 5 千米内的陆地区域，在特殊情况下，根据总统令，规定格鲁吉亚国家边界线以内 30 千米宽的陆地区域（具体视地形而定）为边境区域。

格鲁吉亚内务部与财政部等有关部门协调、确定设立边境口岸，并提交格鲁吉亚总统批准。格鲁吉亚总统根据格鲁吉亚立法规定和国际条约、协定批准在边境区域设立铁路、公路、海运、水运和航空边境口岸。格鲁吉亚政府根据《格鲁吉亚政府架构、权力和活动规则法》《格鲁吉亚国家边界法》，制定国家边境口岸管理规定和监管程序，相关政府部门依法实施边境保护和口岸监管，包括对货物/运输工具的卫生、兽医、植物检疫和海关监管。

二、边境管理法律依据

格鲁吉亚国家边境管理的相关立法有《格鲁吉亚宪法》《格鲁吉亚国家边界法》《格鲁吉亚边境警察法》《国家边境制度和保护规定》等法规以及部门规章。

三、口岸管理部门

（一）边境保护及口岸管理主要部门

1. 格鲁吉亚内务部；
2. 格鲁吉亚国防部；

3. 格鲁吉亚外交部。

（二）其他相关部门和机构

1. 格鲁吉亚财政部相关机构；

2. 格鲁吉亚经济和发展部；

3. 格鲁吉亚劳动、卫生和社会事务部；

4. 格鲁吉亚农业部；

5. 格鲁吉亚能源部；

6. 格鲁吉亚环境和自然资源保护部。

根据立法规定，格鲁吉亚内务部部长和财政部部长授权其下属机构对口岸进出境人员、货物和运输工具实施监管。格鲁吉亚内务部下设边防警察局，边防警察局分为陆地边防局、海岸警卫队和航空边防局，共有5000多名边防警察在边境口岸和边防站执行任务。格鲁吉亚财政部下属税务总局在全境设有31个服务中心、9个清关区和20个边境口岸海关办事处，依法实施海关监管，开展海关查验和办理通关手续。

四、口岸分类

（一）按口岸地位划分

1. 国际口岸：任何国家的自然人、运输工具和货物均可按规定程序通过的口岸；

2. 双边口岸：依照格鲁吉亚和特定国家的双边协议，只允许格鲁吉亚和该国的自然人、运输工具和货物按照规定程序可通过的口岸；

3. 简易口岸：允许格鲁吉亚和邻国的自然人及运输工具按规定程序进入对方边境地区的口岸。

（二）按类别划分

1. 公路口岸；
2. 铁路口岸；
3. 航空口岸；
4. 海运口岸。

（三）按国际运输性质划分

1. 客运口岸；

2. 货运口岸;

3. 客货口岸。

(四) 按工作制度划分

1. 日间通行口岸;

2. 全天（24 小时）通行口岸。

红桥、萨达赫洛、加尔达巴尼、阿赫克勒皮、古古季、姆特克瓦里、拉戈杰希、萨姆塔茨卡罗、卡兹别吉、瓦列、尼诺茨明达、第比利斯机场、萨尔皮、巴统机场、库塔伊西机场、塞纳基机场、巴统港和波季港，均为全天通行口岸。

工作日 9：00 至 18：00，可通过格鲁吉亚关境任一口岸进出境。

五、口岸开放规则

1. 格鲁吉亚政府根据国际协定决定开放国际口岸、双边口岸和简易口岸。

2. 边境口岸建成后，建筑物及相关设施应交付格鲁吉亚财政部验收合格后开放。

3. 边境口岸建筑物和设施的建造施工费用纳入国家财政预算，格鲁吉亚相关部委、自治共和国和地方自治单位及相关机构的办公经费由格鲁吉亚财政部从批准的国家预算中拨款，通信费用由格鲁吉亚财政部和/或其他相关机构支付。

4. 边境口岸开放信息按照规定程序公布。

5. 边境口岸名称通常与所在地名称一致。

6. 边境口岸所有部门的工作由格鲁吉亚内务部授权机构牵头协调，其他部门应予配合。

7. 边境口岸区域内禁止建设非用于口岸服务的建筑物。

8. 边境口岸监管机构均应及时办理过境手续，运输文件审核的最后期限不得超过运输时间表规定的时间。

9. 运输时间表由格鲁吉亚运输部门与格鲁吉亚内务部授权机构和税务总局协商确定。

10. 依照格鲁吉亚法定程序，税务总局牵头协调口岸监管部门实施移民、卫生检疫、兽医、植物检疫、文化和艺术品的进出境监管。

11. 如无法在边境正常实施边境监管和其他类型的口岸监管，或出现疫情传播风险，根据格鲁吉亚总理决定，可暂时关闭口岸或宣布隔离管控。

附件：

格鲁吉亚与邻国关境口岸清单

格鲁吉亚—俄罗斯关境口岸清单

公路口岸	格鲁吉亚		俄罗斯		口岸地位	工作制度
	口岸名称	地点	口岸名称	地点		
1	卡兹别吉	姆茨赫塔—姆季阿涅季大区斯杰潘茨明达市	上拉尔斯	北奥塞梯共和国上拉尔斯	公路	6：00－22：00

格鲁吉亚—亚美尼亚关境口岸清单

公路口岸	格鲁吉亚		亚美尼亚		口岸地位	工作制度
	口岸名称	地点	口岸名称	地点		
1	尼诺茨明达	萨姆茨赫—扎瓦赫季大区	巴夫拉	希拉克州巴夫拉市	公路	全天
2	古古季	克维莫—卡尔特里大区古古季村	戈戈万（塔什尔）	洛里州	公路	全天
3	阿赫克勒皮	克维莫—卡尔特里大区马尔涅乌里区	普里沃利诺耶	洛里州	公路	日间
4	萨达赫洛	克维莫—卡尔特里大区萨达赫洛村	巴格拉塔申	洛里州	公路	全天
5	萨达赫洛	克维莫—卡尔特里大区萨达赫洛村	阿依鲁姆	洛里州	铁路	全天

格鲁吉亚—阿塞拜疆关境口岸清单

公路口岸	格鲁吉亚		阿塞拜疆		口岸地位	工作制度
	口岸名称	地点	口岸名称	地点		
1	红桥	克维莫—卡尔特里大区穆格汗洛村	红桥	甘贾区希赫利村	公路一类	全天
2	瓦赫坦吉西	克维莫—卡尔特里大区瓦赫坦吉西村	萨达赫雷	甘贾区萨达赫雷村	公路一类	日间

3	措德纳	卡赫季大区拉戈杰希村	别洛坎	舍基区	公路一类	全天
4	萨姆塔茨卡罗	卡赫季大区萨姆塔茨卡罗村	穆甘洛	赞格兰区	公路一类	日间
5	阿布列舒米茨—格扎	第比利斯市	伊佩克 尤卢	甘贾区	公路	全天
6	加尔达巴尼	克维莫—卡尔特里大区加尔达巴尼市	别尤克—克西克	阿科斯塔法区	铁路	全天

格鲁吉亚—土耳其关境口岸清单

公路口岸	格鲁吉亚		土耳其		口岸地位	工作制度
	口岸名称	地点	口岸名称	地点		
1	萨尔皮	阿扎尔自治共和国萨尔皮村	萨尔普	阿尔特温省特拉布宗区	公路	全天
2	瓦列	萨姆茨赫—扎瓦赫季大区瓦列村	波索夫	阿尔达汗省波索夫市	公路	全天
3	卡尔察希	萨姆茨赫—扎瓦赫季大区卡尔察希村	阿克塔什—恰尔德尔	阿尔达汗省波索夫市	公路铁路	全天

第四章　格鲁吉亚海关管理

第一节　概　述

格鲁吉亚海关依照《格鲁吉亚海关法典》等相关海关法律文件，对进出境货物、物品及运输工具实施海关监管。

一、海关法律

（一）海关法律的构成及效力

1. 格鲁吉亚海关法律，由格鲁吉亚所加入海关领域的国际条约、《格鲁吉亚海关法典》，以及依据《格鲁吉亚海关法典》通过或颁布的法规性文件组成。

2. 格鲁吉亚政府或格鲁吉亚财政部可颁布法规性文件。

3. 格鲁吉亚所加入国际条约的法律效力优于《格鲁吉亚海关法典》及其他法规性文件。

（二）《格鲁吉亚海关法典》的调整对象

《格鲁吉亚海关法典》制定了货物进出格鲁吉亚关境的有关规定，以及应办理的通关手续、海关争议的处理程序、海关违法行为类型，以及实施违法行为应承担的责任。

二、海关法律术语

（一）基本概念

在格鲁吉亚海关领域，经常性使用以下基本概念：

1. 人，是指法人（企业或组织）、独立参与法律关系但不具有法人地位的人组成的团体，以及自然人；

2. 格鲁吉亚有身份的人，是指格鲁吉亚公民和/或在格鲁吉亚登记为纳税人的人。

3. 总申报单，是指在规定期限内，按照规定程序向海关通知货物进出格鲁吉亚关境固定格式的文件。

4. 临时存储申报单，是指按照规定程序，用于申报临时存储货物的固定格式文件。

5. 报关单，是指按照规定程序申明货物拟适用相应海关监管方式的固定格式文件，必要时在文件中注明附加条件。

6. 复出口申报单，是指按照规定程序，用于申报拟从格鲁吉亚关境出口外国货物的固定格式文件（适用自由区海关监管方式或临时存储的外国货物除外）。

7. 复出口通知书，是指按照规定程序，用以申报拟从格鲁吉亚关境出口适用自由区海关监管方式或临时存储的外国货物的固定格式文件。

8. 海关监管方式，是指依照《格鲁吉亚海关法典》规定，货物可适用的任何海关监管方式，其中包括放行供自由流通、出口，以及特殊监管方式。

9. 临时存储，是指向海关提交外国货物的相关信息后，在其适用海关监管方式前或复出口之前，在海关监管之下临时存放的状态。

10. 关税义务，是指《格鲁吉亚税法典》规定的进口纳税义务。

11. 义务人，是指依照格鲁吉亚法律应履行关税义务的人。

12. 海关地位，是指确定货物为格鲁吉亚货物或外国货物的地位。

13. 格鲁吉亚货物包括以下几类：

（1）完全在格鲁吉亚关境内获取的货物；

（2）从外国或自由区进口并放行进入自由流通的货物；

（3）以上两项货物或仅以第（2）项货物为原料，在格鲁吉亚关境内获取或生产的货物；

（4）确定适用出口海关监管方式的加工产品。

14. 外国货物，是指非格鲁吉亚货物，或已丧失格鲁吉亚货物地位的货物。

15. 加工产品，是指对适用境内或境外加工监管方式的货物进行加工而获得的产品。

16. 呈验货物，是指向海关提交有关货物抵达海关、海关确定地点，或与海关协商确定的其他地点的信息。

17. 货物所有人，是指货主以及有权处置或实际控制货物的人。

18. 监管方式适用人。

（1）报关单提交人，或接受委托提交报关单的人；

（2）与海关监管方式有关的权利和义务被转移后的承接人。

19. 货物加工业务包括以下几项：

（1）货物加工，包括安装、组装、装配成其他货物；

（2）生产货物；

（3）销毁货物；

（4）维修货物，包括修复货物并使其恢复工作状态；

（5）使用货物。

20. 产出率，是指对适用境内加工或境外加工监管方式的一定数量货物，进行加工后获得的加工产品数量或该数量的百分比。

21. 采购佣金，是指购买估价货物时，进口商支付或应付给其代理人的任何报酬。

22. 进口税费，是指《格鲁吉亚税法典》规定的进口税、消费税、增值税。

23. 海关所有仓库，是指税务总局用于存储货物的海关监管区。

24. 经济清关区，是指税务总局专门设立用于办理货物通关手续的海关监管区。

25. 权益决定，是指海关作出赋予利害关系方某些权利或分配某些利益的决定。

26. 转运，是指货物在外国之间运输，或通过格鲁吉亚领土进入外国境内。

（二）其他概念

对本章未作解释的术语（概念），按照格鲁吉亚相关法律中的释义在海关领域应用。

三、信息管理规定

（一）信息交换

1. 海关与企业之间应使用电子数据处理方式进行信息交换。

2. 如受运输方式限制，或者使用电子数据处理方式不符合海关手续的要求，或电子信息系统出现故障，则可使用其他信息交换方式。使用纸质材料（书面）形式开展信息交换时，必须向收件人提供文件正本或经核证的副本，并应由授权人签字证明。

3. 国际航空运输的承运人，应按照规定程序，向海关提供有关国际航空运输工具及其运载的货物和/或乘客的预先信息。

4. 为甄别和防范海关风险，根据海关与申报人或其他义务人之间的书面协议，可以进行信息交换，包括允许海关访问申报人的数据库。如双方未另行约定，双方在此框架内所交换的信息属于海关秘密。

5. 港口、机场应向海关通报进出格鲁吉亚关境的运输工具的抵离信息。

（二）信息保护

1. 除法律有明确规定的以外，海关所掌握的企业信息均属海关秘密。

2. 只有在法律规定的情形下，方可向他人提供包含海关秘密的信息。

3. 海关和依照法律规定获取包含海关秘密信息的第三方，必须保守海关秘密。

4. 对泄露海关秘密的，将依照格鲁吉亚法律追究其责任。

（三）信息公开

1. 根据法人、非法人组织及自然人的请求，海关有权发布关于适用格鲁吉亚海关法律的信息。

2. 如果第 1 款请求与货物国际贸易实际业务无关，海关有权不予发布。

3. 海关应与国际贸易参与方保持经常性对话，并提供有关格鲁吉亚海关法律/海关监管方式的信息，以及办理海关手续所需的相关申请的格式，并不得收取任何费用。

（四）信息和文件提交

1. 根据海关要求，任何直接或间接参与办理海关手续或接受海关监管的人，应向海关提交相关文件和信息，并在办理海关手续和实施海关监管过程中提供协助。

2. 向海关提交报关单、临时存储申报单、进口货物总申报单、出口货物总申报单、复出口申报单或复出口通知书，以及为取得海关授权而提交申请时，上述文件和信息的提交人应履行以下义务：

（1）确保报关单、通知书或申请信息的准确性和完整性；

（2）确保报关单、通知书或申请所附文件的真实性、准确性和有效性；

（3）遵守有关货物所适用海关监管方式，或实施许可活动的要求。

3. 海关代理人提交报关单、通知书或申请时，适用上述规定。

四、办理通关业务的相关规定

（一）办理通关手续的地点和时间

1. 应在海关所在地和海关工作时间内办理通关手续。

2. 海关应充分考虑海关监管方式类型和货物运输等因素，依据不妨碍或中断国际物流运输的原则，确定货物通关地点及办理海关手续其他场所的工作时间。

（二）办理通关手续使用的语言

1. 在格鲁吉亚关境内使用格鲁吉亚语办理海关手续，但在阿布哈兹自治共和国可使用阿布哈兹语办理海关手续。

2. 可以向海关提交外文文件。

3. 向海关提交外文文件时，海关有权要求提供格鲁吉亚官方语言的翻译件。

（三）汇率规定

在确定货物的完税价格和进口税额时，将外币转换为格鲁吉亚本国货币的顺序如下：

1. 如报关单登记当日，格鲁吉亚国家银行公布拉里兑该国货币的官方汇率，则按指定的官方汇率进行换算；

2. 如报关单登记当日，格鲁吉亚国家银行未公布拉里兑该国货币的官方汇率，则按照格鲁吉亚国家银行理事会规定的程序确定汇率。

第二节 特定海关监管方式

一、一般规定

（一）特定海关监管方式的分类

货物可适用以下任何一种特定海关监管方式，并依据该监管方式的规定办理通关手续：

1. 转运；

2. 海关仓库；

3. 自由区；

4. 暂时进口；

5. 特定使用；

6. 境内加工；

7. 境外加工。

（二）授权

1. 适用境内加工、境外加工、暂时进口和特定使用监管方式时必须获得海关授权。

2. 获得海关授权的条件：

（1）被授权人是格鲁吉亚公民，或在格鲁吉亚登记的纳税人；

（2）具备以适当方式开展此项业务的可行性；

（3）如货物所适用的特定监管方式要求缴纳进口税费，能够提供进口税费缴纳担保；

（4）在适用暂时进口或境内加工监管方式时，能够按规定程序使用货物，或对货物进行加工作业。

3. 如符合以下条件，海关也可予以授权：

（1）海关无须办理行政手续即可随时实施海关监管；

（2）境内加工或境外加工授权不会对当地企业的利益产生负面影响。

（三）特定海关监管方式的终止

1. 除转运货物外，如适用一种海关监管方式的货物或加工产品，确定适用其他监管方式，或从格鲁吉亚关境出口，或以不产生废碎料的方式予以销毁，或者依照《格鲁吉亚海关法典》规定收归国有，则视为原监管方式终止。

2. 在以下情况下，视为转运监管方式终止：

（1）如已向指运地海关或在海关确定的其他地点，提交货物及相关单证；

（2）如货物适用其他海关监管方式；

（3）如货物依照法律规定被销毁或收归国有。

二、转运

（一）概述

1. 适用转运海关监管方式的货物，可在格鲁吉亚关境内两点之间进行运输，无须缴纳进口税费，且不适用贸易保护措施，前提是未禁止该货物进出格鲁吉亚关境。

2. 按照转运监管方式运输的货物必须保持原状，但因自然磨损、运输或正常存储条件下货物固有的自然损耗所引起的变化除外。

（二）转运依据

实施转关运输的依据：

1. 适用转运海关监管方式；

2.《TIR 证国际货物运输海关公约》（1975 年 11 月 14 日，日内瓦），如运输在格鲁吉亚关境外；

3.《关于货物暂时进口的 ATA 报关单证册的海关公约》（ATA 公约，1961 年 12 月 6 日，布鲁塞尔）和《货物暂时进口公约》（1990 年 6 月 26 日，伊斯坦布尔）；

4. 万国邮政联盟的相关法规（邮政运输）。

（三）转运监管方式的适用人、承运人和收货人的义务

1. 转运制度适用人应履行以下义务：

（1）在规定期限内，向指运地海关或在海关确定的其他地点，提交保持原状的货物及其随附单证，且不得损坏货物识别标志；

（2）对因运输货物产生的担保义务，向海关提供担保；

（3）履行格鲁吉亚法律规定的与转运监管方式有关的其他义务。

2. 如果按照格鲁吉亚海关法律规定的程序，已向指运地海关或在海关确定的其他地点提交转关运输货物和相关文件，则视为转运监管方式的适用人已履行义务，且转运监管方式已终止。

3. 知悉货物按照转运监管方式在格鲁吉亚境内运输的承运人和收货人，应在规定期限内，向指运地海关或在海关确定的其他地点，提交保持原状的货物及其随附单证，且不得损坏货物识别标志。

三、海关仓库

（一）概述

1. 适用海关仓库监管方式的外国货物，存放在海关仓库、海关机构的仓库或其他存储场所，无须缴纳进口税费，且不适用贸易保护措施，前提是未禁止该货物进出格鲁吉亚关境。

2. 在格鲁吉亚法律规定的情况下，或为返还已缴纳的货物进口税款，格鲁吉亚货物可按照规定程序适用海关仓库监管方式。

3. 在海关仓库中允许存储以下货物：

（1）存储适用海关仓库监管方式的货物；

（2）临时存储货物；

（3）临时存储海关监管货物和/或运输工具。

4. 允许转让海关仓库中存储货物的所有权。

5. 在海关机构的仓库中，除存放适用海关仓库监管方式的货物外，允许存放其他海关监管货物。

6. 基于经济利益考虑，如对海关监管不会造成负面影响，经海关同意，允许以下行为：

（1）在海关仓库中存放格鲁吉亚货物，但不视为该货物适用海关仓库监管方式；

（2）在海关仓库对适用境内加工或特定使用监管方式的货物进行加工，但需遵守上述监管方式的规定条件和格鲁吉亚海关立法的特别规定。

（二）存储期限

1. 适用海关仓库监管方式的货物的存储期限不超过 2 年。申报人可延长此期限，但每次延长期限不得超过 2 年。

2. 在特殊情况下，对因其种类和特性，长期存储可能威胁人类健康、动植物及环境安全的货物，海关可以设定海关仓库监管方式的终止期限。

（三）海关仓库经营许可

1. 经营海关仓库应依据海关发放的许可，但海关自行经营海关仓库的情形除外。

2. 海关仓库经营许可只能发放给格鲁吉亚公民，或在格鲁吉亚登记的纳税人，并不得将许可转让他人。

3. 根据《格鲁吉亚许可证和许可法》，规定获得海关仓库经营许可的条件。

4. 海关仓库经营许可的申请人应向海关提供担保，担保金额由格鲁吉亚财政部确定。

5. 发放海关仓库经营许可的程序和条件，由格鲁吉亚政府确定。

（四）相关义务

1. 海关仓库所有人和海关仓库监管方式的适用人应履行以下义务：

（1）未经海关同意，不得运出存放在海关仓库的货物，使其脱离海关监管；

（2）遵守对适用海关仓库监管方式货物的仓储要求。

2. 海关仓库监管方式的适用人，应遵守货物适用海关仓库监管方式的相关要求。

3. 海关仓库所有人，应遵守海关仓库经营许可所规定的许可条件。

四、自由区

（一）概述

1. 自由区是在格鲁吉亚关境划出的特殊区域。

2. 对进入自由区的外国货物，不视为其适用放行进入自由流通监管方式，因此对其不征收进口税费。

3. 对进入自由区的格鲁吉亚货物（包括获得外国货物地位的格鲁吉亚货物），适用类似出口监管方式的法律规定。

（二）设立自由区

1. 根据利害关系人提交的申请，并提供适当担保，由格鲁吉亚政府作出设立自由区的决定。

2. 自由区内任何建筑物、设施或构筑物的建设，必须提前与海关协商一致。

3. 自由区必须使用专用围栏进行围挡，并确定自由区的出入口。

4. 设立自由区的条件，需提供的担保金额，自由区运营和货物在区内存储及实施海关监管的规则，由格鲁吉亚政府制定。

（三）自由区监管方式的期限

1. 货物适用自由区监管方式无时间限制。

2. 在特殊情况下，对因其种类和特性，长期存储可能威胁人类健康、动植物及环境安全的货物，海关可以设定自由区监管方式的终止期限。

（四）自由区内海关监管

1. 自由区出入口及自由区边界由海关进行监管。

2. 海关有以下权力：

（1）对人员、货物和运输工具进出自由区进行监管；

（2）对无法确保执行格鲁吉亚海关法律规定的企业和个人，禁止其进入自由区并在自由区内开展活动；

（3）要求提供自由区内货物的文件副本；

（4）必要时对自由区内货物进行检查。

（五）自由区内经营活动

1. 允许在自由区进口、存储、加工、供应任何货物，以及从自由区出口任何货物。

2. 自由区内禁止以下行为：

（1）武器和弹药的生产和贸易；

（2）核材料和放射性物质的生产和贸易；

（3）麻醉药品和精神药物的进口、存储、生产和销售；

（4）烟草制品和烟草原料的进口、存储、生产和/或销售，但运入自由区就地使用的情形除外。

3. 格鲁吉亚政府可以对自由区内的经营活动制定禁止或限制措施。

（六）货物呈验和申报

1. 对进入自由区的货物，只需向海关提交简化报关单。

2. 在以下情况下，进入自由区的货物需向海关呈验，并办理海关手续：

（1）根据返还进口税款或免除缴纳进口税费的决定，货物进入自由区；

（2）货物适用出口监管方式。

3. 如货物适用其他海关监管方式，该监管方式以货物进入自由区而终止。同时，调节该监管方式的海关法律规定免除向海关呈验货物的义务，则不强制要求向海关呈验货物。

（七）货物的海关地位

1. 如货物从自由区运至格鲁吉亚关境内的其他地点，在确认其格鲁吉亚货物地位前，应视为外国货物。

2. 如货物从自由区运往格鲁吉亚关境外，为实施格鲁吉亚法律规定的货物出口措施，该货物应被视为格鲁吉亚货物。

五、暂时进口

（一）概述

1. 适用暂时进口监管方式的外国货物，以复出口为前提条件可进口到格鲁吉亚关境内使用，对其不适用贸易保护措施，前提是未禁止该货物进出格鲁吉亚关境。

2. 对暂时进口货物全部或部分免征进口税费。

3. 完全免征进口税费的货物清单，以及禁止暂时进口的货物清单，由格鲁吉亚财政部确定。

4. 适用暂时进口监管方式的货物，其所有权应为外国公民或格鲁吉亚关境之外注册的纳税人。

5. 如格鲁吉亚海关法律未另行规定，暂时进口监管方式的适用人必须是外国公民或格鲁吉亚关境之外注册的纳税人。

（二）适用条件

货物适用暂时进口监管方式，应符合以下条件：

1. 能够有效识别货物，但根据货物特性和用途，无法识别货物不会导致违反本监管方式规定的情形除外；

2. 提供担保；

3. 暂时进口货物应保持原状复出口，但因使用、运输或正常存储条件下货物固有的自然损耗而引起的变化除外；

4. 符合格鲁吉亚海关法律规定的货物减免税要求。

（三）暂时进口期限

1. 在申报人确定的期限内，适用暂时进口监管方式的货物，应适用其他海关监管方式或复运出口。

2. 如《格鲁吉亚海关法典》未另行规定，经海关一次性授权，被授权人可按照暂时进口监管方式进口货物，期限不超过 3 年。如该货物通过适用其他特殊监管方式以结束暂时进口监管方式，后续再次适用暂时进口监管方式，则该货物适用暂时进口监管方式的期限合计不超过 3 年。

3. 在特殊情况下，根据被授权人的合理申请，海关有权延长申报人自行确定的期限或规定的 3 年期限。

4. 货物适用暂时进口监管方式的总期限不得超过 10 年，但格鲁吉亚财政部部长可决定给予更长的期限。

（四）部分免税的暂时进口货物的进口税额

1. 对于部分免征进口税费的暂时进口货物，自报关单登记之日起，在格鲁吉亚关境内停留的每个完整和不完整自然月，按暂时进口报关单登记当日该货物放行进入自由流通时应征收进口税额的 3% 缴纳进口税费。上述税款应在货物处于格鲁吉亚关境每个月的次月 15 日前缴纳，最后一笔税款应在暂时进口监管方式终止当日缴纳。申报人有权在规定期限内一次性缴纳全部应缴税款。

2. 对于部分免征进口税费的暂时进口货物，其应缴税款总额（不含滞纳金），不得超过该货物在暂时进口报关单登记当日放行进入自由流通时应征收的进口税额。

六、特定使用

（一）适用条件

1. 对于适用特定使用监管方式的货物，根据其特殊用途，可免征进口税费放行进入自由流通。

2. 如货物处于生产阶段，海关可在授权中注明条件，如果满足该条件，则视为货物用于特定用途，免于缴纳进口税费。

（二）监管规定

1. 如按照特定使用进口的货物可以重复使用，且海关认为有必要延长该货物的海关监管期限，以防范出现违反格鲁吉亚法律的行为，则海关监管期限应延长自特定使用货物首次使用之日起不超过 3 年。

2. 未经海关同意，应接受海关监管的特定用途进口货物不得转让、质押、提供给他人临时无偿使用（出借），或者转让使用或移作他用。

3. 如应接受海关监管的特定用途进口货物被损坏或被损毁，货物所有人应立即将此情况通知相关海关，并向其提供经被授权人核证的货物损坏或损毁的可靠证据。否则，视为货物被非法处置。

4. 对于特定用途进口货物使用或加工过程中产生的废碎料或废品，考虑到其特定用途和自然损耗，应视为同一用途货物。

5. 对于特定用途进口货物销毁过程中产生的废碎料或废品，应视为适用海关仓库监管方式的货物。

七、境内加工

（一）监管方式的适用

依照《格鲁吉亚海关法典》规定，对适用境内加工监管方式的外国货物，可进行一项或多项作业，无须缴纳进口税费，且不适用贸易保护措施，前提是未禁止该货物进出格鲁吉亚关境。

（二）产出率

1. 如格鲁吉亚法律未规定标准产出率，则适用境内加工监管方式时，申报人应与海关协商确定产出率或平均产出率，必要时确定产出率的计算方法。

2. 协商产出率时，海关可要求被授权人提交鉴定结论。

3. 产出率或平均产出率，应依据正在或即将进行加工过程的实际情况确定。必要时，可依照《格鲁吉亚海关法典》相关规定，对产出率进行修正。

（三）适用条件

适用境内加工监管方式，应符合以下条件：

1. 无法以经济可行的方式，将加工产品恢复到初始状态。

2. 申报人应提交以下具有充分依据的信息：

（1）货物加工作业的直接参与人；

（2）适用境内加工监管方式货物、加工产品、剩余料件和废碎料的说明、品质和数量；

（3）货物加工工序、加工期限和加工方式；

（4）在加工产品中识别未加工货物的方法。

3. 与海关协商确定产出率。

4. 申报人提供相关担保，以确保缴纳适用境内加工监管方式货物的进口税费。

（四）货物识别

1. 采用以下方法，识别适用境内加工监管方式的货物：

（1）戳记、数字等商品标记或其他标记；

（2）货物的详细说明、照片或比例图像；

（3）对货物试样、样品进行研究和分析，以进一步比较其结果；

（4）生产商在货物上粘贴序列号，形成货物标记或其他标记；

（5）对适用境内加工监管方式的货物进行加工作业的证明文件；

（6）应用高新技术的其他识别方法。

2. 海关有权选择上述一种或几种识别方法。

3. 根据境内加工被授权人的要求，并征得海关同意，可依据所收集的货物加工作业中使用原材料、材料和组件及加工产品生产工艺的详细信息，以确保识别货物。

（五）境内加工期限

1. 根据境内加工监管方式的持续时间，以及结束该监管方式所需的时间，由海关确定完成境内加工的期限。

2. 自货物适用境内加工监管方式之日起，开始计算货物的加工期限，当货物以单独批次的形式适用该监管方式时，从第一批货物适用境内加工监管方式之日起，计算货物的加工期限。

3. 根据申报人的合理申请，可延长预定期限。

4. 根据格鲁吉亚财政部部长命令，可以规定开展货物加工或部分货物加工业务的具体期限。

5. 经与海关协商同意，适用境内加工监管方式的货物、加工产品及其部件，在规定的加工期限届满前复运出境的前提下，可暂时运往格鲁吉亚关境外进行加工。在此情形下，针对境内加工监管方式制定的规则和条件对该货物有效。

八、境外加工

（一）监管方式的适用

1. 对适用境外加工监管方式暂时运往关境外的格鲁吉亚货物，可进行一项或多项加工作业。如符合境外加工监管方式的所有条件，加工产品运入格鲁吉亚关境时，可全部或部分免征进口税费进入自由流通。

2. 适用境外加工监管方式的格鲁吉亚货物出口时，应办理从格鲁吉亚关境出口所规定的海关手续，其加工产品进口到格鲁吉亚关境时，应办理货物进口的海关手续。

3. 适用境外加工监管方式货物的产出率及货物识别，应适用境内加工的相关规定。

（二）限制规定

1. 以下格鲁吉亚货物不得适用境外加工监管方式：

（1）如其出口需返还或抵扣已缴纳的进口税款；

（2）如其出口前，根据特定使用监管方式免征进口税费放行进入自由流通，且适用此优惠的条件有效，但上述货物出口维修除外。

2. 格鲁吉亚财政部部长可发布命令，规定不受前款限制的例外情形。

（三）适用条件

适用境外加工监管方式，应符合以下条件：

1. 在加工产品中可以识别适用境外加工监管方式的货物。

2. 无法以经济可行的方式，将加工产品恢复到初始状态。

3. 申报人应提交以下具有充分依据的信息：

（1）货物加工作业的直接参与人；

（2）适用境外加工监管方式的货物、加工产品、剩余料件和废碎料的说明、品质和数量；

（3）货物加工工序、加工期限和加工方式；

（4）在加工产品中识别未加工货物的方法。

4. 与海关协商确定产出率。

（四）境外加工期限

1. 根据境外加工监管方式的持续时间，以及结束该监管方式所需的时间，由海关确定加工产品进口到格鲁吉亚关境的期限，或依照《格鲁吉亚海关法典》规定转让的期限。

2. 自货物适用境外加工监管方式之日起，开始计算货物的加工期限，当货物以单独批次的形式适用该监管方式时，从第一批货物适用境内加工监管方式之日起，计算货物的加工期限。

3. 根据申报人的合理申请，可延长第 1 款规定的期限。

4. 根据格鲁吉亚财政部部长命令，可以规定开展货物加工或部分货物加工业务的具体期限。

（五）免费维修

1. 如申报人能够证明，适用境外加工监管方式的货物因合同或担保义务，或因制造缺陷进行免费维修，则维修后的产品进入格鲁吉亚关境时，应完全免征进口税费放行进入自由流通。

2. 如货物适用境外加工监管方式前，其制造缺陷在初次放行进入自由流通时已被考虑在内，则第 1 款规定的优惠措施不适用于进入格鲁吉亚关境的维修产品。

第三节　通关流程

第一部分　进　口

一、货物进入格鲁吉亚关境

（一）总申报

1. 提交进口货物总申报单

（1）货物进入格鲁吉亚关境前，应向海关提交货物进口总申报单。

（2）以下货物无须进行总申报：

① 通过管道运输或输电线路输送的通过格鲁吉亚关境的货物；

② 通过格鲁吉亚领水或领空，但不经停的航空或海上运输工具及其运载的货物；

③ 已提交报关单的货物；

④ 格鲁吉亚财政部部长发布命令确定的货物。

（3）进口货物总申报单应由承运人提交。但进口商、收货人或委托承运人办理业务的其他人，或能够在口岸呈验或已呈验进口货物的任何人，不受承运人义务的限制，也可提交进口货物总申报单。

（4）进口货物总申报单应包含风险分析所需的信息。

（5）海关可允许使用贸易、港口或运输信息系统填制进口货物总申报单，如该系统包含填制申报单所需的信息，并且在提交总申报单规定期限内可获取该信息。

（6）可以提交通知信息以替代进口货物总申报单，如海关可获取存储在申报人计算机系统内有关总申报的相关信息。

（7）向海关提交进口货物总申报单的程序和期限，不提交进口货物总申报单的情形，由格鲁吉亚财政部以部长命令的形式确定。

2. 修改总申报单或认定其无效

（1）依据申报人申请，海关可授权申报人对其提交的进口货物总申报单进行修改。

（2）在以下情形下，不得对进口货物总申报单进行修改：

① 如海关已通知进口货物总申报单的提交人对其所申报货物将进行检查；

② 如海关已确定申报信息不实；

③ 如已向海关呈验货物。

（3）如进口货物总申报单中申报的货物并未进入格鲁吉亚关境，在以下情形下，海关应认定该申报单无效：

① 申报人提交相关申请后；

② 该申报单提交 200 天后。

3. 提交报关单代替总申报单

在以下情形下，海关可不要求提交进口货物总申报单：

（1）如提交的货物报关单包含填制货物进口总申报单所需的信息。依照《格鲁吉亚海关法典》规定，报关单登记前具有与进口货物总申报单相同的效力；

（2）如提交的货物临时存储申报单包含填制货物进口总申报单所需的信

息。依照《格鲁吉亚海关法典》规定，在向海关通报所申报货物抵达之前，临时存储申报单具有与进口货物总申报单相同的效力。

（二）货物进口和临时存储

1. 海上船舶或航空器的抵达通知

（1）海上船舶或航空器抵达格鲁吉亚关境后，其运营人必须向海关通报抵达消息。如海关可以获取其抵达信息，可不要求提供此信息。

（2）经海关同意，可使用港口或机场的信息系统或其他信息传递方式，通报海上船舶或航空器已抵达。

2. 海关监管

（1）进口货物抵达后立即接受海关监管。必要时海关可禁止或限制该货物进入格鲁吉亚关境，以确保公共安全，保护国家利益、公共道德、人类或动植物的生命健康、具有历史和考古价值的艺术品和国家财富，对易制毒化学品、精神药物和精神活性物质、资金和侵犯知识产权货物实施监管。必要时，针对特定货物实施防腐和渔业管理措施，以及经济政策领域的其他措施。

（2）货物在其海关地位确定之前需接受海关监管，未经海关同意，不得脱离监管或对其进行处置。依照《格鲁吉亚海关法典》规定，格鲁吉亚货物一经确定其海关地位，即解除海关监管。外国货物在其海关地位变更、从格鲁吉亚关境运出或销毁之前应继续接受海关监管。

（3）经海关同意，海关监管货物的所有人可随时检查货物并提取货物的试样和/或样品，以对商品进行归类、确定其完税价格或海关地位。

（4）如海关监管货物被损毁或损坏，货物所有人应立即通知海关，并向海关提交相关国家授权机关证明货物被损毁或损坏的可靠证据，否则货物会被视为非法脱离海关监管。

3. 货物向指定场所的运输/转移

（1）货物进入格鲁吉亚关境后，进口货物承运人应立即按照海关指定的路线将货物运输至海关监管区，或者海关确定或同意的其他场所。

（2）根据格鲁吉亚与外国签署的国际条约，仍处于外国关境内但可能接受格鲁吉亚海关监管的货物，应视为进口到格鲁吉亚关境的货物。

4. 发生不可抗力时应采取的措施

（1）不可抗力，是指不能履行《格鲁吉亚海关法典》规定义务的极端或特殊情况，其发生不取决于人的意愿，包括：

① 自然灾害（地震、洪灾、山体滑坡、雪崩、火灾等）；

② 限制对外贸易，宣布紧急状态或戒严状态，以及国家机构的其他类似决定；

③ 群体骚乱或罢工。

（2）如因不可抗力影响，无法按照海关指定路线将货物运输至海关监管区，应立即将具体情况和货物的准确位置通知海关（货物完全损毁的情况除外），并按照海关的指示行动。

（3）如因不可抗力的影响，通过格鲁吉亚领水或领空但不经停的海上船舶、航空器被迫在格鲁吉亚关境内的港口/机场停靠/着陆，在抵达格鲁吉亚关境后，该船舶或航空器的控制人（船长/机长）或其代理人，应立即向海关通报此情况。

（4）海关应采取相关措施，确保对第 2 款所指定的货物和第 3 款所指定的船舶或航空器及其运载货物实施海关监管。如有必要，应将该货物和船舶/航空器转移至海关监管区或者海关指定或同意的其他场所。

5. 呈验货物

（1）在进口货物运抵口岸，或者海关指定或同意的其他地点后，应立即向海关呈验货物。

（2）已向海关呈验的货物，未经海关许可，不得从其呈验地点运离。

6. 货物的卸载和拆箱

（1）经海关同意，可在其指定或同意的地点卸载或倒装货物。如发生无法抗拒的危险应立即卸载货物时，则无须海关同意，但应立即向海关通报。

（2）海关可随时要求卸货和拆箱，以便对货物进行检查、提取试样和/或样品，或对运载该货物的运输工具进行检查。

7. 外国货物临时存储

（1）外国货物向海关呈验后必须进行临时存储。

（2）对于向海关呈验的外国货物，应提交包含临时存储所需全部信息的临时存储申报单。

（3）如格鲁吉亚法律规定或实施海关监管需要，则必须向海关提交临时存储货物的文件。

（4）应在不晚于向海关呈验货物时提交临时存储申报单。

（5）临时存储申报单应援引向海关提交的进口货物总申报单，但未规定提交货物进口总申报单，或者该货物已处于临时存储状态，或者已适用海关监管方式且尚未运出格鲁吉亚关境的情形除外。

（6）经海关同意，可按以下形式提交临时存储申报单：

① 援引相关进口货物的总申报单，如果需要向海关补充提交填制临时存储申报单所需的信息；

② 提交包含临时存储申报单的相关信息的运输单证。

（7）海关可允许使用贸易、港口或运输信息系统填制临时储存申报单，如果该系统包含填制此申报单所需的信息，且该信息可以获取。

（8）临时存储申报单可用于：

① 通报运输工具抵达；

② 向海关呈验货物。

（9）如果在向海关呈验货物的规定期限内，货物已获得格鲁吉亚货物地位，则无须提交临时存储申报单。

（10）海关应确保临时存储申报单的存储或调取，以核查该临时存储申报单中所申报货物是否适用海关监管方式，或是否完成复出口。

（11）对于适用转运监管方式的外国货物，为实施转运提交的指运地信息可视为临时存储申报单，如其包含填制临时存储申报单所需的信息。

8. 修改临时存储申报单或认定无效

（1）根据申报人申请，海关授权该申报人对其提交的临时存储申报单进行修改。上述更改不能涉及最初未在此申报单中申报的货物。

（2）在以下情况下，不得对临时存储申报单进行修改：

① 如海关已通知临时存储申报单的提交人对所申报货物进行检查；

② 如海关已确定申报信息不实。

（3）如未向海关呈验临时存储申报单中所申报的货物，在以下情形下，海关应认定该申报单无效：

① 申报人提交相关申请后；

② 该申报单提交 30 日后。

9. 相关条件和义务

（1）临时存储货物应存放在海关仓库，或者海关指定或同意的其他场所。

（2）对于临时存储货物，只能进行不改变其状态（外部形态或技术指标）的作业。格鲁吉亚政府有权制定不同规定。

（3）海关仓库所有人，或者海关指定或同意存放临时存储货物的其他存储场所的所有人，有以下义务：

① 确保临时存储货物不得非法脱离海关监管；

② 履行与存放临时存储货物有关的义务。

（4）如无法延长货物临时存储期限，海关应依照《格鲁吉亚海关法典》规定，立即采取措施对其进行处置。

10. 终止临时存储

（1）临时存储的外国货物，在 30 日内适用海关监管方式或复出口。如格鲁吉亚立法未另行规定，依据海关监管方式规定，申报人可以选择货物所适用的监管方式，不受货物特性、数量、原产地、用途和批次的限制。

（2）海关有权缩短第（1）项的期限，或延长至 60 日。

（3）如货物临时存放在海关仓库，第（1）项规定的期限不得超过 180 日。

（4）对已确定海关监管方式的货物，除出口监管方式以外，最长可在海关仓库临时存放 180 日，出口监管方式则不超过 120 日。

（5）海关有权延长第（3）项和第（4）项规定的期限，但不得超过 180 天。

二、海关申报

（一）货物的海关地位

1. 对格鲁吉亚关境内的任何货物，在确定其具有外国货物地位之前，均应视为格鲁吉亚货物。

2. 在格鲁吉亚财政部部长命令规定的情形下，完全在格鲁吉亚关境内，从临时存储货物，或者适用转运、海关仓库、暂时进口或境内加工等监管方式的货物中获取的货物并不具有格鲁吉亚货物地位。

3. 在以下情形下，货物失去格鲁吉亚货物地位而获得外国货物地位：

（1）该货物从格鲁吉亚关境出口；

（2）该货物适用转运、海关仓库、自由区或境内加工监管方式；

（3）该货物适用特定使用监管方式，后续被收归国有或以产生废碎料的方式被销毁；

（4）货物放行供自由流通的报关单被认定为无效。

（二）基本规定

1. 对拟适用海关监管方式的货物，应使用相关监管方式的报关单进行申报。

2. 适用出口或境外加工监管方式的格鲁吉亚货物，自报关单登记之时起，至从格鲁吉亚关境出口或认定该报关单无效为止，应接受海关监管。

（三）标准报关单及随附单证

1. 标准报关应包含相关货物适用海关监管方式所需的全部信息。

2. 适用海关监管方式所需的标准报关单随附文件，应由申报人保存并在提交标准报关单时供海关审核。该文件申报人应至少保存 3 年，并按要求向海关提交。

（四）报关单的提交

1. 报关单可由能够向海关呈验货物，并提供该货物所适用监管方式所需全部信息的人提交。如登记报关单针对具体人产生单独义务，则必须由该人或其代理人提交报关单。

2. 除第 3 款规定的情形外，申报人必须是格鲁吉亚公民或在格鲁吉亚登记的纳税人。

3. 以下人无须履行在格鲁吉亚的相关义务：

（1）转运或暂时进口报关单的提交人；

（2）货物适用境内加工或特定使用监管方式时，经与海关协商，不定期提交报关单的人；

（3）依据互惠原则，与格鲁吉亚公民或在格鲁吉亚登记的纳税人享受同等优惠，并在格鲁吉亚毗邻口岸提交货物的邻国公民或纳税人。

4. 向海关呈验货物之前，可提前提交报关单。自报关单提前提交之日起45 日内未向海关呈验该货物，视为报关单未提交。

（五）报关单登记

1. 对符合规定条件的报关单，如已向海关呈验该报关单中所申报的货物，海关应立即对其进行登记。

2. 如格鲁吉亚海关法律未作另行规定，货物适用报关单登记之日实施的格鲁吉亚海关法律。

（六）报关单修改

1. 根据申报人申请，可以对已登记的报关单进行修改。但上述更改不能涉及最初未在此报关单中申报的货物。

2. 在以下情况下，不得对已登记的报关单进行修改：

（1）如海关已通知申报人将对报关单进行核查；

（2）如海关已确定该报关单中存在虚假信息；

（3）相关货物放行后。

3. 货物放行后，自报关单登记之日起 3 年内，在法院相关裁定和海关实施货物放行后，监管的决定送达之前，如申报人履行货物所适用相关监管方式规定的义务，根据其申请，海关可以授权申报人对已登记的报关单进行修改。

4. 如确定报关单中存在虚假信息，在相关货物放行之前，海关可主动对已登记的报关单进行修改。

（七）报关单撤销

1. 根据申报人申请，如符合下列条件之一，海关应认定已登记的报关单无效：

（1）如海关确定相关货物应立即适用与其申报不同的海关监管方式；

（2）因特殊情况，货物适用所申报的海关监管方式无依据。

2. 如海关通知申报人对报关单进行核查，则申报人认定该报关单无效的申请在完成货物检查之前不予受理。

3. 相关货物放行后不得认定报关单无效，但格鲁吉亚财政部以部长命令形式规定的情形除外。

4. 货物放行后可能宣布报关单失效的情形：

（1）依据申报人申请，如其提供证据表明由于特定情况的发生（包括货物损毁、损坏或变质，合同条款变更），该货物无法适用所申报的海关监管方式；

（2）对适用特定使用监管方式而免缴进口税费进入自由流通的货物，变更其指定用途（按其他指定用途放行进入自由流通）。

三、报关单核查

（一）已登记报关单的核查

为核实已登记报关单中信息的准确性，海关有以下权力：

1. 对带有随附文件的报关单进行审核；

2. 要求申报人提交补充文件；

3. 检查货物；

4. 提取货物试样和/或样品，以对其进行检测分析或详细检查。

（二）检查货物，提取货物试样和/或样品

1. 申报人负责将货物运输至检查货物和提取货物试样和/或样品的指定地点，并准备好用于检查和提取试样和/或样品的货物，相关费用由申报人承担。

2. 在检查货物和提取货物试样和/或样品时，申报人或其代理人有权在场。应海关要求，在检查货物和提取货物试样和/或样品时，申报人或其代理人有义务到场并提供协助。

3. 经海关同意，可由申报人、其他与货物和/或运输工具有关的权利人或

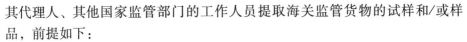

其代理人、其他国家监管部门的工作人员提取海关监管货物的试样和/或样品，前提如下：

（1）不妨碍或使海关监管复杂化；

（2）不会导致货物特性发生改变。

4. 如系海关主动提取货物的试样和/或样品，则海关承担检测分析费用，但海关无须补偿作为试样和/或样品的货物的成本。

5. 如系申报人主动提取货物的试样和/或样品，则申报人承担检测分析费用。

6. 试样和/或样品的鉴定或检测分析结果，必须通知申报人或其他与货物有关的权利人或其代理人。

7. 对部分货物的检查结果，或从部分货物中提取的试样和/或样品的检测结果适用于一份报关单中申报的所有同种货物。

8. 如申报人认为第7款规定的结果不能适用于其余货物，则有权要求对货物进行补充检查。如货物尚未放行，或货物虽已放行，但申报人能够证明货物未发生任何变化，则应满足此要求。

9. 鉴定或检测分析完成后，货物试样和/或样品应返还其所有人，但依照格鲁吉亚法律，该试样和/或样品需要销毁，或其部分在检验过程中已消耗，或者返还费用超过货物本身价值的情形除外。

（三）海关识别标志

1. 如果为后续货物识别，或者确保货物、运输工具、建筑物和设施不受侵犯需要强制标记，海关或其授权人应使用海关识别标志对其进行标记。

2. 为识别货物和/或运输工具，可使用货物的拍摄影像或照片、比例图像、数码标识、文字说明、标记或生产商粘贴的序列号说明等货物标识替代海关识别标志，或与海关识别标志同时使用。

3. 海关有权承认发货人、承运人、货物申报人，或者其他义务人或外国海关用以标记货物、运输工具、建筑物和设施的其他识别标志。在此情形下，由上述识别标志替代格鲁吉亚规定的海关识别标志。

4. 当海关施加或移除/清除海关识别标志时，有权要求利害关系人或其授权代理人在场。

5. 施加海关识别标志，应确保在不损坏货物的前提下无法接近货物，或无法在不留痕迹的情况下非法进入运输工具、建筑物和设施，以及无法在不损坏标志的情况下将其移除/清除。海关或其授权人应在相关文件和/或报关单中说明已施加海关识别标志的事实。

6. 运输工具、建筑物和设施的所有人有义务将海关识别标志损坏或丢失的情况，以及发现运输工具、建筑物和设施损坏的痕迹或其他损坏情况立即通知海关。

7. 未经海关同意，不得擅自移除/清除海关识别标志，但因不可抗力影响，为确保运输工具、建筑物和设施中存放的货物不被动用，以及防止货物损毁而必须移除/清除的情形除外。

四、货物处置

（一）货物处置措施

1. 海关可采取以下货物处置措施：

（1）作为海关制裁措施，无偿收缴作为海关违法对象的货物和/或运输工具；

（2）销毁货物；

（3）货物收归国有。

2. 海关主动对以下货物实施第 1 款第（2）项和第（3）项规定的处置措施：

（1）因申报人原因，无法在规定期限内办理海关手续/适用海关监管方式，或者未缴纳进口税费或未提供担保，而不予放行的货物；

（2）限制或禁止进出格鲁吉亚关境的货物；

（3）5 个工作日内未从海关监管区运出的货物，但法律规定允许已放行货物一定期限内在海关监管区内滞留的情形除外；

（4）在法律规定的期限内未确定海关监管方式（包括临时存储货物），或在规定期限届满之前，未进行销毁或转交国有的货物；

（5）已确定海关监管方式且其临时存储期限已满，如果该监管方式未终止，或未确定其他监管方式或者未进行销毁或转交国有的货物；

（6）适用海关仓库监管方式，其存储期限届满且未延长，或未确定其他海关监管方式，或者未进行销毁或转交国有的货物；

（7）发现海关违法行为后 30 日内无法确定违法主体的货物。

3. 海关应书面通知申报人处置货物的意图，并规定消除第 2 款第（1）项至第（6）项所述缺陷的期限（30 日内）。如申报人在此期限内消除该缺陷或货物复运出口，则海关不将货物转为国有或销毁。

4. 在海关监管下，申报人可主动采取以下货物处置措施：

（1）将货物转为国有；

（2）销毁货物。

（二）货物销毁

1. 如具有适当理由，海关可以要求销毁向其呈验的货物，并应通知货物所有人。货物销毁费用由其所有人承担。

2. 销毁货物应办理的海关手续，由格鲁吉亚财政部以部长命令的形式确定。

（三）货物转为国有

1. 经与海关预先商定，监管方式适用人或货物所有人可将外国货物和进口的特定使用货物转为国家所有。

2. 货物转为国有的程序，由格鲁吉亚财政部以部长命令的形式确定。

五、货物放行

（一）货物放行的条件

1. 如报关单核查结果完全符合格鲁吉亚法律规定的要求，则完成报关单审核后应立即放行货物；如无须对报关单进行核查，则立即放行货物。

2. 如不能在适当期限内完成报关单核查，并且报关单核查不需要货物处于其呈验地点，则根据第 1 款规定放行货物。

3. 一份报关单中申报的所有货物应同时放行，但海关作出不同决定的情形除外。

4. 如一份报关单中申报了多种货物，就适用第 3 款规定，每种货物的信息应视为单独申报。

5. 如货物适用的海关监管方式规定应提供担保，在提供相应担保后，对适用该监管方式的货物予以放行。

（二）适用范围及要求

1. 拟在格鲁吉亚销售、消费或使用的外国货物，应适用放行进入自由流通的海关监管。

2. 货物放行进入自由流通要求：

（1）缴纳进口税费；

（2）针对货物实施贸易保护措施，以及禁止和限制规定；

（3）执行与货物进口相关的其他要求。

3. 货物放行进入自由流通时获得格鲁吉亚货物地位。

六、免除进口税费的特殊情形

（一）退运货物

1. 如果从格鲁吉亚出口并获得外国货物地位的货物，在 3 年内退运返回格鲁吉亚放行进入自由流通，应申报人要求，免于缴纳进口税费，前提是该货物进入格鲁吉亚关境时保持从格鲁吉亚关境出口时的状态不变。

2. 根据申报人的申请，海关有权将第 1 款的期限再延长 1 年。

3. 如果货物从格鲁吉亚关境出口之前，按其特定用途在格鲁吉亚自由流通，则退运货物依照第 1 款规定免缴进口税费，如该货物保持原状并按原特定用途运入格鲁吉亚关境。

4. 对适用境内加工监管方式的货物进行加工所获得的加工产品，如该产品自格鲁吉亚关境复出口后保持原状退运至格鲁吉亚关境，依照《格鲁吉亚海关法典》规定计算应缴纳的进口税额。在此情形下，复出口申报单登记日期视为该产品放行进入自由流通的日期。

（二）自由贸易点（免税商店）

1. 自由贸易点属于海关监管区域，在此向离开格鲁吉亚关境的自然人零售自用的商品如下：

（1）未缴纳进口税费，且不适用贸易保护措施的外国商品；

（2）格鲁吉亚商品。

2. 自由贸易点依据海关发放的许可开展经营活动。

3. 存放在自由贸易点的货物应保持原状，但正常存储条件下因自然磨损和货物固有的自然损耗引起的变化除外。

第二部分 出 口

一、货物出口的海关手续

（一）货物出口前应办理的手续

1. 对于从格鲁吉亚关境出口的货物，应在货物自格鲁吉亚关境出口前向海关提交货物出口总申报单。

2. 以下货物无须进行总申报：

（1）通过管道运输或输电线路输送的通过格鲁吉亚关境的货物；

（2）通过格鲁吉亚领水或领空，但不经停的航空或海上运输工具及其运载的货物；

（3）已提交报关单的出口货物；

（4）已提交复出口申报单的货物；

（5）格鲁吉亚财政部部长命令确定的货物。

3. 出口货物总申报单应由承运人提交。但出口商、发货人或委托承运人办理业务的其他人，或者能够在口岸呈验或已呈验上述货物的任何人，不受承运人义务的限制，也可提交出口货物总申报单。

4. 海关可允许使用贸易、港口或运输信息系统填制出口货物总申报单，如果该系统包含填制申报单所需要的信息，并且该信息在提交总申报单规定期限内可以获取。

5. 海关可允许提交通知信息以替代进口货物总申报单，如海关可获取存储在总申报人计算机系统内有关总申报的信息。

（二）修改总申报单或认定其无效

1. 根据申报人申请，海关可授权申报人对其提交的出口货物总申报单进行修改。

2. 在以下情形下，不得对出口货物总申报单进行修改：

（1）如海关已通知出口货物总申报单的提交人对所申报货物将进行检查；

（2）如海关已确定申报信息不准确或不充分；

（3）如海关已放行货物。

3. 如出口货物总申报单中申报的货物并未从格鲁吉亚关境出口，在以下情形下，海关应认定该申报单无效：

（1）申报人提交相关申请后；

（2）该申报单提交150日后。

二、货物出口时应采取的措施

1. 从格鲁吉亚关境出口的货物应接受海关监管并遵守海关监管程序。必要时，海关可确定出口货物的运输路线和出口期限。

2. 在格鲁吉亚法律规定的情形下，对于从格鲁吉亚关境出口的货物应采取的措施如下：

（1）返还或抵扣进口税款。

（2）缴纳法律规定的其他款项。

（3）实施禁止和限制规定，以确保公共安全，保护国家利益、公共道德、人类或动植物的生命健康、具有历史和考古价值的艺术品和国家财富，对易制毒化学品、精神药物和精神活性物质、资金和侵犯知识产权货物实施监管。

（4）实施防腐和渔业管理措施，并采取贸易保护措施。

3. 海关对从格鲁吉亚关境出口的货物予以放行，如该货物从格鲁吉亚关境出口时的状态与出口货物报关单、复出口申报单或总申报单登记之日的状态一致，但因自然磨损、运输和正常存储条件下货物固有的自然损耗引起的变化除外。

三、出口监管方式

（一）监管方式的适用

1. 如果格鲁吉亚立法未另行规定，适用出口监管方式的格鲁吉亚货物，可从格鲁吉亚关境出口（包括以复运进境为条件的暂时出口），在此期间适用贸易保护措施。

2. 以下运离格鲁吉亚关境的格鲁吉亚货物，不适用出口监管方式：

（1）适用境内加工监管方式的货物；

（2）从格鲁吉亚关境出口前已适用特定使用监管方式的货物；

（3）运至国际空运航空器和国际海运船舶免征增值税和消费税的货物。

3. 如申报人向海关提交货物转让文件，则适用境外加工监管方式的货物在其加工期限届满之前，适用出口监管方式并无须向海关呈验货物。

（二）终止出口监管方式的条件

1. 如货物从格鲁吉亚关境出口时的状态与出口报关单登记之日的状态一致，因自然磨损、运输和正常存储条件下的自然损耗引起的变化除外，视为出口监管方式终止。

2. 已提交出口报关单的货物，必须在出口报关单登记后 120 日内从格鲁吉亚关境出口。如违反此期限，则申报人应在 5 日内向海关申请认定出口报关单无效，或将货物出口规定期限延长 10 日。

四、复出口

（一）复出口的适用

1. 适用复出口的外国货物，进口到格鲁吉亚关境后可从格鲁吉亚关境复运出境。

2. 外国货物从格鲁吉亚关境出口时，应向海关提交复出口申报单，但以下情形除外：

（1）适用转运监管方式的货物在不同国家间运输，或通过格鲁吉亚领土运至外国境内；

（2）自由区内货物直接复运出口到格鲁吉亚关境外；

（3）临时存储货物直接从存储地点运往格鲁吉亚关境外。

3. 如确定放行进入自由流通的货物有缺陷，或其数量、质量、包装或说明不符合对外经济合同的规定，因此将其退回供应商或其指定的其他人，该货物可复运出口。

4. 在第 3 款规定的情形下，根据利害关系人申请，海关可以授权其将货物适用境内加工（包括以货物销毁为目的）监管方式，或转运、海关仓库或自由区监管方式。

5. 货物复出口时应保持原状，但因自然磨损、运输或正常存储条件下自然损耗引起的变化除外。

（二）提交复出口通知书

1. 自由区内货物或临时存储货物直接从格鲁吉亚关境出口时，如无须提交货物出口总申报单，则必须向海关提交复出口通知书。

2. 复出口通知书应包含终止自由区监管方式或临时存储所需的信息。

3. 海关可允许使用贸易、港口或运输信息系统填制复出口通知书，如该系统包含此通知所需信息，且该信息在相关货物自格鲁吉亚关境出口前可以获取。

4. 海关可允许提交通知信息以替代复出口通知书，并在复出口通知书提交人的计算机系统上访问与复出口通知书相关的信息。

（三）修改复出口通知书或认定其无效

1. 根据申报人申请，海关可授权其对复出口通知书进行修改。

2. 在以下情形下，不得对复出口通知书进行修改：

（1）如海关已通知复出口通知书提交人对按申报货物将进行检查；

（2）如海关确定所提交的信息不准确或不充分；

（3）如海关已放行货物。

3. 如按复出口通知书中申报的货物未从格鲁吉亚关境出口，在以下情形下，海关应认定该申报单无效：

（1）申报人提交相关申请；

（2）该通知书提交 150 天后。

第四节 商品归类、原产地及完税价格

一、商品归类

（一）国家对外经济活动商品目录

1. 《国家对外经济活动商品目录》是根据格鲁吉亚国民经济特点，与《商品名称及编码协调制度》国际公约目录相对应，并按照 11 位编码细化的商品归类编码系统。

2. 《国家对外经济活动商品目录》由格鲁吉亚财政部编制。

（二）商品归类监管

1. 向海关申报货物时，申报人依照《国家对外经济活动商品目录》确定其商品编码。

2. 海关对申报人所确定商品编码的准确性进行监管。

二、货物原产地

（一）原产地认定标准

根据以下标准，确定货物原产地：

1. 完全获得该货物的国家或地区；

2. 当多个国家或地区参与货物生产时，该货物发生最后一次实质性改变的国家或地区。

（二）适用原产地规则

1. 在货物进口至格鲁吉亚关境和/或货物从格鲁吉亚关境出口时确定货物原产地，以实施贸易保护措施。

2. 第 1 款所述的贸易保护措施，是指依照世界贸易组织规则以及格鲁吉亚法律规定所采取的措施。

3. 原产地规则分为优惠原产地规则和非优惠原产地规则。

4. 货物非优惠原产地规则适用于以下几项：

（1）征收进口税，但享受格鲁吉亚所加入国际条约规定的优惠措施除外；

（2）实施对外贸易非关税调节措施。

5. 货物优惠原产地的标准和程序，优惠原产地证明文件的格式及其填制规范，由格鲁吉亚加入的有关国际条约规定。

（三）原产地管理

1. 如报关单中注明货物原产地信息，海关可以要求申报人对货物原产地进行确认。

2. 如格鲁吉亚法律要求确认货物原产地，并有理由怀疑原产地信息的准确性，海关可要求提交补充证据，以证明货物原产地符合原产地确认的相关规则。

三、预裁定

（一）预裁定的适用规定

1. 根据利害关系人申请，海关有权作出商品归类或货物原产地的预裁定。

2. 在以下情形下，海关不予受理预裁定申请：

（1）在申请人提交的商品归类或货物原产地预裁定申请中，缺少确定商品编码或货物原产地所需的信息；

（2）申请未注明该裁定适用于何种海关监管方式。

3. 商品归类或货物原产地预裁定生效后具有强制性，自预裁定送达之日起，其申请人必须执行该裁定。

（二）预裁定的效力

1. 商品归类或货物原产地预裁定自生效之日起，有效期为 3 年。

2. 在以下情形下，提前终止商品归类预裁定的效力：

（1）作出预裁定所依据的格鲁吉亚法律规定变更或废止；

（2）《国家对外经济活动商品目录》变更，如此变更涉及预裁定确定编码的商品。

3. 商品归类预裁定自第 2 款规定的变更生效之日起失效。

4. 在以下情形下，提前终止货物原产地预裁定的效力：

（1）作出预裁定所依据的格鲁吉亚立法规则变更或废止；

（2）如该裁定不符合世界贸易组织《原产地规则协定》。

5. 货物原产地预裁定自第 4 款规定的变更生效之日起失效。

6. 商品归类预裁定或货物原产地预裁定失效，不具有追溯力。

7. 基于虚假或不完整信息所作出的预裁定应认定无效。

8. 不得对已作出的预裁定进行更改。

9. 海关取消商品归类预裁定的情形：

（1）如根据法院判决，预裁定不符合《国家对外经济活动商品目录》相关规定的解释，则自法院判决生效之日起该预裁定失效；

（2）预裁定不符合《国家对外经济活动商品目录》相关规定的解释的其他特殊情况。

10. 海关撤销货物原产地预裁定的情形：

（1）如预裁定不符合法院判决，则自法院判决生效之日起预裁定失效；

（2）格鲁吉亚财政部以部长命令形式规定的其他特殊情形。

11. 如提前终止预裁定的效力，或在上述条款规定的情形下宣布预裁定失效，对基于该裁定且在其效力终止或宣告其无效之前所签署的具有约束力的合同，自预裁定提前终止或者宣告失效之日起 6 个月内仍然有效，但此规定不适用于从格鲁吉亚关境出口货物的原产地预裁定。

12. 为确保预裁定申请人享有第 11 款规定的延期生效，申请人应在该裁定提前终止或宣布其失效之日起 30 日内向海关提出申请。该申请应包含申请延长期限的货物数量信息。海关收到申请及相关信息后 30 日内作出延长期限的决定，并将决定及时通知预裁定申请人。

四、完税价格

（一）海关估价的一般规定

1. 依照《格鲁吉亚海关法典》和《关于实施 1994 年关税与贸易总协定第 7 条的协定》制定的规则，确定货物的完税价格。

2. 申报人在申报货物时确定其完税价格，海关对该完税价格的准确性进行监管。

3. 出口到格鲁吉亚的货物在适用放行供自由流通监管方式之前，该货物在第三国曾被使用可能成为拒绝按成交价格确定货物完税价格的依据。

4. 为确定货物的完税价格，实际支付和/或应当支付的价格，是指买方已支付和/或应支付给卖方和/或以卖方为受益人的全部金额。该价格包括作为货物销售条件的所有直接和间接支付款项。

5. 在货物原产地或货物出口国缴纳的间接税额，不计入货物完税价格。

6. 在确定货物完税价格时，应注意以下几项：

（1）货款未实际支付或未全额支付，应以全额支付的数额作为确定其市场价值的依据；

（2）最终应支付的货物价格高于实际支付和/或应当支付价格，以最终应支付数额作为确定其市场价值的依据；

（3）最终应支付的货物价格低于实际支付和/或应当支付价格，根据申报人申请，最终应支付金额可作为确定其市场价值的依据。

7. 如所申报货物系一次交易所购买货物的一部分，则货物成交价格与整批货物价格的比例，应等于所申报货物数量与整批货物数量的比例。如部分货物丢失，实际支付或应当支付价款也应按比例分摊。

8. 在确定货物完税价格时，如货物在放行供自由流通前适用其他海关监管方式或改变其使用目的，也同样适用本节规定。

（二）关联人的认定标准

1. 如符合以下标准之一，则认定其为关联人：

（1）管理彼此的业务（包括被授权管理同一个经营实体）；

（2）法律认定的商业伙伴（商业利害关系人）；

（3）双方分别是雇主和雇员；

（4）第三方直接或间接拥有、控制双方不少于 5% 具有表决权的股份，或第三方持有不少于 5% 的该股份；

（5）一方直接或间接控制另一方；

（6）直接或者间接受第三方控制；

（7）共同直接或者间接控制第三方；

（8）为同一家族成员。

2. 在其中一方是另一方的独家代理、经销商或受让人的情况下，只有在符合第 1 款第（4）项规定的标准时，方可被视为关联人。

（三）完税价格的确定方法

1. 按以下方法确定进口货物的完税价格：

（1）成交价格方法；

（2）相同货物成交价格方法；

（3）类似货物成交价格方法；

（4）单位商品价格方法（倒扣方法）；

（5）价格组成方法（计算价格方法）；

（6）备用方法（合理方法）。

2. 无法使用成交价格方法或成交价格不能确定的，应依次使用第 1 款规定的估价方法确定完税价格。申报人有权更改第 1 款第（4）项和第（5）项规定方法的使用顺序。

（四）成交价格方法

1. 成交价格方法，是指依据货物的交易价格确定其完税价格，即实际支付和/或应当支付销往格鲁吉亚的货物价格，但需满足以下所有条件。

（1）没有与买方处置或使用货物有关的任何限制，但以下限制除外：

① 格鲁吉亚法律未规定或未要求的限制；

② 规定允许货物转售地区清单；

③ 不影响货物价格的限制。

（2）货物的销售或价格，与任何无法按价值评估（确定价值）的条件或因素无关。如果此条件或因素（确定价值）可以评估，则该价值视为买方间接支付的款项，成为实际支付或应当支付价格的一部分。

（3）卖方不得直接或间接取得买方因转售、处置或使用货物而获得的任何收益。

（4）实际支付或应当支付价格，应依据客观并有充分根据的数据计算得出。

（5）买卖双方非关联人。如买卖双方系关联人，根据其关系对价格的影响，并参照进口货物完税价格要素，确定是否采用成交价格法确定货物完税价格。

2. 在确定货物完税价格时，仅以买卖双方系关联人的理由，不能作为拒绝适用成交价格方法的依据。在此情形下，应对货物销售的所有情况进行核查，如果关联人之间的相互关系未对成交价格造成影响，则适用成交价格方法。

3. 如海关根据申报人提供或以其他方式获取的信息，有充分理由怀疑买卖双方的相互关系影响货物成交价格，海关应当向申报人告知理由（如申报人提出要求，则以书面形式告知）。申报人有权就海关提出的理由作出适当的解释。

4. 如果买卖双方系关联人，且申报人向海关提供证据表明价格已最为接近同一时间段内确定的以下价格之一，则以成交价格方法确定货物的完税价格：

（1）卖方售予关联人（买方）的相同或类似进口货物的成交价格；

（2）依照单位商品价格方法确定的相同或类似货物的完税价格；

（3）根据价格组成方法确定的相同或类似货物的完税价格。

5. 第4款规定的程序，根据申报人意愿仅用于比较。同时，商业和数量层面及进口货物完税价格要素之间的差异，以及卖方因货物销售（买卖双方非关联人）产生的成本差异必须考虑在内。

（五）相同货物成交价格方法

1. 如无法使用成交价格方法确定进口货物的完税价格，应采用相同货物成交价格方法进行估价，即与被估价货物同时或几乎同时销往格鲁吉亚的相同货物成交价格作为货物的完税价格，但需符合以下要求：

（1）向格鲁吉亚出口销售的相同货物，其商业和数量水平应（指批次货物的数量和价格）与被估价货物一致；

（2）在不存在第 1 款第（1）项规定条件的情况下，对于按不同商业水平和/或不同数量进口相同货物的成交价格，应根据商业水平和/或数量差异，对该货物的完税价格进行调整，并向海关提交证明其调整合理性和准确性的证据，无论调整是提高或是降低货物的完税价格。

2. 第 1 款中"同时或几乎同时出口"的相同货物，是指相同货物的出口日期与被估价货物的出口日期之差不超过 30 日（出口日期前后 30 日）。

3. 在确定货物完税价格时，如该货物与被估价货物在物理特性、质量、信誉和原产地等方面都相同，则应认定为相同货物。认定相同货物不取决于该货物与被估价货物之间是否存在外观上的微小差异，前提是在其他指标方面货物均符合上述条件。

4. 在格鲁吉亚完成加工、艺术设计、图纸和草图的货物不能认定为相同货物。

5. 如无法获得同一生产商生产的相同货物成交价格数据，则可以考虑其他生产商所生产货物的成交价格。

6. 在确定货物的完税价格时，应当根据被估价货物与进口相同货物所使用运输工具和运输距离不同所造成的运费差异，对货物完税价格进行调整。

7. 如有多个进口相同货物的成交价格，应以其中最低价格确定被估价货物的完税价格。

（六）类似货物成交价格方法

1. 如不能采用成交价格方法或相同货物成交价格方法确定进口货物的完税价格，应采用类似货物成交价格方法进行估价，即与被估价货物同时或几乎同时销往格鲁吉亚的类似货物的成交价格作为货物的完税价格，但需符合以下要求：

（1）向格鲁吉亚出口销售的类似货物，其商业和数量水平应（指批次货物的数量和价格）与被估价货物一致；

（2）在不存在第 1 款第（1）项规定条件的情况下，对于按不同商业水平和/或不同数量进口类似货物的成交价格，应根据商业水平和/或数量差异，对该货物的完税价格进行调整，无论调整是提高或是降低货物的完税价格，都应向海关提交证明其调整合理性和准确性的证据。

2. 第 1 款中"同时或几乎同时出口"，是指类似货物的出口日期与被估价货物的出口日期之差不超过 30 日（出口日期前后 30 日）。

3. 为确定货物的完税价格，虽然不能认定类似货物与被估价货物完全一致，但类似货物与被估价货物原产地相同，具有相似的物理性质和组成材料，在此基础上，类似货物具有与被估价货物相同的功能，并可以实现商业可互换。

4. 在格鲁吉亚完成加工、艺术设计、图纸和草图的货物不能认定为类似货物。

5. 如没有同一生产商生产的类似货物成交价格数据，可以考虑其他生产商所生产货物的成交价格。

6. 在确定货物的完税价格时，应当根据被估价货物与进口类似货物所使用运输工具和运输距离不同造成的运费差异，对货物完税价格进行调整。

7. 如有多个进口类似货物的成交价格，应以其中最低价格确定被估价货物的完税价格。

（七）单位商品价格方法

1. 如果被估价货物、相同或类似货物按照货物进口到格鲁吉亚时的状态（保持原状）在格鲁吉亚销售，可根据与被估价货物同时或几乎同时进口的相同或类似货物，以最大总量售予第一商业级别无特殊关系方的货物单价，估定货物的完税价格，并扣除以下费用：

（1）通常收取或预先商定支付的佣金，或者通常为获取利润和补偿同等级或同种类货物在格鲁吉亚的销售费用而进行的加价；

（2）在格鲁吉亚发生的普通运输和保险及相关费用；

（3）格鲁吉亚法律规定的与货物进口或销售相关的税费和其他款项。

2. 第 1 款第（1）项指定的所述的同等级或同种类货物，是指基本物理性质与被估价货物相同，同时其性质与被估价货物非常接近的货物，属于商品分类中较小的组别。从被估价货物的出口国或其他国家进口到格鲁吉亚的货物均可视为同等级或同种类货物。

3. 如果在格鲁吉亚销售的相同或类似货物与被估价货物并非同时进口到格鲁吉亚，可根据被估价货物进口后最近时期（90 日）内相同或类似货物按货物进口到格鲁吉亚时的状态（保持原状）销售的商品单价，确定被估价货物的完税价格。

4. 如相同或类似货物未按货物运抵格鲁吉亚时的状态（保持原状）在格鲁吉亚销售，应申报人要求，按照被估价货物在格鲁吉亚加工后以最大总量售予无特殊关系方的商品单价确定被估价货物的海关价值。同时，从被估价货物价格中扣除加工过程中所产生的附加值及第 1 款规定的相关费用。

（八）价格组成方法

1. 采用价格组成方法确定货物的完税价格时，由以下价格要素组成的复合成本被认定为货物的完税价格：

（1）用于生产该货物所使用的料件成本和/或加工费用；

（2）出口国生产商向格鲁吉亚出口同等级或同种类货物获得的利润和发生的一般费用；

（3）货物运至格鲁吉亚关境之前产生的费用。

2. 第 1 款第（1）项规定的用于生产该货物所使用的料件成本和/或加工费用包括：

（1）集装箱价格和货物包装成本；

（2）由买方直接或间接提供给卖方的，与进口货物生产和在格鲁吉亚销售有关的任何货物或服务按比例分摊的成本。如生产商承担在格鲁吉亚货物生产过程中的耗材费用，则该价值应计入完税价格。计算成本时，不得将上述价格或要素成本考虑两次。

3. 第 1 款第（2）项规定的一般费用包括第 1 款第（1）项未规定的生产和销售出口货物所产生的直接和间接费用。

（九）备用方法

1. 如无法采取前 5 种方法确定进口货物的完税价格，则采用符合以下规定的合理方法确定货物完税价格：

（1）《1994 年关税与贸易总协定》第 7 条的规定；

（2）《关于实施 1994 年关税与贸易总协定第 7 条的协定》的一般原则和规定；

（3）本节中关于完税价格的相关规定。

2. 采取备用方法确定货物完税价格时，不得使用以下各项作为依据：

（1）在格鲁吉亚生产货物的境内销售价格；

（2）货物在出口地市场的销售价格；

（3）货物出口到第三国的销售价格；

（4）货物最低完税价格（最低限价）；

（5）随意选择或者虚构的货物价格；

（6）可供选择的价格中较高的价格；

（7）货物生产成本，但依照《格鲁吉亚海关法典》确定的相同或类似货物的价格组成除外。

3. 采用备用方法确定的货物完税价格，应尽可能以此前确定的货物完税价格为依据。

4. 对采取备用方法确定的货物完税价格进行监管时，可使用公开渠道的信息，以及通过实践总结所获取具有信息性质的数据，并仅用于确定采取备用方法估定完税价格的准确性。

（十）进口货物完税价格要素

1. 采取成交价格方法确定进口货物的完税价格时，应在成交价格中增加以下费用，前提是买方已实际发生该费用但未计入成交价格：

（1）佣金和经纪费（采购佣金除外）。

（2）与放行供自由流通的进口货物视为一体的集装箱价格。如果此集装箱可重复使用，应申报人要求，其价格应当按照国际会计准则在被估价货物之间按比例重新分摊。

（3）货物包装成本，包括包装工时和包装材料的成本。

2. 如果买方无偿或以折扣价格直接或间接向卖方提供货物或服务，而该货物或服务用于进口货物的生产和销往格鲁吉亚，采取成交价格方法确定进口货物的完税价格时，下列货物和服务按比例重新分摊的价格中未包括在实际支付或应付价格范围内的部分，应补充计入成交价格：

（1）材料、原材料、部件（零件）和其他类似的货物组成部分；

（2）货物生产过程中使用的工具、冲模、铸造模具和其他类似的元件；

（3）货物生产过程中的耗材；

（4）在格鲁吉亚境外完成的工程、加工、设计和艺术设计、绘图、项目、图表、草图和其他工作（根据《格鲁吉亚税法典》第 166 条，如果格鲁吉亚未被认定为提供服务的地点，且上述业务不在增值税反向征税范围内，则视为在格鲁吉亚境外提供服务）。

3. 第 2 款规定应计入完税价格的货物或服务的价格，应由买方购买时的价格确定。如果该货物由买方生产，其价格根据买方的会计文件确定。在该货物应折旧计算的情况下，根据折旧率确定其价格。

4. 采取成交价格方法确定进口货物的完税价格时，成交价格中应补充计入与该货物相关的作者稿酬，或作为进口货物购销合同规定的强制性条件，必须由买方直接或间接支付，但未计入已付或应付价格中的部分特许权使用费。特许权使用费即专利、商标、著作权、专有技术费用。同时，如果知识产权样品是进口货物不可分割的部分，且合同中规定此条款，则特许权使用费和其他与知识产权有关的费用应计入货物完税价格。如果买方向第三方支付特许权使用费，则应与卖方达成一致。

5. 采取成交价格方法确定进口货物的完税价格时，卖方因货物每次后续转售、处置和使用，而直接或间接应得的部分利润，应补充计入成交价格中。

6. 进口货物的完税价格，包括该货物运至格鲁吉亚关境之前发生的以下费用：

（1）运输、装卸、加工、仓储费用。如使用同一运输工具运输不同货物，则应在与承运人签订的合同中确定按比例分摊运输费用。

（2）由申报人承担的保险费用。

7. 如下列费用与实际支付或应当支付的价格单列，则不计入进口货物完税价格：

（1）格鲁吉亚法律规定的环节税和收费。

（2）通过格鲁吉亚关境后产生的运输费用。

（3）货物进口后提供的建筑安装工程、仓库、服务或技术支持（售后）的费用。

（4）通关费用。

（5）因买方购买进口货物而签署的财务协议所规定的利息，前提如下：

① 该利息独立于货物的实际价格；

② 财务协议是书面形式；

③ 必要时，买方可证明货物实际以申报价格出售，且利率不超过资金提供方所在国按此类财务协议拨款时适用的平均利率。本规定适用于卖方、银行或第三方提供的交易资金。

（6）获得进口货物在格鲁吉亚的加工权所需的费用。

（7）买方为获得进口货物的分销权或销售权而发生的费用。

（十一）数据自动处理或其他软件载体的完税价格

1. 在确定数据自动处理或其他软件载体的完税价格时，仅参考该软件载体的价格。如果数据自动处理或其他软件的价格未与软件载体价格区分，则根据本节规定的估价方法确定软件载体的价格。

2. 第 1 款所述的"软件载体"，不包括集成电路和类似设备，以及此类电路和设备的组件。

第五节　海关税费

一、关税缴纳义务的产生

（一）放行供自由流通和暂时进口

1. 货物进入格鲁吉亚关境时，应征收进口税费的外国货物如适用以下之一的海关监管方式，则产生关税缴纳义务：

（1）放行供自由流通；

（2）部分免征进口税费的暂时进口。

2. 报关单登记时即产生关税义务。

3. 申报人是缴纳进口税费的责任人。在间接代理的情况下，受其委托提交报关单的代理人也是缴纳进口税费的责任人。

（二）违反格鲁吉亚海关法律

对于应征收进口税的货物，在违反以下法律规定的情形下产生关税缴纳义务：

1. 关于外国货物进入格鲁吉亚关境、解除海关监管、运输、加工、在海关仓库或自由区存储、临时存储或处置的格鲁吉亚海关法律；

2. 关于特定用途货物在格鲁吉亚关境内使用的海关法律；

3. 外国货物适用海关监管方式的规定，或其按特定用途使用时免缴进口税费的规定。

（三）适用禁止和限制规定

1. 格鲁吉亚法律禁止或限制进口的货物进入格鲁吉亚关境时，产生关税缴纳义务。

2. 以下情形不产生关税缴纳义务：

（1）运输或携带假币进入格鲁吉亚关境；

（2）运输或携带麻醉品、精神药物进入格鲁吉亚关境，但在有关部门的监督下用于医疗或科研目的的情形除外。

二、进口税费的缴纳担保

（一）一般规定

1. 进口税费缴纳义务的责任人，应提供进口税费缴纳担保。海关有权允许他人代替其提供担保。

2. 一份具体报关单或实际货物可只提供一份担保，其担保金额应当可以抵偿进口税费。无论该报关单是否正确编制，根据该报关单申报或放行的货物均产生进口税费缴纳义务。

3. 如果担保未撤销，此担保可用于履行因实施货物放行后监管而产生的关税义务。

4. 依照《格鲁吉亚海关法典》规定，经申请并征得海关同意后，可就产生或可能产生进口税费缴纳义务的两项及以上的海关作业、两份及以上的报关单，或两种及以上的海关监管方式提供一份总担保。

5. 对国家机关或地方自治机关在公权力范围内的活动及经营业务，无须提供担保。

6. 以下情况无须提供担保，如果货物通过以下方式运输：

（1）航空运输或海上运输；

（2）管道运输或输电线路输送；

（3）铁路运输。

其他无须提供担保的情形，由格鲁吉亚财政部以部长命令形式规定。

（二）担保金额的确定

1. 如格鲁吉亚法律规定强制提供担保，或海关要求提供担保，则海关确定的担保金额应等值于以下金额：

（1）已产生或可能产生缴纳义务进口税费的准确数额，如要求提供担保时可以确定该数额；

（2）按照格鲁吉亚财政部规定程序确定的担保金额，如要求提供担保时无法确定进口税费的准确数额。

2. 如果提供总担保，以确保缴纳其数额可能随时间变化的进口税费，应依照《格鲁吉亚海关法典》规定，按照可以随时抵偿进口税费的数额确定总担保金额。

（三）担保方式

1. 向海关提供担保的方式如下：

（1）银行保函；

（2）保险单（国内称关税保证保险单）；

（3）保证金；

（4）其他类型的担保；

（5）格鲁吉亚财政部规定的其他担保。

2. 担保的提供人有权提供上述任何形式的担保。

3. 如果提供的担保不符合海关监管方式的要求，海关可要求变更所提供的担保。海关也可以要求一定期限内不得变更所提供的担保。

4. 如以保证金形式提供担保，海关不支付保证金利息。

（四）总担保

1. 如满足以下所有条件，可授权其提供总担保：

（1）格鲁吉亚公民和/或在格鲁吉亚登记的纳税人；

（2）申请人没有严重违反格鲁吉亚海关、税务和行政法律的行为，其经营业务不涉及刑事犯罪；

（3）长期从事海关领域的经营活动，或具有海关仓库的经营许可，或者符合对经认证经营者适用简化海关手续所规定的标准。

2. 如申请人的财务状况稳定，可以履行与其经营活动相关的义务，并且能够确保对其交易活动及货物流动实施有效监管，可准予其以较低数额提供总担保，或免除提供总担保的义务。

3. 根据享有简化海关手续优惠的经认证的经营者申请，准予其以较低数额提供总担保。在此情形下，视为总担保已全额提交。

（五）担保变更或提供补充担保

如果海关确定所提供担保金额不足以或该担保不能保证在规定期限内履行进口税费缴纳义务，海关应要求提供新的担保来替代已提供的担保，或提供补充担保。

（六）撤销担保

1. 如进口税费缴纳义务尚未产生或已履行，或者产生该义务的基础已不存在，则撤销所提供的担保。

2. 如果已部分缴纳进口税费，根据相关人申请，撤销所提供担保中相关部分的担保数额。

三、履行关税义务

（一）一般规定

1. 履行关税缴纳义务，是指义务人缴纳进口税费。

2. 除按通常程序缴纳进口税费以外，以下情形同样视为已履行关税义务：

（1）在法律规定的情况下，抵付纳税人个人登记卡上多缴的税款；

（2）对于实施海关违法行为的刑事案件，以无偿收缴货物作为其处罚形式；

（3）依照《格鲁吉亚海关法典》规定，实施货物处置措施；

（4）因不可抗力导致货物损毁；

（5）因违反海关法律规定产生关税缴纳义务时，如果海关确信相关货物未在格鲁吉亚关境内使用，且已运离格鲁吉亚关境；

（6）产生进口税费缴纳义务的报关单被撤销。

（二）进口税费的计算和缴纳程序

1. 根据进口税的征税对象、税率和法律规定的优惠条款，由税务部门计算应缴纳的进口税额，格鲁吉亚海关法律有不同规定的除外。

2. 海关可以接受申报人计算的进口税额，但实施货物放行后监管时除外。

3. 通过银行机构使用格鲁吉亚本国货币拉里以现金或非现金结算方式缴纳进口税费，格鲁吉亚海关法律有不同规定的除外。

4. 报关单中的税额计算至拉里，不对应的整数数额应四舍五入至最接近的整数。

5. 进口税费的缴纳义务可由第三方代为履行。

（三）进口税费的缴纳期限

1. 如依据所提交的报关单产生关税缴纳义务，则应在相关货物放行之日起 5 日内缴纳进口税费。

2. 根据格鲁吉亚财政部部长命令，第 1 款规定的期限可缩短，或延长至 45 日内。

3. 对未缴纳进口税费的货物放行提供强制担保的情形和程序，由格鲁吉亚财政部以部长命令形式规定。

4. 对于免缴部分进口税费的暂时进口货物，其进口税费应在不晚于每个月的次月 15 日缴纳，应在暂时进口监管方式终止之日完成最后一次缴纳。申报人有权一次性缴纳全部应缴税款。

四、免除关税义务

（一）基本概念

1. 个人物品，是指任何供个人使用或满足个人日常需要的物品，其特征或规格表明其无法用于商业目的。具体包括以下几项：

（1）日用品；

（2）自行车及个人运输工具，包括摩托车及其拖车、房车、游艇、飞机等；

（3）满足普通家庭需要的家用电器、可骑乘家畜，以及用于应用科学和人文科学，并与个人从事与其行业或专业相关活动所必需的便携式工具。

2. 日用品，是指供个人消费的物品、家用布品、家具、供个人使用或满足个人日常需求的设备。

3. 酒类产品，是指《国家对外经济活动商品目录》中税目为 2201—2208 的商品，包括啤酒、葡萄酒、由葡萄酒或酒精制成的开胃酒、白兰地、甜酒或酒精饮料等。

4. 优惠，是指免除《格鲁吉亚海关法典》规定的关税义务。

（二）移居格鲁吉亚时携运个人物品进入关境

1. 自然人从外国迁往格鲁吉亚永久居住地时，其个人物品运入格鲁吉亚关境免征进口税费。

2. 上述优惠适用于以下几项：

（1）在格鲁吉亚关境外连续居住不少于 12 个月的人员；

（2）个人离开外国居住地之前有使用不少于 6 个月的个人物品，但消耗品除外；

（3）用于个人新居住地的目的。

3. 上述规定优惠不适用于以下几项：

（1）酒类产品；

（2）烟草和烟草制品；

（3）用于经营活动的运输工具；

（4）用于开展与行业或专业相关活动所需的物品，但用于应用科学和人文科学的便携式工具除外。

4. 上述优惠仅适用于个人在居住地定居后（取得居住权后）12 个月内运入格鲁吉亚关境，并放行进入自由流通的个人物品。

5. 在第 4 款规定的期限内，个人物品可分批进境。

6. 未经向海关提前通报，享受进口优惠并放行进入自由流通的个人物品自进口之日起 12 个月内，不得用于担保标的物、转交租赁、提供免费临时使用（出借）或以任何形式有偿或无偿转让他人，按照上述用途使用或转让该个人物品将产生进口税费缴纳义务。

7. 尽管第 4 款规定有居住权的要求，但个人进入格鲁吉亚境内居住（获得居住权）之前，对于进口放行进入自由流通的个人物品可免征进口税费，前提是个人承诺 6 个月内在格鲁吉亚关境定居，并向海关提交适当担保。

8. 对于因公务进入格鲁吉亚关境，并拟在格鲁吉亚境内定居的个人，其携运的个人物品免征进口税费。

（三）因建立婚姻关系运输货物进入关境

1. 如因建立婚姻关系自外国迁居到格鲁吉亚关境的永久居住地，个人所有的日用品（无论其新旧程度）运入格鲁吉亚关境免征进口税费。

2. 因建立婚姻关系自外国迁居到格鲁吉亚关境的人员，从外国居民获赠的婚礼礼品免征进口税费，但单件礼物价值不得超过 1000 拉里。

3. 上述优惠适用于符合以下条件的人员：

（1）其在格鲁吉亚关境外连续居住不少于 12 个月；

（2）其已提交婚姻状况的证明文件。

4. 上述优惠不适用于酒类产品、烟草和烟草制品。

5. 上述优惠适用于婚礼日期的前 2 个月和后 4 个月内放行进入自由流通的货物。

6. 第 1 款和第 2 款规定的货物，可在第 5 款规定的期限内分批放行进入自由流通。

7. 未向海关提前通报，享受优惠规定放行进入自由流通的货物自进口之日起 12 个月内，不得用于担保标的物、转交租赁、提供免费临时使用（出借）或以任何形式有偿或无偿转让给他人，按照上述用途使用或转让该货物将产生进口税费缴纳义务。

（四）因继承遗产携运个人物品进入关境

1. 在格鲁吉亚长期居住的人员，因继承遗产所取得的个人物品运入格鲁吉亚关境免征进口税费。

2. 上述优惠不适用于以下几项：

（1）酒类产品；

（2）烟草和烟草制品；

（3）用于经营活动的运输工具；

（4）用于开展与行业或专业相关活动所需的物品，但死者为开展自身行业活动或专业活动而使用的应用科学和人文科学的便携式工具除外；

（5）原材料储备品、成品和半成品；

（6）超过满足家庭正常需求数量的农畜和农产品。

3. 上述优惠适用于个人继承遗产后 2 年内（自遗产问题的最终决定时起）进口的个人物品。特殊情况下，海关有权延长此期限。

4. 继承物品可在第 3 款规定的期限内分批进口。

（五）携运学生装备、学习用品和日用品进入关境

1. 以学习为目的抵达格鲁吉亚关境内居住的学生，将个人所有并供学习期间使用的学生装备、学习用品或日用品等运入格鲁吉亚关境时免征进口税费。

2. 第 1 款中前提条件如下：

（1）学生，是指在全日制教育机构注册的任何人；

（2）学生装备，是指日常服装或内衣，无论其磨损程度；

（3）学习用品，是指学生用于学习目的的物品或用具（包括计算器和打字机）。

3. 上述优惠每学年可适用一次。

（六）小额货物进口

1. 从外国发给格鲁吉亚收货人的价值微小货物免征进口税费。

2. 第 1 款中的"价值微小货物"，是指其价值不超过 300 拉里的货物。

3. 上述优惠不适用于酒类产品，香水、淡香水，烟草和烟草制品。

（七）自然人从国外向格鲁吉亚关境内自然人发运货物

1. 对自然人从外国向居住在格鲁吉亚关境内的自然人发送的非经营性货物，免征进口税费。

2. 非经营性货物应符合以下条件：

（1）货物非定期发送；

（2）货物仅供收货人及其家庭成员个人消费，其特性和数量决定无法用于经营活动；

（3）货物由发件人无偿发送给收件人。

3. 第 1 款规定的优惠，适用于每批次价值不超过 300 拉里的货物。

（八）企业搬迁至格鲁吉亚时其自有固定资产及设备的进口

1. 对于终止其国外经营业务并将相同业务转移到格鲁吉亚关境内的企业，进口不受工业措施和贸易保护措施限制的企业自有固定资产和设备免征进口税费。对于从事农业经营的企业，其自有的生物资产（植物除外）也免征进口税费。

2. 第 1 款中的"企业"，是指在生产或服务领域开展经营活动的独立经营实体。

3. 第 1 款规定的优惠适用于以下固定资产和设备：

（1）企业终止其国外经营业务（自该国运出以继续开展经营）前实际使用不少于 12 个月；

（2）在格鲁吉亚用于相同目的；

（3）符合企业的特点和规模。

4. 因与设立在格鲁吉亚的企业合并或兼并而转移到格鲁吉亚关境内的企

业，不适用第 1 款规定的优惠。

5. 第 1 款规定的优惠不适用于以下货物：

（1）根据其技术特性不能用于生产或提供服务的运输工具；

（2）用于（适合）人员消费或动物饲料的储备品；

（3）燃料、原材料库存、成品和半成品；

（4）动物经销商拥有的农畜。

6. 企业终止其国外经营活动之日起 12 个月内，进口并放行进入自由流通的固定资产和设备，适用第 1 款规定的优惠。

7. 未经向海关提前申报，享受优惠规定放行进入自由流通的货物自进口之日起 12 个月内，不得用于担保标的物、转交租赁、提供免费临时使用（出借）或以任何形式有偿或无偿转让给他人，按照上述用途使用或转让该货物将产生进口税费缴纳义务。如果存在不正当使用该优惠措施的风险，海关可将上述期限延长至 36 个月。

（九）旅客个人行李入境

旅客携带以下物品入境免征进口税费：

1. 《国家对外经济活动商品目录》中第 2 章、第 4 章、第 6～12 章和第 15～21 章，以及税目 0302～0307 和 2201～2202 所列的非用于经营活动的食品，前提是其总价值不超过 500 拉里，总重量低于 30 千克，且 1 个自然日内一次入境。

2. 《国家对外经济活动商品目录》中第 28～97 章（商品编码为 3824 90 980 01 的商品除外）非用于经营活动的商品，前提是其总价值不超过 500 拉里，总重量低于 30 千克，且 30 个自然日内一次入境。

3. 以下数量的烟草和酒类产品：

（1）非用于经营活动的 200 支香烟，或 50 支雪茄，或 50 支小雪茄，或商品编码为 2403 99 900 02 的 200 支烟草制品，或商品编码为 2403 99 900 01 的 10 盒香烟爆珠及相似类型的产品，或 250 克其他烟草制品（烟草原料除外），或上述各种类型的混合烟草产品，如果所含每种烟草制品的百分比总和（相对于有关限额的百分比）不超过 100，或商品编码为 3824 90 980 01 的容量为 50 毫升的商品；

（2）总量 1 升酒精含量为 22% 或超过 22% 酒类产品，或 1 升酒精含量为 80% 或超过 80% 的未变性乙醇，或 2 升酒精含量低于 22% 的酒类产品，或上述各种类型的混合酒类产品，如果所含每种酒类制品的百分比总和（相对于有关限额的百分比）不超过 100；

（3）4 升葡萄酒和 16 升啤酒。

4. 如果酒类或和/或烟草制品和/或商品编码 3824 90 980 01 项下商品的数量，超过第 3 款第（1）至（3）项规定的数量限制，则免除进口税费仅适用于上述限额内的商品数量。

5. 年满 18 周岁的自然人，具有享受第 3 款第（1）至（3）项所规定优惠措施的权利。

6. 如第 3 款第（1）至（3）项规定的商品系一次性进口，并用于个人消费或其家庭成员的消费和馈赠，则视为商品不用于经营活动。

7. 对于航空运输方式，旅客在 1 个自然日内 1 次携带规定数量内的烟草和酒类产品入境免征进口税费；在其他情形下，旅客在 30 个自然日内 1 次携带烟草和酒类产品入境免征进口税费。

（十）教育、科研、文化用品、科研仪器和设备进口

1. 由联合国或其专门机构制作，用于教育、科研或文化目的的视频材料或音频材料（包括激光投影全息图、多媒体合集、程序指南材料及相关印刷材料合集）进口到格鲁吉亚关境免征进口税费，不受上述材料收件人和用途的限制。

2. 以下情形下，免征进口税费：

（1）用于从事公共事业的教育、科研或文化机构的第 1 款所列货物；

（2）教育、科学或文化用途的收藏品，或者博物馆、画廊或类似机构接收并不以销售为目的的艺术品样品。

3. 对于非商业目的进口科研用途的仪器和/或设备，包括与其同时或较晚进口，但确定用于该仪器和/或设备的零部件或附件，以及用于保养、操控、校准或维修该仪器和/或设备所需的工具，免征进口税费。

4. 非商业目的进口科研用途的仪器和/或设备，是指为科研或教育目的进口用于科研用途的仪器和/或设备，且相关活动不以营利为目的。

5. 格鲁吉亚政府有权不将上述优惠措施扩大到具体的仪器或设备，如确定对上述仪器或设备免征进口税费，可能会损害本国具体生产部门的产业利益。

6. 未向海关提前通报的第 2 款、第 3 款规定的货物，不得用于担保标的物、转交租赁、提供免费临时使用（出借），或者以任何形式有偿或无偿转让给他人，按照上述用途使用或转让该货物可能产生进口税费缴纳义务。

（十一）实验室用品进口

1. 以下用于实验室研究的动物、生物或化学物质免征进口税费：

（1）进口用于实验室研究的动物；

（2）以非商业目的进口格鲁吉亚政府清单中规定的生物或化学物质。

2. 第 1 款规定的优惠适用于以下机构：

（1）主要从事教育或科研活动的公共机构；

（2）主要从事教育或科研活动的私营机构。

3. 格鲁吉亚政府制定的清单中可以包括本国关境内没有其等效产品，但因其特殊性质或质量是科研活动所必需的生物和化学物质。

（十二）部分药物和试剂进口

1. 进口以下药物和试剂免征进口税费：

（1）人源性药物；

（2）血型测定试剂；

（3）组织分型试剂。

2. 第 1 款中的名词解释如下：

（1）人源性药物，是指人体血液及其衍生物（全血、干血浆、白蛋白、稳定的血浆蛋白溶液、免疫球蛋白、血纤维蛋白原）；

（2）血型测定试剂，是指用于确定人体血型和血液不相容性的人源性、动物源性、植物源性或其他来源的试剂；

（3）组织分型试剂，是指用于人体组织分型的人源性、动物源性、植物源性或其他来源的试剂。

3. 第 1 款规定的优惠措施，适用于以下人源性药物、血型测定试剂和组织分型试剂：

（1）供相关部门指定的研究所或实验室用于非商业医疗或科学用途的；

（2）附有发货国授权机构签发合格证书的；

（3）放置在使用特殊识别标签标记的容器中的。

4. 第 1 款规定的优惠措施，也适用于运输人源性药物、血型测定试剂、组织分型试剂所需的包装材料，以及使用上述物品所需且属于商品批次一部分的任何溶剂和辅助设备。

（十三）医用设备及医用材料质量对照制剂进口

1. 自然人或慈善机构向医院、卫生机构或医疗研究机构捐赠用于医学研究、医学诊断或医疗用途的仪器或设备免征进口税费。

2. 如满足以下所有条件，医院、卫生机构或医疗研究机构使用自愿捐赠或慈善机构捐赠的款项，购买用于医学研究、医学诊断或医疗用途的仪器或设备也免征进口税费。

（1）捐赠者捐赠的仪器和设备无商业目的；

（2）捐赠者与适用优惠措施的仪器或设备的制造商无特殊关系。

3. 第 1 款和第 2 款规定的优惠也适用于以下几项：

（1）用于上述仪器和/或设备的零部件或附件，如其与该仪器和/或设备一同进口，或较晚进口，但确定用于此前享受优惠措施的进口仪器和/或设备；

（2）上述仪器和/或设备保养、操控、校准或维修所需的工具，如其与该仪器和/或设备一同进口，或较晚进口，但确定用于此前享受优惠措施的进口仪器和/或设备。

4. 对用于医疗用品生产材料的质量控制，并经世界卫生组织认定的对照制剂样本，免征进口税费。

（十四）用于国际体育赛事的药品进口

对参加在格鲁吉亚境内举办的国际体育赛事的人和/或动物使用的医用药品，如其数量在所需合理范围之内，则免征进口税费。

（十五）国家机构、慈善组织进口货物

1. 如果不导致滥用规则或违反竞争规则，以下货物免征进口税费：

（1）国家机构、慈善组织进口的必需品，用于无偿发放给有相关需求的人员；

（2）自然人或设立在外国的法人不以追求商业利益为目的，免费发送至国家机构、慈善组织的任何货物，用于为有相关需要的人员筹集资金而不定期举办的慈善活动；

（3）自然人或设立在外国的法人不以追求商业利益为目的，向慈善组织免费发送履行慈善机构职能或实现其慈善目的所需的设备或办公用品。

2. 第 1 款第（1）项中的"必需品"，是指满足人迫切需要的物品，例如食物、药品、服装和床上用品。

3. 第 1 款规定的优惠措施不适用于以下几项：

（1）酒类产品；

（2）烟草和烟草制品；

（3）咖啡和茶；

（4）运输工具，但医用救护车除外。

4. 第 1 款规定的优惠措施，适用于依照格鲁吉亚法律开展慈善活动的组织。

5. 未向海关提前申报，享受优惠措施的组织不得将第 1 款规定的货物用于担保标的物、转交租赁、提供免费临时使用（出借），或以任何形式有偿或无偿转让给他人用于规定以外的其他目的，按照上述用途使用或转让该货物

将产生进口税费缴纳义务。

（十六）残障人士用品进口

1. 为满足严重视力障碍者（以下简称"盲人"）教育或文化需求的产品免征进口税费，如该产品涉及以下情况：

（1）进口供盲人使用；

（2）由为盲人提供教育或帮助的机构或组织进口。

2. 第 1 款规定的优惠措施适用于上述用品的零部件或附件，以及保养、操控、校准或维修该产品所需的工具，如果这些零部件、附件或工具与该用品一同进口，或较晚进口，但确定用于此前享受优惠措施进口的产品。

3. 为满足盲人以外的残障人士接受教育的需求，为其创造工作条件，或帮助其适应社会而生产的产品免征进口税费，如果该产品涉及以下情况：

（1）进口供残障人士使用；

（2）由为残障人士提供教育或帮助的机构或组织进口。

4. 第 3 款规定的优惠措施适用于上述用品的零部件或附件，以及保养、操控、校准或维修该产品所需的工具，如果这些零部件、附件或工具与该用品一同进口，或较晚进口，但确定用于此前享受优惠措施进口的产品。

5. 格鲁吉亚政府有权不将上述优惠措施扩大到特定种类的产品，如确定对该产品免征进口税费可能会损害本国具体生产部门的产业利益。

6. 未经向海关提前通报，第 1 款或第 3 款规定的人员，不得将享受优惠进口的产品用于担保标的物、转交租赁、提供免费临时使用（出借）或以任何形式有偿或无偿转让给他人，按照上述用途使用或转让该货物将产生进口税费缴纳义务。

7. 享受优惠进口措施的机构或组织，基于非商业目的并无须缴纳相关进口税费，可以将其进口的产品转交租赁、提供免费临时使用（出借），或以任何形式有偿或无偿转让给盲人或其他残障人士。

（十七）对受灾人员提供援助货物的进口

1. 对国家机构、慈善组织进口的货物免征进口税费，如该货物用途如下：

（1）无偿转让给灾难或自然灾害中的受灾人员；

（2）无偿提供给灾难或自然灾害中的受灾人员临时使用（出借），前提是该货物在使用期间仍然归国家或慈善组织所有。

2. 第 1 款规定的优惠措施，不适用于恢复灾难或自然灾害中被毁坏土地的材料和/或设备。

3. 第 1 款规定的优惠措施，适用于依照格鲁吉亚法律开展慈善活动的慈善组织。

4. 未向海关提前通报，享受进口优惠措施的组织不得将第 1 款规定的货物用于担保标的物、转交租赁、提供免费临时使用（出借）或以任何形式有偿或无偿转让给他人用于此条规定以外的其他目的，按照上述用途使用或转让该货物将产生进口税费缴纳义务。

（十八）外交礼品进口

1. 个人携运以下物品入境免征进口税费：

（1）在对外正式访问框架内，东道国国家机构赠送并由获赠人运入格鲁吉亚关境的礼品；

（2）在正式访问框架内，由抵达格鲁吉亚关境的人员携运，并转交给格鲁吉亚国家机构的礼品；

（3）作为友好象征，由官方机构、公共机构或团体赠送给格鲁吉亚关境内维护公共利益的官方机构、公共机构或团体的礼品。

2. 第 1 款规定的优惠措施，不适用于酒类产品、烟草和烟草制品。

3. 适用第 1 款规定的优惠措施，应满足以下所有条件：

（1）非定期进口的礼品；

（2）礼品特性、价值或数量决定其无法用于经营活动；

（3）礼品非用于商业目的。

（十九）展品、样品及广告材料进口

1. 进口低价值货物的展示样品免征进口税费，该样品只能用于推动向格鲁吉亚进口同种货物。

2. 为适用第 1 款规定的优惠措施，如不影响货物样品的展示效果，海关可要求将其分割、打孔、在明显位置进行永久标记，以确保该样品处于永久无法使用的状态。

3. 第 1 款中所指的"货物样品"，是指具有相同质量、相同特性的货物单位，其展示方式和数量排除接受产品订单以外的其他目的。

4. 产品目录、价格表、使用说明、宣传册等广告印刷材料免征进口税费，如上述材料涉及以下情况：

（1）与出售或出租的货物有关；

（2）与境外企业提供的运输、保险或银行服务有关。

5. 第 4 款规定的优惠措施，适用于符合以下条件的广告印刷材料：

（1）在广告印刷材料的明显位置显示生产、销售或出租货物的公司名称，或提供材料中所宣传服务的公司名称；

（2）广告印刷材料不是由同一寄件人分批寄给同一收件人的。

6. 对供应商无偿向消费者发送无实际商业价值，且不能用于广告以外目的的广告品，也免征进口税费。

（二十）旅游参考文献的进口

进口以下旅游参考文献免征进口税费：

1. 用于免费分发的广告传单、广告册、书籍、杂志、旅行指南、有框架或无框架的海报、无框架照片、放大的照片、有插图或无插图的地图册、透明海报玻璃贴纸，插图日历，其主要用途是推动参观旅游，包括参加文化、旅游、体育、宗教、贸易、专业会议或其他活动，如果上述文献的宣传性质明显，且私人商业广告材料不超过文献（格鲁吉亚企业/企业家的私人商业广告除外）的 25%；

2. 由官方旅行社或在其主导下出版并用于免费分发的外国酒店名录、年度指南、外国运输工具时刻表，且私人商业广告材料不得超过 25%；

3. 官方国家旅行社向派驻代表处或指定代理人提供并不用于分发的参考资料，包括年度指南、电话或电传号码表、酒店名录、展销会商品目录、低价值手工艺品的样品，以及关于博物馆、大学、保健和类似机构的文献。

第六节　海关监管制度

一、一般规定

（一）海关监管形式

海关监管形式包括：

1. 对提供给海关的报关单、文件、数据和其他任何信息进行审核；

2. 进行口头询问、获得解释、实施监视（视听资料）；

3. 检查货物、运输工具、建筑物及设施、场地；

4. 提取货物试样和/或样品进行实验室检测；

5. 对自然人进行检查；

6. 使用识别标志标记货物和/或运输工具；

7. 开展控制下交付；

8. 实施货物放行后监管；

9. 实施格鲁吉亚财政部部长命令规定的其他形式的海关监管。

（二）协同监管原则

如依照法律规定，海关监管货物应接受海关之外的其他主管部门的监管，则海关应配合上述主管部门实施此项国家监管（如果可行，按"单一窗口"原则与海关监管共同实施）。

（三）文件和信息的保存期限

1. 为确保实施海关监管，从事对外经济活动的法人有义务将办理通关手续的文件和信息至少保存 3 年。

2. 对于放行供自由流通货物（特定使用货物除外），或按出口监管方式申报的货物，第 1 款规定的期限自放行供自由流通货物报关单登记当年年末，或货物适用出口监管方式当年年末起计算。

3. 对于按特定用途放行供自由流通的货物，第 1 款规定的期限自该货物解除海关监管当年年末起计算。

4. 除放行供自由流通外，对适用其他海关监管方式的货物或临时存储货物，第 1 款规定的期限自终止该监管方式或终止临时存储当年年末起开始计算。

（四）服务费用

1. 对海关在法律规定的工作时间内实施海关监管，无须支付服务费用。

2. 在以下情形下，可能需要支付服务费用，或补偿海关在服务过程中的支出：

（1）应利害关系人要求，在口岸、货物通关地点或海关手续办理地点之外的地点，利用非工作时间实施海关监管；

（2）为作出预裁定或发布符合格鲁吉亚海关法律的海关信息，有必要对相关人向海关提交的货物进行检验/鉴定，并通过邮政服务将该货物返还给申请人；

（3）为核查报关单需对货物进行检验/鉴定的费用，或货物销毁过程中产生的费用，但与海关本职工作相关的费用除外；

（4）根据货物类别或潜在风险，采取特殊监管措施；

（5）海关办理通关业务时，提供格鲁吉亚政府命令中规定的其他服务。

3. 缴纳服务费用的费率和程序，由格鲁吉亚政府规定。

二、海关监管区

（一）概述

海关监管区，是指对货物和/或运输工具及相关人实施海关监管措施的专门指定区域。

（二）海关监管区的范围

海关监管区包括：

1. 进出境口岸；

2. 海关机构的仓库；

3. 经济清关区；

4. 海关仓库；

5. 自有贸易点（免税商店）；

6. 海关在开放国际运输的机场、海港、码头、铁路车站确定的区域；

7. 海关监管货物停放期间所占用的格鲁吉亚关境内的铁路站内路段；

8. 存放海关监管货物和/或运输工具的存储场所、设施和运输工具；

9. 由海关指定办理海关手续的其他场所。

（三）相关规定

1. 在办理必要的海关手续之前，未经海关许可，禁止在海关监管区内从事经营活动，禁止移动货物和/或运输工具及人员流动，禁止装卸货物和将货物运出海关监管区外。

2. 位于海关监管区内的海关监管货物，其所有权可以按照规定程序和条件转让他人。

3. 进入机场、港口、铁路车站海关监管区的程序，由格鲁吉亚财政部和内务部以部长联合命令的形式确定。

三、货物放行后监管

（一）海关的权力

根据海关决定，实施货物放行后监管。对货物实施放行后监管时，海关有权检查以下内容：

1. 报关单、临时存储申报单、进口货物总申报单、出口货物总申报单、复出口申报单或复出口通知书中所申报数据的准确性，以及随附文件的正确性、真实性和有效性；

2. 申报人关于被检查货物或该货物放行前后相关业务的会计记录和其他记录；

3. 货物和/或提取货物试样和/或样品，如果可以检查货物和/或提取货物试样和/或样品。

（二）放行后监管规定

1. 可以在属于货物所有人或其代理人，或货物作业过程的任何直接或间接参与人的建筑物和设施内，以及在掌握上述作业文件和数据的任何其他人的建筑物和设施内，实施货物放行后监管。

2. 货物放行后监管只能由海关实施。禁止其他监管部门和执法部门实施货物放行后监管。

3. 在实施货物放行后监管过程中，如果被检查人未向海关提供所需的信息，海关有权根据其掌握的信息确定进口税费或海关处罚的金额。

4. 货物放行后监管的实施期限最多不超过 3 个月。必要时，经海关负责人同意，检查期限可再延长 2 个月。

5. 货物放行后监管结果应记载在核查记录中，并据此作出相关决定。

6. 根据货物放行后的监管结果，有必要补征进口税费和/或采取海关处罚措施时，海关应作出补征进口税费和/或对实施海关处罚的决定。

7. 在第 6 款规定的情形下，核查记录和据此作出的决定应连同税收通知书提交被检查人。

8. 根据核查记录补征进口税费的期限为 3 年，自产生进口税费缴纳义务的相应日历年年末开始计算。

9. 如发现行政违法行为，海关授权人应做行政违法记录。

10. 在没有法官命令的情况下，禁止对已核查过的问题进行重复核查。

第七节　海关违法行为与责任

一、一般规定

（一）概述

1. 海关违法行为，是指《格鲁吉亚海关法典》规定实施应承担违法责任的行为或不作为。

2. 海关处罚，是指对实施海关违法行为施加的责任措施。

3. 以警告、罚款，以及无偿收缴方式，对海关违法行为对象的货物和/或运输工具等实施海关处罚。

4. 海关违法行为的责任，由相关行为的实施人承担。

5. 不重复承担实施同一海关违法行为的责任。

6. 当查获数起海关违法行为时，将对每一起海关违法行为分别进行海关处罚。

7. 对实施海关违法行为进行海关处罚，或就争议作出裁决时，如果：

（1）法律已废除责任或减轻责任程度，则上述违法行为适用现行法律；

（2）法律已规定责任或加重责任程度，则上述违法行为适用实施相关行为时生效的法律；

（3）从实施海关违法行为之时到对此行为进行海关处罚，或就争议作出裁决时，如实施上述海关违法行为的责任措施已多次改变，则适用程度最轻的责任措施。

8. 如因过失/无知而实施海关违法行为，海关/争议裁决机构或法院有权解除海关处罚措施。

9. 如因不可抗力引发海关违法行为，不承担违法责任。

（二）海关违法案件诉讼

1. 海关违法案件由海关进行诉讼。

2. 当查获海关违法行为时，海关授权人员应制作海关违法行为记录，并提交给违法行为实施人。

3. 海关违法行为记录，是指海关对违法行为实施人实施海关处罚的决定。

4. 海关违法行为实施人有权向海关提交解释和/或说明，该解释和/或说明在海关违法行为记录中应予体现，或作为其附件。

5. 无须制作海关违法行为记录的情形如下：

（1）如需对海关违法行为实施人追究刑事责任。同时，应将海关违法案件材料按管辖权限立即送交相应侦查部门；

（2）如果在货物放行后监管核查报告中已记录海关违法行为。

6. 在第 5 款第（1）项规定的情形下，根据侦查部门决定或法院裁决，海关自该决定/裁决送达之日起 30 日内终止海关违法案件诉讼，或作出对相关人实施海关处罚的决定。

7. 如发现海关违法行为后 30 日内无法确定和/或识别该行为的实施人，海关应作出决定将作为海关违法行为对象的货物和/或运输工具移交国家。

二、海关违法行为种类及应承担的责任

（一）违反呈验货物/总申报/货物申报期限或运输工具抵达期限

1. 对违反呈验货物/总申报/货物申报的期限或运输工具抵达期限，逾期

每日罚款 50 拉里，但罚款总额不得超过 1000 拉里。

2. 因违反货物申报期限而导致违反海关监管方式规定的，不适用第 1 款规定的责任。

（二）移除或损坏海关识别标志

1. 未经海关同意，移除/清除和/或以其他方式使海关识别标志无法使用/损毁，破坏已标记的运输工具、位于海关监管区内的建筑物、设施或已标记的行李/手提行李，或者移动粘贴海关识别标志的运输工具，使其在不损坏此识别标志的情况下进入运输工具的，对违法行为实施人处以 500 拉里的罚款。

2. 如再次实施第 1 款规定的行为，对违法行为实施人处以 1000 拉里的罚款。

3. 如第 1 款规定的行为导致非法处置已标记运输工具内、海关监管区内建筑物和设施中的货物，或已标记行李/手提行李中的物品，或者导致货物丢失或损毁，对违法行为实施人处以 5000 拉里的罚款。

4. 如再次实施第 3 款规定的行为，对违法行为实施人处以 10000 拉里的罚款。

（三）低报进口税额

1. 依据实施海关监管或刑事案件调查过程中获取的证据，并且按照格鲁吉亚法律规定的程序，证实在报关单中填报虚假信息，视为低报进口税额。对申报数据的怀疑只能成为调整货物完税价格或其估价方法的依据，不构成海关违法要件。

2. 因报关单和随附单证中存在虚假数据，导致低报进口税额的，按报关单中少报进口税额的 100% 处以罚款，但第 4 款和第 5 款规定的情形除外。

3. 如再次实施第 1 款规定的行为，按报关单中低报进口税额的 200% 处以罚款。

4. 如自然人提交的报关单和随附文件中存在虚假数据，导致低报进口税额，但所申报货物价值低于 3000 拉里，按报关单中低报进口税额的 40% 处以罚款。

5. 如再次实施第 3 款规定的行为，按报关单中低报进口税额的 100% 处以罚款。

（四）非法进出口货物

1. 对逃避海关监管，将货物（现金和有价证券除外）秘密非法运入或运出格鲁吉亚关境的，按货物完税价格的 100% 处以罚款或无偿收缴货物和/或

运输工具，但第 3 款规定的情形除外。

2. 如再次实施第 1 款规定的行为，按货物完税价格的 100% 处以罚款，并无偿收缴货物和/或运输工具。

3. 对自然人为逃避海关监管，将价值 3000 拉里以下的货物（现金和有价证券除外）非法运入或运出格鲁吉亚关境的，处以 1000 拉里的罚款和/或无偿收缴货物和/或运输工具。

4. 对逃避海关监管，将过境运输工具中的货物（现金和有价证券除外）非法运入或运出格鲁吉亚关境的，处以 2000 拉里的罚款。

5. 如再次实施第 4 款规定的行为，处以 4000 拉里的罚款。

6. 如逃避海关监管非法运输货物的完税价格超过 15000 拉里，只有在未追究行为实施人刑事责任的情况下，才适用第 1 款和第 2 款规定。

7. 如通过藏匿或非法穿越关境的方式，逃避海关监管运输进口货物的完税价格超过 5000 拉里，只有在未追究行为实施人刑事责任的情况下，才适用第 1 款和第 2 款规定。

（五）现金和有价证券非法进出关境

1. 对逃避海关监管或通过虚假申报方式，将超过 30000 拉里但低于 50000 拉里的现金和有价证券或其他等值外币非法运入或运出格鲁吉亚关境的，处以 3000 拉里的罚款，或无偿收缴上述现金或有价证券。

2. 对逃避海关监管或通过虚假申报方式，将超过 50000 拉里但低于 100000 拉里的现金和有价证券或其他等值外币非法运入或运出格鲁吉亚关境的，处以 5000 拉里的罚款，或者无偿收缴上述现金或有价证券。

3. 对逃避海关监管或通过虚假申报方式，将超过 100000 拉里的现金和有价证券或其他等值外币非法运入或运出格鲁吉亚关境的，按上述现金或有价证券价值的 10% 处以罚款，或无偿收缴上述现金或有价证券。

4. 为适用上述规定，虚假申报是指有未申报货物，且申报货物和未申报货物总值超过 50000 拉里或等值外币。

（六）违反海关对货物和运输工具的监管规定

1. 对未经海关同意，货物和/或运输工具离开海关监管区，换装或卸载海关监管货物，或运输工具偏离海关指定行驶路线的，处以 1000 拉里的罚款。

2. 如再次实施第 1 款规定的行为，处以 2000 拉里的罚款。

（七）违反海关监管方式的规定

1. 对违反海关监管方式规定的，处以 500 拉里的罚款。

2. 如再次实施第 1 款规定的行为，处以 1000 拉里的罚款。

3. 如依照《格鲁吉亚海关法典》对同一行为规定了其他责任，则不适用第 1 款规定。

（八）货物和/或运输工具被非法处置、丢失或损毁

1. 对实施未经海关同意的行为，或违反海关监管方式规定，非法处置海关监管货物和/或运输工具，或导致其丢失或损毁的，按照相同/类似货物和/或运输工具应缴纳进口税额的 100% 处以罚款。

2. 对于第 1 款规定的行为，如具有非法处置/丢失/损毁货物和/或运输工具的原始税收文件，按照该货物或相同/类似货物和/或运输工具应缴纳进口税额的 10% 处以罚款。

（九）改变货物完税价格

1. 对增加或降低报关单中货物的完税价格，但未导致进口税额减少的，按正常完税价格和增加或降低的完税价格之间差额的 10% 处以罚款。

2. 如再次实施第 1 款规定的行为，按正常完税价格和增加或降低的完税价格之间差额的 20% 处以罚款。

（十）未向海关通报运输工具抵离

1. 对港口、铁路车站或机场未向海关通报进出格鲁吉亚关境运输工具抵离情况的，处以 5000 拉里的罚款。

2. 如再次实施第 1 款规定的行为，处以 10000 拉里的罚款。

（十一）违反文件保存期限

如果向海关提交电子格式文件时不强制要求提交其纸质文件，对违反纸质文件保存期限的，处以 1000 拉里的罚款。

（十二）违反许可条件

1. 对许可所有人违反格鲁吉亚法律规定的海关仓库或自由贸易点经营许可条件的，处以 2000 拉里的罚款。

2. 如再次实施第 1 款规定的行为（违反同一许可条件），处以第 1 款规定数额 3 倍的罚款。

（十三）阻挠海关执法并拒绝执行其合法要求

1. 对阻挠海关执法并拒绝执行其合法要求，导致格鲁吉亚海关法定措施

延缓实施的，处以 800 拉里的罚款。

2. 如再次实施第 1 款规定的行为，处以 2000 拉里的罚款。

（十四）未向海关提交信息

1. 对违反海关要求，在法定期限内未提供海关通关监管信息的，处以 400 拉里的罚款。

2. 如再次实施第 1 款规定的行为，处以 1000 拉里的罚款。

3. 如国际航空运输的承运人，未按规定程序向海关提供运输工具及其运载货物和/或乘客的预先信息，处以 2000 拉里的罚款。

4. 如再次实施第 3 款规定的行为，处以 4000 拉里的罚款。

（十五）对免征消费税商品未进行标记

对应强制标记但未标记的免征消费税商品进行申报，企图使未标记的免征消费税商品放行进入流通市场的，按照所查获应强制标记但未标记的免征消费税商品的完税价格处以罚款，但不得低于 500 拉里。

第五章　格鲁吉亚通关便利措施

一、一体化通关

根据利害关系人申请，海关可授权其在不同地点提交报关单和办理货物通关手续。

在不同货物通关地点提交报关单和办理货物通关手续的规则，由格鲁吉亚财政部规定。

二、简化申报

（一）简化报关单

1. 经海关同意，在未提交适用海关监管方式所需的全部信息和随附资料的情况下，可依据简化报关单确定货物适用相应的海关监管方式。

2. 经海关同意，可定期提交第 1 款规定的简化报关单。

（二）申报人记录信息反馈

1. 根据申报人的申请，海关可授权其以记录信息反馈的形式提交简化报关单，如申报人确保此信息可供海关使用。

2. 自申报人反馈货物记录信息之时起，视为报关单已登记。

3. 海关可依据相关人申请，取消向海关呈验货物的义务。在此情形下，自申报人反馈货物记录信息之时起，视为货物已放行。

4. 如符合以下所有条件，则无须向海关呈验货物：

（1）申报人是适用简化通关手续的经认证经营者；

（2）免除向海关呈验货物的义务，取决于货物类别及其进出格鲁吉亚关境的频次；

（3）海关在实施监管过程中能够获取任何所需信息；

（4）在申报人反馈货物记录信息时，货物不涉及格鲁吉亚法律制定的禁止和限制规定。

5. 在特殊情况下，海关有权要求向其呈验货物。

（三）补充报关单

1. 在提交简化报关单之后，或以记录信息反馈形式提交简化报关单之后，申报人应在规定期限内，向海关提交包含适用相关海关监管方式所需全部信息的补充报关单。

2. 如提交简化报关单，该报关单的所有随附文件应由申报人保存，并在规定期限内供海关调取。

3. 无须提交补充报关单的情形如下：

（1）如货物适用海关仓库监管方式；

（2）格鲁吉亚财政部以部长命令形式规定的其他情形。

4. 如满足以下所有条件，海关可不要求提交补充报关单：

（1）简化报关单中所申报货物的数量和价值低于格鲁吉亚财政部规定的最低限额；

（2）简化报关单中已包含适用相关海关监管方式所需的全部信息；

（3）并非以申报人记录信息反馈形式提交简化报关单。

5. 简化报关单，或以申报人记录信息反馈形式提交的简化报关单及补充报关单均视为唯一且不可分割的文件，该文件自简化报关单登记之日起，或申报人记录信息反馈之日起即具有法律效力。

三、经认证的经营者

（一）一般规定

1. 符合《格鲁吉亚海关法典》规定标准并在格鲁吉亚注册的纳税人，有权向海关申请获得经认证的经营者身份。

2. 必要时，海关可与其他主管部门协商后，授予申请人经认证的经营者身份。

3. 依照格鲁吉亚所加入国际条约规定的互惠原则，如果在外国注册的纳税人，符合该国相关法律规定的条件并履行了该国相关法律规定的义务，且格鲁吉亚认定上述义务和条件等同于格鲁吉亚为经认证的经营者设定的义务和条件，海关可准予其享有格鲁吉亚经认证经营者的相关权利。

（二）经认证的经营者享受的权利

1. 依照法律规定，经认证的经营者享有以下两项权利：

（1）适用简化通关手续及海关监管简化措施，包括减少实际监管和单证监管；

（2）适用特定的安全保障措施。

2. 经认证的经营者有权同时享有第 1 款规定的两项权利。

3. 经认证的经营者所享有的简化通关手续和安全保障优惠措施，不适用于格鲁吉亚法律规定特殊海关监管条件的货物。

4. 如果经认证的经营者身份已认定，且符合格鲁吉亚海关法律关于简化特定通关手续的要求，海关应准予其适用该简化手续，不得按照授予经认证的经营者身份时所依据的标准重新对其进行审核。

5. 经认证的经营者所适用的简化通关手续和海关监管简化措施，以及与安全保障相关的待遇，由格鲁吉亚财政部以部长命令的形式规定。

（三）赋予经认证经营者身份的标准

1. 赋予经授权经营者身份的标准是：

（1）申请人没有严重违反格鲁吉亚海关、税务和行政法律的行为，其经营业务不涉及刑事犯罪；

（2）在相应情况下，借助于商业管理和运输核算系统，能够确保对申请人开展的交易业务及货物流动实施高水平监管；

（3）申请人的财务状况稳定，具备支付能力，可以履行与其经营活动相关的义务；

（4）对享有简化海关手续的权利，应具备与其所开展业务直接相关的能力或职业技能的实际标准；

（5）对享有安全保障的权利，申请人应证明其在货物完整性和渗透性、物流过程和特定货物加工，以及人员和商业伙伴认证等领域，已采取适当措施确保国际供应链安全。

2. 赋予经认证的经营者身份的条件，相关类别权利的应用程序，以及经认证的经营者不适用简化通关手续和/或安全保障优惠措施的情形，由格鲁吉亚财政部以部长命令的形式规定。

四、确定完税价格的简易程序及简易计税

（一）确定货物完税价格的简易程序

1. 如报关单登记当日无法对实际支付和/或应当支付价格或要素价格进行定量评估，根据利害关系人申请，海关可授权其按照特殊标准评估此价格或要素价格。

2. 按照特殊标准进行估价的情形，由格鲁吉亚财政部规定。

（二）简易计税

1. 如批次货物由适用不同进口税率的应税货物组成，因计算各类别货物的应缴税额，制作该批次货物的报关单需要投入与其进口税额并不相符的大量成本和精力，根据申报人申请并经海关同意，可以按照对该批次货物中不同类别货物规定的最高进口税率，计算该批次货物进口税额。

2. 简易计税程序不适用于格鲁吉亚海关法律规定的禁止和/或限制进口的货物，以及应征收消费税的货物。

3. 简易计税的程序和条件，由格鲁吉亚财政部规定。

五、简化转运

（一）简化转运的适用

根据利害关系人申请，海关可准予货物按简化程序适用和终止转运监管方式。

（二）简化转运的实施方式

海关可向利害关系人提供以下授权，以简化转运程序：

1. 准予利害关系人以授权发货人的身份进行转关运输，而无须向海关呈验货物；

2. 准予利害关系人以授权收货人的身份，在预先与海关协商一致的地点接收适用转运监管方式的货物，并按规定程序向海关提交货物及其随附单证，以终止转运监管方式；

3. 授权利害关系人使用海关特殊识别标志，如格鲁吉亚海关法律要求对适用转运监管方式的货物使用海关识别标志进行标记；

4. 准予利害关系人依据简化报关单进行货物转关运输；

5. 准予利害关系人提交电子运输单证替代报关单，如电子运输单证中包含填制报关单所需的信息，且起运地海关和指运地海关可使用该信息对货物实施海关监管，并终止转运监管方式。

六、格鲁吉亚免税工业区

（一）概述

格鲁吉亚免税工业区（FIZ）是格鲁吉亚领土的一部分，具有明确的边界和法律赋予的特殊地位，根据 2007 年 7 月通过的格鲁吉亚《工业保税区法》，在工业保税区开展经济活动时，给予免征关税、增值税、企业税和财产税等税收优惠。根据《格鲁吉亚海关法典》规定，适用附加条件和税收优惠免税工业区可以设立在任何超过 0.1 平方千米的地区，但格鲁吉亚法律规定的保护区除外。建立免税工业区由格鲁吉亚政府、自然人或法律实体倡议或组织，由格鲁吉亚政府作出决定。自由贸易区设立海关办事处负责进出口监管，注册企业在免税工业区内开展业务。

格鲁吉亚境内的 4 个格鲁吉亚免税工业区：

1. 波蒂格鲁吉亚免税工业区；
2. 库塔伊斯格鲁吉亚免税工业区；
3. 库塔伊斯华凌格鲁吉亚免税工业区；
4. 第比利斯科技园格鲁吉亚免税工业区。

（二）便利措施

依照《格鲁吉亚税法典》《格鲁吉亚海关法典》规定，对运入免税工业区的外国货物，或在免税工业区内生产并运入格鲁吉亚关境内的其他地区的货物，免征进口税、增值税和所得税。免税工业区内免征财产税。

在免税工业区内的以下经营活动免予办理许可证：

1. 婴儿食品的生产和包装；
2. 儿童产品的生产和包装；
3. 发电；
4. 电力传输；
5. 配电；
6. 天然气配送；
7. 天然气运输；
8. 受兽医管制产品的过境许可证；
9. 当地城市定期客运许可证；
10. 由国外承运人在格鲁吉亚境内进行国际货物运输的许可证（超过根据国际协定确定的配额）；
11. 药理学方法临床试验许可证；
12. 药品生产许可证（药品除外）；
13. 授权药房许可证；
14. 非碘盐进口许可证。

七、海关仓库

海关仓库属于海关监管区，是在格鲁吉亚关境内建立的独立建筑物和/或地块，在其范围内进行许可证规定的活动。该区域货物和/或车辆只能通过一个或多个专门设置的独立入口和出口进出，对于倾卸货物和/或液体货物，海关仓库的范围还包括相关的储存设施以及相关的空中和地下通信和其他系统/基础设施。经海关同意，货物可在格鲁吉亚储存长达三个月。

在海关仓库内，应能够实现以下几项：

1. 根据海关仓库程序储存货物；

2. 在确定海关手续/再出口之前，临时储存运入/运出格鲁吉亚关境的货物；

3. 将已经确定海关手续/再出口的货物临时储存；

4. 将海关监管下的货物和/或运输工具临时储存；

5. 暂时扣留海关控制下的货物和/或运输工具。

八、免税点（免税）

免税点属于海关监管区，可以出售未实施关税和非关税措施的外国商品或格鲁吉亚商品，即从口岸的出发地和/或从国际航班上出售给离开格鲁吉亚经济领土的自然人使用，以及从国内各点供外国外交使团和同等使团公务使用，供使团和外交使团成员（包括与其生活在一起的家庭成员）个人零售使用的商品。免税点根据税务局颁发的许可证开展经营活动，对于符合许可证条件的免税点许可证申请者，免税点经营许可证的有效期为 5 年或更长，但不超过 50 年。

第六章 个人进出境通关指南

一、出入境证件

格鲁吉亚对中国外交护照、公务护照、公务普通护照，以及团体旅游实行免签证制度，普通护照需办理入境签证。持有澳大利亚、奥地利、美国、阿拉伯联合酋长国、新西兰、巴林、比利时、保加利亚、德国、丹麦、英国、西班牙、爱沙尼亚、日本、爱尔兰、冰岛、以色列、意大利、加拿大、卡塔尔、塞浦路斯、韩国、拉脱维亚、立陶宛、列支敦士登、卢森堡、马耳他、荷兰、挪威、阿曼、波兰、葡萄牙、罗马尼亚、希腊、法国、沙特、斯洛伐克、斯洛文尼亚、匈牙利、芬兰、科威特、瑞典、瑞士、捷克、克罗地亚等国有效签证和/或居留许可的中国公民，可在任何 180 天内免签进入格鲁吉亚并停留 90 天。

二、进出境禁止携带的物品

进出境禁止携带的物品包括：武器、弹药和爆炸物，高频无线电电子设备；麻醉药品和精神药物（完整清单）；剧毒物质、放射性物质、消耗臭氧层物质；宣传种族主义、暴力或淫秽色情的印刷出版物和其他信息载体；具有历史和文化价值的物品。

如持有上述物品的进出境特别许可，则必须向海关申报。

三、货币进出境规定

携带国外货币入境格鲁吉亚不限制币种和金额。但格鲁吉亚货币现金数额不能超过 2.5 万拉里（约合 8500 美元）。如携带总额超过 2000 美元的任何种类等值货币，非强制但建议主动向海关申报，以简化出境海关手续。

携带有价证券和/或 1 万美元以上任何币种的等值现金，以及文物、贵金属、宝石及其制品出境时，均需向格鲁吉亚海关申报。

四、动物进出境规定

携带宠物进出境需在动物专门检疫机构获取国际动物检疫证书和疫苗接种证书。无论乘坐何种交通工具，承运人通常要求将动物放置在特殊的宠物容器中，狗必须佩戴嘴套和项圈。

一个自然人最多可携带 5 只动物进出境。未经特别许可，禁止外来珍稀和濒危动植物种进出境。

五、食品进出境规定

格鲁吉亚允许携带价值 500 拉里（约合 170 美元）以下的自用食品免税入境，但每人携带食品总重量不得超过 30 千克。禁止携带无动物检疫证明的肉类和肉制品、牛奶和奶制品进入格鲁吉亚。

六、酒类和烟草制品进出境规定

限 18 周岁以上的旅客携带酒类和/或烟草制品进出境。

免税进境物品数量不超过：200 支香烟、250 克烟草、50 支雪茄或小雪茄；4 升酒精饮料。

格鲁吉亚不限制携带酒精饮料的出境数量。

七、纪念品和个人物品进出境规定

1. 格鲁吉亚不限制珠宝（贵金属、宝石及其制成品）、文物、视听设备入境，但必须向海关申报。

2. 不限制纪念品和任何其他个人物品进境。如每人携带个人物品的总重量超过 100 千克，需向海关申报并缴纳国家超重税。

携带具有历史和文化意义的物品（包括绘画、圣像、短剑等文物）出境需持格鲁吉亚文化部颁发的许可。

八、药品进出境规定

未经特别许可，禁止麻醉品、精神药物和兴奋剂进出境。

如入境旅客携带需服用的处方类药品入境，建议出发前在国内购买充足用量的药品（凭国外医生处方无法在格鲁吉亚购买处方类药品），并保存好药品发票和医生处方（原件和经过认证的英语或格鲁吉亚语翻译件），以便入境时向海关出示。

每人可携带 10 个标准包装的自用（非出售）非处方药品进出境。超量则需出示医生诊断和所需药量证明（依据服用剂量和国外停留时间计算）。

九、自驾入境

（一）进出境口岸

入境旅客可自行驾驶汽车或摩托车，经由俄罗斯、阿塞拜疆、亚美尼亚和土耳其进入格鲁吉亚，也可以乘汽车轮渡前往黑海之滨的巴统市，但严禁通过阿布哈兹和南奥塞梯进入。允许自驾出入境的边境口岸如下：

1. 格鲁吉亚—俄罗斯：卡兹别吉—泽莫（上）拉尔斯口岸；
2. 格鲁吉亚—阿塞拜疆：萨德赫雷—瓦赫坦吉西口岸、红桥口岸；
3. 格鲁吉亚—亚美尼亚：萨达赫洛—巴格拉塔申口岸；
4. 格鲁吉亚—土耳其：萨尔皮口岸。

（二）所需证件

司机所需证件：

1. 护照。
2. 有效的本国或国际驾照。
3. 车辆登记证（车辆行驶证）。
4. 汽车或摩托车的所有权证明文件。如系持委托授权书驾驶他人车辆，委托书需公证并译成格鲁吉亚语或英语。
5. 保险。

（三）自驾旅行须知

格鲁吉亚并未加入欧洲车辆强制保险"绿卡系统"，因此需要购买当地车辆交强险。"强制保险中心"提供相关保险销售服务，可在其位于边境口岸海关（萨德赫雷、红桥、卡兹别吉萨尔皮口岸）附近的分支机构获取纸质保单，或直接购买电子保单。如在格鲁吉亚境内驾驶无民事责任保险的汽车或摩托车，司机将被处以 200 拉里（约合 68 美元）的罚款。

自驾车辆进入格鲁吉亚不收取任何费用，且全境道路免费通行。燃油只能加注在车辆油箱中，禁止向其他容器加注燃油。外国车辆在格鲁吉亚停留时间限制为 90 天。如发生事故或故障，需及时向海关提交警方或汽车维修厂家的证明文件，说明无法按期出境的原因。如因其他原因晚于 3 个月期限离境，则需前往警察局办理车辆临时登记。

（四）特别提示

此外，如携带大量现金、珠宝、文物、特定药品或其他必需或建议申报的物品出入境，须如实填写报关单（允许使用格鲁吉亚语、俄语和英语填写）。